특허 실무 지식 II

논증과 설득

특허
실무
지식 II

논증과 설득

상인이 되기보다는 장인이 되십시오.

정우성

특허실무자, 39회 변리사, [특허사무소임앤정] 대변인, 『특허전쟁』,
『세상을 뒤흔든 특허전쟁 승자는 누구인가?』, 『나는아빠다』, 『목돈사회』 등의
책을 저술했고, 제2회 카이스트 과학저널리즘상(인터넷부문)을 수상하였다.
고려대학교 전기공학과 졸업, 변리업계 <높은수준캠페인>에 참여하고 있다.

서문

한국의 특허경쟁력은 어떤 수준인가? 특허 통계로 현실을 바라보면
그 수준은 탁월합니다. 경제규모와 인구 수준을 감안한다면 세계
1위 수준임을 통계는 증명합니다. 하지만 나는 지금까지 한국의
특허현실을 찬양하는 목소리를 들어본 적이 없습니다. 양적 팽창이
아니라 질적 경쟁력을 높여야 한다는 주장은 많습니다. 특허에 대한
막연한 환상을 논설하는 이도 있었습니다. 통계와 현실 사이에
큰 강이 흐릅니다. 현실과 이론 사이에도 커다란 협곡이 존재합니다.
누군가는 그 사이에 교량을 만들어야 합니다.

한 기업 혹은 한 나라의 특허경쟁력이 더 높은 수준으로 올라가려면
거기에 걸맞게 현실이 작동해야 합니다. 그 수준이 무엇인지에 대해서
사람마다 생각이 다를 수는 있겠습니다. 적어도 현장에서 일하는
실무자들이 자신들의 역량을 크게 발휘할 수 있는 환경은 마련되어야
합니다. 어떤 비전을 생각한다면 그 비전을 실행할 주체도 생각해야
합니다. 비전은 결국 사람이 실행하기 때문입니다. 현장에서 일하는
사람이 그 비전을 따를 준비가 되어 있지 않다면 그 어떤 비전도
장밋빛 환상에 불과합니다.

특허 현장에는 어떤 이들이 활동하고 있을까? 우선 변리사 시험에
합격한 사람들이 있습니다. 그들은 어떻게 일을 배울까? 도제식으로
이루어집니다. 선배가 후배한테 가르치는 시스템을 통해서 실무자가
양성되고 있습니다. 그러나 이 시스템은 오늘날 현실에는 맞지 않으며,
무엇보다 제대로 작동하지 못하고 있습니다. 또한 도제 시스템의
폐쇄적인 특성을 지적하지 않을 수 없습니다. 다른 루트로 변리사
자격을 취득하는 사람이 사실상 배제됩니다. 변호사 자격증을 취득해서
변리사가 되는 사람과 특허청 공무원으로 활동하다가 퇴직해서
변리사가 된 사람은 도제 시스템을 통해서 특허실무를 익히기

어렵습니다. 여타의 특허전문가들도 도제 시스템을 통해서 경험과 지식을 체득하지는 못합니다. 그런 폐쇄적인 특성만이 문제가 아닙니다. 십 년 이상의 경험을 지닌 노련한 실무자가 다수 있는 로펌을 제외하고는 일을 가르칠 사람이 부족합니다. 배워야 할 사람이 가르칩니다. 부족하거나 잘못된 지식이 전수됩니다. 전해 줄 경험과 지식의 양이 제한되면 배우는 사람은 오만해집니다. 삼사 년이면 다 알 것 같은 특허실무에 그친다면 특허는 그다지 중요하지 않은 셈입니다. 특허실무의 깊이가 잘 전해지지 않는다면 사건의 표면만을 흐르는 수준으로 일을 하게 되고 거기에 맞게 서비스 가격이 정해지게 마련입니다. 낮은 상태의 서비스 가격이 오랫동안 방치되면 창의성은 추방되고 열정은 식고 실무자는 한탄하며 지칩니다. 배울 게 별로 없다고 생각한 사람들은 실무 현장을 뜹니다.

이런 상황에서도 상당수의 실무자는 공부를 합니다. 어떤 이는 사명감으로, 어떤 이는 불안해서 외부 세계를 공부합니다. 과거에는 일본 특허실무를, 그 후로 미국 특허실무를, 유럽과 중국의 제도를 학습합니다. 학문을 하는 사람들은 외국의 법제, 실무, 판례를 다양하고 깊게 공부할 수는 있겠지만, 실무자는 학자가 아닙니다. 한국에서, 한국의 시장에서, 한국의 국가기관을 상대로 일을 하는 실무자라면 외국의 실무를 알기 전에 우선 한국의 실무를 익혀야 합니다. 그러나 한국의 실무를 깊이 있고 다양하게 익히기에는 한국의 도제 시스템이 무너져 있으며, 실무에 참고할 만한 책도 없습니다.

이런 현실이 제가 이 책을 4년에 걸쳐서 준비한 까닭입니다. 관점과 개념 없이 지식과 경험을 체계화할 수 없고, 체계화할 수 없는 지식과 경험은 제대로 전해지지 않습니다. 이 책의 토대가 되는 관점은 시장을 중시하는 비즈니스 관점입니다. 저는 특허의 근원을 '기술'과 '권리'만으로 이해하지 않습니다. 거기에 '시장'이라는 요소를 추가했고,

그것이야말로 특허의 근원 중의 근원으로 이해합니다. 이를 저는 감히 '특허삼원론'으로 칭합니다. 특허는 활동이며, 더 정확하게는 한 산업주체의 시장활동이라는 관점이기도 합니다. 그래서 색다른 논리와 주장이 이 책을 통해 전개되곤 합니다. 또한 익숙하지 않은 개념과 범주들이 종종 나타납니다. 학문적인 용어는 아니며, 지식과 경험을 좀 더 효율적으로 전하기 위한 언어 수단으로 이해해 주시기 바랍니다.

제1권은 <특허문서작법>에 대해 다룹니다. 한 권 전체가 특허문서는 무엇이며, 구체적으로 어떻게 작성해야 하는지에 관해 논설합니다. 총론에서는 특허문서, 즉 특허명세서를 바라보는 저의 관점을 선언했습니다. 각론에서는 구체적인 방법론을 제시하는데, 독자의 주된 관심사인 청구항 작성 방법을 먼저 다루고 나머지 부분의 작성 방법을 설명했습니다. 실무를 익히고 이 책의 메시지를 현장에 적용할 때 그와 같은 역순서가 더 효율적이라고 생각했기 때문입니다. 우리는 오랫동안 특허청구범위 해석, 침해와 비침해를 둘러싼 각종 소송 문제에 지나치게 많이 경도되어 있었습니다. 특허실무는 권리범위의 판단에만 있지 않습니다. 특허의 창출에 관련한 실무 세계도 넓고 깊다는 점을 보여주고 싶었습니다. 이 책의 안내와 해설에 따라 실무를 한다면 제법 수준 높은 특허문서가 만들어지리라 기대합니다. 특허 도제 시스템 바깥에 있었던 전문가들이 자신의 현장 전문성을 강화하는 데 도움이 되기를 진심으로 희망합니다.

제2권은 <중간사건 실무>와 <침해의 사전공방> 실무를 다룹니다. 중간사건은 특허청 심사관이 특허출원 안건에 대해 거절이유를 통지했을 때부터 특허를 받을 때까지의 실무를 다룹니다. 심사관과 실무자 사이의 양자 관계에서 심사관, 실무자, 고객 사이의 삼자 관계로 재해석합니다. 법리 세계만이 아니라, 논증의 심리적 측면과 논리적 측면을 모두 고려하면 특허실무 세계가 한층 농밀해집니다. 의견서 실무와 보정서 실무에서 언급하는 사례는 실제 케이스입니다.
실제 케이스에 개념과 범주라는 옷을 입혔습니다. 초급 실무자에게는
자신감을 주고, 중급 이상의 실무자에게는 그들의 상상력을 자극하고
싶었습니다. 침해의 사전공방 부분에서는 매우 새로운 실무 세계를
체험하시리라 기대합니다. 그 세계는 감정이 통제된 이성적인
세계이며, 원하는 것을 얻기 위해서 긴장감 있게 행해지는 설득과
타협의 차원입니다. 침해의 사전공방에 관련해서는 중급 이상의
실무자가 좀처럼 없다고 저는 느껴왔습니다. 법리와 감정이 앞선
나머지 협상을 간과하는 실무자가 무척 많았습니다. 뛰어난 전문가는
싸우지 않고도 문제를 해결할 수 있는 사람입니다.

이 책은 기술분야의 구별을 특별히 고려하지 않았습니다. 전기/전자,
기계, 화학/생명 분야 등 다양한 기술분야의 사례를 비교적 공평하게
다루고자 하였습니다. 특허재판에서 판사들은 기술분야의 획정에서
벗어나 정의를 밝힙니다. 기술에 대한 사전 지식이 없는 사람이 특허에
대해 무엇이 올바른 것인지를 판단할 수 있다면, 그런 판사 앞에 서서
그 기술에 관한 사항을 논증하는 사람도 가능한 한 기술분야의
구별에서 자유로운 게 좋습니다. 특허업계에서 일하는 사람들의 관념은
아주 오랫동안 기술분야의 구별에 종속되어 왔습니다. 그러나 분야별
전문성은 남에 의해서 정해지는 게 아니라 자기 자신의 경험과 학습을
통해 스스로 결정하는 것입니다. 그런 결정까지는 적지 않은 시간이
걸립니다. 대학 4년 간의 전공으로 평생의 인생항로를 결정 짓는
환원론적 태도는 인생을 매우 지루하게 만들 뿐입니다.

이 책에는 280개의 예제가 포함되어 있습니다. 예제의 대부분은
실제 케이스입니다. 실무자는 케이스를 통해 성장합니다. 케이스를
다루면서 새로운 것을 배우고 자기의 오류를 교정합니다. 이 책은
그런 현실을 반영하고자 했습니다. 독자로 하여금 실제 있었던 많은
케이스를 학습하도록 함으로써 죽어 있는 지식보다는 살아 있는

지식을 취하도록 하였습니다. 대법원과 특허법원 등의 판례도 실무에 도움이 되는 것을 선별해서 가급적 많이 수록하였습니다. 수험생은 판례요지를 암기합니다. 실무자는 그래서는 안 됩니다. 판례요지뿐만 아니라 그 케이스의 사실관계에서 어떤 인과관계가 적용돼서 어떻게 결론이 도출되었는지를 구체적으로 살펴야 합니다. 그래야만 판례를 통한 케이스 스터디가 제대로 기능합니다. 이 책의 판례는 그런 관점으로 제시하고자 했습니다. 앞으로 판본을 바꿔가면서 예제와 판례를 더욱 강화할 계획입니다.

저는 학자가 아니며, 이삼 십 년 이상 실무에 매진한 사람도 아닙니다. 좌고우면하지 않고 열심히 일해 왔으나 기껏해야 실무자 경력이 십수 년에 지나지 않습니다. 그러므로 부족한 점이 많습니다. 미처 알지 못한 내용도 있을 터입니다. 그런 부분들은 향후 판본을 개정하면서 겸허하게 수정하고 채워나가겠습니다. 장차 특허실무 지식으로 채워나가고 싶은 부분은 특히 '고객 서비스', '해외업무', '심판소송'입니다. 그런 점에서 <특허실무지식>이 지금은 두 권이지만, 언젠가 세 권, 네 권의 구성으로 이루어질지도 모르겠습니다. 이런 이유로 두 권의 책을 무리하게 한 권으로 묶지 않았습니다. 나중에 추가할 내용을 채우기 편리하게 초판은 빈틈과 여지가 많은 것이 좋겠다고 생각했습니다.

이 책의 저자로서 제게는 세 가지 바람이 있습니다.

첫째, 저의 온갖 오류와 미비함에도 불구하고 이 책이 특허현장에서 고독하게 일하는 수많은 실무자에게 용기를 주기를 저는 바랍니다.

둘째, 이 책의 오류와 미비함이 독자의 이성을 자극하는 것입니다. 그래서 우리 특허업계에서는 좀처럼 없는 논의와 토론이 행해져서 더 나은 생각의 결과가 나오기를 희망합니다. 그런 점에서 이 책은

'더 나은 생각'을 위한 마중물입니다.

셋째, 특허실무의 세계는 판에 박힌 대로 행하는 의례적인 세계가
아니라, 실로 창의성이 꿈틀거리는 세계임을 독자가 느끼기를
진심으로 바랍니다.

이 책이 나오기까지 4년 동안 인내해 주신 에이콘출판사의 권성준
사장님께 깊은 감사의 마음을 표합니다. 권사장님께서는 언제나
제게 인생과 문화를 가르쳐주셨으며, 그 배움이 있었으므로
이와 같은 책이 나올 수 있었다고 생각합니다. 이 책에 멋진 옷을
입히기 위해 고생하신 디자이너 구희선 씨에게는 고마움을 담아
여러 번 술을 사야겠습니다. 한편 제 인생의 시간은 저만의 것이
아니라 아내와 아이들도 지분이 있습니다. 곁에서 함께 기다리고
응원해준 가족에게도 고맙다고 말하고 싶습니다.

한편 '명세서'는 '특허문서'라고 표현했으며, '특허청구범위'는
'특허범위'라고 표현을 바꿨습니다. 그렇게 한 까닭은 실무자가 아닌
독자를 배려하기 위함입니다. 전문가의 지식은 널리 공유되어야
합니다. 그래야 잘못된 지식과 오해가 퍼지는 것을 막을 수 있기
때문입니다. 이 책이 전문가를 위한 책이기는 하지만, 일반 독자의
지적 호기심을 배려하지 않을 수 없습니다. 그들을 위해서
전문가에게만 익숙한 일부 표현을 약간 바꿨습니다. 언어 장벽을
낮추면 생각이 더 잘 퍼집니다. 이 책이 이론과 학문을 위한
저작물이 아니므로 넓은 마음으로 이해해주기 바랍니다.

I. 특허문서 작법

1. 총론
>   가. 좋은 특허문서란 무엇인가
>   나. 특허문서를 작성하는 실무자의 자세
>   다. 특허문서의 기본 구성
>   라. 특허문서 작법 논리
>   마. 특허문서 작성 순서
>   바. 앵글 사용법
>>   (1) 개념
>>   (2) 비즈니스와 앵글 사용법
>>   (3) 오브젝트의 선택
>>   (4) 초점거리
>   사. 문장 스타일
>   아. 돈과 장인

2. 실무자가 알아야 할 주요 판례

3. 청구항 한 개
>   가. 콜론과 세미콜론
>   나. 지시 보조어
>   다. 오브젝트와 카테고리
>   라. 트랜지션
>   마. 전제부
>>   (1) 전제부의 필요성
>>   (2) 영어와 한국어의 구조적 차이
>>   (3) 젭슨 청구항
>   바. 구성집합론
>>   (1) 구성집합의 원소가 1개인 경우
>>   (2) 구성집합의 원소가 2개 이상인 경우

라. 발명의 목적

마. 특허청구범위의 작성

바. 도면 작법

    (1) 어떻게 도면을 준비하는가?

    (2) 무슨 도면을 준비하는가?

    (3) 도면의 순서는 어떻게 정하는가?

    (4) 잘못된 도면 작법

    (5) 기타 실무적 사항

사. 발명의 구성

    (1) 설명

    (2) 용어

    (3) 주어

    (4) 술어

    (5) 실시예/비교예/실험예

    (6) 효과의 기재

    (7) 역피라미드 전개

    (8) 도면을 불러내는 방식

    (9) 수식/반응식/화학식

    (10) 관용적인 표현

    (11) 본질과 비본질에 대한 분량 할당

    (12) 특허청구범위와의 관계

아. 나머지 사항

    (1) 발명의 효과

    (2) 과제해결수단

    (3) 도면의 간단한 설명

    (4) 요약서

    (5) 실무자 코멘트

    (6) 초안 송부와 출원 이후의 관리

III. 침해의 사전공방 305

예제 목차

예제 80 (특허 1541835)

예제 81

예제 82 (특허 1551777)

예제 83 (특허 1550954)

예제 84 (특허 1550930)

예제 85 (특허 1542244)

예제 86 (특허 1129621)

예제 87 (특허 1552736)

예제 88 (특허 974725)

예제 89 (특허 1522042)

예제 90 (특허 1542096)

예제 91 (특허 1526991)

예제 92 (특허 1526985)

예제 93

예제 94 (특허 1551622)

예제 95 (특허 1551496)

예제 96 (특허 946952)

예제 97

예제 98 (특허 1483569)

예제 99

예제 100 (특허 1387454)

예제 101 (특허 1044876)

예제 102

예제 103 (특허 1527453)

예제 104 (특허 78358)

예제 105 (특허 1148016)

예제 106

예제 107

예제 108 (특허 1498134)

예제 109 (특허 1518077)

예제 110 (특허 1519674)

예제 111 (특허 1500050)

예제 112 (특허 359141)

예제 113 (특허 1528920)

예제 114 (특허 1532137)

예제 115 (특허 359141)

예제 116 (심사지침)

예제 117 (심사지침)

예제 118 (심사지침)

예제 119 (특허 1572106)

예제 120 (특허 1572566)

예제 121 (특허 1572218)

예제 122 (특허 1574568)

예제 123 (특허 1574967)

예제 124 (특허 1571143)

예제 125 (특허 1575420)

예제 126 (특허 1575637)

예제 127 (특허 1575692)

예제 128 (특허 738488)

예제 129

예제 130

예제 131 (실용 48593)

예제 132 (특허 1581610)

예제 133 (특허 1578769)

예제 134 (특허 1580478)

예제 135 (특허 1576797)

예제 136 (특허 1576877)

예제 137 (특허 1588030)

예제 138 (특허 1587518)

예제 139 (특허 1478330)

예제 140 (특허 1478150)

예제 141 (특허 1478419)

예제 142 (특허 1478415)

예제 143 (특허 1477970)

예제 144 (특허 1216040)

예제 145 (특허 613825)

예제 146 (특허 1418084)

예제 147 (특허 1504663)

예제 148 (특허 1548954)

예제 149 (특허 1424629)

예제 150 (특허 1548070)

예제 151 (특허 1542421)

예제 152 (특허 1543720)

예제 153 (특허 1549882)

예제 154 (특허 1457548)

예제 155 (특허 1365238)

예제 156 (특허 1543714)

예제 157 (특허 15433553)

예제 158 (특허 1544161)

예제 159 (특허 1525964)

판례 목차

Ⅱ.

중간 사건 실무

1.

중간사건의 정의

3^2

단어의 사전적 의미만을 좇는다면 특허라는 것은 결국 국가가 누군가에게 특별히 권리를 허락한다는 뜻이다. 어째서 임꺽정은 안 되고 홍길동은 되는 것이냐는 차별 논란이 생길 수 있다. 그러므로 관련 국가공무원은 법령의 규정과 각종 기준에 맞게 공평무사한 대국민 업무를 보아야 한다. 특허를 받고자 하는 누군가와 그 누군가의 민원을 듣는 공무원이 있다. 전자를 출원인이라고 칭하고, 후자를 심사관이라고 한다. 출원인은 국적, 지역, 지식수준, 특허제도에 대한 이해수준, 목적, 성격이 각각 다르고, 사람인지 기관인지도 다르며, 사용하는 언어도 천양지차여서 심사관이 모든 출원인을 직접 상대할 수 없다. 민원업무를 처리하느라 특허제도가 무너진다. 그래서 심사관이 손쉽게 서류만 보고 공무를 볼 수 있도록 고안된 것이 대리인 제도다. 그 대리인을 변리사라고 칭한다. 이로써 출원인, 대리인, 심사관의 삼각 관계가 특허에 관련한 대부분의 일을 규정한다.

그런 일들은 다시 크게 세 가지 국면으로 나뉜다. 출원인이 자기 아이디어는 이러하다는 서면을 국가에 제출하면서 특허를 신청하는 국면, 심사관이 그 서면을 읽으며 특허를 허락할 수 있는 아이디어인지 심사를 하는 국면, 기어이 특허를 받아서 그것을 관리하는 국면이 그러하다. 첫 번째 국면에서 가장 중요한 실무가 특허문서 작법이다. 제1권의 주제였으며, 지금껏 공을 들여 설명했다. 이제 두 번째 국면의 '일부'를 다룬다. 그 전부가 아니라 일부만을 다루는 까닭은 심급 문제 때문이다. 심사 국면 중 심사관의 영역은 그 성격상 이 책에서 제외한다. 또한 심사과정은 거절처분과 그에 대한 불복에 의해서 행정심판과 심결취소소송 절차까지 포함돼서 결국 대법원까지 이르게 되는데, 그런 행정처분에 대한 쟁송절차에 대해서도 일단 제외한다. 언젠가 설명할 기회가 있을 것이다.

심사관은 특허문서를 읽으면서 특허출원을 거절할 수도 있고, 또 특허결정을 내릴 수도 있다. 후자인 경우 세 번째 국면, 즉 특허를 관리하는 국면으로 진입한다. 전자의 경우에는 행정절차법의 정신에 따른다. 국민의 권리에 영향을 미치는 사항에 대해 공무원은 바로 거절할 수 없다. 거절결정이라는 행정처분을 내릴 때에는 반드시 그 이유를 제시해야 하며, 의견을 제출할 기회를 출원인에게 줘야 한다. 이는 모두 특허법에 규정돼 있다. 그래서 심사관은 특허를 받을 수 없다고 판단했다면 그 이유를 적은 서면을 출원인에게 통지한다. 그것을 <의견제출통지서>라고 한다. 과거에는 <거절이유통지서>라고 칭했다. 출원인은 정해진 기간 내에 심사관의 판단에 대응해서 이런저런 의견을 제출해야 한다. 이에 관한 실무를 흔히 <중간사건>이라고 칭한다.

　　중간사건 실무를 편의상 구분해본다면 보고 실무, 의견서 실무, 보정서 실무, 이렇게 세 가지로 나뉜다. 보고 실무는 출원인에게 보고하는 실무다. 만사가 그러하지만 가급적 핵심을 앞세운다. 비본질과 본질을 구별해서 전자에 시간을 낭비하지 않도록 한다. 실무자는 중간사건을 보고할 때 인간이란 망각에 매우 취약하다는 점을 감안해야 하며, 또한 정작 출원인이 못 알아듣는다거나 혹은 찬찬히 읽을 여유가 없을 수 있다는 점을 유념한다. 의견서 실무는 심사관이 밝힌 거절이유에 대해서 맞서는 문서를 만드는 작업이다. 이미 부정적인 판단을 내린 사람을 설득하는 문서다. 그 3요소는 대체로 이러하다. 심리적일 것, 논리적일 것, 그리고 상대적일 것. 심사관의 인지편향을 극복해야 하며 출원인의 심리도 고려해야 한다. 논리 없이 설득할 수 없다. 논리도 없는데 심사관이 거절판단을 철회하였다면 그것은 뭔가 문제가 있는 것이다. 모든 안건은 저마다 고유한 특징이 있다. 안건을 공통된 패턴으로 다루면 깊이 있게 분석하고 대응하기보다는 사건의 겉면을 흐르는 의견서를 작성할 우려가 있다. 그것이 매너리즘이다. 실무자는 안건마다 집중해서 그것만의 최선을 생각한다.

34

2.

보고실무

36

가

어떤 언어를 사용할 것인가

중간사건에서 보고 실무는 부정적인 심사결과를 의뢰인(출원인)에게 보고하는 업무에 관한다. 상당수의 실무자는 심사결과에 관한 사실을 정확하고 신속하게 알려주는 것을 중요하게 생각한다. 하지만 그렇지 않다. 사실만으로는 부족하다. 의뢰인은 사실보다는 그 사실의 해석을 원하는 경우가 많다. 정확함과 신속함이 이 실무의 핵심사항도 아니다. 정확하게 보고했으나 상대방이 무슨 의미인지 알 수 없다면 그것은 부정확한 것이다. 신속하게 보고했으나 상대방이 바빠서 파일을 열어볼 수 없다면 그 신속함은 큰 의미가 없다. 무엇보다 보고는 언어행위이며, 따라서 그것은 소통행위라는 점을 간과해서는 안 된다. 의사소통 관점에서 보고 실무를 생각한다면 실무자는 언어 사용법을 생각하지 않을 수 없다. 어떤 언어를 사용할 것인가?

첫째, 쉬운 언어를 사용한다. 일상생활에서 많이 사용하는 단어와 간명한 문장이 도움이 된다. 실무자들은 습관적으로 전문용어를 사용한다. 상대방이 전문용어를 사용하는 사람이라면 그런 용어가 소통에 확실히 도움이 되기는 한다. 대기업이나 연구기관의 경우 전담부서가 있는 경우가 많아서 그런 출원인이라면 특별히 문제되지 않을지도 모른다. 그러나 대기업이나 연구기관에 소속된 담당자만 변리사의 보고 문서를 독점하는 것이 아니다. 조직 내부에서 용어에 낯선 사람들에게도 보고 문서가 유통될 수 있다. 각종 재보고, 감사, 업무연계 등을 고려한다면 출원인이 대기업이나 연구기관이라고 해서 전문용어 사용이 정당화되지는 않는다. 또한 실무자의 훈련과 습관을 고려해서도 쉬운 언어 사용이 바람직하다. 어려운 언어 사용이 습관화되면 실무자 스스로 자기 문장이 어디에 문제가 있는지 전혀 인지하지 못하게 된다. 실무자 본인은 신속하고 정확히 보고했음에도 정작 의뢰인은 무슨 말을 하는지 도통 알 수 없는 지경에 이른다. 업계에 이런 일이 잦다.

38

"본건에 대해서 2016. 7. 1.자로 특허청으로부터 의견제출통지서가 발급되었습니다."라는 표현보다는 예컨대 "2015년에 의뢰하신 특허신청 안건에 대해서 특허청 담당 심사관이 특허를 줄 수 없다는 임시 결정('의견제출통지서'라고 합니다)을 내렸습니다."라는 문장이 소통에 유리하다.

"심사관은 인용발명 1 및 인용발명 2를 제시하면서 본 발명의 청구항 전항의 진보성을 부인하였으며, 심사관의 의견제출통지서와 심사관이 인용한 인용발명 1과 인용발명 2는 별첨하였습니다."라는 문장보다는 "심사관은 우리 발명과 유사하다는 선행기술(이를 '인용발명'이라고 부릅니다) 2건을 제시하였습니다. 심사관의 통지서와 인용발명 문헌을 함께 보내드립니다."가 이해하기 쉽다.

'청구항 전항의 진보성'이라는 표현은 소통에서는 중요하지 않다. '청구항 전항'이 곧 '우리 발명'이기 때문이다. 일부 청구항에 대해 진보성이 인정됐다면 "다행히 우리 발명 일부에 대해서는 특허성을 인정받았습니다."라는 문장을 부가하면 된다.

둘째, 유체이탈 화법은 되도록 피해야 한다. 실무자가 스스로 전문가라고 여긴다면 전문가답게 행동해야 한다. 사실만 나열할 뿐 자기 생각과 자기 판단을 표현하지 않는다면 그것은 전문가의 실무가 아니다. 사실은 단순히 전달되는 것에 그치지 않고 해석되어야 한다. 실무자는 사실전달의 기관이 아니라 사실해석의 주체가 돼야 한다. 그렇기 때문에 모든 판단과 해석을 출원인에게 미루는 것은 아주 바람직하지 못하다. 출원인이 외국기업인 경우도 마찬가지다. 당신은 전문가다. 돈이 되든 안 되든 전문가다운 서비스를 제공하고자 한다면 사실과 더불어 자기 견해를 넣어야 한다. 물론 자기 생각을 표현한다고 해서 지나치게 많은 정력을 낭비하는 것은 좋지 못하다. 지금은 보고 실무이지 의견서를 작성하는 단계가 아니기 때문이다. 때때로 한두 단어, 한 줄의 문장이어도 좋다. 분석과 전망에 대해서는 조금만 기다려달라는 부탁의 표현이어도 좋다.

한국의 실무 문화를 살펴보면 '의뢰인의 대리인'으로서의 보고가 아니라 그저 사실만을 나열한 보고, 마치 제3자가 작성한 보고 문서가 횡행한다. 아마도 실무자와 관리자가 분리되어 있기 때문일 것이다. 심사관 통지서가 발급되면 실무자가 서류를 열어보기 전에 '신속성'이라는 미명하에 기계적으로 관리자가 의뢰인에게 먼저 보고하는 것이다. 그런 신속성은 업무를 실질보다는 형식으로 평가하기를 좋아하는 고객이 아니라면 별로 쓸모가 없다. 행여 그런 사정이라도 "아직 담당 변리사가 심사관의 통지서를 구체적으로 분석하지는 못했습니다. 먼저 시급히 보고드리는 것이 좋겠다 생각하여 분석 전에 보고를 드리오니 널리 양해바랍니다. 구체적인 분석내용과 전망에 대해서는 조금만 더 기다려주십시오."라는 문장을 더함으로써 고객을 안심시키는 것이 좋다.

"2016. 9. 1.까지 의견서를 제출하여 대응해야 합니다. 첨부한 의견제출통지서와 인용발명들을 검토하시어 대응할지 여부를 2016. 8. 1.까지 알려주시기 바랍니다. 또한 출원발명과 인용발명들의 구성상의 차이점을 알려주시면 의견서 작성에 참조하도록 하겠습니다."라는 문장은 상당히 걱정스럽다. 실무자가 보고를 하면서 심사관의 통지서에 대한 분석과 전망을 전혀 하지 않았다면 저 문장은 대표적인 유체이탈 화법이다. 기술(혹은 제품) 관점의 차이와 특허 관점의 차이는 국면을 달리한다. 또한 의뢰인이 이 업무에 관해서 실무자보다 더 똑똑하지는 않다(그렇다면 대리인을 고용할 까닭이 없지 않은가?). 마치 나는 모르겠으니 당신이 알아서 하라는 메시지를 준다. 물론 출원인은 심사관의 통지에 대해 대리인에게 지시를 내려야 한다. 그렇지만 어떤 지시를 내려야 할지를 판단함에 있어 의뢰인을 도와줘야 하는 것이 대리인의 역할이며, 전문가의 존재이유다. 대부분의 출원인은 출원발명과 인용발명의 '특허법적' 의미를 잘 모르고, 효과적으로 분석하지 못한다. 무슨 말인지 알아야 지시를 내리지 않겠는가. 다음과 같은 보고 문장은 실무적으로 참고할 만하다.

"심사관의 판단은 아직 임시적인 것입니다. 2016. 9. 1.까지 의견서를 제출하면 되는데, (중략) ~라는 점에서 심사관의 판단에 불합리한 점이 있습니다. 열심히 싸운다면 특허를 받을 가능성도 있다고 생각합니다. 다만, 비즈니스 환경 변화로 말미암아 우리 발명에 대한 특허 취득이 유의미하지 않다면 더 이상 대응하지 않아도 됩니다. 이 특허가 어느 정도 중요한지 다시금 알려주시기 바랍니다."

"심사관의 판단은 임시적인 결정에 불과하고 최종결정은 아닙니다. 실제로는 차이가 있으나 법적인 관점에서는 별로 차이가 인정되지 않는 경우가 있고, 실제 차이가 없어 보이지만 특허법리 관점에서는 큰 차이로 존중될 때도 있습니다. 그러므로 차분한 분석이 필요합니다. 2016. 9. 1.까지 의견서를 제출해야 하는 상황이며 4회의 기간연장도 가능합니다. 조만간 분석해서 다시 연락드리겠습니다만, 혹시 우리 발명이 더 이상 중요해지지 않게 된 특별한 사정이 있다면 알려주십시오. 분석에는 비용과 시간이 소요되기 때문입니다."

적절한
시간

실무자는 하는 업무마다 시간을 적절히 사용해야 한다. 대체로 투자되는 시간에 따라 서비스 비용이 늘어나게 마련이지만, 낭비된 시간까지 의뢰인이 부담하는 것은 바람직하지 않다. 보고가 중요하기는 하지만 아직 중간사건의 서막에 불과하며, 본론이 아니다. 그러므로 여기에 너무 많은 시간을 낭비해서는 안 된다.

　가급적 보고서를 간명하게 작성한다. 지나치게 많은 내용을 채우지 않는다. 보고서를 작성하는 데 한두 시간 이상 소요되고 있다면 특별한 사정이 아닌 한 실무자가 무엇인가 잘못하고 있는 셈이다. 보고서에 들어가는 내용이 과연 본질적인 것인지, 한 줄이면 될 것을 수십 줄의 문장으로 치장하고 있지는 않은지 점검하는 것이 좋다. 심사 결과 분석은 두 종류의 서로 다른 성격이 있다. 보고를 위한 분석과 대응을 위한 분석이 이러하다. 이 둘은 서로 같은 것 같지만 다르다. 사람들은 보고를 위한 분석과 대응을 위한 분석을 하나의 문서로 합쳐서 보고서를 작성하는 경향이 있는데, 그것은 보고 실무를 필요 이상 복잡하게 만들 뿐이며 실무자의 시간만 낭비해버린다. 보고를 위한 분석은 가급적 적은 시간을 사용해서 간명하게 정리한다. 추상적인 수준이어도 좋다. 안건의 내용에 관한 사항이 보고서에 들어간다면 핵심 중의 핵심만, 본질 중의 본질만 추려서 넣는다. 반면 대응을 위한 분석에 시간을 집중적으로 사용하고 메모를 하면서 구체적으로 정리한다. 보고서에는 전자만 사용하고, 후자는 가급적 실무자 개인의 기록으로만 남긴다. 그 기록은 의견서를 작성할 때 사용한다.

비본질이 본질을 압도하고 핵심이 방론에 가려지는 경우가 잦다. 심사결과를 보고함에 있어 무엇이 본질이고 어떤 사항이 핵심인가? 필경 의뢰인이 가장 듣고 싶은 사항이 본질이자 핵심이 될 것이다. "그래서 특허를 받을 수 있다는 말인가?", "과연 심사관의 판단을 뒤집을 수 있겠는가?", "비용이 어느 정도 들까?" 등이 그러하다. 이것이 일차로 답해진 다음에 구체적인 대응전략, 예컨대 특허범위 수정방안이라든지 추가 자료나 논리의 탐색이 결정될 터다.

우리 발명의 특징, 인용발명과의 차이점, 구체적인 논리방안 등은 의견서 실무에서 담아내는 것이지 보고 실무에 포함시킬 필요가 없다. 그것은 실무자의 주된 영역이지 보고를 받는 사람의 주된 영역은 아니기 때문이다. 또한 피차 다 알거나 특별히 관심사가 아닌 서지사항을 정리하는 데 불필요하게 시간을 낭비할 필요도 없다. 대기업이나 연구기관의 요원들은 실무자가 행정사무를 더욱 많이 해주기를 바라고, 그것을 마치 대단한 규칙처럼 생각하는 실무자도 많지만, 그러면 그럴수록 일하는 시간은 비본질적이 되고 만다.

나 또한 오랫동안 보고 실무를 그르쳐서 비본질적인 것에 너무 많은 시간을 소모했다. 이런저런 숫자(출원번호, 관리번호, 인용발명의 번호와 공개일, 출원일자, 심사청구일, 통지서 발송일, 통지서 수령일 등등)를 기록하고, 그 기록을 위해 표를 그렸다. 심사관의 통지서 내용을 요약하고, 우리 발명을 다시 요약하고, 인용발명도 요약하고, 구성을 비교하고, 도면도 넣고, 부산을 떨었다. 보고 실무와 의견서 실무를 구별하지 못했다. 당연히 부작용이 생겼다. 너무 많은 시간을 사용할 수밖에 없었고 수지타산이 맞지 않았으며, 요령을 피우게 되었고 그러다 보니 지치고 말았다. 주위를 둘러 보니 대부분의 실무자가 그렇게 하고 있는 것이다. 비본질적으로 일을 하면서 그게 실력이자 품질이라고 자아도취하는 사람, 그런 방식이 최고인양 가르치는 사람, 그렇게 하도록 강권하는 사람들로 중간사건 실무가 업계 차원으로 왜곡되고 말았다. 이게 무슨 비생산적인 낭비란 말인가?

　다시 말하지만 보고 실무는 적절한 시간을 사용해서 간명하게 한다. 보고서는 A4 한 장이어도 좋다. 보고서에서 빠지는 실체적인 내용들은 의견서 실무에 담는다. 중간사건의 프로세스는 대체로 이러하다. 실무자는 출원인에게 심사결과를 간명하게 보고한다. 보고를 받은 출원인은 실무자에게 대응하라고 지시한다. 그러면 실무자는 의견서를 충실히 작성하여 특허청에 제출한다. 보고 실무와 의견서 실무가 분리되는 것이 싫다면 아예 의견서 초안까지 모두 작성한 다음에 보고서에 첨부하는 방법도 좋다. 일회적으로 업무를 끝낼 수 있기 때문이다. 이런 방법은 고객의 상당한 신뢰와 안건의 중요함을 전제로 한다.

44

II. 중간사건 실무

다

심사결과
보고서에
담아야
할 것

(1) 어떤 출원인이냐

출원인마다 사정과 지식과 요구가 다르다. 그러므로 출원인에 따라 보고 문서의 스타일과 내용이 달라진다. 일반적으로 전담조직이 있는 경우에는 자율성보다는 타율성이 관리되는 문화여서 출원인 조직이 정한 서식을 준수해야 할 때가 있다. 그러면 그것에 따른다. 아마도 서지적 사항을 충실히 적어야 할지도 모른다. 또한 전담조직이 있다면 전문적인 분석내용을 더 원할지도 모른다. 특허가능성에 대한 소견이나 향후 전망보다는 심사결과 자체에 대한 보다 상세한 분석과 청구범위 대응을 중시하기 때문이다. 출원인의 요구가 항상 올바르다고 볼 수 없기 때문에 적절한 수준으로 응하되, 앞에서 언급한 것처럼 지나치게 에너지를 소비할 필요가 없다. 에너지는 의견서 작성에 쓴다. 출원인이 보통의 기업처럼 전담조직이 없는 기업이나 개인인 경우 실무자에게 상당한 자율성이 주어진다. 그 자율성을 남용하면 안 되겠지만, 자기에게 주어진 자율성을 최선의 형태로 사용한다. 특히 심사결과 자체에 대한 상세한 분석이나 청구범위 보정에 관련한 전문적인 사항보다는 지금 어떤 상황인지, 특허가능성은 경험적으로 어떠한지, 앞으로 어떻게 진행되는 것인지를 중심으로 보고하며, 핵심을 흐리는 서지사항은 가급적 줄인다.

(2) 형식

무릇 발명이란 창의적인 것이며, 실무자는 창의성을 다루는 사람이라는 관념을 잊지 않았으면 좋겠다. 그러므로 문서의 형식은 아무래도 좋다. 다만 중간사건 보고의 상당수는 '어쨌든 담당 심사관의 부정적인 판단'을 보고하게 되는 것이어서 부정적인 메시지를 순화할 만한 문서 디자인을 권한다. 보고를 하거나 보고를 받거나 사람의 일이다. 사람의 심리가 작용한다. 보고서의 디자인 형식은 고객에게 강한 인상을 주게 마련이다. 고객으로 하여금 실무자가 기계적으로 처리한다는 인상을 주는 것보다는 자기 안건을 귀하게 여기고 있으며 성실히 임한다는 인상을 주는 게 낫다. 그러므로 문구뿐만 아니라 서체와 레이아웃까지 세심하게 신경을 쓴다면 더욱 좋을 것이다.

보고서 작성의 주체는 두 분류가 있다. 실무자가 보고할 수 있으며, 관리를 담당하는 스태프가 보고서를 작성할 수도 있다. 이 두 가지 보고서는 성격이 완전히 다르다. 후자를 공문이라고 한다. 스태프가 작성하는 중간사건 보고서는 실무자의 분석과 견해를 담지 않고 사실을 위주로 전달한다. 이처럼 보고서를 두 종류로 분리하면 한편으로는 스태프로 하여금 신속하게 보고하게 할 수 있고, 동시에 실무자에게 내실 있는 보고를 할 시간을 확보해준다는 장점이 있다. 이 중 어느 하나를 없앤다면 당연히 스태프의 보고서다. 실무자 보고서 자체가 공식적이며, 또한 이메일이 생활문화가 된 상황에서는 이메일 본문으로 공문을 대체할 수 있기 때문이다. 다만 의견서를 제출한 다음에는 관리 스태프의 공문이 필요하다. 비용청구서가 붙기 때문에 그 비용청구서를 뒷받침하는 정식 보고 공문이 첨부돼야만 출원인 회사에서 결제 처리하기 이롭다.

　　과거에는 실무자의 보고서류는 모두 등기우편으로 전달됐으나 오늘날에는 특별한 사정이 없는 한 이메일로도 충분하다. 이메일로 소통하는 것이 어려운 특별한 상황에 한해서 예외적으로 등기우편을 보낸다. 보고문서는 보통 워드로 작성해 PDF로 변환해서 첨부한다.

　　실무자가 보고 문서를 이메일로 보낼 때 첨부문서는 다음과 같다. 파일 명칭을 통일할 것을 권한다. 그래야 출원인이 첨부문서를 자기 컴퓨터에 저장할 때 편리하다.

- 보고서(PDF, 파일명: 날짜_사건번호_변리사보고서)
- 심사관의 의견제출통지서(PDF, 파일명: 날짜_사건번호_심사관통지서)
- 인용문헌(PDF, 파일명: 날짜_사건번호_인용발명)
- 특허출원서 혹은 공개공보로서 우리 발명의 내용을 알려주는 문서
  (공개 전이라면 특허출원서를, 공개 후라면 공개특허공보를 첨부함으로써 망각에 취약한 우리 인간의 특성을 업무적으로 보충해준다, PDF, 파일명: 우리발명내용)

(3) 보고서 연습

고객이 원하는 것이 있다면 그것이 필수사항이다. 그러나 고객이 원하지 않더라도 반드시 포함돼야 할 사항이 있다면 그것이 진짜 필수사항이 되겠다. 그런 사항으로는 다음과 같다.

- 출원번호
- 발명의 명칭
- 현단계에 대한 설명
- 심사관의 판단에 대한 실무자 개인의 짧은 견해와 극복 가능성
- 비용정보(고객과 체결된 명시적 또는 묵시적 계약이 있다면 생략 가능)

보고서에 쓰이지 않은 사항 중에서 반드시 포함되는 게 좋을 것 같다고 판단되는 사항이 있다면 이메일 본문에 쓰면 족하다. 예제 186은 청구항 전부의 진보성이 거절된 1차 심사결과를 보고한 실무자 보고서의 문장이다. 의뢰인의 발명은 TV 홈쇼핑 방송에 관한 것이다. 상담원과 전화를 걸어서 주문을 할 때 셋톱박스 아이디가 상담원에게 입수되고, 전화통화와 동시에 TV 화면 안내를 통해 실시간으로 주문이 이루어지게 하는 방법을 특징으로 한다. 기술 자체는 간단해서 그 내용만으로는 진보성이 없는 듯한 인상을 주지만, 특허문서는 만만치 않게 작성됐다. 담당 심사관은 선행특허문헌 두 개를 인용해 제시하면서 청구항 전항의 진보성을 부인했다. 이제 실무자는 이를 보고할 것이다. 출원인은 대기업이며, 법무팀과 소통했다.

> **예제 186 (특허 1635320)**
> <심사결과 보고서>
> (인사와 서지사항에 대한 특정) 안녕하세요. 특허사무소 임앤정의 변리사 정우성입니다. 저희에게 의뢰하신 안건을 귀하게 다루고 있습니다. 저희에게 2015년에 의뢰하신 특허출원 2015-0104159호 "티커머스의 상품 구매를 위한 TV로 보는

실시간 주문 방법"에 관한 안건입니다. 이 안건은 현재 변리사 의견서를 써야하는 단계입니다.

특허청 심사관이 한국특허문헌 2개(이하 '인용발명1, 2'이라합니다)를 제시하면서 우리 발명과 유사하다는 이유로 우리 발명의 전부를 거절했습니다. 진보성이 없다는 것입니다. 그밖에 특허문서 기재에 문제가 있다는 이유로 거절한 부분도 있으나 이는 간단하게 해결할 수 있는 것이어서 진보성 여부만이 쟁점입니다. 이를 분석하고 대응 준비를 하느라 다소 시간이 지체되었습니다. 인용발명1은 스마트폰 애플리케이션을 이용한 모바일 주문/결제 방법이고, 인용발명2는 쇼핑 메신저를 이용한 인터넷 쇼핑 방법인데, 심사관은 이 둘을 결합하면 결국 우리 발명과 거의 유사해지지 않겠냐는 것입니다. 하지만 저희는 동의하지 않습니다.

자세한 내용은 첨부된 <변리사 의견서안>을 참조하시기 바랍니다. 거기에는 우리 발명과 심사관이 제시한 문헌들의 특징을 소상히 비교하면서 특허를 받아야 하는 합리적인 의견이 모두 작성되어 있습니다. 이를 검토해 주십시오. 비록 현단계에서는 전부 거절되었으나, 변리사 의견서를 통해서 충분히 극복하리라 예상합니다. 특허를 받기까지 여러 절차가 남아 있으므로 현단계에서 특허범위를 크게 축소하지 않을 작정이지만, 명목상으로나마 특허범위를 수정했습니다. 심사결과를 분석하고 변리사 의견서를 작성하는 데 소요되는 비용은 50~110만원 사이에서 정해집니다. 궁금한 사항이 있으면 언제든지 환영합니다. 관련서류는 여기 LINK를 클릭해 주십시오.

예제 186의 보고 문서에는 고객의 관심사 위주로 웬만한 정보가 거의 다 기재돼 있다. 그러나 비본질적인 서지 사항은 없다. 실무자는 이 정도로 충분하다고 판단했기 때문이다. 실제 심사결과에는 진보성 이슈뿐 아니라 기재불비의 이슈도 있었다. 기재불비 이슈는 특별한 사정이 없는 한 간단하게 치유할 수 있다. 그렇다면 기재불비 이슈는 중요하지 않으므로 이처럼 생략할 수도 있다. 핵심은 진보성이고 그것에 대한 분석과 견해만으로도 충분하다. 이 보고서의 특징은 실무자의 의견서안이 모두 작성된 상태로 보고했다는 점이다. 일을 집중해서 1회적으로 처리하기 위함인데, 고객의 신뢰가 중요하다. 또한 이 보고서에는 클라우드 기술이 적용됐다. 링크를 클릭하면 클라우드 저장소에 보관돼 있는 문서로 접근한다. 보통 심사관의 통지서, 인용발명 문헌, 특허

49

출원서를 열어볼 수 있다.

근래 클라우드 기술이 많이 발전했고, 특히 모바일 환경에 최적화되도록 개선돼 왔다. 이렇게 링크를 제공함으로써 언제 어디에서든 통신이 가능한 곳에서는 첨부문서를 열어볼 수 있도록 한다. 모바일 환경에서는 최적의 보고 방법이다. 1쪽의 보고서로 수십, 수백, 수천 페이지의 정보를 담을 수 있다. 또한 이렇게 함으로써 보고서와 첨부문서가 항상 결합돼 있는 상태로 관리하는 것이 가능하다. 이 보고서는 이메일을 통해서 고객에게 전해졌다. 다만 링크가 무엇을 뜻하는지 모르거나 익숙하지 않은 사람들을 배려하기 위해서 앞과 같이 링크가 있더라도 관련문서를 이메일에 다시 첨부해주는 것도 친절한 방법이라 하겠다.

예제 187은 예제 186에 디자인이 적용된 실제 문서다. 현재 어떤 단계에 있으며, 앞으로 어떤 과정을 거쳐야 할지를 직관적으로 보여주는 디자인을 사용했다.

예제 187 (특허 1635320)

<실제 보고서>

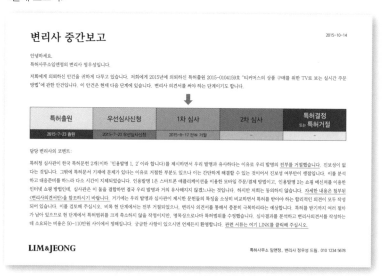

예제 188은 거절결정에 대한 실무자의 보고 예다. 예제 186과 같은 사건이다. 의견서를 제출했으나 심사관을 설득하는 데 실패해서 거절결정됐다. 그러므로 예제 188은 두 번째 심사결과 보고가 되겠다. 예제 188의 보고 문서에는 심사관의 거절결정이 부당하다는 결론만 있지 심사관의 거절결정 내용이 무엇이며, 부당한 이유에 대해서는 정리돼 있지 않다. 그 이유는 이러하다. 첫째, 거절결정서에 적힌 심사관의 이유 자체가 매우 복잡하다. 둘째, 그것을 다시 정리하면 보고서가 복잡하고 난해해진다. 셋째, 복잡한 것을 정리하느라 공연히 시간을 낭비하는 것보다 차라리 의견서를 논리적으로 작성해 그것을 함께 보내는 것이 더 합리적이라고 판단했다. 그래서 거절됐다는 사실, 그 거절이 부당하다는 결론적인 분석, 그리고 그 분석을 신뢰할 만한 심리적인 표현만을 보고서에 간명하게 담되, 그밖의 구체적인 이유, 근거, 논리, 분석내용 등은 의견서로 첨부되도록 했다. 의견서가 실제로 어떻게 작성됐는지에 관해서는 의견서 실무편에서 살펴볼 것이다.

예제 188 (특허 1635320)

<거절결정보고서>

안녕하세요. 특허사무소 임앤정의 변리사 정우성입니다. 저희에게 의뢰하신 안건을 귀하게 다루고 있습니다. 저희에게 2015년에 의뢰하신 특허출원 2015-0104159호 "티커머스의 상품 구매를 위한 TV로 보는 실시간 주문 방법"에 관한 안건입니다. 재심사 신청을 해서 변리사 의견서를 써야 하는 단계입니다.

지난 2015-10-15에 의견서를 제출했음에도 불구하고, 유감스럽게도 특허청 심사관은 결정을 번복하지 않은채 거절결정을 내렸습니다. 그래서 심사관이 제시한 문헌을 다시 한 번 읽고, 거절결정서에 기재된 모든 표현을 검토하고 분석했습니다. 분석결과, 심사관은 판단은 매우 부당하다고 다시 한 번 확인했습니다. 그렇다고 해서 지난번에 제출한 의견서를 다시 제출할 수는 없는 노릇입니다. 어쨌든 설득에 실패했기 때문입니다. 그래서 지난번 제출한 1차 변리사 의견서보다 2배의 분량으로 더욱 구체적으로 고찰하면서 새롭게 변리사 의견서를 작성하여 심사관의 견해를 논박했습니다. 특허를 예상합니다만, 심사도 사람이 하는 일이어서 성향을 배제할 수 없다는 게 문제라면 문제입니다. 인용발명 1은 스마트폰 애플리케이션을 이용한 모바일 주문/결제 방법이고, 인용발명 2는 쇼핑 메신저를 이용한 인터넷 쇼핑 방법이며, 이는 지난번에 보내드렸습니다. 특허범위를 외형적으로는 약간 축소했으나 내용적으로는 초기와 같습니다. 궁금한 사항이 있으시면 언제든지 환영합니다.

디자인이 적용된 실제 보고서는 예제 189와 같다. 지금까지 어떤 과정을 거쳐왔고, 현재 어떤 단계에 있는지를 직관적으로 보여준다.

예제 189 (특허 1635320)

<실제 보고서>

예제 190은 같은 안건에 대해서 3차 심사결과에 대한 보고 사례다. 심사관은 재심사 단계에서 의견제출통지서를 발급했다. 인용발명 하나를 철회하고 새로운 인용발명을 제시하되, 일부 청구항에 대해서 진보성을 인정했다. 이런 심사결과를 받으면 실무자는 지칠 것이다. 하지만 냉정하게 인내한다.

낙관적으로 생각하면 심사관이 확정적인 거절결정을 유보하고 다시 의견제출통지서를 발급했다는 것은 재심사 단계에서 실무자의 의견서가 담당 심사관을 설득하는 데 성공했음을 의미한다. 다만 심사관은 여전히 발명의 내용에 대해 불만이었고, 그래서 새로운 인용문헌을 제시해 다시 거절이유를 통지했다. 그러나 일부 청구항에 대해 특허성이 인정됐다. 이번 보고의 핵심은 일부 청구항에 대해서 특허성이 인정됐다는 사실이다. 3차례에 걸쳐서 심사관 통지서를 받다 보면 고객도 지칠 수 있다. 이런 경우에는 성과를 내는 것이 좋다. 그래서 보정을 통해 특허취득을 도모하도록 하는 것이 바람직하다. 종속 청구항을 이용해서 특허취득을 하려는 경우 실무자는 분할출원에 대한 안내를 잊어서는 안 된다.

예제 190 (특허 1635320)

안녕하세요. 특허사무소 임앤정의 변리사 정우성입니다. 저희에게 의뢰하신 안건을 귀하게 다루고 있습니다. 저희에게 2015년에 의뢰하신 특허출원 2015-0104159호 "티커머스의 상품 구매를 위한 TV로 보는 실시간 주문 방법"에 관한 안건입니다. 간단한 수정으로 특허 취득이 예상되는 단계입니다.

지난 2016-01-20에 재심사를 청구하면서 더욱 강화된 변리사 의견서를 제출한 결과, 다시 3번째 심사통지를 받았습니다. 나쁜 결과는 아닙니다. 저희의 논증이 심사관을 설득했다는 취지의 심사결과입니다. 심사관은 인용발명 2와 거절결정을 철회하였습니다. 그리고 다른 선행문헌(인용발명3)을 제시하면서 일부 청구항의 진보성을 부인함과 동시에 일부 청구항의 특허성을 인정하였습니다. TV로 보는 ARS 방식 자체는 특허성을 인정할 수 없으나, 보는 ARS에서 안내 종료 후에 화면을 통해 1개 이상의 상품을 추천한다거나 혹은 보는 ARS TV 화면 주문이 완료된 다음에 예상 배송일자를 표시하는 부분의 특허성은 인정되었습니다. 완벽하게 승리하는 것이 최상이겠으나, 경제성과 적절성을 고려한다면 특허성이 인정 받은 청구항에 대해서만 특허를 취득하는 것도 바람직하다 하겠습니다. <TV로 보는 ARS 방식 자체>에 관해서도 타협 없이 권리를 취득하고자 한다면, 특허결정 후에 분할출원을 할 수 있는 방안이 있습니다. 그것을 권고합니다.

실제 문서는 예제 191과 같다. 과거의 이력을 잘 보여주기 위해서 <우선심사신청> 이력을 삭제했다.

예제 191 (특허 1635320)

<실제 보고서>

예제 192의 발명은 스마트폰을 이용해서 동영상 파일의 일부 구간을 불러오고, 잘라내거나 붙이는 등 자유롭게 편집하는 기술에 관한 것이다. 실무자는 이 발명을 모바일 앱의 사용자 인터페이스의 관점에서 특허를 구성했다. 심사관은 기재불비의 거절이유와 청구항 전항에 대해서 진보성을 부인하는 거절이유를 통지했으며, 인용문헌 3개가 제시됐다. 예제 192는 이 안건에 대한 실무자의 보고문서에 적힌 내용이다. 이 보고서는 심사관의 통지서를 받은 다음에 일주일 정도 경과한 시점에 작성됐다. 신속하게 심사결과만을 알려주는 보고서의 전형이라 할 수 있겠다. 심사관이 거절했다는 점, 그리고 이 사건이 중요하다는 점, PCT 국제출원도 했다는 사실을 알려주면서 동시에 싸워 볼만하다는

견해를 포함시켜서 의뢰인을 안심시킨다. 그러면서 의견서를 제출해야 하는 시점이고, 의견서를 작성하기까지 시간이 소요된다는 점을 간명하게 알려줬다. 이렇게 신속하게 작성한 보고서는 안건 자체에 대한 구체적인 내용이 없으므로 실무자가 작성을 하되, 관리 스태프로 하여금 고객에게 보내도록 할 수 있다.

>### 예제 192
>
>\<심사결과 보고서\>
>
>특허청 심사관이 한국 특허문헌 2개와 일본 특허문헌 1개(이하 '인용발명 1, 2, 3'이라 합니다)를 제시하면서 그 문헌에 기재된 내용과 우리 발명이 유사해서 진보성이 없다는 이유로 우리 발명의 전부를 거절했습니다. 이 특허문서는 PCT 국제출원의 기초가 되는 특허출원 문서이고 특허범위도 넓기 때문에 매우 중요합니다. 저희가 대략 분석하기로는 충분히 싸워볼 만하다고 판단합니다. 그러나 심사관을 설득하기 위한 변리사 의견서를 작성하는 데는 다소 시간이 소요될 것으로 생각합니다. 변리사 의견서가 완성되는 대로 다시 보고드리겠습니다. 궁금한 사항이 있으시면, 이 안건을 보고한 저희 서비스팀장(service@asiapat.com)의 이메일로 지시를 주셔도 좋고, 제게 직접 연락하시는 것도 환영합니다. 의견을 경청하겠습니다.

예제 192의 내용에 디자인이 적용된 실제 보고서는 예제 193와 같다. 현재 어떤 단계에 있는지를 직관적으로 보여준다.

예제 193

<실제 보고서>

변리사 중간보고   2015-12-02

안녕하세요.
특허사무소임앤정의 변리사 정우성입니다.

저희에게 의뢰하신 안건을 귀하게 다루고 있습니다. 저희에게 2014년에 의뢰하신 특허출원 2015-4629호 "동영상 파일의 블록 조합을 위한 사용자 인터페이스 방법"
에 관한 안건입니다. 이 안건은 현재 다음 단계에 있습니다. 변리사 의견서를 써야 하는 단계이기도 합니다.

특허출원	심사대기	1차 심사	2차 심사	특허결정 또는 특허거절
2015-1-13 출원	2015-1-13 심사청구	2015-11-20 전부 거절	-	-

담당 변리사의 코멘트:

특허청 심사관이 한국 특허문헌 2개와 일본 특허문헌 1개(이하 '인용발명 1, 2, 3'이라 합니다)를 제시하면서 그 문헌에 기재된 내용과 우리 발명이 유사해서 진보성이
없다는 이유로 우리 발명의 전부를 거절했습니다. 이 특허문서는 PCT 국제출원의 기초가 되는 특허출원 문서이고 특허범위도 넓기 때문에 매우 중요합니다. 저희가
대략 분석하기로는 충분히 싸워볼 만하다고 판단합니다. 그러나 심사관을 설득하기 위한 변리사의견서를 작성하는 데는 다소 시간이 소요될 것으로 생각합니다. 변리
사의견서가 완성되는 대로 다시 보고드리겠습니다. 궁금한 사항이 있으시면, 이 안건을 보고한 저희 서비스팀장(service@asiapat.com)의 이메일로 지시를 주셔도 좋
고, 제게 직접 연락하시는 것도 환영합니다. 의견을 경청하겠습니다.

LIM&JEONG   특허사무소 임앤정, 변리사 정우성 드림. 010 1234 5678

예제 194를 보자. 예제 194 안건의 의뢰인은 스타트업 기업이었다. 그 대표는 특허에 관해 상당한 관심을 지니며, 적극적으로 알아보는 성향의 사람이었다. 또한 부정적인 심사결과에 몹시 불안해 했다. 심사관은 인용발명을 5개나 제시했고, 신규성조차 부인했으며, 또한 상세한 대비표를 제시하면서 특허를 받을 수 없는 이유를 매우 구체적으로 기재했을 정도로 의뢰인의 발명에 관해 부정적인 판단을 하고 있는 것처럼 보였다. 분석결과, 심사관의 완고한 성향과 논리적인 허점이 동시에 발견됐다. 실무자는 변리사 의견서를 작성해 함께 보냄과 아울러 대강의 방향성을 보고했다. 특히 의뢰인의 심리적 불안감을 감안하면서 부정적인 심사결과에도 불구하고 실무자에 대한 신뢰를 더욱 확보하고자 했다. 이렇게 해서 의뢰인의 불안감을 보고서를 통해 치유하고자 했다.

예제 194 (특허 1635775)

<실무자 보고서>

(서지사항/인사말 생략)

특허청 심사관이 한국 특허문헌 3개, 일본특허문헌 1개, 미국특허문헌 1개(이하 '비교대상발명 1~5'라 합니다)를 제시하면서 그 문헌에 기재된 내용이 우리 발명과 유사하여 우리 발명의 전부를 거절했습니다. 기재불비/신규성/진보성이 없다는 것입니다. 이를 분석하고 대응준비를 하느라 다소 시간이 지체되었습니다. 심사관의 지적이 뭔가 굉장히 많습니다만, (1) 심사관은 고집스럽다, (2) 웬만하면 판단을 바꿀 가능성이 크지 않다는 인상을 받았습니다.

이런 경우의 대응전략은 첫째 쟁점을 간단하게 한다(유리한 것만 쟁점으로 삼고, 불리하거나 심사관에게 약점을 잡힐 사항은 쟁점으로 삼지 않는다), 둘째 심사관의 법리적 약점을 찾는다, 셋째 시종일관 논리성을 유지한다 등입니다. 그와 같은 전략으로 변리사 의견서를 모두 작성했습니다. 검토해주십시오.

비교대상발명 1과 비교대상발명 3만을 쟁점으로 삼습니다. 나머지는 현단계에서 법리적으로 전혀 중요하지 않습니다. PCT 국제출원도 되어 있고, 비즈니스 관점으로도 매우 중요한 특허출원으로 인식하고 있습니다. 아직 절차가 여럿 남아 있으므로, 특허범위를 함부로 줄이지 않고 대응하고자 했습니다. 차이를 많이 주장하면 할수록 특허범위가 줄어듭니다. 이 점 유의했습니다.

심사결과를 분석하고 변리사 의견서를 작성하는 데 소요되는 비용은 통상 50~110만원 사이에서 정해집니다. 궁금한 사항이 있으시면 언제든지 환영합니다.

예제 195 내지 예제 197은 1개의 특허출원에 대해서 1차 심사결과, 2차 심사결과(거절결정), 3차 심사결과(재심사 거절결정)에 대해서 순차적으로 행한 실무자의 보고서다. 결국 거절결정불복심판 청구를 하게 됐다. 의뢰인에게는 매우 중요한 안건이었다. 예제 195는 1차 심사결과에 대한 1쪽 분량의 보고서며, 의견서를 모두 작성해서 의견서안과 함께 보고를 했다.

예제 195

<실무자 보고서>

특허청 심사관이 한국 특허문헌 1개와 미국특허 1개(이하 '인용발명 1, 2'이라 합니다)를 제시하면서 그 문헌에 기재된 내용이 우리 발명과 유사하여 우리 발명의 전부를 거절했습니다. 진보성이 없다는 것입니다. 그밖에 특허문서 기재에 문제가 있다는 이유로 거절한 부분도 있으나 이는 간단하게 해결할 수 있는 것이어서 진보성 여부만이 쟁점입니다. 이를 분석하고 대응준비를 하느라 다소 시간이 지체되었습니다.

심사관의 판단은 모바일 일회용 코드에 관련한 인용발명 1과 미국특허인 인용발명 2를 결합하면 결국 우리 발명과 거의 유사해지지 않겠느냐는 것입니다. 하지만 저희는 동의하지 않습니다. 자세한 내용은 첨부된 <변리사 의견서안>을 참조하시기 바랍니다. 거기에는 우리 발명과 심사관이 제시한 문헌들의 특징을 소상히 비교하면서 특허를 받아야 하는 합리적인 의견이 모두 작성되어 있습니다. 이를 검토해 주십시오. 비록 현 단계에서는 전부 거절되었으나, 변리사 의견서를 통해서 충분히 극복하리라는 것입니다.

특허를 받기까지 여러 절차가 남아 있으므로 현 단계에서 특허범위를 크게 축소하지 않을 작정이지만, 명목상으로나마 특허범위를 수정했습니다. 링크된 <CLAIM CHART>에서 수정 전후의 청구항이 작성되어 있습니다. 심사결과를 분석하고 변리사 의견서를 작성하는 데 소요되는 비용은 50~110만원 사이에서 정해집니다. 궁금한 사항이 있으시면 언제든지 환영합니다. 관련 서류는 여기 LINK를 클릭해 주십시오. 저희 클라우드 서비스로 연결됩니다.

예제 196은 거절결정에 대한 실무자 보고서에 관한 것이다. 거절결정의 이유는 1차 심사결과에서의 거절이유와 거의 같기 때문에 심사관의 판단내용을 다시 정리해 줄 필요는 없다. 심사관의 판단에 동의하지 않으며, 반드시 싸워야 한다면 앞으로의 일에 대해 보고를 하는 것이 좋다.

재심사를 신청해 대응할 때 항상 심판청구를 염두에 둬서 보정방안을 마련해야 한다. 심판단계에서는 더 이상 보정을 할 수 없고, 심사단계에서 지적되지 않은 불리한 점이 발견될 수 있으므로 그것은 감안해야 한다. 또한 심판단계에서 쟁점을 단순화하기 위해 독립항이 여러 개 있는 경우에 청구항의 세트를 감축하는 것도 생각해 볼만하다.

예제 196

<실무자 보고서>

의견서를 제시했음에도 안타깝게도 특허청 심사관은 거절결정을 내렸습니다. 심사관의 성향과 의중을 알기 위해서 2015-10-22 대전 특허청에 방문하여 심사관 면담을 진행하였습니다. 담당 심사관은 상당히 완고하며 엄격한 성향의 인상을 보였습니다. 면담을 통해서 우리 발명과 인용발명들의 차이점을 차분히 설명했으며 출원인과 대리인 모두 이 안건을 매우 중시 여기며 상당히 중요한 기술임을 어필하였습니다.

어떻게 대응할 것인지에 관해서 저희 의견은 이러합니다. (1) 재심사를 신청하고 변리사 의견서를 제출합니다. 심사관의 성향에 맞는 재심사 의견서 작성이 완료되었으며, 이 문서에 첨부하였습니다. (2) 분할출원을 권합니다. 이번에 심사관이 다시 최종 거절한다면 우리는 심판청구를 해야 합니다. 심판청구를 염두에 두면서 대응을 하여야 하기 때문에 청구항 1~7만 남기고 나머지 청구항은 새롭게 분할출원하여 다시 절차를 밟습니다. 그렇게 함으로써 우리 기술을 더욱 효과적으로 두텁게 보호할 수 있습니다. 최선을 다해서 대응하겠습니다.

예제 197은 재심사 거절결정에 대한 실무자 보고서 내용이다. 심사관의 결정에 합리성이 있어서 싸워봤자 특허를 받을 가능성이 현저하게 낮은 경우라면 그런 취지를 냉정하게 보고한다. 그러나 심사관의 거절이유가 합리성이 부족해서 심판단계에서 뒤집힐 가능성이 적지 않다고 실무자의 의지를 보고서에 보여주는 것이 좋다고 생각한다. 그래야 의뢰인이 신뢰를 거두지 않는다. 예제 197는 청구의 이유까지 모두 작성해서 최종 거절결정과 함께 보고했다.

예제 197

<실무자 보고서>

2차에 걸쳐 의견서를 제출하고, 대전 특허청에서 심사관 면담을 했음에도 안타깝게도 특허청 심사관은 최종 거절결정을 내렸습니다. 심사관이 너무 완고했습니다. 이제 심판단계입니다. 심사관의 성향을 분석해서 2차 의견서를 제출할 때 최종 거절결정을 대비하여 심판에서 싸우기 좋게 특허청구항을 보정해 두었습니다. 심판단계에서는 담당 심사관의 판단에 기속되지 않고 새롭게 심리를 합니다. 그

것을 고려하여 담당 심사관의 거절결정서와 2개의 비교대상발명을 면밀히 분석해서 <거절결정불복심판청구서>를 모두 작성하였습니다. 검토를 바랍니다. 1월 31일까지 제출하기만 하면 됩니다.

심판 기간은 대략 6개월 정도 소요될 것으로 예상합니다. 좋은 소식을 전해드리지 못해 마음이 매우 무겁습니다만, 특허를 취득하기까지 전력을 기울이겠습니다.

관리 스태프가 작성하는 중간사건 보고서, 즉 공문은 사실을 공식적으로 전달하는 데 그 요체가 있다. 이 공문은 부정적인 심사결과를 의뢰인에게 보고하는 공문이다. 그러므로 심리적으로 거부감이 드는 표현은 억제한다. 어려운 단어가 없어야 하며, 친절해야 하고, 의뢰인의 불안감을 고려하면서 부정적인 표현보다는 안심시키는 표현이 중요하다. 사건 자체의 내용에 대해서는 담지 않는다. 예제 198은 관리 스태프가 작성한 1차 심사결과 보고 공문의 텍스트 부분이다.

60

예제 198

<스태프 보고서>

1. 주식회사 홍길동의 무궁한 발전을 기원합니다.

2. 지난 2015-01-27에 특허출원한 "중간사건보고를 잘하는 방법"에 대하여 2016-06-20에 특허청 심사관으로부터 1차 심사결과를 받았습니다.

3. <의견제출통지서>라는 제목의 특허청 공무원(심사관)의 통지서는, 출원인이 의견서를 제출하지 아니하면 최종 거절하겠다는 의미의 예고통지서입니다. 따라서 향후 절차는 변리사 의견서를 제출하는 것입니다. 본 공문은 우선 조속히 보고하고자 함에 그 의미가 있습니다. 자세한 사항은 변리사가 이후 검토하여 안내할 것입니다.

4. 혹시 비즈니스 사정이 변경돼서 특허문서의 중요 사항이 달라졌다거나, 더 이상 특허취득을 위해서 노력할 필요가 없어졌다는 등의 상황이 생겼다면 저희에게 꼭 알려주십시오. 그래야만 더 효과적으로 특허전략을 세운다거나 혹은 추가 비용부담을 예방하실 수 있습니다.

5. 의견서 제출기한은 2016-08-20이며, 최장 4개월까지 연장할 수 있습니다. 저희 사무소는 귀사의 무형가치와 지식재산을 위하여 최선의 노력을 경주하겠습니다.

* 첨부문서는 다음과 같습니다
  1. 심사관통지서
  2. 인용발명 1, 2
  3. 우리발명 내용 (특허출원서)

예제 199는 예제 198에 디자인을 적용한 정식 공문의 예다. MS 워드로 작성했으며, 왼쪽 부분의 서체는 맑은 고딕, 오른쪽 부분의 공문 내용은 윤바탕110 서체를 사용했다.

<실제 공문>

LIM&JEONG

특허사무소 임앤정 공문	
문서번호	2014P248
시행일자	2016-11-01
수신	주식회사 홍길동
참조	임꺽정 과장님
발신자	변리사 정우성

본 공문은,
☐ 단순 보고용입니다.
☑ 특별한 지시를 요청하고 있습니다.
☑ 마감기한이 있습니다.
☐ 비용결제를 위한 청구서가 첨부되어 있습니다.
☐ 전자세금계산서가 발행되었습니다.

본 공문에 대한 문의사항은,
☑ 일반전화: 02)568-9127
☐ 팩스: 02)568-2502
☐ 이메일: service@asiapat.com
언제든지 연락해 주시기 바랍니다.

RE: 1차 심사결과 보고

특허출원번호: 제10-2015-1234567호

1. 주식회사 홍길동의 무궁한 발전을 기원합니다.

2. 지난 2015-01-27에 특허출원한 "중간사건보고를 잘하는 방법"에 대하여 2016-10-20에 특허청 심사관으로부터 1차 심사결과를 받았습니다.

3. <의견제출통지서>라는 제목의 특허청 공무원(심사관)의 통지서는, 출원인이 의견서를 제출하지 아니하면 최종 거절하겠다는 의미의 예고통지서입니다. 따라서 향후 절차는 변리사 의견서를 제출하는 것입니다. 본 공문은 우선 조속히 보고하고자 함에 그 의미가 있습니다. 자세한 사항은 변리사가 이후 검토하여 안내할 것입니다.

4. 혹시 비즈니스 사정이 변경돼서 특허문서의 중요 사항이 달라졌다거나, 더 이상 특허취득을 위해서 노력할 필요가 없어졌다는 등의 상황이 생겼다면 저희에게 꼭 알려주십시오. 그래야만 더 효과적으로 특허전략을 세운다거나 혹은 추가 비용부담을 예방하실 수 있습니다.

5. 의견서 제출기한은 2016-12-20이며, 최장 4개월까지 연장할 수 있습니다. 저희 사무소는 귀사의 무형가치와 지식재산을 위하여 최선의 노력을 경주하겠습니다.

* 첨부문서는 다음과 같습니다
  1. 심사관통지서
  2. 인용발명
  3. 우리 발명 내용(특허출원서)

특허사무소 임앤정

(03143) 서울시 종로구 율곡로 2 길 7, 303 호 (수송동,서머셋팰리스)

3.

실무자가 알아야 할 주요 판례

의견서를 작성하는 실무자는 특별한 사정이 없는 한 굳이 판례를 의견서에 인용할 필요는 없다. 심사관은 기본적인 판례를 알고 있다고 가정돼 있기 때문이며, 자칫 심사관에게 그런 판례도 모르냐며 추궁한다는 느낌을 줄 수 있고, 무엇보다 의견서 자체의 논증, 즉 사안에 집중하는 논리를 판례가 방해할 수도 있기 때문이다. 심판소송 사건에서는 판례를 유효적절하게 인용하는 것이 바람직하겠으나, 의견서 실무에서는 판례의 도움이 없이는 심사관을 설득하기 어렵다고 판단되지 않는 한 가급적 판례를 인용하지 않는다. 그러나 판례를 직접 인용하지는 않더라도 판례의 '논리'는 충분히 활용할 수 있을 뿐더러 효과적인 보정안을 마련한다거나 특허를 취득한 이후의 전략을 고려해볼 때 실무자는 주요 판례를 충분히 알고 있어야 한다.

이하에서는 대법원과 특허법원의 주요 판례를 정리한다. 의견서 실무에 적합한 판례 소개를 목적으로 하기 때문에 특허침해 판단이나 특허무효가 쟁점이 되는 판례를 여기에서는 다루지 않는다.

65

대법원 1991. 11. 26. 선고 90후1499 판결

<1> 특허권의 권리범위 내지 실질적인 보호범위는 특허명세서의 "특허청구의 범위"에 기재된 사항에 의하여 정하여진다 할 것이나, 특허명세서의 기재 중 "특허청구의 범위"의 항의 기재만으로는 특허의 기술구성을 알 수 없거나 설사 알 수는 있더라도 그 기술적 범위를 확정할 수 없는 경우, "특허청구의 범위"에 발명의 상세한 설명이나 도면 등 명세서의 다른 기재부분을 보충하여 명세서 전체로서 특허의 기술적 범위 내지 그 권리범위를 실질적으로 확정하여야 한다.

<2> 화학물의 제조과정에 있어서 촉매를 사용하는 것과 사용하지 않는 것은 그 기술사상을 현저히 달리하는 것이므로
촉매사용에 대한 언급이 없는 특허제조방법과 촉매를 사용하여 행하는 제조방법은 비록 출발물질과 생성물질이 같다고 하더라도, 후자의 촉매사용이 작용효과상의 우월성을 얻기 위한 것이 아니라 무가치한 공정을 부가한 것에 지나지 않는다고 인정되는 경우를 제외하고는, 서로 다른 방법으로 상이한 발명이라 할 것이다.

<3> 촉매의 사용이 특허출원 당시 이미 공지된 것이어서 그 기술분야에 종사하는 자라면 용이하게 예측할 수 있는 것이었다 하더라도 특허청구의 범위나 상세한 설명에 그 촉매의 사용에 관한 언급이 없었던 이상, 그 특허가 촉매의 사용을 당연한 전제로 하고 있었던 것이라고 할 수 없다.

대법원 1998. 12. 22. 선고 97후990 판결

<1> 특허의 명세서에 기재되는 용어는 그것이 가지고 있는 보통의 의미로 사용하고 동시에 명세서 전체를 통하여 통일되게 사용하여야 하나, 다만 어떠한 용어를 특정한 의미로 사용하려고 하는 경우에는 그

의미를 정의하여 사용하는 것이 허용되는 것이므로, 용어의 의미가 명세서에서 정의된 경우에는 그에 따라 해석하면 족하다고 할 것이다.

<2> 기록에 의하니, 이 사건 특허발명의 명세서 중 상세한 설명에는 "본 명세서에 사용된 '성숙 백혈구 인터페론'이란 용어는 미생물학적으로 제조된 인터페론 분자로서 글리코실 그룹이 없는 인터페론으로 정의된다."라고 기재되어 있고, 나아가 "본 발명에 따른 성숙 백혈구 인터페론은 천연 생성물의 첫째 아미노산 코돈 직전의 번역 출발 시그날(ATG)로부터 즉시 발현된다. 따라서 성숙 폴리펩타이드는 이의 서열 중 첫째 아미노산으로서 메티오닌(ATG코드에 따라)을 이의 특성을 본질적으로 변화시킴이 없이 함유할 수 있다. 한편 미생물 숙주는 번역 생성물에서 개시 메티오닌을 제거할 수도 있다."고 기재되어 있음을 알 수 있다.

따라서 이 사건 특허발명의 명세서에서는 이 사건 특허발명에 의하여 제조되는 '성숙 백혈구 인터페론'이란 미생물 숙주에 의하여 메티오닌이 제거된 인터페론뿐만 아니라 N-말단에 아미노산 메티오닌 잔기를 함유하고 있는 인터페론도 포함하는 개념이라 할 것이므로, 이 사건 특허발명의 특허청구범위에서 어떠한 전서열도 포함하지 않는 성숙 인체 백혈구 인터페론을 제조하는 미생물의 제조방법을 청구하였다고 하더라도 그것이 상세한 설명에서 설명되지 아니한 사항을 청구하여 위법하다고 할 것은 아니다.

67

대법원 1990. 2. 27. 선고 89후148 판결

동일한 발명에 대하여는 선출원자에 한하여 특허를 받을 수 있다고 규정되어 있으므로 본원발명이 선출원의 발명(인용참증)과 동일한 발명인지의 여부를 판단하기 위하여는 먼저 두 발명의 성격(물건에 관한 발명인지, 방법에 관한 발명인지)과 그 특허발명의 범위를 확정하여야 할 것이며 그중 하나가 물건(이 사건의 경우에 있어서는 장치)에 관한 발명으로 되어 있고 다른 하나가 방법에 관한 발명으로 되어 있을 때에는 그 발명의 실체를 파악하여 동일한 발명인데 별개의 표현양식으로 표현한 것으로서 표현상의 차이가 있는 것에 지나지 아니하는 것인지 아니면 장치와 방법양자에 관하여 각각 별개의 발명이 있었는지 여부를 먼저 확정하여 설시하고 이에 터잡아 두 발명의 동일성 여부를 판단하여야 할 것이다.

대법원 2011. 4. 28. 선고 2010후2179 판결

<1> 확대된 선출원에 관한 발명의 동일성은 발명의 진보성과는 구별되는 것으로서 양 발명의 기술적 구성이 동일한가 여부에 의하되 발명의 효과도 참작하여 판단할 것인데, 기술적 구성에 차이가 있더라도 그 차이가 과제해결을 위한 구체적 수단에서 주지·관용기술의 부가·삭제·변경 등에 지나지 아니하여 새로운 효과가 발생하지 않는 정도의 미세한 차이에 불과하다면 양 발명은 서로 실질적으로 동일하다고 할 것이나(대법원 2001. 6. 1. 선고 98후1013 판결, 대법원 2008. 3. 13. 선고 2006후1452 판결등 참조),

<2> 양 발명의 기술적 구성의 차이가 위와 같은 정도를 벗어난다면 설사 그 차이가 그 발명이 속하는 기술분야에서 통상의 지식을 가진 자가 용이하게 도출할 수 있는 범위 내라고 하더라도 양 발명을 동일하다고 할 수 없다.

대법원 2007. 8. 24. 선고 2006후138 판결

어떤 발명의 진보성이 부정되는지 여부를 판단하기 위해서는 통상의 기술자를 기준으로 하여 그 발명의 출원 당시의 선행공지발명으로부터 그 발명을 용이하게 발명할 수 있는지를 보아야 할 것이고, 진보성이 부정되는지 여부의 판단 대상이 된 발명의 명세서에 개시되어 있는 기술을 알고 있음을 전제로 하여 <u>사후적으로 통상의 기술자가 그 발명을 용이하게 발명할 수 있는지를 판단하여서는 아니 된다.</u>

대법원 2016. 1. 14. 선고 2013후2873 판결

제시된 선행문헌을 근거로 어떤 발명의 진보성이 부정되는지를 판단하기 위해서는 진보성 부정의 근거가 될 수 있는 일부 기재만이 아니라 그 선행문헌 전체에 의하여 그 발명이 속하는 기술분야에서 통상의 지식을 가진 사람이 <u>합리적으로 인식할 수 있는 사항을 기초로 대비</u> 판단하여야 한다. 그리고 위 <u>일부 기재 부분과 배치되거나 이를 불확실하게 하는 다른 선행문헌이 제시된 경우에는</u> 그 내용까지도 종합적으로 고려하여 통상의 기술자가 해당 발명을 용이하게 도출할 수 있는지를 판단하여야 한다.

대법원 2012. 12. 27. 선고 2011후3230 판결

특허청구범위는 특허출원인이 특허발명으로 보호받고자 하는 사항을 기재한 것이므로, 신규성·진보성 판단의 대상이 되는 발명의 확정은 특허청구범위에 기재된 사항에 의하여야 한다. 다만 특허청구범위에 기재된 사항은 발명의 상세한 설명이나 도면 등을 참작하여야 그 기술적인 의미를 정확하게 이해할 수 있으므로, 특허청구범위에 기재된 사항은 그 문언의 일반적인 의미를 기초로 하면서도 발명의 상세한 설명 및 도면 등을 참작하여 그 문언에 의하여 표현하고자 하는 기술적 의의를 고찰한 다음 객관적 · 합리적으로 해석하여야 한다. 그러나 발명의 상세한 설명 및 도면 등을 참작한다고 하더라도 발명의 상세한 설명이나 도면 등 다른 기재에 의하여 특허청구범위를 제한하거나 확장하여 해석하는 것은 허용되지 아니한다(대법원 2007. 10. 25. 선고 2006후3625 판결 등 참조).

특허법원 2006. 4. 7. 선고 2005허2182 판결

<1> 특허법 제29조 제2항의 규정은 특허출원된 발명이 선행의 공지기술로부터 용이하게 도출될 수 있는 창작일 때에는 진보성을 결여한 것으로 보고 특허를 받을 수 없도록 하려는 취지인바, 이와 같은 진보성 유무를 가늠하는 창작의 난이의 정도는 그 기술구성의 차이와 작용효과를 고려하여 판단하여야 하는 것이므로, 출원된 기술의 구성이 선행기술과 차이가 있을 뿐 아니라 그 작용효과에 있어서 선행기술에 비하여 현저하게 향상 · 진보된 것인 때에는, 기술의 진보발전을 도모하는 특허제도의 목적에 비추어 출원발명의 진보성을 인정하여야 한다(대법원 1997. 5. 23. 선고 96후1064 판결, 1997. 11. 28. 선고 96후1972 판결 참조).
또 실질적으로 모든 발명은 선행의 공지기술의 결합이라고 할 수 있으므로 어떤 발명의 모든 구성요소들을 선행의 공지기술에서 찾아냈다는 이유만으로는 그 진보성을 부정할 수 없다 할 것이고,
따라서 기계적인 구성요소들의 새로운 결합 또는 배열로 볼 수 있는 신규성 있는 기계장치의 발명에 있어서, 그 진보성을 부정하려면 선행의 공지기술에 어떤 시사점 또는 동기 부여가 있어서 새로운 기계장

치를 만들기 위하여 발명자가 선택, 사용한 구성요소들을 특허출원 전에 그 발명이 속하는 기술분야에서 통상의 지식을 가진 자가 용이하게 선택, 사용할 수 있었던 경우라야 할 것이고,

여기에서 말하는 통상의 지식을 가진 자는 여러 분야의 복수의 기술자가 아닌 단수의 자연인으로서 기술자를 의미하는 것으로서 해석하여야 한다.

<2> 먼저 이 사건 제2항 발명과 비교대상발명 1을 대비하여 보면, 양자는 모두 다이어트 정보를 제공하는 디지털 체중계에 관한 것으로서 체중계를 통하여 측정된 체중 등 정보를 가공하고 다이어트 정보를 제공하는 것이므로 기술분야가 동일하고, 발명의 목적도 유사하다. 발명의 구성과 효과에 있어서는, 이 사건 제2항 발명의 체중계 장치 중 체중 측정 수단, 검출 수단과 처리 수단, 출력 수단이 비교대상발명 1의 측정부, 제어부, 출력 및 표시부의 구성에 각 대응되어 동일하나,

비교대상발명 1에는 이 사건 제2항 발명의 구성 중 공통 통신 라인, 공통 통신 라인에 접속되는 체중계 장치의 통신 인터페이스 수단, 정보 제공 수단이 없다는 점에 있어서 차이가 있고, 이 사건 제2항 발명에 의하면 사용자가 체중계 장치를 이용하여 체중을 측정할 때 비교대상발명 1에 없는 위 각 구성을 통하여 체중계 외부의 정보 제공 수단으로부터 식단 정보 및 운동 정보 등 다양한 다이어트 정보를 제공받을 수 있다는 효과가 있는 반면, 비교대상발명 1에 의하면 사용자의 체중변화추이를 체중계 내의 하드디스크 등 기억부에 저장시켰다가 꺾은선 그래프로 화면에 나타내거나 프린터로 출력하는 정도에 그친다는 점에서 그 효과에 현저한 차이가 있다.

<3> 다음으로 이 사건 제2항 발명과 비교대상발명 2를 대비하여 보면, 이 사건 제2항 발명이 디지털 체중계에 관한 것이고 비교대상발명 2는 전자저울에 관한 것으로서 측정하는 물리량이 무게로서 동일하다는 점에서 기술분야의 유사성을 부정할 수 없으나,

71

이 사건 제2항 발명이 사람의 건강관리를 목적으로 사용자 개인의 체중을 측정하여 공통 통신 라인을 통해 외부의 정보 제공 수단으로부터 그 개인의 체중값에 상응하는 다이어트 정보를 곧바로 전송받아 체중계 장치를 통해 출력하는 것인데 비하여, 비교대상발명 2는 상품의 재고관리를 목적으로 물건의 무게를 측정하여 전화회선을 통해 본부의 호스트 컴퓨터에 처리실적 데이터를 전송함으로써 처리실적 데이터를 수집할 수 있도록 하는 것이라는 점에서 <u>발명의 목적과 적용분야가 현저히 다르다.</u>

발명의 구성과 효과에 있어서는, 이 사건 제2항 발명의 공통 통신 라인에 비교대상발명 2의 전화회선도 포함되므로 서로 동일하고, 이 사건 제2항 발명의 체중계 장치, 정보 제공 수단이 비교대상발명 2의 전자저울, 호스트 컴퓨터의 구성과 각 대응되어 유사하나, 이 사건 제2항 발명은 체중계 장치로부터 정보 제공 수단에 전송된 개인의 체중값을 정보 제공 수단에 포함된 저장 수단의 정보와 함께 계산, 처리하여 체중 변화값, 다이어트 식단, 운동 정보 등 다이어트 정보를 발생시킨 후 다시 체중계 장치로 전송하여 체중계 장치의 출력 수단을 통해 출력할 수 있도록 하는 구성인데 비하여, 비교대상발명 2는 전자저울로부터 본부의 호스트 컴퓨터에 전송된 처리실적 데이터가 호스트 컴퓨터에 수집되어 본부의 작업자가 이를 기초로 판매, 출하의 수량을 결정하는 기초자료로 사용하고 필요할 경우 전자저울에 작업지시 또는 상품정보를 전송할 수 있도록 하는 구성으로서,

이 사건 제2항 발명에서는 체중계 장치와 데이터베이스가 포함된 정보 제공 수단 사이의 정보 전송이 순차로, 작업자의 조작 없이, <u>서로 대응하여 양방향으로</u> 이루어지는데 비하여, 비교대상발명 2에서는 전자저울과 호스트 컴퓨터 사이의 정보 전송이 단속적으로, 본부 작업자의 조작이 개입되어 이루어지고, 호스트 컴퓨터에서 수신한 처리실적 데이터를 수집하는 것을 넘어서 이를 처리, 가공하여 곧바로 <u>반대의 방향으로 정보를 전송할 수 있는</u> 기능을 전제로 하는 것으로 보기 어려운 점

에 있어서 기술구성 및 효과에 차이가 있고, 양 발명은 목적과 적용분야가 현저히 다르므로 유용성과 관련된 효과를 서로 대비하기 곤란하다.

<4> 또 이 사건 제2항 발명과 비교대상발명 3을 대비하여 보면, 양자는 체중 등 정보를 가공하여 다이어트 정보를 제공한다는 측면에서는 동일하나, 이 사건 제2항 발명이 디지털 체중계에 관한 것으로서 체중계 장치에서 측정된 체중값에 대응하는 다이어트 정보를 체중계에서 출력하기 위한 시스템이고, 비교대상발명 3은 이동전화기를 이용하여 입력된 체중값에 대응하는 다이어트 정보를 이동전화기에 제공하기 위한 방법으로 기술분야와 발명의 목적이 다르다.

발명의 구성과 효과에 있어서는, 이 사건 제2항 발명의 공통 통신 라인과 통신 인터페이스 수단, 정보 제공 수단, 출력 수단이 비교대상발명 3의 이동전화기를 이용한 무선통신, 비만관리시스템, 이동전화기의 액정표시장치에 각각 대응하여 실질적으로 동일하나, 비교대상발명 3에는 이 사건 제2항 발명의 체중 측정 수단, 검출 수단, 처리 수단이 없다는 점에 있어서 차이가 있고, 이 사건 제2항 발명에 의하면 사용자가 체중계 장치를 이용하여 체중을 측정할 때 비교대상발명 3에 없는 위 각 구성을 통하여 사용자의 정확한 체중을 편리하게 측정하여 정보 제공 수단에 전송할 수 있다는 효과가 있는 반면, 비교대상발명 3에 의하면 사용자가 별도의 체중계로 체중을 측정하거나 자신의 체중을 기억하였다가 이동전화기의 키패드를 통해 입력해야 하므로 체중값 입력의 편리성과 정확성의 측면에서 적지 않은 차이가 있다.

<5> 끝으로 이 사건 제2항 발명과 비교대상발명 4를 대비하여 보면, 양자는 디지털 체중계에 의하여 측정된 체중 등 정보를 가공하여 다이어트 정보 또는 건강관리 정보를 제공하는 시스템에 관한 것으로서 기술분야와 발명의 목적이 유사하나, 이 사건 제2항 발명이 디지털 체중계에 관한 것으로서 다이어트 정보를 체중계에서 출력하기 위한 시스템인데 비하여, 비교대상발명 4는 디지털 체중계와 연결될 수 있는

73

별도의 건강관리시스템에 관한 것으로서 그 적용분야에 차이가 있다. 발명의 구성과 효과에 있어서는, 이 사건 제2항 발명의 공통 통신 라인, 체중계 장치, 정보 제공 수단이 비교대상발명 4의 통신포트 또는 모뎀을 통한 유·무선 통신, 계측수단 중 체중계, 시스템 내부의 연산 및 기억 수단 또는 병원 등 외부 전문기관에 각각 대응되나, 이 사건 제2항 발명이 체중계 장치로부터 정보 제공 수단에 전송된 개인의 체중값을 정보 제공 수단에 포함된 저장 수단의 정보와 함께 계산, 처리하여 다이어트 정보를 발생시킨 후 체중계 장치로 전송하여 출력 수단을 통해 출력할 수 있도록 하는 구성인데 비하여, 비교대상발명 4는 체중계에서 측정한 체중값을 별도의 건강관리시스템에 전송하여 건강관리시스템 내부의 연산 및 기억 수단의 정보와 함께 계산, 처리하여 건강관리 정보를 발생시킨 후 건강관리시스템에서 출력하거나 모뎀을 통해 병원 등 외부 전문기관에 전송하여 의사, 영양사 등 전문가로부터 조언을 받도록 하는 구성으로서, 이 사건 제2항 발명은 비교대상발명 4와 달리 체중계 장치와 정보 제공 수단 사이에 양방향 정보 전송이 순차 이루어지므로 사용자가 체중계 장치 이외의 별도 시스템을 구입하거나 조작할 필요가 없고, 의사, 영양사 등 전문가가 관여하지 않으며, 정보 제공 수단의 저장 수단에 기록된 데이터를 쉽게 향상시킬 수 있다는 점에서 차이가 있다.

<6> 나아가 이 사건 제2항 발명이 속하는 디지털 체중계에 관한 기술분야에서 통상의 지식을 가진 자가 이 사건 특허발명의 출원 전에,

① 기술분야와 발명의 목적이 동일한 비교대상발명 1의 다이어트 체중계에서 공지된 선행기술과

② 기술분야는 유사하나 발명의 적용분야와 목적이 현저히 다른 비교대상발명 2의 통신기능이 있는 전자저울,

③ 다이어트 정보를 제공한다는 측면에서는 동일하나 기술분야와 발명의 목적이 다른 비교대상발명 3의 이동전화기를 이용한 비만관리 프로그램 운용방법 및

④ 기술분야와 발명의 목적이 유사하나 발명의 적용분야가 다른 비교
  대상발명 4의 가정용 건강관리시스템에서 각 공지된 선행기술들을
  용이하게 선택, 사용할 수 있었다고 보기 어렵고,
  체중계 장치에서 공통 통신 라인을 통해 정보 제공 수단을 직접 연
  결하여 체중계 장치와 정보 제공 수단이 순차 양방향으로 정보를
  전송함으로써 체중계 장치에서 다이어트 정보를 출력할 수 있게
  한다는 기술이 비교대상발명 1 내지 4에서 시사되거나 동기를 부
  여한 것으로 인정하기 어려우며,
  이 사건 제2항 발명이 위와 같은 기술구성의 결합으로 사용자가 체
  중을 측정하면 다른 노력 없이 공통 통신 라인과 정보 제공 수단을
  통해 실시간으로 체중계에서 다양한 다이어트 정보를 얻을 수 있
  게 되는 등 종래의 체중계에 현저한 작용효과를 새로 부가하게 되
  었고, 그로 인하여 이 사건 제2항 발명을 기초로 개발된 제품이 상
  업적인 성공을 거두고 있는 것으로 보이는 점 등을 고려하면, 이
  사건 제2항 발명의 진보성을 부정할 수 없다고 판단된다.

75

대법원 2002. 8. 23. 선고 2000후3234 판결

<1> 특허법 제29조 제1항 제2호, 제2항의 각 규정은 특허출원 전에 국
내 또는 국외에서 반포된 간행물에 기재된 발명이나, 선행의 공지기
술로부터 용이하게 도출될 수 있는 창작일 때에는 신규성이나 진보성
을 결여한 것으로 보고 특허를 받을 수 없도록 하려는 취지인바, 이와
같은 진보성 유무를 가늠하는 창작의 난이도는 그 기술구성의 차이와
작용효과를 고려하여 판단하여야 하는 것이므로, 특허된 기술의 구성
이 선행기술과 차이가 있을 뿐 아니라 그 작용효과에 있어서 선행기
술에 비하여 현저하게 향상 진보된 것인 때에는, 기술의 진보발전을
도모하는 특허제도의 목적에 비추어 특허발명의 진보성을 인정하여

야 하고(대법원 1997. 12. 9. 선고 97후44 판결, 1999. 4. 9. 선고 97후 2033 판결 등 참조),

특허발명의 유리한 효과가 상세한 설명에 기재되어 있지 아니하더라도 그 발명이 속하는 기술분야에서 통상의 지식을 가진 자가 상세한 설명의 기재로부터 유리한 효과를 추론할 수 있을 때에는 진보성 판단을 함에 있어서 그 효과도 참작하여야 한다.

<2> 원심은 명칭을 "후가공금속판넬의 코너링 절곡방법"으로 하는 이 사건 특허발명(특허번호 제138797호)의 구성요소와 공개실용신안공보 제91-20310호에 나타난 고안(이하 '인용고안 1'이라 한다)과 일본국 실용신안공보 평3-24734호에 나타난 고안(이하 '인용고안 2'라 한다)의 기술적 구성을 대비하면서, 이 사건 특허발명은 절개부(5)에 있어서 노치부(5a)가 형성된 데 비하여 인용고안 1, 2는 노치부가 형성되지 않고, 그로 인하여 절곡의 방법이 다른 차이만 있고 나머지 구성은 모두 동일하지만, 이 사건 특허발명은 노치부가 있음으로 인하여 코너부(7)는 제외된 채 가로 세로 플랜지(2)(4)만이 절곡선(3a)을 따라 깨끗하게 절곡되어지기 때문에 금속패널을 프레스로 절곡 벤딩시킬 때 플랜지의 가로방향과 세로방향에 있어서 모서리를 향하여 강제로 밀리어 생길 수 있는 주름(웨이브)이 흡수 소멸되는 효과를 가져와 금속패널의 표면에 피복된 피복층의 손상 없이 평탄도가 유지되고, 가로 세로 플랜지와 코너부가 분리되어 절곡되어지기 때문에 코너부만을 따로 용이하게 절곡 벤딩하며, 부드러운 만곡면을 이루게 하는 효과가 있는데 비하여, 인용고안들의 경우는 가로 세로 플랜지가 절단홈과 절곡선 사이의 모서리 부분까지 연장되어 있고, 플랜지 부분과 코너부를 동시에 절곡 벤딩하여야 하므로 이 사건 특허발명만큼 완벽하게 코너부에서 일어나는 웨이브 현상을 흡수 소멸시켜 준다고 보기 어렵고, 금속패널의 절곡작업의 용이성에도 차이가 있으며,

이 사건 특허발명의 명세서에 위와 같은 노치부의 작용효과가 구체적으로 기재되어 있지는 않지만 이와 같은 효과는 명세서의 전체 기재

로부터 쉽게 알 수 있다고 한 다음 이 사건 특허발명은 당업자가 용이하게 생각해내기 어려운 노치부라는 신규한 구성을 통하여 보다 향상된 작용효과를 가져온 것이어서 인용고안 1 및 2에 비하여 진보성이 인정된다는 취지로 판단하였다. 기록과 위에서 본 법리에 비추어 살펴보면, 원심의 위와 같은 인정과 판단은 정당하다.

대법원 2000. 2. 11. 선고 97후2224 판결

<1> 이러한 발명의 진보성 유무는 선행기술의 범위와 내용을 밝히고 그에 비추어 출원발명의 목적, 기술적 구성, 작용효과를 종합적으로 검토하여 결정함이 상당하고, 원칙적으로 출원 발명의 해결방법인 구성의 곤란성 여부에 따라 결정되지만 이에 덧붙여 목적이 참신성, 효과의 현저성 등도 참작하여야 하므로 작용효과가 종래 기술과 동일·유사하더라도 그와 전혀 다른 새로운 해결수단을 창작한 때에는 그 새로운 해결방법의 제공에 의한 기술의 풍부화가 인정되어 진보성이 긍정될 수 있으며, 또한 기술적 구성이 곤란하지 않다 하더라도 종래 알려지지 않은 놀랄만한 효과가 발생한 경우에도 진보성이 긍정될 수 있다(대법원 1998. 5. 22. 선고 97후1085 판결, 1999. 3. 12. 선고 97후2156 판결, 1999. 4. 9. 선고 97후2033 판결 등 참조).

<2> 양 발명을 그 목적이나 작용효과의 면에서 대비하여 보아도 양 발명은 궁극적으로 기록매체의 고밀도화, 대용량화를 꾀할 수 있게 해주는 점에서 일맥상통하는 점은 있으나, 양 발명 중 어느 쪽이 기록매체의 고밀도화, 대용량화에 더 효과적이고, 작용효과가 우수한지는 기록에 나타난 자료만으로는 알 수 없으나,
본원발명과 인용발명은 어느 하나를 취하면 다른 하나를 취할 수 없는 선택적인 것이 아니라 양자를 동시에 함께 채택할 수도 있는 전혀

다른 부분의 발명이므로 양 발명을 동일 선상에 놓고 어느 발명의 작용효과가 더 우수한가를 비교하는 것은 본원발명의 진보성 판단과 별다른 관계가 없으며,

나아가 본원발명은 기록재생층인 자성층을 적정한 조성비의 희토류-천이금속 합금으로 구성함으로써 인접 기록비트의 신호가 혼입되는 것을 막아 재생신호의 순도(純度)를 향상할 수 있게 하고, 또한 자성층을 종래의 기술과 같이 기록층과 독출층 2개로 구성하지 않고 1개 층으로 구성함으로써 자성층 구조 및 그 제조공정의 간이화, 제조비용의 절감 등의 효과가 있다는 것임에 비하여, 인용발명은 투명기판의 광 빔 복굴절 범위를 왕복 20nm 이하로 하여 검광자 투자 성분의 차를 비교적 크게 유지할 수 있고, 복굴절의 변동폭을 줄여 기록매체를 투과하거나 반사되는 광 비임의 독특성을 안정화하여 순도 높은 기록 재생을 할 수 있게 된다는 것일 뿐 본원발명과 같이 자성층의 구조나 그 제조 공정의 간이화, 제조비용의 절감 등의 효과는 전혀 고려하지 않고 있음을 알 수 있으므로, 양 발명은 그 작용효과에 있어서도 그 내용이 상이하여 유사하다고 할 수 없다.

대법원 2007. 9. 6. 선고 2005후3284 판결

<1> 어느 특허발명의 특허청구범위에 기재된 청구항이 복수의 구성요소로 되어 있는 경우에는 각 구성요소가 유기적으로 결합한 전체로서의 기술사상이 진보성 판단의 대상이 되는 것이지 각 구성요소가 독립하여 진보성 판단의 대상이 되는 것은 아니므로, 그 특허발명의 진보성 여부를 판단함에 있어서는 청구항에 기재된 복수의 구성을 분해한 후 각각 분해된 개별 구성요소들이 공지된 것인지 여부만을 따져서는 안 되고, 특유의 과제 해결원리에 기초하여 유기적으로 결합된 전체로서의 구성의 곤란성을 따져 보아야 할 것이며, 이 때 결합된 전체

구성으로서의 발명이 갖는 특유한 효과도 함께 고려하여야 할 것이다.

<2> 그리고 여러 선행기술문헌을 인용하여 특허발명의 진보성을 판단함에 있어서는 그 인용되는 기술을 조합 또는 결합하면 당해 특허발명에 이를 수 있다는 암시, 동기 등이 선행기술문헌에 제시되어 있거나 그렇지 않더라도 당해 특허발명의 출원 당시의 기술수준, 기술상식, 해당 기술분야의 기본적 과제, 발전경향, 해당 업계의 요구 등에 비추어 보아 그 기술분야에 통상의 지식을 가진 자가 용이하게 그와 같은 결합에 이를 수 있다고 인정할 수 있는 경우에는 당해 특허발명의 진보성은 부정된다고 할 것이다.

대법원 2009. 11. 12. 선고 2007후3660 판결

<1> 선행기술에 의하여 용이하게 발명할 수 있는 것인지에 좇아 발명의 진보성 유무를 판단함에 있어서는, 적어도 선행기술의 범위와 내용, 진보성 판단의 대상이 된 발명과 선행기술의 차이 및 통상의 기술자의 기술수준에 대하여 증거 등 기록에 나타난 자료에 기하여 파악한 다음, 이를 기초로 하여 통상의 기술자가 특허출원 당시의 기술수준에 비추어 진보성 판단의 대상이 된 발명이 선행기술과 차이가 있음에도 그러한 차이를 극복하고 선행기술로부터 그 발명을 용이하게 발명할 수 있는지를 살펴보아야 하는 것이다.

<2> (중략) 비교대상발명 1, 2, 3과 대비하여 보면, 비교대상발명 2에 이 사건 제1항 발명과 동일한 방식의 주간변속기구에 관한 구성이 나타나 있으나, 비교대상발명 1, 2, 3 어디에도 이 사건 제1항 발명의 심기계 동력 전달 경로에 관한 구성 및 제1축, 제2축 겸 심기 변속입력축, 심기 변속출력축, 차동축으로 이루어진 4개의 축에 관한 구성과 동일한 구성이 나타나 있지 아니하다. 따라서 비교대상발명 1, 2, 3을

결합하여 이 사건 제1항 발명의 구성요소 4에 이르기 위하여는 비교대상발명 1, 2, 3의 대응구성의 위치와 배열 관계를 대폭적으로 변경하여야 하고 축의 개수도 달라져야 한다.

또한 통상의 기술자라면 그 출원 당시의 기술수준에 비추어 필연적으로 위 구성요소 4와 비교대상발명 1, 2, 3의 차이를 극복하여 위 구성요소 4를 생각해내기에 이를 것이라는 사정을 인정할 아무런 자료가 없는 이 사건에서, 이 사건 출원명세서에 개시되어 있는 발명의 내용을 이미 알고 있음을 전제로 하여 사후적으로 비교대상발명 1, 2, 3의 대응구성을 변경하고 조합함으로써 위 구성요소 4에 이른다고 하는 판단을 하지 아니하는 한 통상의 기술자가 비교대상발명 1, 2, 3의 대응구성으로부터 위 구성요소 4를 용이하게 도출할 수 없다.

대법원 2006. 11. 24. 선고 2003후2072 판결

<1> 특허발명의 청구항이 '어떤 구성요소들을 포함하는 것을 특징으로 하는 방법(물건)'이라는 형식으로 기재된 경우, 그 특허발명의 청구항에 명시적으로 기재된 구성요소 전부에 더하여 기재되어 있지 아니한 요소를 추가하여 실시하는 경우에도 그 기재된 구성요소들을 모두 포함하고 있다는 사정은 변함이 없으므로 그와 같은 실시가 그 특허발명의 권리범위에 속함은 물론이며, 나아가 위와 같은 형식으로 기재된 청구항은 명시적으로 기재된 구성요소뿐 아니라 다른 요소를 추가하여 실시하는 경우까지도 예상하고 있는 것이라고 볼 것이다.

<2> 특허법 제42조 제4항 제2호는 '발명이 명확하고 간결하게 기재될 것'을 요구하고 있는바, 그 취지는 특허법 제97조가 특허발명의 보호범위는 특허청구범위에 기재된 사항에 의하여 정하여진다고 규정하고 있음에 비추어 청구항에는 명확한 기재만이 허용되는 것으로서 발명

의 구성을 불명료하게 표현하는 용어는 원칙적으로 허용되지 아니하며, 나아가 특허청구범위의 해석은 명세서를 참조하여 이루어지는 것임에 비추어 특허청구범위에는 발명의 상세한 설명에서 정의하고 있는 용어의 정의와 다른 의미로 용어를 사용하는 등 결과적으로 청구범위를 불명료하게 만드는 것도 허용되지 않는다.

<3> 한편, 특허법 제42조 제3항은 발명의 상세한 설명에는 통상의 기술자가 용이하게 실시할 수 있을 정도로 그 발명의 목적·구성 및 효과를 기재하여야 한다고 규정하고 있는바, 그 뜻은 특허출원된 발명의 내용을 제3자가 명세서만으로 쉽게 알 수 있도록 공개하여 특허권으로 보호받고자 하는 기술적 내용과 범위를 명확하게 하기 위한 것이므로 통상의 기술자가 당해 발명을 명세서 기재에 의하여 출원시의 기술수준으로 보아 특수한 지식을 부가하지 않고서도 정확하게 이해할 수 있고 동시에 재현할 수 있는 정도를 말하는 것이며(대법원 1999. 7. 23. 선고 97후2477 판결, 2005. 11. 25. 선고 2004후3362 판결 등 참조), 박사학위 논문은 공공도서관이나 대학도서관 등에 입고된 경우 일반 공중이 그 기재 내용을 인식할 수 있는 상태에 놓이게 되는 것으로서(대법원 1996. 6. 14. 선고 95후19 판결, 2002. 9. 6. 선고 2000후1689 판결 등) 특별한 사정이 없는 한 통상의 기술자가 과도한 실험이나 특별한 지식을 부가하지 아니하고도 그 내용을 이해할 수 있는 것이라고 할 것이다.

<4> 특허발명의 명세서는 특허발명을 실시함에 있어서 발생될 수 있는 모든 문제점에 대하여 해결방안을 제시하여야 하는 것은 아니다.

<5> 발명의 상세한 설명은 청구범위의 내용을 설명하는 것이고 명세서에 첨부된 도면은 특허발명의 이해를 돕기 위하여 실시예의 하나만을 보여줄 수 있는 것이므로 도면 4의 도시내용이 발명의 상세한 설명에 기재된 실시예 중 일부만을 보여주고 있다고 하더라도 그것만으로 통상의 기술자가 발명을 실시할 수 없다고 단정할 수 없다.

대법원 2007. 11. 16. 선고 2007후1299 판결

<1> 어떠한 출원발명이 그 출원 전에 공지된 발명이 가지는 구성요소의 범위를 수치로서 한정하여 표현한 경우에는

그 출원발명에 진보성을 인정할 수 있는 다른 구성요소가 부가되어 있어서 그 출원발명에서의 수치한정이 보충적인 사항에 불과한 것이 아닌 이상,

그 한정된 수치범위 내외에서 이질적이거나

현저한 효과의 차이가 생기지 않는다면

그 출원발명은 그 기술분야에서 통상의 지식을 가진 사람이 통상적이고 반복적인 실험을 통하여 적절히 선택할 수 있는 정도의 단순한 수치한정에 불과하여 진보성이 부정된다고 할 것이고(대법원 1993. 2. 12. 선고 92다40563 판결, 대법원 2005. 4. 15. 선고 2004후448 판결 등 참조),

<1> <2> 그 출원발명이 공지된 발명과 과제가 공통되고 수치한정의 유무에서만 차이가 있는 경우에는 그 출원발명의 명세서에 한정된 수치를 채용함에 따른 현저한 효과 등이 기재되어 있지 않다면 특별한 사정이 없는 한 그와 같이 한정한 수치범위 내외에서 현저한 효과의 차이가 생긴다고 보기 어렵다(대법원 1994. 5. 13. 선고 93후657 판결, 대법원 2005. 4. 15. 선고 2004후448 판결 등 참조).

대법원 2013. 2. 28. 선고 2011후3193 판결[1]

다만, 그 특허발명에 진보성을 인정할 수 있는 다른 구성요소가 부가되어 있어서 그 특허발명에서의 수치한정이 보충적인 사항에 불과하거나, 수치한정을 제외한 양 발명의 구성이 동일하더라도 그 수치한정이 공지된 발명과는 상이한 과제를 달성하기 위한 기술수단으로서의

의의를 가지고 그 효과도 이질적인 경우라면, 수치 한정의 임계적 의의가 없다고 하여 특허발명의 진보성이 부정되지 아니한다.

대법원 2013. 5. 24. 선고 2011후2015 판결

<1> 구성요소의 범위를 수치로써 한정하여 표현한 발명이 그 출원 전에 공지된 발명과 사이에 수치한정의 유무 또는 범위에서만 차이가 있는 경우에는, 그 한정된 수치범위가 공지된 발명에 구체적으로 개시되어 있거나, 그렇지 않더라도 그러한 수치한정이 그 발명이 속하는 기술분야에서 통상의 지식을 가진 자가 적절히 선택할 수 있는 주지·관용의 수단에 불과하고 이에 따른 새로운 효과도 발생하지 않는다면 그 신규성이 부정된다. 그리고 한정된 수치범위가 공지된 발명에 구체적으로 개시되어 있다는 것에는, 그 수치범위 내의 수치가 공지된 발명을 기재한 선행문헌의 실시예 등에 나타나 있는 경우 등과 같이 문언적인 기재가 존재하는 경우 외에도 통상의 기술자가 선행문헌의 기재 내용과 출원 시의 기술상식에 기초하여 선행문헌으로부터 직접적으로 그 수치범위를 인식할 수 있는 경우도 포함된다.
한편 수치한정이 공지된 발명과는 서로 다른 과제를 달성하기 위한 기술수단으로서의 의의를 가지고 그 효과도 이질적인 경우나 공지된 발명과 비교하여 한정된 수치범위 내외에서 현저한 효과의 차이가 생기는 경우 등에는, 그 수치범위가 공지된 발명에 구체적으로 개시되어 있다고 할 수 없음은 물론, 그 수치한정이 통상의 기술자가 적절히 선택할 수 있는 주지·관용의 수단에 불과하다고 볼 수도 없다.

<2> 명칭을 "스퍼터링 타깃 및 투명도전막"으로 하는 출원발명의 특허출원에 대하여 특허청 심사관이 출원발명은 비교대상발명에 의하여 신규성이 부정된다는 등의 이유로 거절결정을 한 사안에서, 출원발명

83

의 특허청구범위 제1항은 +4가 이상의 원자가를 갖는 제3원소 산화물의 함유량을 '0.01 내지 0.2원자%'의 수치범위로 한정하여 표현한 발명으로 그 함유량을 '20원자% 이하'로 한정하고 있는 비교대상발명과 이러한 제3원소 산화물 함유량의 수치범위에서만 차이가 있는데,

출원발명의 위와 같은 수치한정은 비교대상발명에서의 수치한정과는 다른 과제를 달성하기 위한 기술수단으로서의 의의를 가지고,

그로 인한 효과도 스퍼터링 타깃의 부피저항률을 낮게 하면서도 투명 도전막의 에칭 가공성 역시 우수하도록 한다는 것으로서 비교대상발명과는 구별되는 이질적인 것이어서,

그 수치범위가 비교대상발명에 구체적으로 개시되어 있다고 할 수 없을 뿐만 아니라 위 수치한정이 그 발명이 속하는 기술분야에서 통상의 지식을 가진 자가 적절히 선택할 수 있는 주지·관용의 수단에 불과하다고 볼 수도 없으므로, 출원발명이 비교대상발명에 의하여 신규성이 부정되지 않음에도 이와 달리 비교대상발명과 기술구성이 실질적으로 동일하여 신규성이 부정된다고 본 원심판결에 수치한정발명의 신규성 판단에 관한 법리를 오해한 위법이 있다

대법원 2011. 10. 13. 선고 2010후2582 판결

<1> 구 특허법 제42조 제3항은 발명의 상세한 설명에는 그 발명이 속하는 기술분야에서 통상의 지식을 가진 자가 용이하게 실시할 수 있을 정도로 그 발명의 목적·구성 및 효과를 기재하여야 한다고 규정하고 있는바, 이는 특허출원된 발명의 내용을 제3자가 명세서만으로 쉽게 알 수 있도록 공개하여 특허권으로 보호받고자 하는 기술적 내용과 범위를 명확하게 하기 위한 것이므로, 위 조항에서 요구하는 명세서 기재의 정도는 통상의 기술자가 출원 시의 기술수준으로 보아 과도한 실험이나 특수한 지식을 부가하지 않고서도 명세서의 기재에

의하여 당해 발명을 정확하게 이해할 수 있고 동시에 재현할 수 있는 정도를 말한다(대법원 2005. 11. 25. 선고 2004후3362 판결, 대법원 2006. 11. 24. 선고 2003후2072 판결 등 참조).

<2> 그리고 당해 발명의 성격이나 기술내용 등에 따라서는 명세서에 실시례가 기재되어 있지 않다고 하더라도 통상의 기술자가 그 발명을 정확하게 이해하고 재현하는 것이 용이한 경우도 있으므로 구 특허법 제42조 제3항이 정한 명세서 기재요건을 충족하기 위해서 항상 실시 례가 기재되어야만 하는 것은 아니다.

<3> 또한 구성요소의 범위를 수치로써 한정하여 표현한 발명에 있어 서, 그러한 수치한정이 단순히 발명의 적당한 실시 범위나 형태 등을 제시하기 위한 것으로서 그 자체에 별다른 기술적 특징이 없어 통상 의 기술자가 적절히 선택하여 실시할 수 있는 정도의 단순한 수치한 정에 불과하다면, 그러한 수치한정에 대한 이유나 효과의 기재가 없 어도 통상의 기술자로서는 과도한 실험이나 특수한 지식의 부가 없이 그 의미를 정확하게 이해하고 이를 재현할 수 있을 것이므로, 이런 경 우에는 명세서에 수치한정의 이유나 효과가 기재되어 있지 않더라도 구 특허법 제42조 제3항에 위배된다고 할 수 없다.

<4> 이 사건 특허발명의 명세서에 의하면, 이 사건 제1항 발명은 불완 전연소를 줄여 오염물질을 감소시키고 연소기관 내에 발생하는 슈트(soot), 슬러지(sludge) 및 클링커(clinker)를 제거하여 열전도율을 높임과 동시에 부식을 방지하기 위해 에탄올아민, 과산화수소, 수산화나트 륨 및 붕사의 4가지 물질을 연료첨가제의 조성성분으로 혼합한다는 데에 기술적 특징이 있는 발명으로서, 그 조성비에 대한 수치한정은 그러 한 한정이 없으면 발명이 성립되지 않는다는 것이 아니라 단순히 이 사건 제1항 발명을 실시하는 데 적당한 조성비의 범위를 제시한 것으로 서 그 자체에 별다른 기술적 특징은 없어 통상의 기술자가 적절히 선택 하여 실시할 수 있는 정도의 단순한 수치한정에 불과한 것으로 보인다.

<5> 이 사건 제1항 발명의 연료첨가제를 이루는 각 성분 중 하나인 '에탄올아민'은 그 용어의 의미와 함께 이 사건 특허발명의 명세서에 "에탄올아민(TEA 등)으로 붕사의 응고 및 침전과 글리세린의 응고 현상을 예방하였다."라고 기재되어 있는 점 등을 참작하면, 모노 에탄올아민(MEA), 디 에탄올아민(DEA) 및 트리 에탄올아민(TEA) 모두를 포함하는 것으로 해석된다. 그런데 이 사건 특허발명 명세서의 위 기재와 '용해도를 높이고 수산화나트륨의 부식성을 방지하기 위해 에탄올아민을 사용한다', '본 발명은 에탄올아민 등의 아민계열 안정제로 과산화수소를 안정시키며', '수산화나트륨은 pH가 높아 부식성이 크므로 아민계열 안정제로 보완하였으며' 등의 기재 및 기록에 나타난 이 사건 특허발명 출원 당시의 기술상식을 종합해 보면, 이들 3가지 종류의 에탄올아민은 모두 아민계열 안정제의 일종으로서 과산화수소를 안정시키고 수산화나트륨의 부식성을 방지하며 용해도를 높여 붕사 등의 응고를 방지하는 동일한 역할을 하는 것이고, 다만 암모니아(NH_3)의 수소를 치환한 히드록시에틸 라디칼($-CH_2CH_2OH$)의 개수가 1개, 2개 및 3개로 차이가 있는 것일 뿐임을 알 수 있다. 따라서 이 사건 특허발명의 명세서에 이들 에탄올아민의 전부 또는 일부를 조성성분으로 한 연료첨가제의 구체적인 실시례가 기재되어 있지 않더라도, 통상의 기술자로서는 이들 에탄올아민의 위와 같은 역할 및 히드록시에틸 라디칼의 개수 차이를 감안하여 과도한 실험이나 특수한 지식을 부가하지 않고서도 이 사건 제1항 발명을 정확하게 이해하고 재현할 수 있다고 할 것이다.

<6> 이 사건 제1항 발명은 연료첨가제에 관한 조성물 발명으로서, 화학적 반응에 의하여 생성되는 화합물에 관한 발명 등과는 달리 각 조성성분을 적절한 조성비로 혼합함을 그 기술내용으로 하는 것인데, 그 각 조성성분인 에탄올아민, 과산화수소, 수산화나트륨 및 붕사는 이미 그 화학구조나 특성 등이 널리 알려져 있는 물질들일 뿐만 아니라, 이 사건 특허발명의 명세서에는 이 사건 제1항 발명에서 이들 각 성분

이 수행하는 역할이 명확히 기재되어 있으므로(에탄올아민은 과산화수소 안정과 수산화나트륨의 부식성 방지 및 용해도 향상, 과산화수소는 연소 촉진, 수산화나트륨은 붕사의 용해도 향상, 붕사는 슬러지 제거 및 부식 방지 등의 역할을 한다고 기재되어 있다), 이 사건 특허발명의 명세서에 구체적인 실시례가 기재되어 있지 않더라도, 위와 같은 명세서의 기재 및 기술상식에 기초하여 통상의 기술자는 아무런 어려움 없이 이 사건 제1항 발명을 정확하게 이해하고 재현할 수 있을 것으로 보인다.

대법원 2012. 11. 29. 선고 2012후2586 판결

<1> 여기에서 실시의 대상이 되는 발명은 청구항에 기재된 발명을 가리키는 것이라고 할 것이므로, 발명의 상세한 설명의 기재에 오류가 있다고 하더라도 그러한 오류가 청구항에 기재되어 있지 아니한 발명에 관한 것이거나 청구항에 기재된 발명의 실시를 위하여 필요한 사항 이외의 부분에 관한 것이어서 그 오류에도 불구하고 통상의 기술자가 청구항에 기재된 발명을 정확하게 이해하고 재현하는 것이 용이한 경우라면 이를 들어구 특허법 제42조 제3항에 위배된다고 할 수 없다.

<2> 이 사건 특허발명의 특허청구범위 제1항 및 제2항(이하 '이 사건 제1항 및 제2항 발명'이라고 한다)은 '분쇄공정', '혼합공정', '성형공정', '숙성·치밀화·냉각·다듬질 공정', '코팅공정' 등으로 이루어진 탄소성형체의 제조방법에 관한 발명으로서, 그 특허청구범위에는 탄소성형체의 원료인 숯, 휘발분, 회분 등의 함량만 기재되어 있을 뿐이고 그 방법에 의하여 제조된 탄소성형체의 성분이나 그 함량에 관하여는 그 특허청구범위에 기재하여 놓은 바 없으므로, 이들 발명은 특정한 성분이나 함량을 갖는 탄소성형체를 발명의 대상으로 삼은 것은 아니다.

또한 출원시의 기술수준으로 보아 통상의 기술자라면 위와 같은 원료의 성분 및 함량과 명세서상의 그 처리공정에 대한 기재로부터 제조된 탄소성형체의 성분 및 그 개략적인 함량을 쉽게 유추하여 파악할 수 있고, 나아가 이 사건 제1항 및 제2항 발명의 실시를 위하여 탄소성형체 성분의 정확한 함량이 필요한 것도 아니라 할 것이다.

그렇다면 비록 발명의 상세한 설명 중 이 사건 제1항 및 제2항 발명의 제조방법에 의하여 제조된 탄소성형체 성분의 구체적인 함량에 관한 기재에 앞서 본 바와 같은 오류가 있다고 하더라도 이는 이 사건 제1항 및 제2항 발명의 실시를 위하여 필요한 사항 이외의 부분에 관한 것이어서 통상의 기술자라면 그 오류에도 불구하고 위와 같은 명세서 전체의 기재 및 기술상식에 기초하여 별다른 어려움 없이 이들 발명을 정확하게 이해하고 재현할 수 있다고 봄이 상당하다.

88

대법원 2002. 6. 28. 선고 2001후2658 판결

<1> 이 사건 특허발명 제1항과 인용발명 1의 기술적 구성을 대비하여 보면, 원심이 적절하게 판단하고 있는 바와 같이, 양 발명 모두 PET사의 용융압출단계, 고화단계, 인취단계 및 연신단계를 거쳐 고강인도의 치수안정성 폴리에스테르 섬유사를 제조하는 방법에 관한 것이라는 점에서 기술적 구성이 공통하고, 또 용융압출단계, 고화단계 및 연신단계의 구체적인 공정이 동일하며, 인취단계에서 인취속도를 구성요소로 하여 미연신사의 물성을 조절한다는 점도 공통하나, 인취속도를 조절하여 목표로 하는 미연신사의 물성에 대하여, 이 사건 특허발명 제1항은 '결정도'와 '융점상승'을 대상으로 하는 데에 대하여, 인용발명 1은 '밀도'와 '복굴절률'을 그 대상으로 하고 있다는 점에서 차이가 있다.

<2> 그런데 성질 또는 특성 등에 의해 물을 특정하려고 하는 기재를 포함하는 특허발명과, 이와 다른 성질 또는 특성 등에 의해 물을 특정하고 있는 인용발명을 대비할 때, 특허발명의 특허청구범위에 기재된 성질 또는 특성이 다른 정의또는 시험·측정방법에 의한 것으로 환산이 가능하여 환산해 본 결과 인용발명의 대응되는 것과 동일·유사하거나 또는 특허발명의 명세서의 상세한 설명에 기재된 실시형태와 인용발명의 구체적 실시형태가 동일·유사한 경우에는, 달리 특별한 사정이 없는 한, 양 발명은 발명에 대한 기술적인 표현만 달리할 뿐 실질적으로는 동일·유사한 것으로 보아야 할 것이므로, 이러한 특허발명은 신규성 및 진보성을 인정하기 어렵다.

<3> 이와 같이 양 발명에서 물성치 환산값(결정도, 복굴절률)이 실질적으로 동일하고, 그 출발원료 및 제조공정의 구체적인 태양도 동일·유사하며, 또 방사공정 중에서 인취속도가 증가하게 되면 적절한 범위 내의 융점상승이 도출된다고 하는 것이 이 발명이 속하는 기술분야에서 이미 공지되어 있었던 점 등에 비추어 보면, 인용발명 1에서 얻어진 미연신사도, 달리 특별한 사정이 없는 한, 이 사건 특허발명 제1항에서 의도하는 융점상승이 이루어질 것으로 보이므로, 이 사건 특허발명 제1항의 미연신사의 융점상승은 인용발명 1로부터 당연히 얻어지는 것이거나 적어도 당업자가 인용발명 1로부터 용이하게 얻어낼 수 있는 정도의 것으로 봄이 상당하다

대법원 2004. 4. 28. 선고 2001후2207 판결

<1> 이 사건 출원발명은 종래의 봉입 방법에 의하여 제조된 전기발광성 인광체 입자에 비하여 높은 초기 전기발광 명도를 나타내고 발광 명도의 습도-가속된 감쇠(humidity- accelerated decay)에 대한 높

은 저항성을 나타내며, 얇고 거의 투명한 산화물 피복층을 갖는 봉입된 인광체 입자를 제공하는 것을 발명의 목적으로 한다. 이 사건 출원발명 제1항의 구체적인 기술적 구성은 "거의 투명한 연속상의 산화물 피복층 내에 본질적으로 완전히 봉입되고, 습도-가속된 감쇠에 민감한 전기발광성 인광체 입자를 포함하며"(이하 '제1구성'이라 한다), "상기 봉입된 인광체 입자는 피복되지 않은 인광체 입자의 초기 전기발광 명도와 같거나 그 명도의 약 50% 이상인 초기 전기발광 명도를 가지며, 상대습도 95% 이상의 환경에서 100시간 작동시킨 후 보유되는 발광 명도의 백분율이, 작동온도, 전압 및 진동수가 거의 같은 상태에서 100시간 작동시킨 후 보유되는 고유한 명도의 약 70% 이상인 것을 특징으로 하는 봉입된 전기발광성 인광체 입자"(이하 '제2구성'이라 한다)로 되어 있다. 이 사건 출원발명 제1항의 제1구성에 의하여 얻을 수 있는 효과는 제2구성에 기재된 것과 같다.

<2> 기록에 의하면, 이 사건 출원발명의 출원 전에 사용된, 내습성 물질이나 무기물(산화물) 피복층으로 봉입한 입자형 전기발광성 인광체는 바람직한 내습성을 갖추지 못하였고 피복되지 않은 인광체 입자에 비해 초기 발광 명도도 높은 수준에 이르지 못하였다는 문제점이 있었는데, 이 사건 출원발명은 초기 발광 명도가 높으면서도, 습도가 높은 조건에서 발광 명도의 감쇠 속도가 증가되는 것('습도-가속된 감쇠')을 억제할 수 있으며 얇고 거의 투명한 산화물 피복층을 갖는 새로운 봉입된 인광체 입자를 제공함으로써 위와 같은 종래 기술의 문제점을 해결하는 데에 목적이 있으며,

다음과 같은 과정, 즉 ① 인광체 입자의 교반된 층을 제공하는 단계, ② 그 층을 약 25~170℃의 온도(바람직하게는 약 100~150℃)로 가열하는 단계, ③ 그 층을 하나 이상의 증기상 산화물 전구체에 노출하여 그 전구체가 화학적으로 반응하여 그 입자 표면에 거의 투명한 밀폐성 산화물 피복층을 형성함으로써 본질적으로 봉입된 인광체 입자를 형성하는 단계, ④ 봉입된 입자를 냉각하는 단계를 거쳐, 제2구성

과 같은 특성 내지 성질을 지니는 인광체 입자를 얻을 수 있다는 내용이 명세서(을 제6호증)의 상세한 설명란에 기재되어 있음을 알 수 있다(그와 같은 인광체 입자 제조 방법은 이 사건 출원발명에서 별도의 청구항으로 청구하고 있다.).

<3> 이와 같은 이 사건 출원발명의 종래 기술과 이 사건 출원발명에 의하여 해결하고자 하는 기술적 과제의 내용 및 피복층에 봉입된 인광체 입자라는 이 사건 출원발명의 대상물의 성질 등을 감안할 때, <u>이 사건 출원발명 제1항에서 청구하는 인광체 입자는 구조에 의해서 특정하는 것이 곤란할 뿐 아니라 구조만으로 특정하려 할 때 종래의 인광체 입자와 기술적으로 구별하기 어렵다는 특성이 있다.</u> 뿐만 아니라, 이 사건 출원발명 제1항의 제1구성에 해당하는 '습도에 민감한 전기발광성 인광체 입자를 투명한 연속상의 산화물 피복층 내에 완전히 봉입하는 구성'만으로는 이 사건 출원발명이 목적으로 하는 초기 발광 명도와 발광 명도의 습도-가속된 감쇠에 대한 저항성이 아울러 높은 인광체 입자를 얻을 수 있다고 볼 수도 없다. 더구나 이 사건 출원발명 제1항의 제2구성 역시 원고가 이 사건 출원발명을 출원하면서 보호를 받고자 하는 사항으로서 제1구성과 함께 그 특허청구범위에 기재한 사항임이 명백하다.

<4> 이러한 사정을 위에서 본 법리와 함께 고려하면, 이 사건 출원발명 제1항의 제2구성은 발명의 대상인 인광체 입자의 성질 또는 특성을 표현하고 있기는 하지만 제1구성을 한정하면서 발명을 특정하고 있는 사항이라고 봄이 상당하므로, 이 사건 출원발명 제1항의 진보성을 판단함에 있어서 간행물에 실린 발명과 대비하여야 할 구성에 해당한다.

대법원 2006. 5. 11. 선고 2004후1120 판결

<1> 특허청구범위가 발명의 상세한 설명에 의하여 뒷받침되고 있는지 여부는 그 발명이 속하는 기술분야에서 통상의 지식을 가진 자의 입장에서 특허청구범위에 기재된 발명과 대응되는 사항이 발명의 상세한 설명에 기재되어 있는지 여부에 의하여 판단하여야 하는바, 출원시의 기술상식에 비추어 보더라도 발명의 상세한 설명에 개시된 내용을 특허청구범위에 기재된 발명의 범위까지 확장 내지 일반화할 수 없는 경우에는 그 특허청구범위는 발명의 상세한 설명에 의하여 뒷받침된다고 볼 수 없다.

<2> 이 사건 제1항 발명의 청구항은 그 조성물을 화학명 또는 화학식 등을 이용하여 구체적으로 특정하지 아니하고 '콜라게나제-3 선택적 억제제'라고 표현하고 있는데, 명세서에 기재된 용어의 정의를 참작하면, '콜라게나제-3 선택적 억제제'는 '콜라게나제-1 효소에 비해 콜라게나제-3 효소 활성 억제에 대해 100배 이상의 선택성을 나타내고 MMP-13/MMP-1 형광 분석법에 따른 IC50 결과로 정의된 100nM 미만의 역가를 갖는 약제'를 의미하는 것으로 이해되므로, 이는 '발명의 상세한 설명'에 구체적으로 열거된 16가지 화합물뿐만 아니라 위와 같은 요건을 충족하는 모든 화학물질을 지칭하는 의미로 해석된다.

<3> 그런데 '발명의 상세한 설명'에는 위 16가지 화합물 중 2가지 화합물이 콜라게나제-3에 선택적인 억제 활성을 갖고 이러한 성질에 의해 주로 연골 내의 콜라게나제 활성을 실질적으로 억제하여 골관절염 등의 치료·예방에 효과가 있다는 내용 및 위 2가지 화합물과 콜라게나제-3에 대한 선택적 억제 활성이 없는 화합물의 각 약리효과를 구체적인 수치로 대비한 실험 결과가 기재되어 있을 뿐이고 나머지 14가지 열거된 화합물이나 그 밖에 위와 같이 정의된 '콜라게나제-3 선택적 억제제'에 속하는 화학적 구조를 특정할 수 없는 수많은 화학물질에 대하여는 그 약리효과에 관하여 아무런 기재가 없다.

<4> 나머지 14가지 화합물의 화학적인 구조가 모두 위 2가지 화합물과 동일성의 범주에 속하여 그와 동등한 효과를 가질 것으로 예측된다는 특별한 사정도 찾아볼 수 없고 그 밖의 화학물질의 경우에는 화학적인 구조조차 특정할 수 없어 위 2가지 화합물과 동일성의 범주에 속하는지 여부조차 전혀 확인할 수 없으므로, 위 2가지 화합물을 제외한 나머지 모든 화학물질이 위 2가지 화합물과 동일한 정도의 임상적 상관관계를 나타낼 것이라고 예측할 수 없고, 출원 당시의 기술 수준으로 보아 동일한 임상적 상관관계를 나타낼 것으로 예측된다고 볼 만한 자료도 없다.

<5> 이 사건 제1항 발명의 '콜라게나제-3 선택적 억제제'는 그 명세서에서 용어의 정의와 기준 및 확인방법이 기재되어 있으나, 이는 어떠한 화합물이 결과적으로 '콜라게나제-3 선택적 억제제'에 속하는지의 기준 및 확인방법만 제시하고 있을 뿐, 이러한 기재만으로는 사전에 그러한 화합물에 어떠한 것들이 포함되고 그에 속하는 모든 화합물들이 그와 같은 효과를 갖는지에 관하여 발명의 상세한 설명에 의하여 뒷받침된다고 볼 수 없다.

대법원 2014. 9. 4. 선고 2012후832 판결

<1> 특허법 제42조 제4항 제1호는 특허청구범위에 보호받고자 하는 사항을 기재한 청구항이 발명의 상세한 설명에 의하여 뒷받침될 것을 규정하고 있는데, 이는 특허출원서에 첨부된 명세서의 발명의 상세한 설명에 기재되지 아니한 사항이 청구항에 기재됨으로써 출원자가 공개하지 아니한 발명에 대하여 특허권이 부여되는 부당한 결과를 막으려는 데에 그 취지가 있다. 따라서 특허법 제42조 제4항 제1호가 정한 위와 같은 명세서 기재요건을 충족하는지 여부는, 위 규정 취지

에 맞게 특허출원 당시의 기술수준을 기준으로 하여 그 발명이 속하는 기술 분야에서 통상의 지식을 가진 자의 입장에서 특허청구범위에 기재된 사항과 대응되는 사항이 발명의 상세한 설명에 기재되어 있는지 여부에 의하여 판단하여야 하고(대법원 2011. 10. 13. 선고 2010후2582 판결 등 참조),

<2> 그 규정 취지를 달리하는 특허법 제42조 제3항 제1호가 정한 것처럼 발명의 상세한 설명에 통상의 기술자가 그 발명을 쉽게 실시할 수 있도록 명확하고 상세하게 기재되어 있는지 여부에 의하여 판단하여서는 아니 된다.

<3> 명칭을 '높은 데이터 레이트 인터페이스'로 하는 이 사건 출원발명의 특허청구범위 제8항에 기재된 '전송된 펄스의 위상이 결정되도록 하는 코드'라는 구성에 대응되는 사항이 발명의 상세한 설명에 동일하게 기재되어 있어서 위 구성이 발명의 상세한 설명에 의하여 뒷받침되므로 특허법 제42조 제4항 제1호에 반하는 기재불비가 있다고 할 수 없다.

대법원 2004. 12. 23. 선고 2003후1550 판결

<1> 의약의 용도발명에 있어서는 특정 물질이 가지고 있는 의약의 용도가 발명의 구성요건에 해당하므로, 발명의 특허청구범위에는 특정 물질의 의약용도를 대상 질병 또는 약효로 명확히 기재하여야 한다.

<2> 이 사건 출원발명은 맥관형성을 억제하기 위한 조성물에 관한 의약의 용도발명이고 청구항 제1항은 '원심 판시의 일반식을 갖는 맥관형성 - 억제 화합물 및 제약학적으로 허용가능한 부형제를 포함하는, 맥관형성을 억제하는 데 효과적인 조성물'로 기재되어 있는데,

이 사건 출원발명의 명세서에는 이 사건 출원발명이 탈리도마이드 및 관련 화합물을 투여함으로써 원치 않는 맥관형성을 방지하는 데에 있고, 비조절된 맥관형성으로 인해 생성된 다양한 병리학적 상태는 맥관형성 의존 또는 관련 질병으로 합쳐져서 군을 이루고 맥관형성 과정의 조절을 위한 치료는 그 질병의 철폐 및 완화로 이끌 수 있다고 기재되어 있으며, 이 사건 출원발명의 특허출원 전에 공지된 문헌에도 "종양의 성장, 신혈관 녹내장 및 류머티스성 관절염의 병리학적 진행과정 등과 같은 다양한 증상들이 맥관형성 의존 질병으로 함께 그룹지어질 수 있고, 그들의 병인에서 맥관형성 성분을 조절함으로써 그 진행을 제어할 수 있다."고 기재되어 있는바, 따라서 의약의 용도발명에 관한 청구항 제1항의 기재 내용은 그 조성물의 유효성분에 맥관형성을 억제하는 특별한 성질이 있다는 사실의 발견에 기초하여 병리학적 진행과정에서 나타나는 원치 않는 맥관형성을 치료 또는 예방할 수 있다는 취지의 약효를 표현하고 있고 그 내용 또한 명확하다 할 것이므로, 청구항 제1항은 맥관형성 기전이나 맥관형성 억제기전과 질병과의 상관관계가 공지되었는지 여부에 관계없이 의약의 용도를 명확히 표시하고 있다고 봄이 상당하다.

<3> 의약의 용도발명의 명세서에 기재될 특허청구범위는 원칙적으로 질병의 진단, 치료, 경감, 처치 및 예방에 해당하는 약효로서 표현하여야 하고, 다만 활성기전과 대상 질병과의 상관관계가 공지되어 있는 경우에는 활성기전에 의한 기능적인 표현으로 기재하는 것도 허용된다(상고 기각된 이 사건의 원심판단의 표현)

<4> 약리효과의 기재가 요구되는 의약의 용도발명에 있어서는 그 출원 전에 명세서 기재의 약리효과를 나타내는 약리기전이 명확히 밝혀진 경우와 같은 특별한 사정이 있지 않은 이상 특정 물질에 그와 같은 약리효과가 있다는 것을 약리데이터 등이 나타난 시험 예로 기재하거나 또는 이에 대신할 수 있을 정도로 구체적으로 기재하여야만

비로소 발명이 완성되었다고 볼 수 있는 동시에 명세서의 기재요건을 충족하였다고 볼 수 있다(대법원 2003. 10. 10. 선고 2002후2846 판결 참조).

<5> 청구항 제1항에는 맥관형성을 억제하는 데 효과적인 화합물의 기본 구조 및 치환기가 특정되어 있고, 그 명세서에는 각막분석방법(CorneaAssay)에 따라 이 사건 출원발명의 유효성분이 신맥관화 억제 효과를 보여주는 데이터가 제시되어 있는바, 이러한 각막분석방법은 맥관형성 억제활성을 확인하는 대표적인 실험방법에 해당하는 것이라는 점을 고려하면, 이 사건 출원발명의 명세서에 기재된 맥관형성 억제효과 데이터는 발생부위나 개체 등에 무관하게 이 사건 출원발명의 맥관형성 억제효과를 확인함에 충분한 자료라 할 것이므로, 평균적 기술자가 맥관형성이 자극원의 종류 및 발생 지점에 무관하게 공통된 기전을 통해 진행된다고 하는 종래기술 및 이 사건 출원발명의 유효성분이 각막의 맥관형성을 억제하였음을 보여주는 명세서상의 실험 데이터로부터 각막 이외의 다른 부위에서 발생하는 다양한 맥관형성에 있어서도 이 사건 출원발명의 유효성분이 공통된 기전을 거쳐서 동일한 방식으로 맥관형성을 억제하리라는 점을 충분히 예측할 수 있다.

대법원 2001. 11. 30. 선고 2001후65 판결

① 원심판결 이유에 의하면 원심은, 의약의 용도발명에 관한 이 사건 출원발명은 특허청구범위에 기재된 화합물의 약리효과를 나타내는 약리기전이 명확히 밝혀졌다고 볼 증거가 없고, 최초 출원명세서에는 그 화합물의 유용성이나 약리효과를 간접적으로 측정하는 방법 및 전체 화합물의 개괄적인 IC50 값의 범위 등이 기술되어 있을 뿐 개별적 화합물에 대한 약리효과를 확인하는 구체적 실험결과가 기재되어 있지

아니하였는데,

이 사건 명세서의 보정에 의하여 이 사건 출원발명의 제조실시예에 나타난 개별적 화합물에 대한 IC50 값을 추가하였고, 이와 같이 이 사건 출원발명의 약리효과를 확인할 수 있는 정량적(定量的)인 수치로 표시된 구체적 실험결과는 최초 명세서에 기재된 사항의 범위를 벗어나 의약에 관한 용도를 객관적으로 뒷받침하는 기술적 사항을 추가한 것으로 결과적으로 미완성발명을 완성한 것이므로 발명의 동일성을 인정할 수 없는 정도의 실질적인 변화를 가져왔다 할 것이어서, 이 사건 보정은 명세서의 요지를 변경한 것에 해당하여 구 특허법 제51조 제1항의 규정에 의하여 각하되어야 할 것이라는 취지로 판단하였다.

② 일반적으로 기계장치 등에 관한 발명에 있어서는 특허출원의 명세서에 실시예가 기재되지 않더라도 당업자가 발명의 구성으로부터 그 작용과 효과를 명확하게 이해하고 용이하게 재현할 수 있는 경우가 많으나,

이와는 달리 이른바 실험의 과학이라고 하는 화학발명의 경우에는 당해 발명의 내용과 기술수준에 따라 차이가 있을 수는 있지만 예측가능성 내지 실현가능성이 현저히 부족하여 실험데이터가 제시된 실험예가 기재되지 않으면 당업자가 그 발명의 효과를 명확하게 이해하고 용이하게 재현할 수 있다고 보기 어려워 완성된 발명으로 보기 어려운 경우가 많고,

특히 약리효과의 기재가 요구되는 의약의 용도발명에 있어서는 그 출원 전에 명세서 기재의 약리효과를 나타내는 약리기전이 명확히 밝혀진 경우와 같은 특별한 사정이 있지 않은 이상 특정 물질에 그와 같은 약리효과가 있다는 것을 약리데이터 등이 나타난 시험예로 기재하거나 또는 이에 대신할 수 있을 정도로 구체적으로 기재하여야만 비로소 발명이 완성되었다고 볼 수 있는 동시에 명세서의 기재요건을 충족하였다고 볼 수 있을 것이며, 이와 같이 시험예의 기재가 필요함에도 불구하고 최초 명세서에 그 기재가 없던 것을 추후 보정에 의하여

보완하는 것은 명세서에 기재된 사항의 범위를 벗어난 것으로서 명세서의 요지를 변경한 것이라 할 것이다. 이러한 법리와 기록에 비추어 살펴보면, 원심의 위와 같은 판단은 정당하고, 거기에 상고이유의 주장과 같은 법리오해 등의 위법이 없다.

대법원 2007. 9. 6. 선고 2005후1486 판결

<1> 특허청구범위가 기능, 효과, 성질 등에 의한 물건의 특정을 포함하는 경우 그 발명이 속하는 기술분야에서 통상의 지식을 가진 자가 발명의 상세한 설명이나 도면 등의 기재와 출원 당시의 기술상식을 고려하여 특허청구범위에 기재된 사항으로부터 특허를 받고자 하는 발명을 명확하게 파악할 수 있다면 그 특허청구범위의 기재는 적법하다고 할 것이다.

<2> 독립항과 이를 한정하는 종속항 등 여러 항으로 이루어진 청구항의 기술내용을 파악함에 있어서 특별한 사정이 없는 한 광범위하게 규정된 독립항의 기술내용을 독립항보다 구체적으로 한정하고 있는 종속항의 기술구성이나 발명의 상세한 설명에 나오는 특정의 실시례로 제한하여 해석할 수는 없다고 할 것이다.

대법원 2003. 4. 25. 선고 2001후2740 판결

<1> 선행 또는 공지의 발명에 구성요건이 상위개념으로 기재되어 있고 위 상위개념에 포함되는 하위개념만을 구성요건 중의 전부 또는 일부로 하는 이른바 선택발명은,
첫째, 선행발명이 선택발명을 구성하는 하위개념을 구체적으로 개시

하지 않고 있으면서,

둘째, 선택발명에 포함되는 하위개념들 모두가 선행발명이 갖는 효과와 질적으로 다른 효과를 갖고 있거나, 질적인 차이가 없더라도 양적으로 현저한 차이가 있는 경우에 한하여 특허를 받을 수 있고,

이 때 선택발명의 상세한 설명에는 선행발명에 비하여 위와 같은 효과가 있음을 명확히 기재하면 충분하고, 그 효과의 현저함을 구체적으로 확인할 수 있는 비교실험자료까지 기재하여야 하는 것은 아니며, 만일 그 효과가 의심스러울 때에는 출원일 이후에 출원인이 구체적인 비교실험자료를 제출하는 등의 방법에 의하여 그 효과를 구체적으로 주장·입증하면 된다.

<2> 실제 약리작용의 면에서 볼 때 광학이성질체에 있어서는 어느 한쪽 광학이성질체의 활성이 우수하다고 하여 다른 쪽 광학이성질체의 활성도 함께 우수하다고 할 수 없고, 오히려 어느 한 쪽 광학이성질체의 활성이 우수한 경우에 다른 쪽 광학이성질체는 효과가 떨어지거나 부작용을 일으키기도 하는 것이어서 이 사건 출원발명의 화합물 중 화학식(IV)의 효과가 다른 화합물에 비하여 낮을 수 있음이 분명하므로 화학식(III) 화합물의 효과에 관한 대비실험자료인 갑 제6호증에 의하여 화학식(IV) 화합물의 효과까지도 추인하기는 곤란함에도 불구하고, 원심이 이 사건 출원발명의 명세서에서 효과가 뛰어나다고 기재해 놓은 화합물(III)에 대한 대비실험자료만을 가지고 이 사건 출원발명 전체의 효과를 인정한 것은 이 사건 출원발명의 내용을 제대로 파악하지 아니하였거나 선택발명의 효과 판단에 관한 법리를 오해함으로 인하여 판결에 영향을 미친 위법을 저질렀다고 하지 않을 수 없다.

99

대법원 2007. 9. 6. 선고 2005후3338 판결

<1> 선택발명의 상세한 설명에 그와 같은 효과가 있음을 구체적으로 확인할 수 있는 비교실험자료 또는 대비결과까지 기재하여야 하는 것은 아니라고 하더라도 통상의 기술자가 선택발명으로서의 효과를 이해할 수 있을 정도로 명확하고 충분하게 기재하여야 명세서 기재요건이 구비되었다고 할 수 있다.

<2> 이 사건 특허발명의 상세한 설명에는 이 사건 특허발명이 테스토스테론-5α-환원효소 억제 효과를 가진 선행발명인 비교대상발명에 비하여 "매우 우수하다."는 점만을 대비하여 기재하고 있을 뿐임을 알 수 있는바, 이와 같은 기재만으로는 통상의 기술자가 이 사건 제16항 발명이 비교대상발명에 비하여 질적으로 다른 또는 양적으로 현저한 효과를 가진다는 사실을 이해할 수 있을 정도로 명확하고 충분하게 기재하였다고 할 수 없다.

대법원 2009. 10. 15. 선고 2008후736 판결

<1> 선행 또는 공지의 발명에 구성요건이 상위개념으로 기재되어 있고 위 상위개념에 포함되는 하위개념만을 구성요건 중의 전부 또는 일부로 하는 이른바 선택발명의 신규성을 부정하기 위해서는 선행발명이 선택발명을 구성하는 하위개념을 구체적으로 개시하고 있어야 하고(대법원 2002. 12. 26. 선고 2001후2375 판결, 대법원 2007. 9. 6. 선고 2005후3338 판결 등 참조), 이에는 선행발명을 기재한 선행문헌에 선택발명에 대한 문언적인 기재가 존재하는 경우 외에도 그 발명이 속하는 기술분야에서 통상의 지식을 가진 자가 선행문헌의 기재 내용과 출원시의 기술 상식에 기초하여 선행문헌으로부터 직접적으로 선택발명의 존재를 인식할 수 있는 경우도 포함된다.

<2> 비교대상발명 1의 발명의 상세한 설명에서는 그 발명의 대상에 대하여, "메틸-a-(4,5,6,7-테트라하이드로 티에노(3,2-C)-5-피리딜)-o-클로로페닐-아세테이트", "이들 화합물은 한 개의 비대칭탄소 (asymmetrical carbon)를 가지므로, 두 개의 광학이성질체(enantiomer) 로 존재한다. 본 발명은 각각의 에난티오머 둘 다와, 그들의 혼합물에 대한 것이다"라고 기재하고 있는바, 비교대상발명 1의 발명의 대상인 "메틸-a-(4,5,6,7-테트라하이드로 티에노(3,2-C)-5-피리딘)-o-클로로페닐-아세테이트"는, 치환기의 명명 순서의 차이에 따라 그 명칭이 다를 뿐 이 사건 특허발명의 특허청구범위 제1항의 "메틸a-5(4,5,6,7-테트라하이드로(3,2-C)티에노 피리딜)(2-클로로페닐)-아세테이트" 와 같은 물질이다. 그리고 비교대상발명 1에 기재된 "각각의 에난티오머"는 '우선성 광학이성질체'와 '좌선성 광학이성질체'를, 그들의 혼합물은 '라세미체'를 각 말하는 것이어서, 비교대상발명 1은 위 화합물의 우선성 광학이성질체와 좌선성 광학이성질체 및 라세미체 세 가지 모두를 발명의 대상으로 하고 있으므로, 비교대상발명 1에는 위 화합물의 우선성 광학이성질체인 이 사건 제1항 발명의 클로피도그렐이 개시되어 있다.

한편, 이 사건 제2항 발명은 이 사건 제1항 발명의 클로피도그렐의 "염산염"을, 이 사건 제10항 발명은 이 사건 제1항 발명의 클로피도그렐의 "혈소판 질환의 치료 및 예방에 유효한 약제학적 조성물"이라는 의약용도를 각 대상으로 하고 있는바, 비교대상발명 1의 발명의 상세한 설명에 위 화합물의 우선성 광학이성질체인 클로피도그렐이 개시되어 있음은 위에서 본 바와 같고, 비교대상발명 1의 실시예 1에는 위 화합물의 라세미체 염산염이 나와 있으며, 위 화합물의 라세미체 염산염과 클로피도그렐이 개시되어 있는 이상 통상의 기술자라면 출원시의 기술지식에 기초하여 어려움 없이 비교대상발명 1로부터 클로피도그렐 염산염의 존재를 쉽게 인식할 수 있고, 비교대상발명 1 또한 '위화합물 및 약제학적으로 허용되는 담체를 함유하는 혈소판 응집 억제

활성 및 항혈전 활성을 갖는 치료 조성물'에 관한 것이므로, 비교대상 발명 1에는 이 사건 제2항 발명의 클로피도그렐 염산염과 이 사건 제 10항 발명의 클로피도그렐의 의약용도가 구체적으로 개시되어 있다 고 보아야 한다.

<3> 선행 또는 공지의 발명에 구성요건이 상위개념으로 기재되어 있 고 위 상위개념에 포함되는 하위개념만을 구성요건 중의 전부 또는 일부로 하는 이른바 선택발명의 진보성이 부정되지 않기 위해서는 선 택발명에 포함되는 하위개념들 모두가 선행발명이 갖는 효과와 질적 으로 다른 효과를 갖고 있거나, 질적인 차이가 없더라도 양적으로 현 저한 차이가 있어야 하고, 이때 선택발명의 발명의 상세한 설명에는 선행발명에 비하여 위와 같은 효과가 있음을 명확히 기재하여야 하며 (대법원 2003. 4. 25. 선고 2001후2740 판결, 대법원 2007. 9. 6. 선고 2005후3338 판결 등 참조), 위와 같은 효과가 명확히 기재되어 있다고 하기 위해서는 선택발명의 발명의 상세한 설명에 질적인 차이를 확인 할 수 있는 구체적인 내용이나, 양적으로 현저한 차이가 있음을 확인 할 수 있는 정량적 기재가 있어야 한다.

<4> 이 사건 특허발명의 발명의 상세한 설명에는 통상의 기술자가 의 약물질의 염 화합물을 만들 때 당연히 고려하는 물리적 성질 이외에 이 사건 특허발명의 염 화합물이 이질적인 효과를 가진다고 볼만한 구체적인 내용이 전혀 없고, 그 제제학적 효과와 관련하여서는 비교 대상발명 1에 구체적으로 개시된 것으로 보아야 하는 클로피도그렐 이나 클로피도그렐 염산염과의 효과의 차이를 알 수 없는, "구조식(I d)의 화합물의 우선성 광학이성체의 무기산염 또는 유기산염 중 쉽게 결정화되고 흡습성을 갖지 않으며 특히 유리한 활성 의약품으로 사용 될 수 있는 수용성 염이 발견되었다"라는 기재 등만이 있을 뿐이며, 그 외 경련유발효과, 만성독성실험 등에 관하여는 아무런 기재가 없어 서 이와 같은 효과가 이 사건 특허발명의 발명의 상세한 설명에 명확

하게 기재되어 있다고 할 수 없으므로, 이 사건 특허발명의 염 화합물의 진보성을 판단할 때 이와 같은 효과를 고려할 수 없다.

한편, 이 사건 특허발명의 발명의 상세한 설명에 명확하게 기재되어 있는 혈소판 응집작용억제와 혈전억제의 약리효과 및 급성독성실험 효과를 비교대상발명 1의 화합물과 비교하여 보면, 이 사건 제3항 발명의 클로피도그렐 황산수소염은 비교대상발명 1에 구체적으로 개시된 것으로 보아야 하는 클로피도그렐 염산염보다 혈소판 응집작용억제와 혈전억제의 약리효과 및 급성독성실험 효과가 떨어질 뿐만 아니라, 비교대상발명 1에 구체적으로 개시된 위 화합물의 라세미체 염산염과 비교하더라도 혈소판 응집작용억제와 혈전억제라는 약리효과에서 약 2배 정도, 급성독성실험 효과에서 약 1.6배 정도 우수하기는 하나, 약물의 수용체에 대한 입체 특이성 때문에 어느 특정 광학이성질체가 라세미체 또는 나머지 광학이성질체에 대하여 우수한 약리효과를 가질 수 있다는 것은 널리 알려진 것이어서, 우선성 광학이성질체와 좌선성 광학이성질체가 같은 양으로 혼합되어 있는 라세미체와 약리활성을 가지는 그 광학이성질체를 동일한 양으로 투여하여 실험하면 광학이성질체의 약리효과가 라세미체에 비하여 2배 정도 우수하게 나타나는 것은 당연하며, 급성독성실험은 의약 물질의 개발초기단계에서 행하여지는 실험으로 의약품으로 사용가능한지 여부를 알아보는 데에 의미가 있을 뿐이어서, 이와 같은 차이만으로는 이 사건 제3항 발명의 클로피도그렐 황산수소염이 비교대상발명 1의 위 화합물의 라세미체 염산염에 비하여 양적으로 현저한 효과가 있다고 보기 어렵다.

103

대법원 2003. 10. 24. 선고 2002후1935 판결

<1> 화학분야의 발명에서 라세미체가 공지된 경우 부제탄소의 개수에 따라 일정한 숫자의 광학이성질체가 존재한다는 것은 널리 알려져 있으므로, 특정 광학이성질체의 용도에 관한 발명은,

첫째 그 출원일 전에 라세미체 화합물의 용도를 기재하고 있는 간행물 등에 그 광학이성질체 화합물의 용도가 구체적으로 개시되어 있지 아니하고,

둘째 그 광학이성질체 화합물의 특유한 물리화학적 성질 등으로 인하여 공지된 라세미체의 용도와 질적으로 다른 효과가 있거나, 질적인 차이가 없더라도 양적으로 현저한 차이가 있는 경우에 한하여 특허를 받을 수 있다.

그런데 광학이성질체에 그 용도와 관련된 여러 효과가 있는 경우에 효과의 현저함이 있다고 하기 위해서는, 광학이성질체의 효과 모두를 이에 대응하는 공지의 라세미체의 효과와 대비하여 모든 종류의 효과 면에서 현저한 차이가 있어야 하는 것이 아니라, 광학이성질체의 효과 중 일부라도 이에 대응하는 라세미체의 효과에 비하여 현저하다고 인정되면 충분한 것이고, 그 기술분야에서 통상의 지식을 가진 자가 단순한 반복 실험으로 광학이성질체의 현저한 효과를 확인할 수 있다는 사정만으로 그 효과의 현저함을 부인할 수는 없다.

<2> 이 사건 제6항 발명의 항당뇨병제는 '2-에톡시-4[N-[1-(2-피페리디노페닐)-3-메틸-1-부틸]아미노카보닐메틸]-벤조산의 (S)-에난티오머'를 유효성분으로 하는 것이고, 위 간행물 기재 발명들은 2-에톡시-4[N-[1-(2-피페리디노페닐)-3-메틸-1-부틸]아미노카보닐메틸]-벤조산을 유효성분으로 하는 것으로서, 양 발명의 화합물은 광학이성질체와 라세미체의 관계에 있으므로,

이 사건 제6항 발명의 (S)-에난티오머에 대한 총괄적 개념의 일반식에 해당하는 화합물이 그 출원 전에 반포된 간행물에 개시되어 있다

고 볼 수 있으나, 이 사건 제6항 발명은 (S)-에난티오머 자체에 관한 것이 아니라, (S)-에난티오머를 항당뇨병제로 하는 의약적 용도에 관한 것인 데 반하여, 위 간행물 기재 발명들에는 2개의 에난티오머 형태로 분리되지 않은 라세미체의 의약적 용도에 관한 기재만 있을 뿐이므로, 이 사건 제6항 발명은 위 간행물들에 구체적으로 개시되어 있다고 할 수 없고,

위 간행물 기재 발명들의 명세서에 라세미체와 광학이성질체 상호간에 약리효과의 차이를 보여주는 기재도 없으며, 의약화합물에 광학이성질체가 존재하는 경우 광학이성질체 상호간의 생체 내 작용활성이 달라 약물의 흡수, 분포, 대사 등의 약물속도론적 특징 및 약효에 차이가 있을 수 있기 때문에, 어느 특정 광학이성질체가 라세미체 또는 나머지 광학이성질체에 대하여 우수한 약리효과를 가질 수 있다는 것이 널리 알려져 있기는 하지만,

그렇다고 하더라도 직접 실험을 해 보기 전에는 이 사건 제6항 발명의 (S)-에난티오머가 위 간행물 기재 발명들의 라세미체 또는 나머지 광학이성질체인 (R)-에난티오머보다 우수한 약리효과를 가진다고 예측할 수는 없으므로, 2개의 에난티오머 형태로 분리되지 않은 위 라세미체의 의약적 용도로부터 그 기술분야에서 통상의 지식을 가진 자가 출원시의 기술상식에 기초하여 어려움 없이 이 사건 제6항 발명의 의약적 용도를 인식할 수 있다고 보기 어렵다.

<3> 이 사건 제6항 발명의 치료대상인 당뇨병과 같이 장기간에 걸쳐 치료를 요하는 질병에 있어, 투여되는 약물이 소실되지 않고 체내에 축적되면, 약물의 반복투여로 인한 부작용이나 독성이 발현될 우려가 있는데, 이 사건 제6항 발명은 라세미체 및 (R)-에난티오머에 비해 투여량을 반으로 줄이고, 체내의 혈장농도는 훨씬 낮은 농도로 유지하며 단시간에 소실될 수 있다는 것을 효과로 하는 것으로서, 최종 보정명세서의 기재에 의하면 이 사건 제6항 발명의 유효성분인 (S)-에난티오머는 라세미체에 비해 혈장 최고농도가 1/3이고, 4시간 경과 후에

는 1/27, 5시간 경과 후에는 1/43만이 존재하고, 갑 제6호증(이는 독일연방공화국의 공증인이 공증하고, 그 공증인 소재지의 지방법원장이 공증인의 자격을 확인한 후, 프랑크푸르트 주재 한국영사관의 확인을 거쳐 원심법원에 제출한 시험보고서로서 그 방식과 취지에 비추어 볼 때 그 작성명의인에 의하여 작성된 것임을 인정하기에 충분하다)의 기재에 의하면 (S)-에난티오머는 라세미체와 동일하게 투여 후 8시간이 경과할 때까지 혈당저하 효과를 지속하지만, 체내에서의 약물농도는 약 2시간 경과 후에는 완전히 소실되며, 최초 출원명세서에 첨부된 도면 1, 2에 의하면 (S)-에난티오머의 혈장 농도가 다른 광학이성질체인 (R)-에난티오머에 비해 약 1/2~1/3로서, 그 혈장 농도가 상대적으로 매우 낮고, 또한 (S)-에난티오머는 시간의 경과에 따라 체내에서 신속히 소실되며, 약 4시간 정도에 체내에서 완전히 소실되는 데 비하여, (R)-에난티오머는 6시간 경과 후에도 체내에 잔존함이 각 인정되므로 이 사건 제6항 발명의 유효성분은 라세미체, (R)-에난티오머에 비해 체내의 혈장농도가 낮고, 체내에서 신속하게 소실되는 효과면에서 현저한 차이가 있다.

<4> 이 사건 출원발명과 그 화합물의 라세미체가 갖고 있는 다른 효과들, 즉 혈당저하나 독성, 저혈당 발현의 위험 배제 등의 효과를 대비하면 이 사건 출원발명이 라세미체에 비하여 현저한 효과가 있다고 보기는 어렵지만,
장기복용을 전제로 하는 당뇨병 치료제의 특성 및 약물의 장기간 체내 축적으로 인한 독성발현 등의 부작용을 종합하여 보면,
이 사건 출원발명의 앞서 본 정도의 신속한 체내 소실의 효과는 위 간행물 기재 발명들에 비하여 현저하다고 보기에 충분하고, 이와 같이 특정한 효과에 있어서 현저함이 인정되는 이 사건 출원발명은 그 기술분야에서 통상의 지식을 가진 자가 위 간행물 기재 발명들로부터 용이하게 발명해 낼 수 있는 것이라고 할 수 없다.

대법원 2011. 7. 14. 선고 2010후2872 판결

동일한 화합물이 여러 결정 형태를 가질 수 있고 그 결정 형태에 따라서 용해도, 안정성 등의 약제학적 특성이 다를 수 있음은 의약화합물 기술분야에서 널리 알려져 있어 의약화합물의 제제설계를 위하여 그 결정다형의 존재를 검토하는 것은 통상 행해지는 일이므로, 의약화합물 분야에서 선행발명에 공지된 화합물과 결정 형태만을 달리하는 특정 결정형의 화합물을 특허청구범위로 하는 이른바 결정형 발명은, 특별한 사정이 없는 한 선행발명에 공지된 화합물이 갖는 효과와 질적으로 다른 효과를 갖고 있거나 질적인 차이가 없더라도 양적으로 현저한 차이가 있는 경우에 한하여 그 진보성이 부정되지 않고, 이때 결정형 발명의 상세한 설명에는 선행발명과의 비교실험자료까지는 아니라고 하더라도 위와 같은 효과가 있음이 명확히 기재되어 있어야만 진보성 판단에 고려될 수 있으며, 만일 그 효과가 의심스러울 때에는 출원일 이후에 출원인 또는 특허권자가 신뢰할 수 있는 비교실험자료를 제출하는 등의 방법에 의하여 그 효과를 구체적으로 주장·입증하여야 한다.

대법원 2014. 5. 16. 선고 2012후3664 판결

<1> 의약용도발명에서는 특정 물질과 그것이 가지고 있는 의약용도가 발명을 구성하는 것이고(대법원 2009. 1. 30. 선고 2006후3564 판결 등 참조), 약리기전은 특정 물질에 불가분적으로 내재된 속성으로서 특정 물질과 의약용도와의 결합을 도출해내는 계기에 불과하다. 따라서 의약용도발명의 특허청구범위에 기재되어 있는 약리기전은 특정 물질이 가지고 있는 의약용도를 특정하는 한도 내에서만 발명의 구성요소로서 의미를 가질 뿐 약리기전 그 자체가 특허청구범위를 한정하는 구성요소라고 보아서는 아니 된다.

<2> 또한 선행 또는 공지의 발명에 구성요소가 상위개념으로 기재되어 있고, 위 상위개념에 포함되는 하위개념만을 구성요소 중의 전부 또는 일부로 하는 선택발명의 진보성이 부정되지 않기 위해서는, 선택발명에 포함되는 하위개념들 모두가 선행발명이 갖는 효과와 질적으로 다른 효과를 갖고 있거나, 질적인 차이가 없더라도 양적으로 현저한 차이가 있어야 한다. 이때 선택발명의 명세서 중 발명의 상세한 설명에는 선행발명에 비하여 위와 같은 효과가 있음을 명확히 기재하여야 하는데, 이러한 기재가 있다고 하려면 발명의 상세한 설명에 질적인 차이를 확인할 수 있는 구체적인 내용이나 양적으로 현저한 차이가 있음을 확인할 수 있는 정량적 기재가 있어야 한다(대법원 2012. 8. 23. 선고 2010후3424 판결 등 참조).

<3> 명칭을 '인슐린 민감성을 증가시키는 안지오텐신 II 수용체 길항제, 특히 텔미사르탄의 용도'로 하는 이 사건 출원발명의 특허청구범위 제1항은 '안지오텐신 II 수용체 길항제인 텔미사르탄'을 유효성분으로 하고, '2형 진성 당뇨병으로 진단된 사람 또는 당뇨병 전기(prediabete)로 의심되는 사람을 치료하거나, 당뇨병을 예방하거나, 또는 혈압이 정상인 환자에게서 대사증후군 및 인슐린 내성을 치료하는 것'(이하 '당뇨병 예방 또는 치료 등'이라고 한다)을 그 의약용도로 하면서, 나아가 그 특허청구범위에 '퍼옥시좀 증식 활성화 수용체 감마(PPARγ) 조절 유전자의 전사를 유도하는'이라는 약리기전도 포함하고 있다. 그런데 위 약리기전은 유효성분인 텔미사르탄에 불가분적으로 내재되어 텔미사르탄이 '당뇨병 예방 또는 치료 등'의 의약용도로 사용될 수 있도록 하는 속성에 불과하고, 텔미사르탄의 그러한 의약용도 범위를 축소 또는 변경하는 것은 아니므로, 결국 이 사건 제1항 발명은 유효성분인 텔미사르탄과 그것이 가지고 있는 의약용도인 '당뇨병 예방 또는 치료 등'으로 구성되어 있는 의약용도발명으로 파악된다.

<4> 그런데 비교대상발명에는 임상시험 결과 레닌-안지오텐신 시스템 차단제가 당뇨병 위험을 상당히 낮출 수 있다는 사실이 밝혀졌다는 점, 그 중 안지오텐신 II 수용체 길항제인 로사르탄의 투여 그룹에서 2형 당뇨병의 유병률이 감소된 임상연구가 있었다는 점 등이 개시되어 있고, 이 사건 제1항 발명의 유효성분인 텔미사르탄 역시 레닌-안지오텐신 시스템 차단제로서 안지오텐신 II 수용체 길항제에 속하는 물질이다. 따라서 이 사건 제1항 발명은 비교대상발명에 개시된 '레닌-안지오텐신 시스템 차단제의 당뇨병 예방 또는 치료 효과'에 포함되는 하위개념인 '텔미사르탄의 당뇨병 예방 또는 치료 효과'를 그 발명의 일부로 하고 있으므로 그 부분은 비교대상발명과의 관계에서 선택발명에 해당한다.

<5> 그러나 이 사건 출원발명의 명세서 중 발명의 상세한 설명에는 시험관 내 실험결과 텔미사르탄이 레닌-안지오텐신 시스템 차단제에 속하는 다른 화합물들 중 일부에 불과한 로사르탄 및 이르베사르탄에 비해 높은 강도로 퍼옥시좀 증식 활성화 수용체 감마 조절 유전자의 전사를 유도한다는 점이 나타나 있을 뿐, 나아가 텔미사르탄이 당뇨병 예방 또는 치료라는 의약용도와 관련하여 레닌-안지오텐신 시스템 차단제에 속하는 화합물 일반과 비교하여 양적으로 현저한 효과상의 차이가 있다는 점을 확인할 수 있는 기재는 없고, 달리 이 점을 알 수 있는 자료도 없다. 따라서 이 사건 제1항 발명은 당뇨병 예방 또는 치료라는 의약용도와 관련하여 비교대상발명과의 관계에서 선택발명에 해당하면서도 양적으로 현저한 효과가 있다고 인정되지 아니하는 부분을 포함하고 있고 이 부분은 비교대상발명에 의하여 그 진보성이 부정된다.

109

대법원 2012. 8. 23. 선고 2010후3424 판결[2]

<1> 원심판결 이유에 의하면, 명칭을 "약제학적 화합물"로 하는 이 사건 특허발명의 특허청구범위 제2항은 2-메틸-10-(4-메틸-1-피페라지닐)-4H-티에노[2,3-b][1,5]벤조디아제핀[이하 그 일반명인 '올란자핀(Olanzapine)'이라고 한다]을 특허청구범위로 하는 발명임을 알 수 있다. 그런데 원심 판시 비교대상발명 1에는 올란자핀의 상위개념에 해당하는 화합물의 일반식이 기재되어 있으므로, 이 사건 제2항 발명은 비교대상발명 1의 선택발명에 해당한다. 따라서 이 사건 제2항 발명은 그 선행발명인 비교대상발명 1과 비교하여 이질적이거나 양적으로 현저한 효과를 가져야 그 진보성이 부정되지 않을 것인데, 이 사건에서는 특히 비교대상발명 1에 구체적으로 개시된 화합물들 중 올란자핀과 가장 유사한 화학구조를 가지는 2-에틸-10-(4-메틸-1-피페라지닐)-4H-티에노[2,3-b][1,5]벤조디아제핀[이하 그 일반명인 '에틸올란자핀(Ethyl Olanzapine)'이라고 한다]과 비교하여 위와 같은 효과를 갖는지 살펴보아야 한다.

<2> 이 사건 특허발명의 명세서에는 '8mg/kg의 복용량으로 처리한 개의 독성 연구에서, 에틸올란자핀의 경우는 8마리 중 4마리에서 콜레스테롤 농도가 상당히 증가한 반면, 올란자핀의 경우는 콜레스테롤 농도가 전혀 증가하지 않았다'는 취지로 기재되어 있다. 그런데 비교대상발명 1에는 에틸올란자핀이 콜레스테롤 증가 부작용 감소의 효과를 갖는다는 점에 관한 기재나 암시가 없고 그 발명이 속하는 기술분야에서 통상의 지식을 가진 자가 에틸올란자핀이 당연히 그러한 효과를 가질 것으로 예측할 수 있는 것도 아니므로, 콜레스테롤이 증가되지 않는다는 올란자핀의 효과는 에틸올란자핀이 갖는 효과와는 다른 이질적인 것이고, 통상의 기술자가 비교대상발명 1로부터 콜레스테롤을 증가시켜서는 안 된다는 기술적 과제를 인식할 수 있다고 하여 이와 달리 볼 수 없다. 결국 콜레스테롤 증가 부작용 감소 효과에 관한

이 사건 특허발명의 명세서의 위 기재는 에틸올란자핀이 갖는 효과와의 질적인 차이를 확인할 수 있는 구체적인 내용의 기재로 보아야 할 것이므로, 올란자핀에 실제로 이러한 효과가 있음이 인정되는지 여부를 살펴 이 사건 제2항 발명의 진보성을 판단해야 한다.

<3> 암컷 비글독(beagle dog)에게 8mg/kg을 투여한 그룹에서의 콜레스테롤 농도가, 원심 판시 제1실험의 경우 대조군은 202.25±30.54(평균±표준편차, 이하 같다)mg/dL, 올란자핀 투여군은 189.00±28.01mg/dL, 에틸올란자핀 투여군은 243.50±13.36mg/dL이고, 원심 판시 제2실험의 경우 대조군은 155.5±31.43mg/dL, 올란자핀 투여군은 143.7±45.80mg/dL, 에틸올란자핀 투여군은 186.8±49.87mg/dL로서, 에틸올란자핀 투여군에서는 콜레스테롤 농도가 상당히 증가한 반면 올란자핀 투여군에서는 그 농도가 증가하지 않았는데, 이와 같은 콜레스테롤 농도의 차이는 통계학적으로 유의미한 것임을 알 수 있다. 그리고 제1, 2실험에서보다 에틸올란자핀과 올란자핀 투여군 사이의 콜레스테롤 농도 차이가 작게 나타난 원심 판시 제3실험의 경우 그 실험기간이 61일로서 약 6개월인 제1, 2실험보다 짧은 점을 고려할 때, 위와 같은 제1, 2실험의 결과와 특별히 배치된다고 보기는 어렵다.

<4> 이러한 실험결과와 함께 기록에 의하여 알 수 있는 아래와 같은 점들, 즉 콜레스테롤 증가는 인간에게 투여할 약물의 성립 가능성을 좌우할 정도의 중요한 부작용인 점, 인간은 개에 비하여 콜레스테롤에 민감한 종인 점, 동물 독성실험은 인간에 대한 잠재적 부작용을 알아보기 위한 것으로서 인간에 대한 적정 투여량보다 많은 양의 약물을 동물에게 투여하여 실시함이 일반적이고, 제1, 2실험에서의 투여량 8mg/kg도 동물 독성실험에서의 위와 같은 투여량의 범위를 벗어난 것은 아닌 점, 올란자핀과 같은 정신병 치료제는 장기간 투여하는 경우가 많은 점 등을 종합적으로 고려하여 보면, 올란자핀이 에틸올란자핀과 비교하여 콜레스테롤 증가 부작용 감소라는 이질적인 효과를 가

111

진다고 인정하기에 충분하다.

그리고 전 세계적으로 널리 판매되고 있는 정신병 치료제인 올란자핀을 투여한 사람들 중 일부에서 콜레스테롤 증가의 부작용이 다소 나타났다고 하여 동물 독성실험 단계에서부터 그러한 부작용이 나타나 아직까지 임상시험을 실시한 바가 없는 에틸올란자핀과의 위와 같은 효과의 차이를 부정할 수는 없다.

4.

의견서 실무

114

Ⅱ. 중간사건 실무

의견서 실무는 심사관이 밝힌 거절이유에 맞서는 문서를 만드는 작업
이다. 출원인의 이름으로 대리인이 발화해 행절절차법상의 의견제출
기회를 누린다. 의견을 제출하는 것이고, 그 의견은 서면이어야 하며,
따라서 글쓰기 실무가 되겠다. 다만 단순히 우리 발명을 설명하는 글
을 쓰는 게 아니다. 이미 부정적인 판단을 내린 권위자(특허청 심사관)를
설득하는 문서다. 앞에서 말한 의견서 실무의 3요소는 다음과 같다.

- 심리적일 것
- 논리적일 것
- 상대적일 것

먼저 위 세 가지 사항에 대해서 일반론적인 설명을 한 다음에 우리
업계에서 만연돼 있는 잘못된 관행을 두루 지적하고, 부족하게나마
의견서 견본을 제시하고자 한다.

116

II. 중간사건 실무

가 /

심리적일
것

의견서는 사람이 쓰고 사람이 읽는다. 사람이 관여한다. 발화의 주체
는 실무자다. 그러나 자기의 이름이 아니라 출원인의 이름으로 글을
제출해야 하는 입장이다. 이 실무에서 특히 중요한 사람은 출원인(여
기에서 출원인은 출원인 회사에 속해서 관리하는 담당자와 발명자를 칭한다)과
심사관이다. 특허법에서 이들은 사람으로 존재하지 않고 '기관'으로
존재한다. 그러나 실제 세계에서는 기관이 아닌 사람으로 존재한다.
법제와 실제의 차이가 의견서 실무를 규정한다. 이 기관들은 특허법이
규율하는 법리 세계에서는 규정과 판례의 지배를 받는다. 반면 실제
세계에서는 심리와 시장의 지배를 받는다. 이 두 가지 성격이 다른 지
배가 서로 기묘하게 결합됨으로써 특허현실이 만들어진다.

　　특허법상의 규정과 판례를 실무자가 안다고 가정하자. 이것은
전문지식 세계다. 학습과 경험을 통해 실무자는 그 지식을 잘 안다고

가정돼 있다. 하지만 이것을 잘 안다고 해서 의견서 실무가 높은 수준으로 행해지는 것은 아니다. 반쪽에 불과하기 때문이다. 의견서 실무상의 심리 요소와 시장 요소는 그다지 주목을 받지 못했는데, 시장 요소는 나중에 언급하더라도 먼저 심리 요소에 대해서 살펴본다. 실무자는 출원인에 속한 사람들, 즉 고객과 부정적인 심사결과를 발급한 심사관의 심리를 동시에 고려한다.

행동경제학을 창시한 공로로 노벨경제학상을 수상한 대니얼 카너먼Daniel Kahneman은 인간의 심리행위에 대한 깊은 분석과 통찰을 제공했다. 그는 '시스템 1'과 '시스템 2'라는 용어로 분류되는 인간의 머릿속에 존재하는 두 가지 시스템을 소개하면서 인간의 심리적인 행위에 대해 매우 흥미롭게 설명했다.[3] 그는 거의 혹은 전혀 힘들이지 않고 자발적인 통제에 대한 감각 없이 자동으로 빠르게 작동하는 두뇌 시스템을 '시스템 1'이라고 칭했다. 그리고 복잡한 계산을 포함해서 노력이 필요한 정신 활동에 관심을 할당하는 시스템을 '시스템 2'라고 정의했다. 시스템 1은 시스템 2를 위해서 인상, 직관, 의도, 느낌 등을 지속적으로 제안하고, 시스템 2의 승인을 받으면 인상과 직관이 믿음으로 바뀐다는 것이다. 또한 모든 과정이 자연스럽게 진행될 때 시스템 2는 거의 혹은 전혀 수정 없이 시스템 1의 제안을 그대로 수용한다고 말한다. 카너먼은 시스템 1의 영향력은 결코 멈추지 않으며, 다양한 심리적 편향Bias과 대체Substitution, 휴리스틱Heuristic으로 게으른 시스템 2를 주도한다고 주장한다. 또한 "시스템 2는 시스템 1의 자동적이면서도 비자발적인 활동이 기억으로부터 불어들이는 데이터를 갖고 작업한다. 따라서 시스템 2는 일부 정보를 불러들이기 쉽게 만들어주는 닻의 편향적 영향을 쉽게 받는다. 게다가 시스템 2는 이런 영향을 통제하는 능력도 없고 그것을 알지도 못한다(같은 책, 186쪽)."

특허심사는 사람이 한다. 특허청 심사관은 발명의 독창성 인정 여부를 놓고 고심하지만, 충분한 시간을 할애하면서 출원발명을 심사하지는 않는다. 그/그녀도 컨베이어 벨트처럼 끊임없이 배당되는 사건을 처리해야 한다. 1건의 특허출원에 대해서 할당된 시간은 얼마 되지 않는다. 때때로 몇 시간 만에 심사결과를 내야할지도 모른다. 자신의 지식과 경험에 의존하겠지만, 지식과 경험이라는 자원은 '시스템 2'에 속하고 최대한 징발되기보다는 출원발명에 대한 인상과 직관이라는 '시스템 1'의 지배를 받게 된다. 주관적인 인상이 주관적인 판단을 야기한다. 단순한 구성처럼 보이면 심사관의 인상이 나빠지고, 시스템 1이 시스템 2에게 진보성을 부인하는 판단을 내리라고 명령한다. 변리사가 제출한 의견서가 자기도 뻔히 아는 혹은 심사관으로서도 충분히 예상 가능한 일반론을 반복하는 것에 그친다면 시스템 1은 직관적으로 편향을 강화한다.

특허청 심사관은 주로 기술고시로 임용되거나 박사채용을 통해 뽑힌다. 기술에 대한 그들의 식견이 높으면 높을수록, 특허심사의 경험이 많으면 많을수록 독창성을 판단하는 개인의 기준은 올라갈 수밖에 없다. 지식만 올라간 것이 아니라 직관과 인상에 의존하는 심리적 편향도 함께 상승한다. 특허청장이 엄격한 심사를 선언하면 당연하게도 더 엄격한 개인 잣대를 사용하려는 심리상태가 된다. 또한 심사관은 기술 구성의 곤란성을 중시하는 경향을 띤다. 이 경우 몇 가지 문제가 발생한다. 종래의 기술 구성보다 좀 더 복잡한 경우 특허를 받기 쉬워진다. 종래의 기술 구성보다 좀 더 단순한 경우 특허를 받기 어려워진다. 시장에서 후자의 기술이 전자보다 훨씬 강력한 산업발전의 동력이 되더라도 기술 구성이 단순화됨으로써 심사관의 인상과 직관에 나쁜 영향을 미치고, 부지런한 시스템 1이 게으른 시스템 2에 진보성을 부인하라고 명령한다.

그렇다면 실무자는 어떻게 이러한 심사관의 심리상태를 고려해 의견서를 작성할 것인가? 이것이 실무자에게 놓인 과제다. 단순히 사탕발림하는 의견서를 쓰는 것만으로는 부족하다. 높여 주면 겸손한 사람이 있는가 하면 높이면 오히려 오만해지는 사람도 있는 법이다. 포복하는 것이 능사가 아니다. 때때로 과감하고 적극적인 언어전술을 사용할 수도 있다. 가끔 나는 떼를 쓰되 주장이 없는 의견서를 목격한다. 그것을 가엾게 생각하는 심사관이 없다고는 말하기 어렵겠지만, 그렇다고 자기 판단을 반복할 심리상태에까지는 이르지 않을 것이다.

집단심리라는 것이 있을 수 있겠으나 실무자가 일반적인 교양을 지켜서 의견서를 작성한다면 결국 남는 것은 심사관 개인의 심리만 고려하면 된다. 개인의 심리는 심사관이 발급한 통지서를 꼼꼼히 읽어보면 대략 감이 잡힐 수 있다. 편향을 강화하는 공격을 삼가고, 무엇이 심사관의 인상과 직관에 나쁜 영향을 미쳤을까를 고민한다. 요컨대 심사관의 근거가 부족할 때에는 오히려 의견서 분량을 통제하는 것이 좋다. 가장 설득력 있는 주장만 한다. 부수적인 사항에 대해서 실무자가 말하고 싶은 주장이 있더라도 그 주장이 오히려 심사관의 편향을 강화할지도 모른다면 그것은 의견서에 적지 않는다. 심사관의 근거가 강할 때에는 합리적인 부분을 명시적으로 인정하고 진솔하게 의견을 진술한다. 사소한 차이를 강조해야 하는 경우도 종종 생긴다. 그런 경우에는 그것이 어째서 중요한 의미를 갖는지를 섬세하고 자세한 근거를 제시해야 하며, 논리를 동원해 그 사소한 차이로 말미암아 발생하는 효과를 어필해야 한다. 그런 경우에는 특히 청구항 보정이 중요한데, 문헌 표현으로는 특허범위가 많이 축소된 것처럼 보이지만 실제 시장에서는 강한 특허범위가 되는 청구항 수정도 생각해본다.

우리 발명과 인용발명이 비슷하기는 한데, 진보성을 부인한 심사관의 근거가 부실하기 짝이 없다고 느껴지는 경우에는 심사관을 이성적으로 비난하기에 앞서서 심사관이 우리 발명의 수준 자체를 낮게 보고 있는 것은 아닌지, 혹은 심사관이 너무 바빴던 것은 아닌지를 고려하고 빈틈을 찾는다. 심사관의 판단 근거가 부족할수록 변리사는 냉정하게 임한다. 지나치게 쟁점을 많이 만들어서 심사관을 몰아붙여서는 안 된다. 그러면 역으로 편향이 강화된다. 심사관은 자신의 모든 지식과 경험을 동원해 최종 거절결정을 내릴 것이다. 심사관의 통지서가 논리적으로 타당하고, 실제로도 우리 발명과 인용발명이 유사해서 좀

120

처럼 대응하기 어렵다면 심리적인 국면으로 안건을 분석하기보다는 가장 알맞은 청구항 보정안을 모색한다.

의견서 실무에서 실무자에게 요구하는 태도는 이러하다. 나의 논리와 나의 문장과 나의 표현이 과연 심사관의 심리에 긍정적으로 작용할 것인가, 어떻게 하면 심사관의 '시스템 2'를 깨울 것인가 혹은 어떻게 하면 내게 유리한 '시스템 1'을 만들 것인가를 실무자 스스로 묻는 것이다. 이것이 과연 심리적으로 올바른가?

한편 실무자는 심사관의 심리만을 염두에 둬서는 안 된다. 특허를 향한 열차는 어디에서 시작됐는가? 바로 의뢰인이다. 발명자이거나 혹은 출원인 회사의 담당자다. 이를 모두 의뢰인이라고 표현할 때 의뢰인의 심리를 고려하지 않을 수가 없다. 전문가의 의견서 실무에 의뢰인의 심리를 고려하라니 우스꽝스러울지도 모르겠지만, 대리인의 존재 이유를 생각하면 납득할 수 있지 않을까?

대리인의 역할은 의뢰인이 말하고 싶은 것을 대신 표현하는 것이다. 대리인은 단순한 전달자가 아니라 이 분야의 전문 지식과 경험이 의뢰인의 역량을 초월하는 사람이기 때문에 의뢰인이 말하고 싶은 범위에 그쳐서는 아니 되고 더욱 잘 표현해야 한다. 실무자인 대리인은 의견서를 작성한다. 의뢰인은 그 의견서를 읽는다. 의뢰인마다 관심과 지식과 역량에 차이가 있어서 검토의 범위가 달라진다. 그러나 의뢰인이 실무자가 작성한 의견서를 읽는다는 점에서는 크게 차이가 없다. 의뢰인의 심리를 고려한다는 것은 그/그녀가 실무자의 의견서를 읽으면서 느끼는 생각과 감정을 염두에 둬야 한다는 의미다. 이처럼 의뢰인을 염두에 두면 의견서의 실무경향이 달라진다.

내가 작성한 문서를 읽고 의뢰인이 만족하겠는가, 이것이 일차적으로 문제다. 무슨 말인지는 모르겠지만 많은 분량으로 빽빽하게 작성돼 있고 확신에 찬 대리인의 보고가 있었다면 의뢰인은 막연히 만족할지도 모르겠다. 우리 변리사가 잘 했겠지라는 막연한 기대와 신뢰, 즉 소극적 만족이 있다. 그러나 더 노련한 실무자는 소극적 만족보다

121

는 적극적 만족을 꾀한다. 자신이 작성한 문서를 읽고 의뢰인으로 하여금 실무자의 성실한 노력과 명철한 전문성에 놀라게끔 하거나, 의견서가 성공한다면 그 공을 실무자에게 돌리고 의견서가 실패한다면 그 책임을 심사관 탓으로 돌리도록 만드는 분위기를 만든다. 그러려면 의뢰인이 의견서를 읽고 우선 이해할 수 있어야 한다. 의뢰인은 자기 사건의 당사자이므로 실무자가 작성한 의견서를 이해하고 싶을 것이다. '어차피 의뢰인은 무슨 말인지 모를 거야'라고 함부로 단정해서는 안 된다. 이해가 없다면 칭찬도 없다.

이처럼 본질적으로는 의뢰인의 발명을 지키면서 한편으로는 심사관을 설득해야 하며, 다른 한편으로는 부정적인 상황에서조차 고객의 신뢰를 더욱 강화하는 것이 의견서 실무의 성격이다. 그런 점에서 의견서 실무는 상당히 고된 일이다.

구체적으로 어떻게 작성해야만 의견서가 의뢰인의 심리를 장악할 수 있을까? 무엇이 정답인지는 나도 잘 모르겠다. 그러나 내용과 형식을 함께 고려하는 것이 좋겠다는 말은 할 수 있을 것 같다. 내용적으로는 아래에서 다시 말할 <논리성>이다. 언어는 사회적으로 구조화돼 있고, 그것은 오랫동안 교육된다. 단어가 아닌 문장으로, 문장이 아닌 단락으로, 단락이 아닌 서면으로 의미를 전달함에 있어 가장 효과적인 언어 구조는 논리다. 논리적인 의견서가 심사관을 설득하는 데 유리하며, 동시에 의뢰인의 심리를 장악한다.

의견서의 형식은 내용만큼이나 중요하다. 두 가지 형식이 있다. 먼저 필요 이상의 전문적인 단어를 피하고 문장을 지나치게 복잡하게 만들지 않는다. 논리는 맞는데 난해한 단어와 복잡한 문장으로 말미암아 의뢰인의 이해를 방해할 필요는 없기 때문이다. 다음으로 디자인이다. 좋은 문서 디자인은 직관적으로 일이 잘 진행되고 있는 것 같은 느낌을 의뢰인에게 주기 때문이다. 최적의 폰트와 질서 정연한 레이아웃은 실무자가 작성한 내용을 더욱 돋보이게 한다. 물론 그렇게 디자인된 문서로 특허청에 제출하는 것은 아니다. 그러나 의견서를 특허청에 제출하는 것만큼이나 고객에게 디자인된 의견서안을 제공하는 것은 중요하다. 의뢰인으로부터 발명이 비롯됐으며, 의뢰인과의 관계는 단발적으로 끝나는 것이 아니기 때문이다. 특별한 사정이 없는 한 디자인된 의견서 문서로 의뢰인의 검토를 받은 다음에 다시 특허청 전용 프로그램으로 문서를 옮겨서 제출한다.

예제 200은 MS 워드 문서로 작성됐다. 폰트는 윤바탕 110이며, 10.5 포인트의 크기에 자간을 0.9 포인트 좁게 했고, 왼쪽에 여백을 크게 넣어서 여유를 줬으며, 줄 번호를 5의 배수로 부여했다. 5의 배수가 쪽마다 이어지도록 했는데, 그런 형식을 취하면 페이지 번호를 생략할 수 있다. 페이지 번호가 없어도 줄번호가 있기 때문에 오히려 소통에 유리하고 실무자가 안건의 분량을 다른 안건과 비교할 수 있다는 점에서 유용하다.

예제 200

<의견서안 견본>

변리사 의견서(안)

【의견내용】

특허출원 제2015-0156377호(이하 "이 출원발명"이라 합니다)에 대한 심사관님의 의견제출 통지서에 대해서 출원인은 다음과 같이 의견을 제출합니다.

I. 심사관님의 거절이유

심사관님은 총 3개의 거절이유를 통지하였습니다.

첫째, 청구항 제12항의 기재불비입니다("거절이유 1"이라 합니다).

둘째, 일부 청구항 발명에 대한 신규성 위반입니다("거절이유 2"라 합니다).

셋째, 이 출원발명의 청구범위 전체에 대해서 진보성을 부인하였습니다("거절이유 3"이라 합니다). 특히 심사관님께서는 대한민국, 일본, 미국 특허문헌 다섯 개를 인용문헌으로 제시하였습니다. 다음과 같습니다.

비교대상발명 1: 대한민국 공개특허공보 제10-2013-0025065호.

비교대상발명 2: 일본 공개특허공보 특개평 09-234140호.

비교대상발명 3: 대한민국 공개실용신안공보 제20-2015-0000736호.

비교대상발명 4: 대한민국 공개특허공보 제10-2014-0071204호.

비교대상발명 5: 미국 특허공보 US7213281호.

심사관님의 구체적인 거절이유는 이하의 의견내용에서 다시 거론하기로 하고 여기에서는 생략하겠습니다.

II. 특허청구범위에 대한 보정

가. 본 의견서와 동일자로 제출되는 보정서에 의하여, 이 출원발명의 청구항 제1항을 보정하였습니다. 보정 전 청구항 제1항은 각각의 구성요소가 병렬식으로 기재되어 있었는데, 이런 개조식 기재 방식의 경우, 각각의 구성요소가 용이하게 분리 고찰될 염려가 있고, 그 결과 구성요소의 유기적인 결합관계와 이 출원발명의 특징적인 과제해결원리가 간과될 우려가 있습니다. 그래서 청구항 제1항을 아래와 같은 기재방식으로 보정함으로써 이 출원발명의 특징과 기술적 범위의 경계가 두드러지게 표현되도록 하였습니다. 또한 몇 가지 구성요소에 대해서는 도면 부호를 병기함과 동시에, 상세한 설명과 도면에 표현되어 있는 내용을 필수구성으로 추가하는 보정을 하였습니다. 밑줄 친 부분이 이번에 필수구성요소로 추가된 부분입니다.

[보정 후 청구항 제1항]

유아 숙면 보조용 기능성 매트(1)로서, 유아의 신체인 오브젝트를 위쪽 방향을 향해서 지지하는 매트 본체(10)와, 상기 매트 본체(10)의 표면보다 직교 방향으로 전체적으로 구멍 모양으로 돌출

나

논리적일 것

중간사건은 심사관이 출원발명에 대해서 부정적인 심사결과(거절이유)를 통지하면서 개시된다. 심사관은 특허성을 부정적으로 판단했다. 중간사건 실무자는 그 판단을 번복하려고 한다. 종속 청구항의 진보성이 인정되고 독립 청구항의 진보성이 부인된 경우 종속항을 이용해서 특허를 받고자 한다면 의견서 실무는 그리 중요하지 않다. 모든 청구항에 대해서 진보성이 부인된 경우 혹은 특허성을 인정받은 종속항을 이용하지 않고 독립항의 진보성을 여전히 다투고자 하는 경우라면 의견서 실무가 매우 중요하고, 이하에서 그런 상황에 대해 설명한다.

(1) 주장 1과 주장 2

의견서는 논증^{Argument}이다. 논증은 옳고 그름을 이유를 들어 밝히는 작업이다. 여기에는 두 가지 주장이 있다. 심사관의 판단이 잘못됐다는 주장(이것을 '주장 1'이라고 표현하자)과 이 출원발명은 특허를 받아야 한다는 주장(이것은 '주장 2'로 분류한다)이다. 주장이 없다면 그것은 의견서가 아니다. 많은 실무자가 주장 1과 주장 2를 구별하지 못하거나 그 관계를 살피지 않는다. 심사관은 판단을 내렸고, 이런 심사관을 설득하지 못한다면 거절결정 처분이 내려질 것이다. 그러므로 의견서에서는 주장 1이 핵심이다. 실무자가 논증한다면 주장 1에 집중해야 한다. 그런데 사람들은 주장 1이 아니라 주장 2에 더 많은 노력을 기울인다. 그런 경향의 의견서를 읽어 보면 심사관의 판단은 예컨대 그저 "진보성을 부인하였다"라는 결론으로만 존재할 뿐이다. 우리 발명이 이러하며 인용발명은 저러해서 차이가 있고, 그러므로 특허를 받아야 한다는 주장의 가장 큰 문제는 결론에만 주장이 있을 뿐 사실상 설명에 그친다는 점, 설명만으로는 이미 확증판단을 한 심사관을 설득하기 어렵다는 점, 무엇보다 심사관의 생각이 고려되지 않고 있다는 점이다.

　　의견서 실무의 당면한 목표는 심사관이 생각을 바꿔서 판단을 철회하도록 하는 것이다. 그러려면 심사관의 판단이 잘못됐다는 논증을 해야 한다. 심사관이 우리 발명의 특징이나 구성의 기술적인 의미를 오해를 했다거나, 착각했다거나, 반드시 고려해야 할 사항임에도 중요한 원리나 구성을 간과했다거나, 혹은 심사관의 논리에 중요한 모순이 있다는 점 등을 의견서를 통해 드러내야 한다. 그것이 주장 1이다. 주장 1을 통해서 심사관의 판단을 충분히 흔들었다면 사실 주장 2에 관한 논증은 중요하지 않다. 특허제도는 특허이유가 발견돼서 심사관이 특허를 주는 것이 아니라, 거절이유가 없다면 특허를 허여하는 것이기 때문이다.

　　즉, 주장 1이 성공했다면 주장 2는 부수적이다. 주장 1의 성공이

126

불명확한 경우 주장 2의 논증을 통해 주장 1을 보충한다. 주장 1이 실패했다면 주장 2도 실패할 것이다. 결국 통지서에 적힌 심사관의 판단에 집중하는 것이 중요하다. 예제 201을 보자. 예제 201 특허는 거절결정됐다가 재심사를 통해 특허를 받은 안건이다. 거절결정 전에 제출되었던 의견서가 예제 201이다. 이는 실패한 의견서다.

예제 201 (특허 1627401)

<의견내용>

"인용발명 1은 집전 시트의 1면을 도포하고, 1면의 미도장 부분을 흡인하여 고정하면서 2면의 흡인 고정된 부분의 사이를 도장하는 구성이 개시되어 있을 뿐(인용발명 1의 [0012], [0023] 및 도 1 및 2 참 조), 절연체 슬러리 및 전극 슬러리가 도포되어 건조되어 있는 집전체의 일면측(적어도 절연체 슬러리가 도포 건조되어 있는 상기 집전체의 부분)을 압박하면서 상기 일면에 대향한 다른 면의 단부에 절연체 슬러리를 도포하는 구성에 대해서는 전혀 개시하고 있지 않습니다. 또한, 인용발명 1은 1면의 도장 후 건조 없이 2면의 도장을 행하기 위한 발명(인용발명 1의 [0031] 단락)이므로, 2면의 도장시에 1면의 미도장 부분을 흡인 고정할 수밖에 없는 데 반해, 청구항 1 발명은 집전체의 일면에 절연체 슬러리 및 전극 슬러리를 도포 건조시킨 후 다른 면에 도포를 행하는 발명이므로, 일면의 절연체 슬러리가 도포된 집전체의 단부를 압박하면서 상기 일면에 대향한 다른 면의 단부에 절연체 슬러리를 도포할 수 있습니다. 따라서, 인용발명 1로부터 청구항 1 발명의 "탄성체에 의해 상기 일면측으로부터 적어도 절연체 슬러리가 도포 건조되어 있는 상기 집전체의 부분을 압박하면서, 상기 집전체의 상기 일면에 대향한 다른 면의 단부에 상기 절연체 슬러리를 도포하는" 구성을 도출하는 것은 용이하지 않을 것으로 사료됩니다.

인용발명 2에는 대경부(32a) 및 소경부(32b)를 갖는 교정 롤(32)의 대경부(32a)를 사용하여 미도포 시공부(36a)에 신장을 부여하는 것이 기재되어 있을 뿐(인용발명 2의 [0021] 내지 [0023] 단락 및 도 4 참 조), 인용발명 2에는 대경부(32a)가 탄성체로 구성되어 있다는 기재나 시사가 전혀 없는 것으로 사료됩니다.

따라서, 인용발명 1 및 2를 결합하더라도 본원 청구항 1 발명의 '탄성체에 의해 일면측으로부터 적어도 절연체 슬러리가 도포 건조되어 있는 집전체의 부분을 압박하면서, 상기 집전체의 상기 일면에 대향한 다른 면의 단부에 절연체 슬러리를 도

127

포하는' 구성을 도출하는 것은 용이하지 않은 것으로 사료됩니다. 또한, 청구항 1 발명은 상술한 기술구성으로 인해 '양면 도포 시공 시에 집전체를 굴절 또는 굴곡시키지 않고 절연체 슬러리를 도포할 수 있고, 그로 인해 집전체의 치수 정밀도가 유지되고, 굴절 또는 굴곡 부분 의 간극에 핀 홀의 발생을 방지할 수 있다'(본원 명세서 [0107] 단락) 라는 특유한 효과를 가지며, 이러한 청구항 1 발명의 특유한 효과는 인용발명 1, 2로부터 예측될 수 없는 것으로 사료됩니다. 따라서, 본원 청 구항 1 발명은 인용발명 1, 2에 의해 진보성이 부인될 수 없을 것으로 사료됩니다.

예제 201에서 심사관의 판단은 이러했다. 청구항 1과 인용발명 1은 절연체의 도포 여부, 탄성체의 존재 여부에서 차이점이 존재하지만, 절연체 도포 여부는 전극 제조 시에 추가적으로 필요한 물질을 인용발명 1에 나타나 있는 양면 도공 장치에 적용해 도포하는 정도는 통상적인 창작 능력에 포함되며, 탄성체의 존재 여부에 대해서는 인용발명 2에 나타나 있는 활물질 미도공부를 압박하는 교정롤의 대경부의 구성을 인용발명 1의 전극 제조 공정에 단순 적용할 수 있으므로, 청구항 1 발명은 인용발명 1 및 2로부터 용이하게 발명할 수 있다는 것이다.

128

그런데 예제 201의 의견서를 읽어보면 주장 2는 분명히 하였는데, 주장 1이 없다. 심사관은 '절연체의 도포 여부'에 차이점이 있다고 인정했으며, 다만 그 정도의 차이점은 '통상적인 창작 능력'에 불과하다고 판단했다. 그렇다면 어째서 그런 차이가 통상적인 창작 능력이 아닌지 논리적으로 밝히는 것이 주장 1이 된다. 그러나 예제의 전반부 의견은 심사관도 인정한 차이를 다시 한 번 구체적으로 설명하는 것에 불과하고, 결과적으로 그 설명에 기초해서 주장 2를 했을 뿐이다. 또한 심사관은 '탄성체의 존재여부'에 관해서는 인용발명 2를 인용발명 1에 단순적용했다고 판단했다. 그렇다면 주장 1은 단순적용이 명백히 불가하다는 주장이어야 한다. 인용발명 2에 탄성체 구성이 정말로 없다면 (단어 표현만이 아니라) 그것을 부각해서 인용발명 1과 인용발명 2의 결합이 의미가 없음을 밝혀야 한다. 그런데 예제 의견은 막연한 진술로 끝냈다. 결과적으로 주장 1이 없거나 불명료해서 심사관의 판단을 철회하는 데 이르지 못하고 거절됐다(이후 재심사를 통해 특허결정).

(2) 논증과 설명과 진술과 비유

심사결과에 대응하는 실무자의 의견서는 영어로 Argument라고 표기한다. 앞에서 말한 것처럼 이 단어의 한국어 번역은 논증이다. 그러므로 의견서의 언어적인 본질은 논증에 있다고 하겠다. 논증하지 않는 의견서는 잘못된 것이다.

논증과 비교되는 것으로 설명이 있다. 논증은 옳고 그름을 이유를 들어 밝히는 것이다. 반면 설명이라 함은 어떤 대상의 내용을 상대편이 잘 알 수 있도록 밝혀 말하는 언어 표현을 의미한다. 설명과 논증은 상대방의 이해를 목적으로 하는 공통점이 있다. 또한 이 두 가지 개념은 어느 정도 상대방을 설득함에 있어 도움이 되는 언어 수단이다. 설명은 반드시 논리적일 필요는 없다. 논증은 논리적이어야 한다. 그러나 지적수준이 높을수록 사고체계를 갖기 때문에 그런 사람이 하거나 혹은 그런 사람을 상대방으로 하는 설명도 논리를 동반하게 된다. 좋은 설명은 상당히 논리적이며, 그런 경우에 논리와 설명에는 큰 차이가 없는 것처럼 보인다. 설명과 논리를 구별하는 가장 중요한 요소는 주장이다. 설명에서는 주장이 반드시 필요하지는 않다. 반면 주장이 없다면 그것은 논증이 아니다.

물론 주장이 있다고 해서 모두 논증이 되는 것은 아니다. 실제로는 설명에 불과한데, 주장처럼 보이는 결론만 있을 뿐 그 주장을 뒷받침하는 합리적인 이유가 없다면 그것은 논증이 아니라 설명이다. 심사관이 인용발명과 유사해 우리 발명의 진보성을 부인할 때, 양 발명의 구성의 차이를 설명한 다음에 그런 차이가 있으므로 진보성이 부인될 수 없다는 주장을 덧붙이는 것은 결론에만 주장을 부가했을 뿐 실제로는 차이를 설명한 것에 불과하다. 구성의 차이가 있음을 밝히는 것은 어디까지나 설명이다. 구성의 차이를 단순 나열하는 것은 아무리 구체적이라 하더라도 그 차이로부터 비롯되는 효과의 현저성에 대한 논리적인 언급이 없다면 단순한 설명에 불과하다.

예제 202는 설명만 있고 주장이 없는 의견서의 전형이라 하겠다. 본원은 끝에 고무부재를 결합해서 사용하는 걸레받이에 관한 것인데, 차이를 확인하는 설명만 있고 심사관의 판단에 어떤 문제가 있다거나 구성의 차이로 말미암아 어째서 본원발명에 독창성이 있으며, 당업자가 용이하게 생각해낼 수 없는 것인지에 대한 주장이 부족하다.

예제 202

<의견내용>

본 출원인은 고정 요홈에 고정 돌기가 억지 끼움 방식으로 고정되고, 또한 고무 마감재로 바닥과의 높이 차이가 생기더라도 이 고무 마감재로 보상할 수 있게 한 구성으로, 이는 결합이 쉽고 깨지는 것을 방지하기 위한 인용발명 1 및 경제성과 실용성 그리고 장식 특성 등을 갖게 한 인용발명 2와는 전혀 다른 목적과 구성 그리고 효과가 다르다고 생각하여 다음과 같이 의견을 개진합니다.

1. 차이점 1

(1) 본원발명은 고무 마감재를 억지 끼움 방식으로 끼워서 고정하나, 인용발명 1은 탄성 변형을 이용하고, 인용발명 2는 아래에서 위로 끼워서 고정하는 방법이며, 인용발명 3에는 이러한 장착 구성을 찾아볼 수 없습니다.

(2) 즉, 본원발명은 고무 마감재를 몸체에 형성된 고정 요홈에 억지 끼움 방식으로 장착하여 고정하고 있습니다. 하지만, 인용발명 1은 탄성 변형할 수 있는 결합부가 결합홈에 결합하게 한 것으로, 탄성을 이용하여 결합하고 있는 구성입니다.

(3) 아울러, 인용발명 2는 테두리에 끼워서 결합하는 것이나, 이는 그 결합 방향이 달라 이 때문에 본원발명과는 다른 효과를 나타낸다고 할 것입니다. 즉, 본원발명은 몸체의 측면에 고무 마감재를 강제로 끼워서 조립할 수 있게 하여 이 고무 마감재를 쉽게 교체할 수 있으나, 인용발명 2는 아래에서 끼워서 조립하므로 한번 조립하면 다시 교체할 수 없는 구성입니다.

(4) 또한, 인용발명 3에는 이처럼 본원발명과 같이 결합하는 구조가 전혀 없다고 할 것입니다.

2. 차이점 2

(1) 본원발명은 고무로 이루어진 마감재를 몸체에 결합하는 것이나, 인용발명에는 이러한 구성을 전혀 찾아볼 수 없습니다.

(2) 특히, 이러한 고무로 이루어진 것은 단순히 주지 관용 기술이라고 할 수 없다고 할 것입니다. 즉, 인용발명 3은 그 국제분류(Int. Cl.)가 B63B 29/02 (2006.01) E04F 19/04 (2006.01), E04B 2/72(2006.01)입니다. 하지만, 본원발명은 그 국제특허분류(Int. Cl.)가 E04F 19/02 (2006.01)와 E04F 19/04(2006.01)로 전혀 다른 기술분야라고 할 것입니다.

(3) 이는 단순히 재질이 같다고 하여 주지 관용 기술로 볼 수 없을 뿐만 아니라 그 적용되는 기술분야가 전혀 다른 것으로, 본원발명에 따른 단면 형태를 보이도록 고무 재질로 제작하는 것은 본원발명 특유의 구성이라고 할 것입니다.

3. 소론

이상과 같이 본원발명은 결합 방식과 고무 재질을 이용한 특유 단면 형상을 한 고무 마감재를 구성한 것으로, 이는 인용발명과는 다른 구성과 효과를 보인다고 할 것입니다.

한편 구성의 차이를 심사관이 고려하지 못해서 판단이 잘못됐다고 주장하는 것이라면 그것은 논증이다. 심사관이 그런 차이를 고려하지 못했음이 반드시 전제돼야 한다. 그런데 심사관이 차이를 알았고, 그 차이가 현저한 효과로 볼 수 없다고 판단한 경우라면 차이만을 설명해서는 안 된다. 그 차이로 비롯되는 효과가 어째서 현저한지에 관한 이유를 명시적으로 밝혀야 한다. 그래야만 논증이 된다. 그렇지 않으면 아무리 논증적인 형식을 취했더라도 담당 심사관에게는 뻔한 설명에 그친다. '따라서', '그러므로'라는 등의 인과관계를 나타내는 접속사를 사용하면 논리적인 형식을 취하게 되고 논증적인 것처럼 보이지만, 특허실무에서의 논증은 이미 부정적인 판단을 내린 심사관을 상대방으로 하는 것이어서 심사관이 의견서에 기재돼 있는 인과관계를 이미 예측했거나 고려한 수준에 그친다면 그것은 실질적으로 논증이 되지 못한다.

　참고로 상대방의 모르고 있는 사항이나 지식을 알려주는 경우 설명이라는 형식의 장점이 있다. 그러나 상대방이 이미 충분히 알고 있는 사항이나 지식을 설명이라는 형식으로 표현할 때에는 상대방의 심리적 거부감이 동반될 수 있음을 실무자는 유념한다.

　진술은 설명이 아니다. 진술이라 함은 발화자가 어떤 것이나 상황에 대해서 자기 생각을 이야기하는 표현 방식이다. 설명은 상대방의 이해를 목적으로 하므로 어떤 대상에 대해서 비교적 객관적인 문장을 사용한다. 반면 진술은 상대방의 이해를 목적으로 하지 않고 자기 생각을 말하는 것이므로 주관적인 성격을 띤다. 진술도 논증이 아니다. 논증은 옳고 그름을 이유를 들어 밝히지만, 진술은 옳고 그름과 무관하게 그저 자기 생각을 밝히는 표현이므로 이유랄 것도 없다. 무엇인가를 진술할 때에는 합리적이어도 좋고 비합리적이어도 좋다. 성향에 따른다. 그러나 무엇인가를 논증할 때에는 합리적이어야 한다. 또한 논증은 인과관계의 체계를 갖고 주장들이 잘 조화를 이루어야 하지만 진술은 그런 체계조차 필요 없을 때가 많고 비교적 자유롭다.

　이처럼 진술은 자기 생각을 이야기하는 것이지만, 그것이 묘하게 타인을 설득하는 경우가 종종 있다. 이따금 합리적인 논증보다 더 강한 힘을 발휘하곤 한다. 의견서 실무에서도 가끔 진술이 사용된다. 심사관의 판단을 철회하는 데 결정적인 역할을 하는 것은 아니지만, 의견서에 넣고 싶은 표현들이 생기게 마련이다. 주장 1과 주장 2와 직접 관련이 없는 사항이지만 담당 심사관에게 호소하고 싶은 사항들, 예컨대 비즈니스에 관련한 고충, 현실, 성공 등으로서 심사관의 동정을 자극하려는 사항, 국제출원에 관련한 정보, 패밀리 특허출원의 유리한 심사결과 등이 그러하다. 또한 거절이유를 극복하는 데 핵심적인 주장으로 작용하기는 힘들지만, 의뢰인의 요청에 의해서 혹은 의뢰인의 만족을 위해서 방론으로 무엇인가를 표현하는 경우가 있고, 그 경우의 대부분은 진술에 해당한다.

특별한 사정이 없는 한 진술사항은 다른 논증에 보충적으로 기재돼야 한다. 과하면 안 된다. 또한 가급적 주요 주장을 진술식으로 표현하지는 않는다. 만약 그렇게 한다면 심사관의 편향을 오히려 강화할 수 있음을 유의해야 한다. 진술사항이 들어 있는 의견서가 제출됐고 심사관이 거절이유를 철회했더라도 필경 적절한 보정이 역할을 했거나 혹은 다른 논증의 성공 때문이지 그 진술사항이 특허를 받는 데 결정적으로 작용했으리라 함부로 추론해서는 안 된다. 실무자가 잘못된 습관을 들일 수 있기 때문이다. 핵심은 여전히 진술이 아니라 논증에 있다. 다음의 예제 203 내지 예제 207은 의견서에 포함된 몇 가지 진술사항의 사례다.

　예제 203은 읍소형 진술인데, 과연 심사관을 설득하는 데 도움이 될지는 모르겠다. 그렇지만 중요 독자인 의뢰인의 심리에는 도움이 될 것이다.

　　예제 203 (특허 1339100)

　　<의견내용>

　　"더욱이 본원발명은 PCT/KR2013/003174호로 PCT 국제출원의 우선권 주장 기초출원입니다. 출원인은 본원발명에 기초하여 국제적인 비즈니스를 기획하고 있으며, 이번 보정을 기초로 위 PCT 국제출원의 청구범위에 대해서 국제단계 보정을 실시하려고 합니다. 이런 점을 십분 참고하시어 특허결정을 내려주시기를 바라옵니다."

예제 204는 실무적으로 많이 사용되는 패밀리 특허에 관한 진술이다. 외국의 특허심사의 결과가 한국 심사관의 판단을 기속하지는 못하므로 참고적인 진술에 그친다. 보통 특허를 받은 패밀리 특허의 공보를 첨부한다.

예제 204 (특허 1615472)

<의견내용>

"본원의 독립 청구항 19, 25 및 28는 대응 유럽 특허 2 528 010 B1의 청구항 1과 실질적으로 동일합니다. 해당 유럽 특허공보를 첨부하오니, 심사에 참고하여 주시길 바랍니다."

예제 205는 특허 등록 후 특허범위 해석에 있어 법의 일반원리인 금반언의 원칙이 적용되는 것을 피하기 위한 진술이다. 이런 진술에 의해서 금반언의 원칙 적용이 제한될지는 의문이다. 의뢰인을 위한 실무자의 작은 노력이라고 생각한다.

예제 205 (특허 1589419)

<의견내용>

"참고로, 금번 의견제출통지서에 대한 상기와 같은 보정 및 의견개진은 본원의 특허결정시기를 앞당기거나 본원의 특허성을 강조하기 위한 것일 뿐, 권리범위해석 등에 있어서 균등범위를 포기하려는 의도는 전혀 없음을 밝혀두는 바입니다."

예제 206과 예제 207도 읍소형 진술이다. 결과적으로 특허를 받았지만, 예제 206의 진술에 의해서 심사관을 설득된 것은 아니다. 의견서의 주장과 논증이 성공했다거나 청구항 보정이 효과적이었기 때문일 것이다. 이와 같은 진술은 심리적인 목적으로 보충적으로 사용될 뿐이다.

예제 206 (특허 1549882)

<의견내용>

"출원인은 인용발명 1과 인용발명 2를 제시하면서 내린 심사관님의 거절결정을 진심으로 안타깝게 생각합니다. 주위 사람들에게 이 심사결과를 보여줄 때마다 누구도 납득할 수 없다는 반응이었습니다. 출원인은 수많은 시간과 노력을 쓰면서 본원발명의 독창적인 제품을 개발하였고, 이것은 모바일 게임과 아무런 상관이 없고, 기존의 기록 입력방법과도 완전히 다른 것인데 심사관님의 결정은 마치 출원

인이 개발한 서비스를 타인이 똑같이 모방해도 괜찮다는 선언입니다. 이것이 과연 창조경제와 산업발전에 도움이 되는지 출원인은 사방으로 수소문하고 싶은 심정입니다."

예제 207 (특허 1453867)

<의견내용>

"본원발명의 출원인은 보정된 청구범위의 개별 구성들이 아니라, 시계열적이고 유기적으로 결합된 전체 발명으로서 합당하게 진보성 여부가 심사되기를 간절히 바랍니다. 특히 보정된 청구범위가 타인의 실시를 부당하게 제한하지도 않습니다. 더욱이 출원인은 수많은 시간과 노력을 쓰면서 본원발명의 서비스를 개발하였는데, 심사관님의 결정은 마치 출원인이 개발한 서비스를 타인이 똑같이 모방해도 괜찮다는 선언으로 이해되는 까닭에 그동안 노력이 허사가 될까 진정으로 우려됩니다."

문학은 주로 두 가지 표현 방식을 사용한다. 그 하나가 바로 진술이다. 진술은 개인적인 발화이기 때문에 설명이나 논증에 비해서 문학적이다. 또 다른 하나가 바로 <비유>다. 비유의 형식은 본질적으로 은유Metaphor이며 비유의 내용은 본질적으로 과장이다. 비유 없는 문학은 존재하기 어렵다. 물론 특허 의견서는 문학이 아니며, 문학적일 리 없다. 그렇지만 의견서 실무에 비유가 들어가는 경우가 있고, 그 비유가 성공했을 때 심사관에게 미치는 위력은 매우 상당하기 때문에 이에 대해 설명한다.

충분히 논리적으로 심사관의 판단을 논박했으며, 우리 발명의 진보성이 인용발명에 의해서 부인되기 어렵다는 논증을 했더라도 상당수의 실무자가 무엇인가 부족함을 느끼는 체험을 한다. 인간의 언어가 생각과 감정을 표현하는 데 완벽하지 않기 때문이며, 자기의 의견이 상대방에게 제대로 전달됐을지, 명료하게 전해졌을지 불안해진다. 그래서 인간은 과장한다. 그 과장의 형식이 바로 비유다. 이러한 언어 체험은 워낙 보편적인 언어 체험이어서 인류라는 종이라면 누구든 어디에서든 경험한다.

예제 208 내지 예제 210은 의견서에 포함된 비유 표현의 예다. 상표 사건에서는 비유 표현이 자주 사용된다. 특허는 기술에 의존하지만 상표는 그렇지 않기 때문이다. 그러나 다음 예제에서도 볼 수 있는 것처럼 특허 사건에서도 비유를 사용할 수 있다. 실무자는 법리에 대한 지식과 기술에 대한 이해와 분석능력을 지니고 있다. 그러나 여기에 언어능력과 상상력이 더해진다면 일을 더 잘하게 될 것이다. 비유는 언어능력을 높이며, 상상력을 증진한다.

예제 208
<의견내용>

"본원발명은 '과정'에 특징이 있는 것이며, 기술의 인과관계에 의해서 그 과정의 결과가 생깁니다. 인용발명 1은 '그 결과적인 사항'이 기재되어 있다는 것인데, 그 결과적 사항이 기재되어 있는 것만으로 과정이 전혀 기재되어 있지 않는 인용발명 1을 주된 인용발명으로 삼는 것은 척 보면 모든 것을 알아채는 전지전능한 신화 속 당업자 수준이 아니라면 기이한 일입니다."

예제 209
<의견내용>

"기술을 실제로 구현함에 있어 기술적인 어려움이 없는 비교적 간단한 구성의 발명의 경우에는, 예컨대 "콜럼버스의 달걀" 내지 "비밀이 밝혀진 싱거운 마술"로 비유할 수 있는 사후적 고찰을 행한다면 용이하게 생각해낼 수 있는 구성으로 판단하게 될 여지가 많습니다. 비교적 간단한 구성의 발명일수록 발명의 가치를 합당하게 평가하기 위해서는 사후적 고찰을 배제한다는 원칙은 매우 중요합니다. 출원명세서를 다 읽어본 판단자의 경우에는 그 기술내용이 간단하고 쉽게 구현할 수 있는 것으로 느끼게 되며 그 결과 진보성 부인을 사후적으로 합리화할 우려가 커지기 때문입니다. 이때 특히 안타까운 것은 착상의 어려움이 제대로 고려되지 않는다는 점입니다. 혁신적인 착상 그 자체가 코페르니쿠스적인 전환을 불러오는 경우가 적지 않으며, 그로 말미암아 기술과 산업이 경이롭게 발전한다는 점을 널리 혜량해주시기 바랍니다."

예제 210 (특허 1635775)

<의견내용>

"가방은 보자기와 다릅니다. 옛날에 한국 사람들은 보자기로 책을 싸서 다녔습니다. 거두절미하고 책을 들고 다닐 수 있다는 기능만 놓고 본다면 보자기와 가방은 같습니다. 하지만 상식적으로 가방과 보자기는 서로 동일한 것이라고 인식하는 사람은 없습니다. 계단과 의자는 다릅니다. 피곤한 사람은 계단에 앉을 수도 있고 의자에 앉을 수도 있습니다. 거두절미하고 사람이 앉을 수 있다는 기능만 놓고 본다면 계단과 의자는 같습니다. 그러나 상식적으로 계단과 의자가 서로 동일한 것으로 인식하는 사람은 없습니다. 유아 캐리어와 유아 매트는 다릅니다. 앞뒤 맥락을 제외하고 아이의 움직임을 어느 정도 규제해야 한다는 점만 놓고 생각한다면 유아 캐리어와 유아 매트가 다를 리 없습니다. 하지만 그것은 상식에 반합니다. 모든 사물이 미시적인 구성으로서 원자로 이루어져 있다는 점에서 동일하다는 지식을 확대하면 만물은 서로 대응될 수 있을 터이지만, 그런 논리는 과학과 상식을 위협하는 기술의 패러독스입니다."

앞에서 잠시 언급했지만 비유에는 치명적인 단점이 있다. 성공한 비유는 논리를 보충하며 실무자의 주장을 증폭해 의미를 효과적으로 과장한다. 그래서 설득력을 크게 향상시킨다. 이것은 비유의 장점이다. 그러나 비유가 실패한다면 실무자의 문서 전체의 이미지를 떨어뜨린다. 비유는 의미를 풍성하게 만들어주지만, 의미를 유치하게 만들기도 하기 때문이다. 비유를 사용할 만한 조건이 있다. 첫째, 다른 논리가 탄탄해야 한다. 둘째, 비유가 적절해서 유치함에 빠지지 말아야 한다. 너무 흔한 비유는 실패하기 일쑤이며, 유치함에 빠진다. 실패한 비유를 의견서에 사용하느니 논증에 충실하는 것이 낫다.

(3) 형식논리와 변증논리

어떤 논리를 동원하더라도 참과 거짓을 실질적으로 판단하기는 어렵다. 과연 진보성이 있는 발명인지, 혹은 심사관의 진보성 판단이 참인지 거짓인지를 절대적으로 규명할 수 없다. 발명은 인간의 감각에 의해서 파악되는 유형물이 아니기 때문이다. 경험과 이성을 통해 파악하는 무형의 창작이 발명이다. 또한 특허심사란 실체를 정확히 파악하고 비교한다기보다는 표현된 언어 집합으로 내용을 추정하거나 특정할 뿐이며, 그렇게 추정되고 특정된 상태에서 추상적으로 비교하는 작업이다. 그러므로 의견서 실무에서의 논증은 인식론적 한계를 지니며, 다분히 형식적일 수밖에 없다. 요컨대 의견서 실무에서 논리를 말할 때 그것은 형식적인 논리다. 형식적인 논리를 이용해 논증함으로써 심사관의 판단에 문제가 있음을 주장한다. 그러면서 결론적으로 우리 발명의 특허성을 주장하는 것이 의견서 실무의 대강이 되겠다.

형식적이라고 해서 마치 발명의 내용과 실질을 외면하는 것처럼 오해될 것 같다. 그렇지 않다. 지금 국면은 이미 부정적인 판단을 내린 심사관을 설득하는 국면이다. 무작정 내용만을 다루면 오히려 심사관을 설득하기 힘들다. 논증이 아니라 설명에 그치기 십상이며, 더욱이 내용에 대한 판단은 다분히 주관적이어서 서로의 생각 차이로 귀결될 수 있기 때문이다. <당신은 그렇게 생각합니까? 하지만 나는 이렇게 생각해요>라는 분위기가 만들어지면 설득은 어렵다. 부당함을 주장하려거든 그 부당함을 명확하게 드러내는 것이 좋고, 그렇다면 심사관의 판단이 확실히 논리적으로 부당하다는, 즉 누구나 쉽게 납득할 수 있으며 심사관조차 무엇인가 잘못됐음을 쉽게 알아챌 수 있는 부당함을 지적하는 것이 훨씬 유용하다. 형식논리는 그런 부당함을 드러내는 데 유용하다.

의견서 실무에서 사용하는 논증은 형식논리 외에 변증논리도 있다. 실무자는 이 두 가지 논리를 적절하게 택해서 논증함으로써 심사관의 거절이유에 대응한다. 먼저 형식논리를 살펴본다. 형식논리는 연역적인 추론을 분석한다. 다음은 유명한 연역논리다.

- 모든 인간은 죽는다.
- 소크라테스는 인간이다.
- 그러므로 소크라테스는 죽는다.

이 형식논리는 전제가 참이다. 타당한 형식논리에서는 전제가 참이라면 결론도 참이다. 전제가 거짓이라면 결론도 거짓이다. 이것은 필연적인 관계를 띤다.

- 모든 물건은 썩는다.
- 다이아몬드는 물건이다.
- 그러므로 다이아몬드는 썩는다.

139

위의 논리는 형식 논리 관점에서 부당하지 않다. 타당한 논리라는 것이다. 그러나 전제와 결론이 거짓이다. 거짓임을 어떻게 주장하는 것이 가장 효과적일까? 다이아몬드가 썩지 않는 것을 증명하면 된다. 결론이 거짓임을 주장하는 것이다. 이것은 논리가 아니다. 인과관계를 따질 것도 없이 결론과 다른 실체를 제시함으로써 거짓임을 밝힐 뿐이다. 다른 방법도 있다. 전제가 거짓임을 주장하는 것이다. 전제가 잘못됐다고 주장함으로써 잘못된 인과관계를 가졌기 때문에 결론도 잘못되었노라는 논증이다. 어떤 방식이 더 쉬울까? 앞 다이아몬드 사례에서는 다이아몬드가 썩지 않는다고 주장하는 것이 훨씬 쉬워보인다. 왜냐하면 다이아몬드라는 실체에 대한 명백한 지식이 있기 때문이다. 그러나 의견서 실무에서는 결론 자체가 명백히 거짓인 경우는 거의 발생하지 않는다. 반드시 전제를 다퉈야 한다.

- 발명 A는 a에 특징이 있다.
- 선행기술 B에도 a가 있다.
- 그러므로 발명 A는 진보성이 없다.

위와 같은 논리로 심사관이 발명 A의 진보성이 없다는 거절이유를 통지했다고 가정하자. 이 경우 실무자는 "아닙니다. 발명 A는 진보성이 있으므로 거절이유를 철회해 주십시오."라고 주장하는 것은 통하지 않을 것이다. 전제부가 거짓임을 다툰다. 그래서 심사관의 판단에는 잘못된 인과관계가 있음을 밝히는 것이다. 즉, 발명 A의 특징은 a가 아니라 b이거나 a+b라든지, 혹은 소전제가 되는 선행기술 B에는 a가 없다든지를 주장한다.

- 인용발명 1과 인용발명 2는 하나로 결합할 수 있다.
- 인용발명 1과 인용발명 2를 결합하면 본원발명에 대응한다.
- 그러므로 본원발명은 진보성이 없다.

이런 사례에서는 가장 좋은 논증은 대전제가 거짓임을 증명하는 것이다. 그러면 결론이 부당함이 자연스럽게 드러난다. 대전제가 아닌 소전제가 거짓임을 주장할 수는 있다. 그러나 소전제를 다투는 주장보다 대전제를 다투는 주장이 결론에 미치는 영향이 훨씬 크다. 예제 211을 보라. 실무자가 써야 할 의견서의 방향이 정해졌다.

예제 211

<의견내용>

"인용발명 1을 주된 인용발명으로 하고, 거기에 인용발명 2를 결합하여 본원발명의 모든 청구항 발명의 진보성을 부인한 심사관님의 논리는, 첫째 인용발명 1은 비록 본원발명과 차이가 있음에도 주된 인용발명의 자격이 될 정도로 기본적으로 그 기술특징이 본원발명과 대응함을 전제로 하며, 둘째 인용발명 1과 인용발명 2의 결합이 용이함을 전제로 합니다. 만약 이 두 가지 전제사항이 정말 올바르다면, 심사관님의 논리가 적절할지도 모르겠습니다. 그러나 만약 이 두 가지 전제사항 중 어느 하나라도 잘못되었다면 심사관님의 결론 자체가 근거를 잃어버리게 되는 결과가 됩니다. 출원인은 먼저 거절이유의 전제가 되는 위 두 가지 전제가 잘못되었음을, 아래의 반론을 통해서 밝히고자 합니다."

변증논리는 어떤 판단이나 주장에 숨겨진 모순을 밝히는 논법이다. 고대 그리스의 소피스트 문답법이었으며, 소크라테스와 플라톤의 철학적 방법론이었다. 일종의 대화법이다. 특허실무에서의 변증논리는 타인을 설득하기 위한 것이지 정반합을 도모하는 것은 아니므로 헤겔의 변증법과는 다르다.

> 홍길동: 아무리 비싼 다이아몬드도 결국은 썩게 되지.
> 성춘향: 썩은 다이아몬드를 본 적이 있니?
> 홍길동: 모든 물건은 결국 썩게 되잖아.
> 성춘향: 스마트폰이 썩는 것을 봤거나 들어봤니?
> 홍길동: 아니. 썩는 스마트폰은 넌센스지.
> 성춘향: 그런 스마트폰보다 훨씬 단단하고 강한 것이 있다면
>   썩을 수 있겠니?
> 홍길동: 썩지 않겠지.
> 성춘향: 다이아몬드는 스마트폰보다 훨씬 단단하고 강한 물질이야.

위 대화에서 홍길동은 전제가 잘못된 형식논리를 사용했다. 앞에서 살펴본 것처럼 모든 물건은 썩는다라는 대전제와 다이아몬드는 물건이라는 소전제, 그리고 다이아몬드는 썩는다라는 결론이 그러하다. 반면 성춘향은 홍길동의 판단이 잘못됐다는 것을 변증논리를 통해서 홍길동을 깨닫게 하고 있는 것이다. 특허분야의 예를 들어 보자. 심사관이 다음의 논리에 의해서 우리 발명의 진보성을 부인했다고 가정하자.

141

4. 의견서 실무 · 논리적일 것

- 용도가 밝혀진 물질과 비슷한 물질에 대한 용도발명은 진보성이 없다.
- 섬쑥부쟁이Aster glehni 추출물을 사용했다는 점이 본원발명의 특징이고, 인용발명은 쑥부쟁이Aster yomena 추출물을 사용하였는데 두 물질을 동속의 추출물이고 용도에 차이가 없다.
- 그러므로 본원발명은 진보성이 부인된다.

변리사: 의약용도나 약리효과에 관련한 발명의 경우 막연한 추측이 아니라 실험 데이터를 통해서 그 특징이 인정되는 것은 아닐까요?

심사관: 그렇습니다. 실험데이터가 필요하지요.

변리사: 천연물을 추출하는 경우 생육장소와 수확시기가 어느 정도 영향을 미칠텐데, 특히 오랜 시간 동안 지리적으로 격리된 지역에서는 비슷한 생물도 다른 진화의 과정이 생겼을 수도 있지 않을까요?

심사관: 그것은 그렇습니다. 찰스 다윈의 갈라파고스 관찰이 생각나는군요.

변리사: 참취속(Aster)에 속하는 식물이 27종이상 알려져 있는데, 각 추출물의 의약활성은 실험데이터가 없이도 동일한 의약활성을 발휘할까요?

심사관: 의약활성을 확인하려면 실험데이터가 필요하긴 하지요.

변리사: 그런데 인용발명의 쑥부쟁이는 동북아시아 지방에 분포하는 참취속 식물이고, 본원발명의 섬쑥부쟁이는 울릉도에서만 서식하는 참취속 식물입니다. 같은 참취속 식물이라도 이렇게 바다로 격리된 지역에서 생육했다면 동일한 의약활성이라도 실험데이터가 더욱 필요하지 않겠습니까?

심사관: 일리 있는 이야기입니다.

변리사: 그런데 인용발명에는 섬쑥부쟁이 추출물의 의약활성에
대한 실험데이터가 없잖습니까?

이와 같은 가상의 대화에서 변리사는 변증논리를 사용해 심사관의 판단
안에 숨어 있던 모순을 드러냈다. 이런 대화법을 의견서 문장으로 표
현하면 예제 212과 같다. 즉, 예제 212에서 사용된 논리가 변증논리다.

예제 212 (특허 1565232)

<의견내용>

기술이 귀납적 경험에 의해서 발전하는 특징을 보인다 하여도 발명의 진보성까
지 경험칙으로 판단하기는 어려움이 있습니다. 왜냐하면 의약용도나 약리효과에
관한 실험발명은 구체적인 임상실험을 통해서만 확인할 수 있으며, 인체에 관한
것이어서 특히 엄격한 실험데이터에 기초하지 않을 수 없고, 막연한 추측에 의해
서 동종의 효과가 있을 것으로 예상하였으나 실제 실험을 통해서 번복되는 경우
가 많으며, 천연물의 경우 생육장소와 수확시기 등에 의해서 크게 영향을 받기 때
문에 같은 식물도 아닌 단지 동속이라는 사실만으로는 인용발명에 기재되어 있지
않고 암시도 없는 이종의 식물의 의약활성이나 용도를 쉽게 예측할 수 있다고 단
정할 수는 없기 때문입니다.

더욱이 본원발명의 부지깽이 추출물, 즉 섬쑥부쟁이(Aster glehni)는 우리나라 울
릉도에서만 서식하는 참취속(Aster) 식물입니다. 반면 쑥부쟁이(Aster yomena)
는 한국, 중국, 일본, 시베리아 등지에 분포하는 참취속 식물입니다.

오랜 시간에 걸쳐서 지리적으로 격리된 지역에서 생육하는 식물은 다른 진화의
과정을 거쳤을 수도 있고, 따라서 그런 식물 추출물의 의약활성은 동속 식물과는
다를 수도 있다는 점을 과학지식을 갖춘 당업자라면 납득하는 데 어려움이 없으
리라고 사료됩니다. 특히 참취속(Aster)에 속하는 여러 식물들은 27종 이상이나
알려져 있는데, 그 중 어느 하나의 식물만을 추출하여 어떤 의약활성을 밝혀 내면
나머지 식물도 별도의 실험 데이터에 의한 입증 없이도 동일한 의약활성을 발휘
할 것이라고 단정하기는 힘듭니다. 그런 추측이 설령 합리적이라 하더라도 실험
과학은 실험데이터로 언제나 반증할 수 있다는 점을 두루 감안한다면, 구체적인
실험데이터에 의해서 충분히 뒷받침되지 않는 이상, 인용발명의 쑥부쟁이 추출물
의 의약활성만으로 본원발명 섬쑥부쟁이의 새로운 의약활성을 부인하기는 어렵
다는 결론에 이릅니다.

143

144

II. 중간사건 실무

다

상 대 적 일
것

모든 중간 사건은 고유한 특징을 지닌다. 기술분야가 다르고 구체적인 아이디어가 다르며, 출원인의 사정과 역량이 다르며, 담당 심사관도 다르기 때문이다. 설령 패밀리 특허출원이며, 심사관이 같고, 인용발명도 동일하다는 특별한 사정이 생기더라도 특허 청구항이 다르다. 이런 사정을 두루 생각한다면 실무자는 배당된 중간사건마다 상대적으로 취급할 필요가 있다.

　　실무자 개인의 경험이 의견서를 작성함에 있어 크게 도움이 되기는 하겠지만, 일반론적인 도그마에 빠지는 것을 경계해야 한다. 또한 특허사무소마다 의견서 샘플을 축적해서 공통된 패턴으로 분류한 다음에 필요에 따라 샘플을 사용하는 경우가 흔하다. 나도 그러하였다. 하지만 실제 의견서를 작성하다 보면 샘플은 그 형식만 취해질 뿐이었고, 실제 내용적으로는 크게 도움이 되지는 못했다.

무엇보다 안건을 공통된 패턴으로 다루다 보면 깊이 있게 분석하고 최적의 대응안을 마련하기보다는 사건의 겉면을 흐르는 의견서를 작성할 우려가 있다. 이것이 전문가의 매너리즘이다. 실무자는 안건마다 서로 다르게 생각해 그것만의 최선을 생각한다.

특허실무자의 대부분은 대학에서 이공계를 전공했다. 기술지식을 배경으로 한 사람들은 구성을 중요하게 생각하는 경향을 보인다. 구성 중심의 사고방식만으로는 효과적으로 의견서 실무에 임할 수 없다. 구성의 차이는 쉽게 탐색된다. 그리고 그런 탐색은 역시 기술지식을 배경으로 한 심사관에 의해서도 쉽게 이루어진다. 대부분의 거절이유는 구성 중심 탐색의 산물이다. 차이가 있겠으나 그런 차이는 당업자에게 자명하다거나 용이하게 생각해 낼 수 있는 수준에 그친다는 것이 심사관의 논리이며, 설령 변리사가 구성의 차이를 의견서를 통해서 좀 더 선명하게 나타냈다 하더라도 그것을 읽는 심사관의 머릿속에서는 여전히 "그 정도의 차이는 당업자의 관점이라면..."이라는 검열을 행한다. 발명은 구성의 집합이다. 그 집합을 이루는 원소인 구성요소 하나하나를 그 집합에서 분리한다면 독창성을 상실할 것이다. 발명은 구성집합으로서의 독창성을 심사받는 것이지, 그 집합의 원소 낱낱에 대해서 심사를 받는 것이 아니다. 설령 심사관이 습관적으로 구성요소를 집합으로부터 분리해서 인용발명과 대비하더라도 변리사조차 그런 관념에 묶인다면 심사관의 논리를 제대로 탄핵할 수 없다. 집합으로서의 발명이 아니라 원소로서의 구성이라면 그 자체가 대개 이미 어딘가에는 존재했던 것일 테고, 그러므로 사실 차이랄 것도 없기 때문이다.

이렇듯 구성의 차이만으로는 심사관의 판단을 철회하게 할 정도의 논리를 만들어내기 힘겹다. 구성의 차이에 의해서 발생하는 파급효과를 탐색해야만 논리를 찾을 수 있다. 이것이 중요하다. 구성의 차이 탐색은 쉬운 작업이다. 파급효과의 탐색은 어려운 작업이다. 그러나 거기가 중요하다. 다음과 같은 사항을 파급효과로서 탐색한다.

- 구성의 차이로부터 예상되는 명세서에 기재된 효과
- 구성의 차이로부터 예상되는 명세서에 기재되지 않은 효과
- 다른 구성과의 관계를 통해서만 얻을 수 있는 현저함
- 인용발명의 구성을 우리 발명에 적용하는 경우 예상할 수 있는 부작용 혹은 기술적 불이익
- 우리 발명의 구성을 인용발명에 적용하는 경우 예상할 수 있는 부작용 혹은 기술적 불이익
- 발명을 실시하거나 개발할 때 적용되는 당업자의 일반적인 사고의 경향이나 상식을 고려해 볼 때, 당업자가 현장에서 우리 발명의 구성을 생각해내서 적용할 가능성이 얼마나 있는지
- 관련 구성의 적용에 관한 산업의 사정과 흐름
- 인용발명들의 결합이 쟁점이 된 사항에서는 양 발명 사이의 모순과 그 결합에 의해서 고유한 효과가 불가능해지지 않은지
- 양 발명의 원리는 각 구성에 어떤 기술적 의미를 부여하게 되는지

147

대부분의 중간사건은 구성의 차이는 인정받았으나 그럼에도 진보성이 부인된 사건이다. 기계장치 분야에서는 심사관이 간과한 구성이 특별히 없고 청구항 보정을 통해 새롭게 구성의 차이를 만들어내지 못했다면 구성의 차이를 주장하는 것은 거의 의미가 없다. 왜냐하면 단순한 설계변경이라거나 공지기술의 단순 적용이라고 낙인 찍힌 차이를 다시 주장한들 좀처럼 심사관을 설득하기 힘들기 때문이다. 그런 판단을 번복하게끔 하려면 그 구성의 차이로부터 예상되는 효과에 대한 언급뿐만 아니라 그 효과가 과연 심사관이 모르는 것인지 아니면 예상 가능한 수준인지를 염두에 두면서 효과의 현저성에 대한 논증이 필요하다.

기계장치 분야의 의견서에는 장치의 구성을 보여주는 이미지를 종종 사용한다. 차이가 있음을 시각화하는 것이다. 그런 시각화 작업은 그런 차이를 심사관이 잘 몰랐거나 충분히 생각하지 못했을 때에는 긍정적으로 작용하겠지만, 그런 정도의 차이를 심사관이 이미 알고 있

거나 충분히 생각했을 수준에 그치는 것이라면 오히려 편향을 강화할 염려가 있다. 그러므로 이미지 사용은 심사관이 중요한 사항을 오해했다거나 간과한 경우라고 추정되는 경우에 한해 사용하는 것이 좋겠다.

인용발명이 하나만 제시된 경우에는 그 인용발명이 특징과 원리가 우리 발명의 구성을 전혀 필요로 하지 않거나 모순됨을 논증함으로써 당업자가 우리 발명을 읽지 않고서는 그와 같은 구성의 치환을 생각해낼 수 없다거나, 우리의 효과가 심사관이 지적한 구성만이 아니라 우리 발명의 다른 구성과의 필연적인 결합 관계를 통해서 발생하는 것임을 논증하는 등의 의견서를 작성한다. 인용발명이 두 개 이상이 제시된 경우에는 무엇이 주된 인용발명인지를 살펴서 먼저 주된 인용발명에 대한 논증을 한다. 다음으로 심사관의 지적에 쉽게 추종하지 말고 인용발명 1의 원리와 인용발명 2의 원리를 보건대 이들 양 발명의 결합이 과연 용이한지를 집요하게 탐색해야 한다. 이것은 아마도 대부분의 기술분야에서 그러할 것이다.

실무자끼리 이야기를 나누다 보면 기계장치분야의 중간사건은 속칭 전자분야보다 비교적 어렵지 않다는 의견이 많다. 통계 데이터를 갖고 있는 것은 아니지만, 다른 분야보다 기계적 구성에서 이런저런 차이가 존재하게 마련이고, 그런 탓에 부정적인 심사결과가 발급되어도 일부 청구항의 특허성이 인정되는 경우가 많기 때문이리라. 또한 기술의 특성상 상세한 설명을 청구항의 필수구성으로 추가할 수 있는 여지가 많고, 그러므로 더 많은 차이를 주장할 수 있다는 점도 유리하게 작용할지도 모른다. 그래서 의견서를 통해서 거절이유에 정면으로 맞서기보다는 적절한 보정을 통해서 쉽게 대응할 수 있는 여지가 많다. 그 보정에 의해서 축소된 특허범위가 과연 의뢰인의 비즈니스를 제대로 보호하고 있는지에 대한 탐색은 자주 간과된다. 이런 관행은 의견서 작성이 고되다는 점과 반면 의견서 작성에 정당한 대가를 받지 못하는 현실을 감안할 때 이해되는 면이 없지 않다. 설령 그렇더라도 보정된 청구항의 범위가 의뢰인의 비즈니스를 보호함에 있어 적절한

148

지를 습관적으로 염두에 둬야겠다. 이에 대해서는 보정서 실무에서 다시 살펴본다.

예제 213 (특허 1296310)
<의견내용>
본원발명과 인용발명들의 위와 같은 구성의 차이로 인하여, 모터나 변속기를 별도로 설치하고, 베벨기어도 별도로 설치하는 번거로움을 완전히 해소함과 동시에, 자동 또는 수동 선택도 가능한 본원발명의 효과를 인용발명들은 전혀 달성할 수 없습니다.

만일 인용발명 1의 베벨기어 연결구조에서 본원처럼 모터나 변속기를 설치하려면, (1) 별도로 설치해야 하며, (2) 풀리와의 동력 연결구조를 어떻게 일체로 하면서도 선택적으로 할 것인지를 해결해야 하고, (3) 수중에서 운전되기 때문에 방수문제는 또 어떻게 해결해야 할 것인지도 해결해야 합니다. 그러려면 인용발명 1의 구조에서 모터나 변속기를 부가하여 설치하거나, 수상 자전거의 설계 구조를 완전히 변경해야 만 합니다. 전자는 복잡한 설치작업을 해야 하고 비효율적이며 비경제적입니다. 반면에 후자는 본원처럼 완전히 새롭게 제작해야 합니다. 즉, 본원발명의 기술적 구성과 작용효과는 인용발명 1에서 단순한 설계 변경으로는 불가능하다는 것입니다.

물론 당업자가 공개된 본원발명의 기술적 구성을 보고 이해한다면 본원 특유의 원통형 하우징의 형태를 제작한 다음에 타이밍벨트에 풀리를 연결하고 베벨기어를 설치할 수 있겠습니다만, 이는 어디까지나 본원의 공개된 기술내용을 봐야만 용이한 일입니다. 즉, 당업자라고 하더라도 사후적으로 본원의 공개기술 내용을 참작하지 않으면 인용발명 1로는 본원발명의 기술적 구성을 용이하게 추론하기 어렵습니다."

예제 213은 기계장치 분야의 의견서에 포함된 일부 문장이다. 수상 자전거의 구조가 매우 복잡한 것은 아니기 때문에 구성의 차이는 실무자가 파악하는 만큼 심사관도 파악했을 것이다. 그렇다면 실무자는 그런 차이로 말미암아 효과 측면에서 어떻게 달라지는지를 논해야 한다. 자세하게 논한다. 그렇지 않으면 단순 설계 변경의 논리를 깨지 못한다.

전자통신분야, 소프트웨어 분야, 비즈니스 모델 관련 의견서 실무는 한층 고되다. 심사관은 으레 청구항 전항을 모조리 거절하기 때문이다. 일부 청구항의 특허성을 인정한 통지서를 받으면 반가울 정도다. 이들 분야의 발명을 이루는 개별 구성 자체는 이미 알려진 공지요소인 경우가 많고, 무엇보다 선행기술의 숲이 더욱 우거져 있기 때문이리라. 기계장치 분야의 의견서 실무에서 언급한 내용은 이 분야에서도 여전히 유효하다. 다만 심사관 설득이 더 어렵기 때문에 의견서의 논증을 구성함에 더 섬세한 자세가 필요한 것 같다. 실무자 본인의 논리만 생각해서는 안 된다. 반드시 어째서 심사관이 그런 완고한 태도를 취하고 있는지를 추론하면서 빈틈을 집요하게 탐색한다.

　　장치분야에서는 심사관의 오해나 착각에서 비롯되는 실수가 상대적으로 적다. 선행기술조사 시에도 착오가 적을 것이다. 각 구성과 그것의 기능이 도면을 통해서 가시화돼 있기 때문이다. 반면 전자 분야에서는 미시 세계의 전자 구성, 개념화된 블록, 시스템, 프로세스 등은 비록 도면으로 시각화되기는 하지만, 실제 눈으로 확인할 만한 구성이 아니며, 또 대비되는 기술이 서로 비슷비슷한 것처럼 보이기 때문에 기계장치분야보다 심사관의 오해, 착각, 간과 등의 다양한 판단 착오가 발생한다. 또한 기계장치분야보다 구성요소를 표현하는 언어가 훨씬 다의적으로 사용되기 때문에 적절치 못한 선행기술이 단지 키워드가 같다는 이유만으로 검색돼서 심사에 활용될 수도 있다. 실무자는 그것을 찾아내야 한다. 찾아내도 심사관 설득이 어려운 마당에 그것을 찾아내지 못한다면 거절결정을 면치 못할 것이다. 예제 214는 심사관의 오해를 부각하면서 거절이유를 다투는 의견서 사례다.

　　물론 그렇게 열심히 의견서를 작성하더라도 실패할 수 있다는 사실을 기억하자. 요컨대 실무자는 2회 이상의 거절이유(거절결정을 포함한다)를 받을 것이고, 따라서 2회 이상의 의견서를 작성할 수 있음을 감안한다. 단번에 승부하려고 욕심내다 보면 괜히 특허범위만 지나치게 비좁아진다. 예제 214도 2회에 걸쳐서 의견제출통지서를 받았다.

예제 214 (특허 1431507)

<의견내용>

심사관님께서는 인용발명 2 "저해상도 및 고해상도 영상 정보를 원격지에 전송하는 차량용 블랙박스 장치"에 <촬영된 영상을 저해상도로 캡처하여 관제센터 서버로 전송하는 것>이 제시되어 평상 시의 충돌 과 충돌 발생 시의 캡처가 독립적으로 수행되는 것이 제시되어 있다고 지적하셨습니다. 그러나 인용발명 2의 기술내용에 대해서는 심사관님께서 다소 오해하신 것처럼 보입니다.

(중략)

본원발명은 보정된 청구항 제1항의 기재처럼, 차량 사고가 발생할 때에, 영상 전송 단말의 영상 처리는 두 가지 루트로 분리하여 이루어지며, 제 1 루트는 상기 카메라가 동영상을 촬영하여 상기 내부 메모리에 저장하는 루트이고, 제 2 루트는 촬영된 영상 중에서 "정지영상"을 추출하여 외부의 관제센터 서버로 전송하는 루트가 됩니다. 그리고 사고 발생 순간에 영상 전송 단말의 제 2 인코더가 상기 카메라가 촬영한 동영상으로부터 추출된 "정지영상"을 인코딩하며, 차량 관제부의 통신 모듈을 통해서 제 2 루트에 따라 상기 관제센터 서버로 해당 정지영상을 사고정보와 함께 이동통신망을 통해 즉시 전송하는 기술적 구성을 하고 있습니다. 제 1 인코더는 제 1 루트에 관한 역할을 수행하고, 제 2 인코더는 제 2 루트에 관한 역할을 수행합니다.

인용발명 2의 기술적 구성은 제 1 루트와 제 2 루트를 특별히 구별하지 않습니다. 왜냐하면 인용발명 2의 블랙박스는 당연히 동영상을 전송하기도 하거니와 메모리에 저장하기도 할 것이기 때문이며, 저장루트와 전송루트를 구별할 기술적 이유는 없습니다. 다만, 전송 시에 있어서 동영상을 해상도뿐만 아니라 비디오 파일의 Frame rate와 GOP도 조정하여 제 1 동영상(저해상도) 및 제 2 동영상(고해상도)을 구별하여 별도로 인코딩하여 외부로 전송하겠다는 것이 인용발명 2의 특징인데, 이 경우에 있어서도 앞서 진술한 것처럼 정지영상을 전송하는 것은 아닙니다. 만일 인용발명 2가 본원의 기술적 구성이 되기 위해서는, 제 1 동영상이든 제 2 동영상이든 이 동영상 파일에서 정지 영상을 추출한 다음에 그 정지 영상을 관제센터에 전송하고, 나머지 동영상 파일은 전송하지 않고 블랙박스 메모리에 저장해둬야 합니다. 그러나 그와 같은 인식은 인용발명 2의 발명자의 인식의 한도를 넘고 있는 부분입니다. 또한, 인용발명 2를 본원처럼 구성을 변경한다면, 인용발명 2의 핵심 기술 특징인 저해상도 포맷과 고해상도 포맷으로 각각 별도로 비디오 파일을 인코딩한다는 것 자체를 부인해야 합니다. 어차피 블랙박스 메모리에 저장

151

하는 것이라면 굳이 저해상도 비디오 파일을 인코딩할 필요가 없기 때문입니다. 결과적으로 인용발명 1과 인용발명 2를 결합하여 그 결합발명을 본원의 과제해결 원리와 유사하게 변형한다는 것은 당업자에게 매우 부자연스러운 일입니다.

기계, 장치, 전기, 전자 분야의 기술은 주요 구성이 시각적인 형태를 갖거나 시각화될 수 있다. 그 때문에 우리 발명과 인용발명의 차이를 탐색하고 그 차이를 설명하거나 논증하는 일이 비교적 어렵지 않다. 또한 그 구성들에 의해서 발명의 특징을 충분히 파악할 수 있다는 특성이 있다. 가령 지식과 경험을 이용해 더 나은 개선을 추론하거나 목표를 설정하고, 그 목표를 달성하기 위해 기술구성을 설계해내는 정신활동을 통해서 발명이 완성되는 것이다. 그러나 화학물질발명이나 그것과 인접한 기술분야는 사뭇 다르다. 이론적이기보다는 실험적이다. 추론과 설계에 의해서 발명의 완성이 예측될 수 없고, 정확한 실시와 실험과 비교를 거쳐서 경험을 해야만 유의미성이 확정된다. 이때의 경험은 어떤 조건들에 영향을 받으며, 관찰자의 관찰과 측정을 수반한다. 그래서 실험과학이라고 칭해진다. 경험은 상당히 주관적이어서 그것이 경험법칙으로 권위를 인정받기까지 갑론을박이 필수적이다. 다툼이 있는 곳에 법원의 권위가 필요하다. 특허분야 대부분의 중요 판례들이 화학물질발명 분야에서 나오고 있다는 사실은 우연적이지 않다.

예제 215에는 다소 거칠지만 유기화합물 발명의 일반론적인 특성을 실무자가 강조하면서 진보성을 논증하고 있다. 실무자는 유기화합물이 새롭게 만들어지고 그것이 산업적으로 이용될 수 있는 유용성이 확인됐다면 구성 자체에 효과가 있음을 강조한다. '산업상 유용한 유기화합물을 제공함이 발명의 효과'라는 표현보다는 '새로운 유기화합물을 통해서 얻어지는 유용함이 발명의 효과'라고 표현하는 것이 낫지 않을까 싶다. 또한 그 유용성이 명확히 무엇인지 어필하지 못하고 있어서 설득력이 약화된 면이 없지 않다. 그렇지만 예제 215처럼 유기화합물 발명의 고유한 특성을 강조하면서 논증하는 태도는 참고할 만하다.

예제 215 (특허 1601935)

<의견내용>

가. 위에서 살펴본 바와 같이, 본원발명의 정정된 청구항 1의 화학식의 이핵 메탈로센 화합물은 인용발명 1 내지 2에 개시된 화합물과는 구조가 상이한, 신규한 유기화합물입니다. 즉, 본원발명의 정정된 청구항 1의 이핵 메탈로센 화합물은 인용발명 1에 개시된 이핵 메탈로센 화합물과 비교할 때, 단일 메탈로센 화합물의 기본 골격 구조가 상이하며, 인용발명 2는 단일 메탈로센 화합물에 대한 것일 뿐입니다.

나. 심사관님께서는 "이 출원 제1항 발명은 R1 내지 R8이 모두 수소인 경우를 제외하고 있는 점에서 차이가 있으나, R1 내지 R8이 결합되는 시클로펜타디에닐기에는 알킬기 등의 다른 치환기가 결합되기 쉬우므로 통상의 기술자라면 인용발명 1에 기재된 alkyl-bridged dinuclear zirconocene complexes로부터 이 출원 제1항 발명에 기재된 화학식을 도출하는 것이 어렵지 않고 이로 인해 발생되는 효과 또한 현저히 우수하다고 인정하기 어렵습니다."라고 지적하신 바 있습니다.

다. 그러나 심사관님께서도 주지하시다시피, 유기화합물 발명의 본질은 유용한 유기화학물질의 창제에 있는 것으로 산업상 유용한 유기화합물을 제공함이 발명의 목적이고, 유기화합물 그 자체가 발명의 구성이며, 산업상 유용한 유기화합물을 제공함이 발명의 효과라 할 수 있습니다. 발명의 효과는 유용한 유기화합물을 제공함에 있으므로, 그 효과의 확인을 위하여 제조방법과 제조된 화합물 및 유용성에 관한 뒷받침을 필요로 하며, 물질의 유용성은 그 화학물질의 고유한 성질, 즉 속성에 바탕을 둔 것으로 물질의 속성으로부터 유용성이 정해집니다. 또한, 화학 분야의 경험칙상 당연히 유도될 것으로 보이는 반응이 예상외로 진행되거나, 실질적으로 반응이 진행되지 않는 경우도 상당히 많고, 화합물의 성질은 화학 구조, 구성 원소나 치환기 등에 의해서 변화하는 것이어서, 화합물의 유용성의 예측이 매우 곤란합니다.

또한, 유기 화합물은 이를 이루는 일 부분(moiety)의 산술적인 합산에 의해 그 제조방법이나 성질이 도출되는 것이 아니라 각 부분이 서로 간에 유기적인 관계에 의해 새로운 화합물이 창제되는 것으로, 하나의 화합물을 이루는 부분 또는 원소가 다른 인용발명에 부분적으로 개시되었다 하더라도 이들을 조합하여 새로운 화합물이 만들어짐을 자명하게 도출할 수 없으며, 따라서 신규한 구조의 화합물을 합성하여 이들 화합물의 유용성을 입증하는 것만으로 유기 화합물 발명의 진보성을 인정하는 것으로 볼 수 있습니다.

153

라. 이러한 관점에서, 본원발명의 정정된 청구항 1의 이핵 메탈로센 화합물은 인용발명 1 내지 2에 개시된 화합물들과 비교할 때 리간드 구조가 다르거나, 또는 이핵 촉매가 아닌 것으로 기본구조가 동일하지 않아 구조상 신규하고, 신규한 구조적 특징에 의한 특유의 유용성 및 효과(고분자량 및 분자량 분포가 넓은 올레핀계 중합체를 얻을 수 있음)를 지니고 있어 산업상 유용한 유기화합물을 제공할 수 있으므로, 유기화합물의 일반적인 진보성 판단원칙에 따라 본원발명의 진보성이 인정되어야 할 것으로 생각됩니다.

예제 216은 세 가지 거절이유를 각각 극복해 나가는 의견서의 일부다. 거절이유 1은 1발명 1특허주의에 관한 것이며, 심사관은 인용문헌을 제시하면서 복수 독립항 세트의 공통된 기술적 특징을 부인했다. 실무상 자주 일어나지 않지만, 발급되면 상당히 난해하고 번거로워진다. 예제에서는 거절이유 2로 신규성, 거절이유 3으로 진보성 위반이 지적됐다. 때때로 거절이유 1을 인용문헌과 함께 별건으로 통지한 다음에 출원인이 이것을 보정을 통해 해결하면 다시 동일한 인용문헌을 제시하면서 진보성을 거절하는 통지를 하는 심사관을 만날 때가 있는데, 그때마다 이상하다는 생각이 들었다. 한 번에 해결하는 것이 이롭지 않은가. 예제 216은 한 번에 문제를 지적한 심사결과에 관한 케이스가 되겠다.

예제 216 (특허 1602005)

<의견내용>

가. 거절이유 1(1군의 발명 요건 결여)

거절이유 1에서는 본원발명의 청구범위를 아래와 같이 4개의 발명으로 구분한 후, 제1 내지 제4 발명 사이에 공통된 기술적 특징이 없으므로, 1특허출원의 요건에 위배된다고 지적되었습니다.

▶ 제1발명: (A) 착색제, (B) 결합제 수지, 및 (C) 화학식 1로 표시되는 구조를 갖는 화합물을 함유하는 착색 조성물(청구항 1-3, 5-7 발명)

▶ 제2발명: (A) 착색제, (B) 결합제 수지, 및 (D) 중합성 불포화 결합을 갖는 단량체를 함유하는 착색 조성물(청구항 4, 6 및 7 발명)

▶ 제3발명: 화학식 1로 표시되는 구조를 갖는 가교용 화합물(청구항 8 발명)

▶ 제4발명: 화학식 (1-1) 내지 (1-5) 중 어느 하나로 표시되는 가교용 화합물(청구항 9 발명)

제2발명의 청구항 4의 착색 조성물은 (A), (B) 및 (D) 성분을 포함하며, (C) 성분을 포함하지 않는 것으로 지적되었습니다.

그러나, 청구항 4의 착색 조성물은 (A), (B) 및 (C) 성분을 포함한 것 외에, 추가로 (D) 성분을 포함하는 것입니다. 이에 대해서는 본원 명세서 식별 번호 <97> 및 <98>에 본원발명의 착색 조성물이 추가 성분으로 (D) 성분을 함유한다고 기재되어 있는 점, 식별 번호 <113>에 (D) 성분의 함유량은 (C) 성분 100 질량부를 기준으로 첨가되는 점, 실시예(식별 번호 <239> 내지 <241> 및 표 1)에서 본원발명의 착색 조성물이 (A), (B), (C) 및 (D) 성분을 함유하는 것으로부터 뒷받침됩니다. 보정 전 청구항 4 및 본원 명세서 식별 번호 <98>에 기재되어 있는 "(D) 중합성 불포화 결합을 갖는 단량체(단, 상기 (C) 성분을 제외함)"의 표현은 (D) 성분은 (C) 성분과 상이하며 (C) 성분에 해당되지 않음을 나타내기 위한 것입니다.

본 출원인은 불필요한 오해를 피하고 본원발명을 보다 명확히 나타내기 위해 청구항 4에서 "(D) 중합성 불포화 결합을 갖는 단량체(단, 상기 (C) 성분을 제외함)"의 기재를 "(D) 중합성 불포화 결합을 갖는 단량체(단, 상기 (C) 성분에 해당되는 경우는 제외함)"으로 보정하였습니다.

본원발명의 특징은 특정 구조의 가교제인 (C) 성분을 착색 조성물에 포함시킨 것에 있고(본원 명세서 식별 번호 <8> 내지 <9>), 제1발명 내지 제4발명은 특정 구조의 가교제((C) 성분)를 공통된 기술적 특징으로 하는 것이므로 청구된 발명간에 기술적 상호관련성을 갖습니다. 하오니 이점 혜량하시어, 본 거절이유를 거두어 주시기 바랍니다.

나. 거절이유 2(신규성 결여)

본원 청구항 4의 발명은 (C) 성분을 포함하지 않는 것을 고려했을 때 비교대상발명에 의해 신규성이 결여되어 있다고 지적되었습니다. 그러나, 위에서 말씀드린 바와 같이, 본원 청구항 4의 발명은 (C) 성분과 함께 (D) 성분도 포함하는 조성물에 관한 것입니다. 또한, 거절이유 3-2에서 지적하셨듯이 비교대상발명은 본원발명의 (C) 성분(화학식 1로 표시되는 구조를 갖는 화합물)에 해당하는 구성이 없으므로, 본원 청구항 4의 발명은 비교대상발명에 의해 신규성이 부정되지 않습니다. 따라서, 본 거절이유는 해소된 것으로사료됩니다.

다. 거절이유 3(진보성 결여)

거절이유 3-2에서는, 비교대상발명에 본원발명의 (C) 성분에 해당하는 구성이 없다는 것은 인정하였으나, (C) 성분은 통상의 기술자가 용이하게 변경하여 구성할 수 있는 정도라고 지적하였습니다. 그러나, 본원발명의 특정한 (C) 성분을 가교제로 함유함으로써 하기 바람직한 효과가 달성된다는 본원발명의 기술사상은 비교대상발명으로부터는 상도해 낼 수 없는 것입니다. 구체적으로, 본원발명의 (C) 성분은 특정 구조, 즉 옥시라닐기를 갖는 기 또는 옥세타닐기를 갖는 기가 아미노메틸옥시 구조를 통해 결합한 특정 구조를 가짐으로써, 본원발명의 목적하는 효과(현상내성과 내용제성이 우수한 착색층의 형성)를 달성하는 것으로(본원 명세서 식별 번호 <8>, <9> 및 <69>), 본원발명의 특정한 (C) 성분이 아닌 화합물을 가교제로 사용한 경우에는 상기 효과가 달성되지 않습니다.

이러한 점은 본원발명의 표 1의 실시예와 비교예의 비교로부터도 구체적으로 입증되고 있습니다. 하기 화학식 a, b 또는 c에서 메톡시기(화학식 a 및 b) 또는 알콕시기(화학식 c)가 옥세타닐기를 갖는 기 또는 옥시라닐기를 갖는 기로 치환되어 있는 본원발명의 특정한 (C) 성분을 가교제로 포함하는 실시예 1 내지 10의 착색 조성물은 잔사, 현상내성, 내용제성이 모두 우수하나, 각각 화학식 a의 화합물 및 화학식 c의 화합물이 주성분인 가교제(본원발명의 특정한 (C) 성분이 아님)를 포함하는 비교예 1 내지 3의 조성물은 잔사, 현상내성, 내용제성이 모두 불량합니다(본원 명세서 표 1).

이렇듯, 착색 조성물에 본원발명의 특정한 (C) 성분을 가교제로 사용함으로써 얻어지는 우수한 효과에 대한 언급이나 시사가 전혀 없는 비교대상발명으로부터 본원발명을 상도해 내는 것은 통상의 기술자라 해도 결코 용이하지 않습니다.

라 / 몇 가지 실무 풍경에 대해

(1) 복사의 남용

상당수의 실무자가 의견서를 작성하면서 특별한 이유 없이 관행적으로 심사관의 거절이유 전체를 복사해서 붙인다. 의견서 분량이 늘어난다는 것 외에는 아무런 장점이 없다. 심사관이 그것을 읽을 리 없고, 출원인에게는 어차피 심사관 통지서를 별도로 전달하기 때문에 굳이 그럴 필요도 없다. 그럼에도 그런 일이 성행하는 까닭은 Ctrl + c와 Ctrl + v 단축키를 사용하거나 마우스로 복사하고 붙이기 기능만으로 거절이유를 복사해서 의견서에 붙일 수 있고, 그렇게 해서 간단하게 의견서의 구색을 갖출 수 있기 때문인데, 그런 구색이라도 필요하다는 특별한 사정이 있지 않는 한, 안 하는 편이 낫다. 통지서의 모든 내용을 다시 반복해서 적는 외국 변리사의 의견서를 나는 본 적이 거의 없다. 모름지기 불리한 사람이 설득과 논쟁에서 쟁점을 흐린다. 논쟁에서 상대방을 설득하고자 하는 사람은 쟁점을 명확히 하기 위해 노력하고, 주장의 핵심이 신속하고 일관되게 전해지기를 의욕한다. 그런 점에서 심사관의 판단 요지는 의견서 서두에서 매우 간략하게 언급하는 것이 낫고, 필요시에 핵심만 정리하는 것이 좋다.

사실 심사관의 통지서에서도 복사가 남용된다. 본원발명에 대해서는 청구항의 기재를 복사해서 붙이고 인용발명에 대해서는 문헌의 일부분만을 복사해서 붙여 구색을 갖춘 후에 실제 판단 부분은 매우 적은 분량만을 할애한 경우를 종종 발견한다. 외견상으로는 분량이 많기 때문에 충실히 심사한 것처럼 보인다. 그러나 자세히 들여다 보면 복사와 붙이기를 반복했을 뿐이어서 실질적으로는 판단이 미진한 것이다. 그런데 그런 거절이유를 실무자가 자신의 의견서에 다시 복사해서 붙이고, 또 그런 다음에 본원발명과 인용발명의 특징을 요약하면서 다시 문헌에 기재된 단락을 복사해서 붙이고 만다. 예컨대 10쪽 분량의 의견서라면 실제 의견내용은 7-8쪽이 지나서야 등장하는 것이다. 의견서의 겉면은 충실하다. 그러나 내용 없는 의견서가 그렇게 탄생하는 것이다.

실무자가 의견서를 작성하면서 복사/붙이기 기능을 최소한으로만 사용하겠다고 다짐을 한다면 필경 논증에 불필요한 문장은 빠지게 될 터다. 실무자는 자신의 글을 계속 검열해야 한다. "그것이 과연 논증에 도움이 될까?" 또한 부족한 문장은 재편집될 것이다. 같은 의미라도 표현에 따라서 뉘앙스가 달라지고, 어떻게 표현하냐에 따라 설득력도 달라진다. 의견서에 작성되는 문장은 논증을 위한 것이고 특허문서에 기재된 문장은 설명을 위한 것이라는 점, 특허문서에 적힌 문장이 복잡하고 알아듣기 어렵다거나 문법적으로 틀린 문장일 수 있다는 점, 또한 인용발명을 모르는 문장과 인용발명의 존재를 아는 문장은 같을 수가 없다는 점을 고려하면 복사해서 그대로 붙이기보다는 생각하면서 작문하는 편이 낫다. 복사/붙이기를 남용하지 않으면서 작성된 의견서를 살펴볼 것이다. 이미 예제 200에서 봤을 것이며, 또한 아래에서도 다시 볼 것이다.

(2) 과도한 보정

의견서는 대개 보정서와 함께 제출된다.[4] 의견서에 적힌 주장은 사후에 특허범위에 영향을 미친다. 권리행사 시에 의견서에 적힌 주장과 모순된 주장을 할 수 없기 때문이다. 하지만 보정서에 의해서 수정된 청구항은 직접적으로 특허범위에 영향을 미친다. 모든 실무자는 심사관의 거절이유를 극복하고 특허를 받기를 원한다. 그러나 설득이라는 관문을 통과하기 어렵기 때문에 사람들은 가급적 쉬운 길을 모색한다. 청구항을 축소하는 것이다. 언제나 문제는 과도함에 있다. 청구항을 지나치게 축소하면 설득에는 도움이 될 것이다. 하지만 출원인의 비즈니스를 제대로 보호하지 못하는 불이익을 낳는다. 출원인의 기대와는 배치되는 엉뚱한 특허를 낳기도 한다.

　　심사관의 설득과 알맞은 특허범위, 이 둘 중 어느 것이 더 중요한지를 실무자는 결정해야 한다. 그것에 따라서 보정의 범위가 결정되기 때문이다. 심사관의 설득만을 생각한다면 실무자는 더 용이한 설득을 의욕하게 되고, 그것에 따라 심사관의 판단을 더 많이 존중하면서 자연스럽게 특허범위가 더 많이 축소될 것이다. 실무자가 심사관의 판단에 맞서려는 태도를 갖기보다는 심사관의 거절이유에 설득 당해버리는 일도 종종 발생하는데, 그 또한 출원인의 비즈니스를 보호하려는 생각보다는 특허를 더 쉽게 취득하려는 생각이 강하기 때문이다. 전자보다 후자가 강하면 실무자는 쉽게 타협하려는 심리상태에 빠진다. 그러나 실무자가 출원인의 비즈니스를 보호하려는 생각이 단호하다면 알맞은 특허범위의 한계를 탐색하게 되고, 특허범위의 마지노선을 정하게 마련이다. 마지노선 이쪽은 타협할 수 없다. 그러므로 마지노선 저쪽만을 타협할 수 있을 따름이다. 특허범위 전체의 진보성이 부인된 경우 인용발명과 너무 유사한 나머지 상세한 설명에 기재된 사항을 특허범위에 포함시켜야 한다는 특별한 사정이 없는 한, 청구항 보정은 의견서를 거들 뿐이다. 이와 관련해서는 보정서 실무에 대해서는 다시 설명한다.

(3) 쟁점이 되는 차이

우리 발명과 인용발명 사이에 차이가 있다고 해서 그 차이가 모두 의견내용의 쟁점이 될 수 없으며, 돼서도 안 된다. 어떤 차이는 그것을 주장함으로써 우리에게 유리하지만, 어떤 차이는 그것을 주장함으로써 우리에게 불리해지기 때문이다.

모든 차이를 빠짐 없이 담아내려는 저인망식 의견서는 초급 실무자들에게서 종종 발생한다. 노련한 실무자는 핵심이 되는 차이만을 주장할 것이다. 또한 그것이 이 분야의 국제적인 관례라고 나는 생각한다. 인커밍 안건의 의견서 실무는 핵심이 되는 차이만을 담는다. 외국 출원인 측에서 그렇게 지시를 내리기 때문이다. 특별한 사정이 없는 한 출원인의 지시를 어기고 필요 이상으로 더 많은 차이를 담기는 힘들다. 더욱이 차이를 너무 많이 주장하면 금반언의 원칙이 작용하는 범위도 넓어지기 때문에 특허를 취득하더라도 특허범위에 제한이 많이 생긴다는 점을 감안하더라도 실무자는 쟁점이 되는 차이를 통제해야 한다.

개념적으로 살펴보자. 차이의 집합 D에는 7개의 원소가 있다고 가정하자.

$$D = \{d_1, d_2, d_3, d_4, d_5, d_6, d_7\}$$

이들 차이 원소는 각각 차이 강도를 지니며, 차이 강도(I)는 다음과 같다.

$$I = ew^2\sqrt{d}$$

w는 차이 원소가 통지서에서 분석된 심사관의 오류와의 관련성, d는 우리 발명과 인용발명의 구성 간 차이의 거리, e는 그 차이로 말미암아 발생하는 효과의 현저성을 나타낸다. 이렇게 차이 강도를 수식으로 모델링한 까닭은 모든 차이가 차별성을 띤다는 점을 강조하기 위함이다. 위와 같은 수식개념에 의해 각 원소의 차이 강도가 다음과 같이 달라졌다고 가정하자.

$$d_1 < d_2 < d_3 < d_4 < d_5 < d_6 < d_7$$

그러면 실무자가 의견서를 통해서 주장해야 할 주된 차이점은 d_7이 됨을 알 수 있다. 필요에 따라 d_6과 d_5의 차이점을 주장할 수도 있겠다. d_1, d_2, d_3, d_4는 버려도 된다. 그런 차이점을 주장해서는 심사관의 판단을 뒤집지 못할 뿐더러 오히려 심사관의 확증편향을 강화하는 역효과를 초래한다.

물론 모든 케이스에서 차이 집합(D)를 용이하게 정의할 수 있는 것은 아니다. 특히 청구항에 기재된 표현을 그대로 사용해서는 차이점을 명확히 드러내기 어려울 수도 있다. 그런 경우라면 적절히 표현을 변경해도 좋다. 의견서 실무는 중간사건이고 침해사건이 아니며, 또한 권리범위확인심판 사건도 아니다. 그러므로 설득하기 좋도록 표현을 바꿔서 차이를 특정할 수 있다.

예제 217은 심사관이 심사를 하면서 어떤 인용발명을 제시할 것인지를 실무자가 사전에 예상했고, 그 예상을 특허문서 전체에 반영했다. 즉, 특허문서 작성 시에 이미 중간사건을 염두에 뒀던 것이다. 심사결과도 예상대로 진행됐다. 실제 우리 발명과 인용발명의 구성 간 차이의 거리(d)는 크지 않았다. 그러니까 진보성이 부인됐던 것이다. 그런데 심사관의 통지서에는 우리 발명을 특정함에 있어 오류가 있었고(w), 의견서는 그 오류를 강조하는 데 집중했다.

예제 217 (특허 1381223)

<의견내용>

(전략)

나. 본원의 기술적 구성의 독창성도 인용발명과는 근본적으로 다릅니다.

(1) 본원 청구항 제1항 발명의 기본적인 기술 구성상의 특징에 대하여:

인용발명과 대비되는 본원발명의 기술적 구성은 통신에 대한 착신 신호음의 출력을 제어함에 있어서, 적어도:

첫째 본원발명의 방법은 스팸을 차단하겠다는 것이 아니어서 디바이스의 주소록에 저장되어 있는 발신자 정보를 제1분류(착신알람 연락처) 또는 제2분류(알람거부 연락처)로 분류하여 지정한다는 점,

둘째 제2분류에 해당하는 발신자로부터 수신되는 통신의 경우에, 전화 수신인 경우와 문자 메시지 수신의 경우를 분리하여 처리하겠다는 것으로, 전자는 스마트 디바이스의 운영체제 소프트웨어의 무음 처리 코드(벨소리 볼륨 0)를 실행하고, 후자는 스마트 디바이스의 운영체제 소프트웨어의 미디어 음향의 볼륨을 제거하는 코드(미디어 음향 볼륨 0)를 실행한다는 점,

셋째 제2분류에 해당하는 발신자로부터의 통신이라 하더라도 단지 착신알람이 제거되기만 할 뿐 해당 통신은 정상적으로 수신된다는 점을 포함합니다.

이 세 가지 기술적 구성 특징의 어느 하나가 없다면 본원발명의 과제는 달성될 수 없습니다. 결국 본원발명과 인용발명 간의 기술적 구성의 대비는 이 세 가지가 쟁점이 됩니다.

(2) 첫 번째 기술특징에 관련한 기술적 구성의 대비

본원발명의 방법은 스팸을 차단하겠다는 것이 아닙니다. 그러나 인용발명의 방법은 스팸을 차단하겠다는 것입니다. 본원발명은 스팸을 차단하는 방법론이 아니고, 단지 착신 신호음이 출력되는 것을 제어하겠다는 기술입니다. 그러므로 이를테면 스마트폰의 주소록에 있는 발신자로부터 온 전화의 경우에

도 착신 신호음이 출력되지 않을 수 있습니다. 이를 위하여 본원발명의 기술적 구성은 디바이스의 주소록 저장되어 있는 발신자 정보를 제1분류(착신알람 연락처) 또는 제2분류(알람거부 연락처)로 미리 분류하여 지정합니다. 주소록에 등록되어 있는 발신자라고 하더라도, 그 발신자가 제2분류로 분류되어 있다면, 그 발신자로부터의 통신은 정상적으로 수신은 하지만 착신신호음은 출력되지 않습니다.

반면에 인용발명의 경우에는 주소록에 있는 발신자 정보를 착신 알람 연락처 또는 알람거부 연락처로 분류하지 않습니다. 인용발명은 주소록에 있는 발신자로부터 오는 통신이라면 무조건 정상 수신하게 되어 있습니다. 왜냐하면 그것은 "스팸"이 아니기 때문입니다. 인용발명의 이러한 특징을 심사관님께서 간과하시거나 오해하신 것으로 판단되기 때문에 인용발명의 기재사항을 소상히 살펴보도록 하겠습니다. 괄호 안의 번호는 인용발명의 단락 식별번호입니다. 인용발명의 수신 허용 번호를 수집하는 단계(S100)와 수신한 발신자 번호가 수신 허용 번호인지 판단하는 단계(S300)가 있습니다. 그런데 수신 허용 번호를 어떻게 수집할지에 대해서, 인용발명은 종래의 스팸차단을 위한 수신 거부 번호의 입력이나 수신 거부 문구의 입력 방법과는 다르다는 점을 강조하면서, "전화번호부에 저장된 번호를 수신 허용 번호로 수집"함을 전제로 합니다. 이렇게 하면 대부분의 스팸을 필터링 할 수 있다는 것입니다. 그렇지만 전화번호부 안에 없는 발신자로부터의 통신도 중요할 수 있기 때문에 사용자가 수신 허용 번호를 직접 추가할 수도 있으며, 또는 스마트폰에 저장된 발신 번호 목록에서 수신 허용 번호를 수집할 수도 있게 했습니다([0035]).

즉, 인용발명은 "본 발명에서는 스마트폰의 전화번호부에 등록되어 있지 않은 미등록 전화번호를 수신 거부"한다고 천명합니다([0038]). 그런데 이렇게 전화번호부에 없는 미등록 전화번호를 거부하면 필요한 통신도 수신받지 못할 수 있고, 이를 방지하기 위해서 도 3과 도 8의 각종 설정 기능을 제시합니다. 예컨대 여러 번 걸려오는 전화는 스팸으로 차단하지 않겠다는 등의 내용입니다. 이와 같은 인용발명의 특징은 "스마트폰의 전화번호부에 등록되어 있는 발신자로부터의 통신은 모두 정상 허용"한다는 의미가 됩니다. 그런 통신은 스팸이 아니기 때문입니다. 또한 그렇기 때문에 인용발명은 "전화번호부에 저장되어 있지 않은 번호더라도 전화를 걸거나 메시지를 전송하는 등 발신한 적이 있는 전화번호를 수신 허용 번호로 하여 전화 또는 메시지를 수신할 수 있다"([0045])라고 기재하는 것입니다. 역시 그런 통신은 스팸이 아니기 때문입니다. 그러므로 본원발명의 첫 번째 구성 특징은 인용발명에서는 기대할 수 없으며, 인용발명의 특징과 양립 불가능합니다.

(3) 두 번째 기술특징에 관련한 기술적 구성의 대비

본원발명의 두 번째 기술특징은 제2분류에 해당하는 발신자로부터 수신되는 통신의 경우에, 전화 수신인 경우와 문자 메시지 수신의 경우를 분리하여 처리하겠다는 것으로, 전자는 스마트 디바이스의 운영체제 소프트웨어의 무음처리 코드(벨소리 볼륨 0)를 실행하고, 후자는 스마트 디바이스의 운영체제 소프트웨어의 미디어 음향의 볼륨을 제거하는 코드(미디어 음향 볼륨 0)를 실행한다는 점입니다. 여기서 말하는 "제2분류에 해당하는 발신자"는 디바이스의 주소록에 저장되어 있는 발신자 정보에 대하여 미리 지정될 수 있는 것입니다.

그러나 인용발명은 우선 주소록에 있는 발신자로부터의 모든 통신은 정상적으로 수신하기 때문에 본원발명과 근본적으로 차이가 있는데다가, 본원발명처럼 전화 수신의 경우와 문자 메시지의 수신의 경우를 구별하지 않습니다. 인용발명은 수신하겠다는 목적이 아니라 차단하겠다는 목적이기 때문에, 차단을 위한 특별한 애플리케이션의 기능에 의해서 그 목적을 달성하게 되고, 차단된 통신은 별도로 구비되는 "수신 거부 목록"으로 옮겨지게 되는 구성입니다. 그렇기 때문에 전화 수신과 문자 메시지 수신을 분명히 구별하지 않고 있으며, 또한 어떻게 통화 요청 알림이 발생하지 않는지에 대해서는 자세히 기재하거나 암시하지 않습니다. 인용발명의 소프트웨어는 수신을 거부하고, 수신을 거부하기 때문에 착신 신호음을 출력하지 않으며, 다만 거부된 통신이 수신 거부 목록에 옮겨질 때 비로소 램프나 텍스트 등으로 알리는 기능을 실행하는 것으로 분석됩니다.

어쨌든 전화 수신인 경우에는 스마트폰의 OS의 무음처리코드를 실행하여 벨소리 볼륨을 0으로 출력하고, 문자 메시지의 경우에는 OS의 미디어 음향의 볼륨을 제거하여 출력한다는 본원발명의 기술적 구성에 대응하는 요소는 인용발명에는 전혀 기재되어 있지 않으며 암시조차 없습니다. 그러므로 본원발명의 두 번째 기술특징 또한 인용발명에는 존재하지 않음을 확인할 수 있습니다.

(4) 본원의 세 번째 기술특징에 관련한 기술적 구성의 대비

본원발명의 세 번째 기술특징은 제2분류에 해당하는 발신자로부터의 통신이라 하더라도 단지 착신 신호음이 제거되기만 할 뿐 해당 통신은 정상적으로

수신된다는 점입니다. 본원발명에 따르면 착신신호음만 차단된 것이므로 사용자는 화면을 통해서 통상의 전화수신 목록이나 메시지 수신 목록에서 그 통신을 확인할 수 있습니다. 스팸 차단이 아니므로 별도의 조작이 필요 없습니다. 그러나 인용발명은 착신 알람만 제거하는 게 아닙니다. 인용발명은 통신의 수신 자체를 차단하되, 수신 거부된 통신은 "수신 거부 목록"에 별도로 저장합니다. 즉, "스팸차단함"이 별도로 존재하는 기술 구성입니다([0040], [0041]). 그래서 사용자는 수신 거부 목록을 보면서 수신이 거부된 전화번호와 문자 메시지를 확인하게 됩니다. 이런 스팸차단함 구성을 보면, 인용발명 특징은 착신 알람만 제거하는 게 아니라 일단 수신을 거부한 다음에, 스팸차단함(수신 거부 목록)에 통신이 들어갔음을 알리는 텍스트나 램프를 표시하는 것임을 알 수 있습니다.

요컨대, 본원발명은 착신 신호음만 제거되기 때문에 별도의 스팸차단함을 확인하는 번거로움 없이 언제든지 제2분류의 통신을 확인할 수 있지만, 인용발명의 경우에는 반드시 별도의 스팸차단함을 확인해야만 스팸 통신에 대한 정보를 알 수 있습니다. 현실적으로 사용자가 스팸차단함을 일일이 확인하는 경우는 극히 드문 일입니다. 따라서 본원발명의 세 번째 기술 특징 또한 인용발명에 의해서 그 기술적 의미가 격하되지 않습니다.

(후략)

(4) 맞춤법, 띄어 쓰기, 비문, 외국어 사용 등

나는 평소 한국어에 대한 문법규정이 지나칠 정도로 많고, 또한 엄격하며, 그것이 소통에 오히려 방해가 된다고 생각해 왔다. 맞춤법과 띄어 쓰기는 20세기 중반 무렵에 국가주도로 발명된 것인데, 전문가조차 그 규범을 지키기 어려울 정도로 복잡하다. 당연히 이공계 출신의 실무자가 문서를 작성함에 있어 맞춤법과 띄어 쓰기를 정확히 지키리란 쉽지 않은 일이다. 그럼에도 어느덧 맞춤법과 띄어 쓰기에 관한 규범은 글쓴이의 지식 수준을 가늠하는 기준으로 작용하기도 하고, 맞춤법과 띄어 쓰기에 민감하게 반응하는 독자들도 늘어나고 있는 실정이다. 특히 지식인 계층에서는 더욱 그러하다. 심사관이나 변리사도 그런 계층에 속하는 것으로 기대되고 있다는 점을 감안한다면 맞춤법과 띄어 쓰기에 잘못이 없도록 실무자 스스로 노력해야 한다. 맞춤법이 틀리면 글의 신뢰도와 인상에 나쁜 영향을 미친다. 어떻게 해서든 의견내용이 긍정적으로 전달되기를 바라는 실무자의 입장에서는 그런 나쁜 영향을 무시할 수는 없다. 띄어 쓰기는 몇 개 틀려도 좋다. 그러나 반복적으로 띄어 쓰기가 잘못되면 역시 나쁜 인상을 초래한다.

문법에 맞지 않는 문장을 비문이라고 한다. 문학하는 사람이나 언론에서 논설하는 사람이라면 비문을 사용해서는 안 되겠지만, 특허 실무자가 비문을 썼다고 해서 비난을 당하는 경우는 거의 없다. 하지만 문법이라는 것은 항상 그런 것은 아니겠지만, 그래도 비교적 그 시대에 사는 일반 시민들의 언어 습관에 부합하는 규칙일 터이며, 일반적인 언어 습관과 동떨어진 문장이라면 소통에는 이롭지 못할 것이다. 그런 점에서 의견서를 작성함에 있어 가급적 문법에 맞는 문장을 사용하는 것이 좋겠다.

다만 우리 특허실무자들은 문법학자가 아니며 문법학을 공부하는 학생도 아니므로, 무엇이 문법에 맞는지를 따지면서 글을 쓸 수는 없다. 현실적으로 우리가 기준으로 삼을 만한 것이 있다면 이러하다.

첫째 구어에 맞는 문장을 좇으면 상대방이 이해하기 좋을 것이고, 둘째 너무 긴 문장을 피하는 것이다.

우리는 결론을 밝히는 판사가 아니다. 옳고 그름을 판단하는 판단자가 아니다. 그러므로 내 생각을 밝히는 것 자체에 머물러서는 안 된다. 상대방을 설득하는 데까지 나아가야 한다. 그러므로 설득에 적합한 문장을 사용한다. 초급 실무자들의 의견서에 적힌 문장을 읽다 보면 지나치게 길고 문장구조가 복잡하다는 생각이 자주 들었다. 아마도 판례

공부를 많이 해서인 듯한데, 판결문은 기본적으로 판단자의 문서이며 설득을 위한 문서가 아니라는 점을 간과해서는 안 된다. 실무자는 판단자의 문장을 좇아서는 안 된다.

한편 순우리말을 좇을 필요는 없다. 한자어와 외래어, 심지어 심사관 설득에 이롭다고 판단된다면 전문 영어 단어를 그대로 사용해도 좋다. 익숙하고 관용적인 표현이라면 외래식 표현이어도 적절히 사용할 수 있다. 예컨대 비록 일본식 표현이기는 하지만, '이 출원발명'이라는 단어보다는 '본원발명'이 간명해서 의견서 문장에 적합한 것 같다. 한자어(실무에 자주 쓰이는 일본식 표현도 기본적으로는 한자어에 속한다)를 지나치게 기피하려다 보면 '전문가 관점에서' 표현이 낯설어진다. 일반인을 상대로 하는 문서라면 전문용어 혹은 전문화된 용어를 풀어 쓰는 것은 여러 모로 시도해 볼만하겠지만, 전문가끼리 소통하고 전문적으로 해석되는 문서에서조차 그렇게 행동하는 것은 상당히 부자연스럽다.

자기 생각을 자유롭게 밝히는 입장이 아니라 타인의 이름으로 누군가를 설득하는 일을 하는 실무자로서는 업계의 언어관행을 존중하지 않을 수 없다. 그런 점에서 의미가 명확하게 전달되며 심사관을 설득함에 유리하다면 언어의 국적을 따지지 않아도 좋다. 예쁘고 아름답지만 유치하다거나, 상대방을 가르치려 한다거나, 지나치게 직설적이어서 공격적인 느낌을 준다면 언어의 국적을 불문하고 삼가는 것이 좋다.

Ⅱ. 중간사건 실무

마 /

의견서의
구성과
구체적인
작법

(1) 기본적인 구성

의견서는 대략 다섯 부분으로 나뉜다. <표제부>, <심사관의 거절이유>, <보정사항>, <거절이유에 대한 출원인의 의견>, <결론>이다. 이 중 하나만 뽑으라면 <거절이유에 대한 출원인의 의견>이다. 다른 부분은 없어도 좋다. 하지만 내용에는 그 내용에 걸맞은 형식이 있게 마련이어서 다섯 가지 사항을 모두 포함하는 것이 바람직하다. 물론 의견서와 함께 제출되는 보정서가 없다면 <보정사항>은 생략해도 좋다. 때때로 의견서에는 포함되지 않지만 의견서를 뒷받침하는 참고자료를 첨부할 수 있다. 그런 참고자료로는 효과를 입증하는 실험데이터에 관한 문서, 패밀리 특허에 관련한 국내외 특허공보, 기타 의견내용에 유리한 각종 문서가 있다.

(2) 표제부

표제부는 의견서 안건을 특정하는 역할을 한다. 특허청 서식작성기의 [의견내용]이라는 제목 아래에 간단하게 기재한다.

> **예제 218**
>
> 특허출원 제2016-1234567호(이하 "본원발명"이라 합니다)에 대한 거절이유에 대해서 출원인은 다음과 같이 의견을 제출합니다.

표제부가 없어도 괜찮고, 출원번호 외에 의견제출통지서의 발급일을 추가해도 좋다. 다만 절차의 경위를 여기에 모두 기재하는 경우가 있는데, 효과적이지는 않은 것 같다. 예를 들어 "본건 특허출원 제 2015-7123456호는 2013년 6월 12일자로 PCT(국제)출원되고, 2015년 1월 9일자로 국내 단계 진입되고, 2015년 2월 6일자로 심사청구되어, 2015년 6월 10일자로 의견제출통지된 건으로"라는 표현이다. 어차피 의견서를 특허청에 제출하기 위해서는 특허청 서식문서를 필수적으로 작성해야 하며, 절차의 경위는 별도의 소프트웨어에 의해 기록돼 있기 때문이다. 변리사 관점에서 출원인과의 소통을 염두에 둔다고 하더라도 절차의 경위는 별도의 문서에 충분히 기재돼 있다. 괜히 실무자가 잘못 기재할 염려만 키운다. 한편 재심사 의견서인 경우에는 다음과 같이 표현할 수 있다.

> **예제 219**
>
> 특허출원 제2016-123456호(이하 "본원발명"이라 합니다)에 대한 심사관님의 거절결정서에 대하여 출원인은 다음과 같이 의견을 제출합니다.

(3) 심사관의 거절이유

심사관의 거절이유를 요약하는 부분이다. 필수적이지는 않지만, 의견서는 특허청에 접수되는 공식문서로서 형식을 지켜주는 것이 좋다고 생각한다. 다만 일종의 절차의 경위에 해당하는 부분이므로 간략하게 정리하는 것이 바람직하다. 거절이유가 하나인 경우, 즉 거절이유를 발급하는 특허법 조문이 한 개인 사건부터 거절이유가 복수인 사건까지 살펴보자. 예제 220처럼 간단하게 거절이유를 요약할 수 있다.

> **예제 220 (특허 1565232)**
> 심사관님께서는 본원발명에 대하여 1990년에 발행된 논문초록에 기재되어 있는 쑥부쟁이(Aster yomena)에 대한 연구내용과 대비할 때 본원발명의 진보성을 인정할 수 없다는 거절이유를 발급하셨습니다

예제 221은 위 예제 220과 같은 사건이며, 먼저 발급된 통지서의 1차 거절이유에 관한 의견서에서 발췌했다. 전형적인 예로 기재불비의 거절이유와 진보성 부인의 거절이유가 통지됐다. 그래서 그와 같은 사정을 요약했다.

> **예제 221 (특허 1565232)**
> 심사관님께서는 본원발명에 대하여 두 가지 거절이유를 통지하셨습니다. 먼저, 본원발명의 기재와 관련하여 "부지깽이"의 의미가 불명확하다는 기재불비의 거절이유를 통지하셨습니다(이하, "거절이유 1"이라 합니다). 또한, 두 번째 거절이유는 본원의 청구범위 전체의 발명은 인용발명(쑥부쟁이 분획물의 in vitro 암세포증식 억제 및 QR 유도화가, 한국식품영양과학회지, 2005. Vol.34, No.1, pp.8-12)과 대비할 때 진보성이 인정되지 않는다는 거절이유였습니다(이하, "거절이유 2"라 합니다).

앞에서도 언급한 것처럼 상당수의 실무자들이 심사관의 거절이유를 모두 복사해서 의견서의 <심사관의 거절이유>란에 붙이고 있다. 의견

서 분량만 늘여놓았을 뿐 아무런 의미가 없다. 통지서가 별도로 있으므로 누구도 그것을 읽지 않을 것이다. 의뢰인이 실무자의 의견서를 읽을 텐데, 구차하며 독해를 오히려 방해한다. 이로 말미아 의견서 쟁점이 지나치게 뒤로 밀린다. 예제 222와 같이 간단하게 거절이유를 요약하면서 "심사관님의 구체적인 거절이유는 이하의 의견내용에서 다시 거론하기로 하고 여기에서는 생략하겠습니다"라는 문장만으로도 충분하다고 생각한다.

> **예제 222 (특허 1635775)**
> 심사관님은 총 3개의 거절이유를 통지하였습니다.
> 첫째, 청구항 제12항의 기재불비입니다("거절이유 1"이라 합니다).
> 둘째, 일부 청구항 발명에 대한 신규성 위반입니다("거절이유 2"라 합니다).
> 셋째, 이 출원발명의 청구범위 전체에 대해서 진보성을 부인하였습니다("거절이유 3"이라 합니다) 특히 심사관님께서는 대한민국, 일본, 미국 특허문헌 다섯 개를 인용문헌으로 제시하셨습니다. 다음과 같습니다.
> 비교대상발명 1: 대한민국 공개특허공보 제10-2013-0025065호
> 비교대상발명 2: 일본 공개특허공보 특개평 09-234140호
> 비교대상발명 3: 대한민국 공개실용신안공보 제20-2015-0000736호
> 비교대상발명 4: 대한민국 공개특허공보 제10-2014-0071204호
> 비교대상발명 5: 미국 특허공보 US7213281호
> 심사관님의 구체적인 거절이유는 이하의 의견내용에서 다시 거론하기로 하고 여기에서는 생략하겠습니다.

보정을 통해서 간명하게 거절이유를 극복하고자 할 때 제출되는 의견서라면 예제 222에서 밑줄 친 문장 대신에 "출원인은 보정을 통해서 심사관님의 거절이유를 간명하게 극복하고자 하므로 구체적인 이유와 근거는 생략하도록 하겠습니다"라는 표현을 넣으면 깔끔하다.

한편 굳이 심사관의 거절이유를 복사해서 붙이고자 한다면 구체적인 거절이유를 모두 복사할 것이 아니라 예제 223과 같이 통지서 중

일부만을 복사해 사용할 수 있다. 이 경우 구체적인 이유는 없다. 그러나 법조문에 의해 거절이유를 구분해서 잘 특정했으며, 또한 진보성에 관해서는 인용발명을 특정했으므로 간명하고 좋다.

예제 223 (특허 1629128)
의견제출통지서에서 지적된 거절이유를 요약하면 다음과 같습니다:

1. 본원의 특허청구범위 전항에 기재된 발명은 일본 공개특허공보 특개2009-32239호(이하, "인용발명 1"), 한국 공개특허공보 제10-2010-0033661호(이하, "인용발명 2"), 일본 공개특허공보 특개2011-188596호(이하, "인용발명 3"), 및 일본 공개특허공보 특개2004-318629호(이하, "인용발명 4")의 조합으로부터 그 출원 전에 통상의 기술자가 용이하게 발명할 수 있으므로 특허법 제29조제2항의 규정에 의하여 특허를 받을 수 없습니다(이하, "거절이유 1").

2. 본원의 청구항 18은 불명확한 기재를 포함하고 있어, 특허법 제42조제4항제2호에 따른 요건을 충족하지 못하므로 특허를 받을 수 없습니다(이하 "거절이유 2").

¹73

재심사 의견서의 경우에는 "심사관님께서는 출원인의 2016. 1. 18.자 의견서 및 보정서에도 불구하고 거절결정을 내리셨습니다. 인용발명 1과 인용발명 2를 결합함으로써 출원발명의 진보성을 부인할 수 있다는 당초의 판단을 유지하셨습니다. 그 구체적인 이유에 대해서는 이하 의견내용을 통해서 다시 언급하도록 하겠습니다"와 같이 심사관의 거절이유를 간명하게 요약할 수 있다. 최후거절이유에 대한 의견서인 경우에 예컨대 "지난 2016. 10. 15.에 발급하신 1차 의견제출통지에서 심사관님께서는 3가지 거절이유를 통지하셨고, 2016. 12. 3.자 의견서 및 보정서에 의해서 1차 거절이유는 모두 치유된 것으로 보입니다. 다만 심사관님께서는 새로운 인용문헌(인용발명 2)을 제시하시면서 본원발명 청구범위 전체에 대해서 진보성을 다시 부인하는 최후거절이유를 통지하셨습니다"로 간단하고 명료하게 거절이유를 요약할 수 있다.

(4) 보정사항

의견서와 동일자로 제출되는 보정서에 대해서 설명하는 부분이다. 보정사항에 대한 설명을 의견서에 반드시 기재해야 하는 것은 아니다. 보정서는 별도의 문서이며, 별개로 심사를 받기 때문이다. 그러나 보정서는 특허범위를 결정하는 매우 중요한 부분이며, 또한 의견내용에 기재된 논증을 직접적으로 지원하거나 뒷받침하는 부분이기 때문에 의견서에서 간단하게나마 언급을 하는 것이 좋다. 보정사항에 민감한 사항이 추가될 수 있고, 보정사항이 신규사항 추가에 해당한다면 의견내용은 사실상 무의미해지며, 보정에는 의도가 있는 법이지만 그 의도가 심사관에게 잘 전달되지 않을 수도 있으며 오히려 잘못 전달될 수 있다는 점을 감안한다면 보정사항에 대한 설명이 실무적으로 필요하다 하겠다.

어떻게 설명할지에 관해서는 다양한 방식이 있는 것 같다. 어떤 이들은 보정서에 기재된 명세서의 보정사항을 기계적으로 전부 기재한다. 마우스와 키보드를 이용해서 복사해 붙인다. 앞에서 언급한 심사관의 거절이유를 전체 복사해서 붙이는 관행의 무모함만큼이나 유용하지 않다. 기계처럼 생각 없이 작업하기보다는 실질에 따라 작업하기를 실무자에게 권하고 싶다. 그저 중요 보정사항을 설명하는 정도면 족하다.

진보성이 부인된 거절이유라면 독립항 위주로 보정사항을 밝히면 족하다. 기재불비의 경우라면 해당 사항을 치유하는 보정을 하였다고 밝히면 된다. 다만 보정사항이 신규사항에 해당하지 않고 출원 시 명세서 범위임을 밝히는 설명을 덧붙인다. 명세서 기재를 거의 그대로 사용하는 경우라면 간단히 명세서의 단락식별번호를 표시한다. 예컨대, 예제 224와 같이 기재한다.

174

예제 224 (특허 1522904)

"이와 같은 보정은 본원 명세서 식별번호 [0031] 내지 [0033], [0037], [0038], 및 [0045] 단락에 기초하므로 출원 시 명세서 범위 내의 기재에 의해 뒷받침되는 적법한 보정이라 하겠습니다"

명세서 기재를 그대로 사용하지 않거나 혹은 도면의 형상이나 기재에 기초를 둔 보정이라면 어째서 새로운 발명의 추가가 아닌지 알기 쉽게 설명한다. 그 경우 필요 이상 지나치게 설명하거나 중언부언해서는 안 된다. 거기서 쟁점을 만들어서는 거절이유 극복에 유리하지 않다. 쟁점은 뒤에서 당신을 기다린다.

　한편 보정사항과 의견서 내용이 동떨어지는 것을 싫어하는 실무자들은 보정사항에 별도로 가지번호를 부여하지 않고 의견내용과 함께 보정사항을 설명하는 경우도 있다.

175

(5) 거절이유에 대한 출원인의 의견

바로 여기가 의견서가 논증하는 부분이다. 이곳이 의견서의 꽃밭이다. 의견서 중 이 부분이 필수사항이며, 또한 가장 핵심이 되는 부분이다.

　일단 심사관의 거절이유를 정면으로 반박하는 것이 아니라 보정을 통해서 거절이유를 간이하게 극복하는 경우가 있을 터다. 그런 경우라면 위의 <보정사항>과 합쳐서 의견을 개진할 수 있다. 예제 224는 매우 짧은 분량의 의견서다. 발명의 명칭과 청구의 대상이 일치하지 않음을 지적하며, 심사관이 최후거절이유를 통지한 케이스다. 이것은 거의 심사관 개인의 취향 문제처럼 보인다. 발명의 명칭과 청구의 대상이 일치해야 할 합리적인 이유와 법률적 근거는 없다. 실제로 그것이 일치하기는커녕 도무지 표현이 다르지만 등록된 케이스가 매우 많다. 하지만 발명의 명칭을 보정해서 청구의 대상과 일치시켰다고 해서 특허범위가 좁아지는 것도 아니다. 그러므로 심사관이 이를 지적해 문제 삼았다면 온순히 보정할 것을 권한다.

예제 225 (특허 1566638)

[의견내용]

특허출원 제2014-0148322호(이하 "본원발명"이라 합니다)에 대하여 2015년 7월 21일자로 최후 의견제출통지서를 통지받았으며 이에 대해서 출원인은 다음과 같이 의견을 제출합니다.

Ⅰ.심사관님의 거절이유

심사관님은 본원 청구항이 "…혈중 콜레스테롤 개선용 건강기능식품 조성물"로 한정했으나, 발명의 명칭에는 "항산화, 항염증 및 혈중 콜레스테롤 개선 효능을 나타내는 마껍질 및 이를 포함하는 건강 기능 식품"으로 기재되어 있는 문제점을 최후 거절이유로 지적하셨습니다.

Ⅱ. 발명의 명칭 보정 및 거절이유에 대한 의견

본 의견서와 동일자로 제출되는 보정서에 의하여, 본원발명의 명칭은 "항산화, 항염증 및 혈중 콜레스테롤 개선 효능을 나타내는 마껍질 및 이를 포함하는 건강 기능 식품"에서 "혈중 콜레스테롤 개선 효능을 나타내는 마껍질 및 이를 포함하는 건강 기능 식품"으로 보정하였습니다. 이와 같이 보정함으로써 발명의 명칭과 청구대상을 일치시켰으며, 심사관님의 최후 거절이유를 자연스럽게 해결하였습니다. 심사관님께서 지적하신 거절이유는 본 의견서와 동일자로 제출한 보정서를 통해서 십분 해결하였습니다. 본 의견서 및 동일자로 제출한 보정서에 의해 재심사하시어 부디 특허를 허여해 주시기를 간곡히 바라옵니다.

간명한 의견서의 대명사는 종속항과 독립항을 합쳐서 거절이유를 극복하는 케이스다. 그 경우 종속항은 특허성을 인정 받았고, 독립항은 진보성이 부인됐다. 따라서 종속항과 독립항을 합치면 당연히 특허를 받을 수 있는 논리가 된다. 구구절절 설명할 필요 없이 심사관이 특허성이 있다고 특정한 청구항을 독립항과 합쳤으므로 자연스럽게 거절이유가 해소됐다는 문장으로 의견서를 작성한다.

청구항 전항이 거절된 경우, 그리고 보정을 통해 명약관화하게 거절이유가 극복되는 것이 아니어서 심사관의 판단을 설득하거나 납득할 수 있도록 설명해야 하는 경우, 바로 여기에 실무자의 고뇌와 노동과 덕이 있다. 이에 관해서는 의견서의 다른 부분과 동등하게 설명하거나 취급될 수 없으므로 다음에 <의견서 연습> 항목에서 다시 상세히 설명하겠다.

(6) 결론

결론은 사실 있어도 되고 없어도 된다. 그것이 심판과 소송에서의 문서와 차이가 있다. 심판소송 실무에서는 항상 심결문이나 판결문을 통해서 구체적인 이유가 제시된다. 따라서 실무자는 심결문이나 판결문 작성까지 염두에 둬서 주장을 요약하여 다시 한 번 정리할 필요가 있다. 그러나 의견서 실무에서 심사관은 의견서를 읽고 자신의 생각이 바뀌었다면 구체적인 이유를 제시할 것도 없이 특허결정을 해버리면 된다. 이런 성격으로 말미암아 의견서에서 결론은 상당히 임의적이라 하겠다.

그저 "본 의견서 및 동일자로 제출된 보정서에 의해 재심사하시어 부디 특허를 허여해 주시기를 바랍니다"라는 문장으로 매듭지어도 좋다.

II. 중간사건 실무

바 /

의견서
연습

의견서를 잘 썼다고 해서 특허를 받는 것은 아니다. 발명 자체가 연약하고 심사관의 판단이 옳다면 아무리 훌륭한 의견서를 제출하더라도 거절을 피하기는 어려울 것이다. 또한 발명 자체가 독창성이 있다면 실무자의 의견서 작성 능력이 형편없더라도 특허를 취득한다. 어렵게 의견서를 쓸 일이 적기 때문이다. 실무에 의해서 새로운 가치가 창조되는 것은 아니다. 그러나 설득력 있는 의견서를 작성함으로써 적어도 특허와 거절 사이의 경계지역에서 자기 운명을 기다리는 발명을 효과적으로 구해낼 수는 있을 것이다. 그런 작업을 위해서 전문가의 기예가 필요하다. 게다가 특허와 거절 사이의 경계지역은 꽤나 넓다. 이하에서 제시되는 예제는 정답이 아니다. 안건마다 고유한 특징과 역사와 사정이 있게 마련이어서 그런 사항을 제쳐두고 의견서만 고찰해서 그것을 모범으로 삼기도 힘들 것이다. 다만 이런 예제의 숲을 지나다 보면 실무자들 스스로 알맞은 기예를 습득하리라 기대한다.

(1) 체험

한국의 특허실무는 지금껏 도제식으로 전승돼 왔다. 교본이 없다 보니 체계적으로 이루어지지는 못했고, 세상의 변화에 능동적이지 못했다. 게다가 성과주의의 짙은 영향 아래에서 충분히 생각하며 배울 겨를이 없었다. 여유를 갖고 케이스 스터디를 하기보다는 초급 실무자조차 성과를 내야 했다. 적당한 대가와 적절한 명예가 주어진다면 성과주의가 나쁘다고 단정하기는 어려울 것이다. 하지만 특허업계는 의견서 실무에 사용되는 시간과 고뇌를 인색하게 평가해 왔다. 품질은 보증될 수 없고 실무는 개선되기 어려운 상황이었다. 결과적으로 의견서 실무의 중요성이 현실적으로 과소평가될 수밖에 없었다. 지난 십 년 간 특허심사는 엄격한 경향을 보였다. 선행기술 데이터베이스는 더 많이 축적됐고 검색기술과 언어처리 기술이 발전하고 있는 상황에서 특허 받기는 점점 더 어려워진다. 그만큼 설득력 있는 의견서를 작성할 수 있는 실무자의 역량이 요구되고 있다. 그러나 실무자를 둘러싼 대외적인 여건은 의견서의 중요성을 일관되게 시사하지만, 실무자가 속한 업계 내부의 사정은 그 반대 방향으로 가고 있으니 안타까운 일이 아닐 수 없다.

의견서 연습에 들어가기 전에 우선 개인적인 체험에 대해 말해야겠다. 나 또한 선생도 없이, 교본도 없이 의견서 실무를 익혔다. 오류와 과오가 없지 않았다. 다양한 실패가 있었다. 그럼에도 다른 실무자보다 행운이었던 것은 성과주의 시스템에서 다소 떨어져 있었다는 점이다. 더 많은 열정과 그보다 더 많은 노력을 의견서 작성에 사용할 수 있었다. 그런 열정을 통해서 제법 괜찮은 의견서를 썼고 심사관을 설득하는 확률도 높았다. 하지만 세상은 바뀐다. 그사이 특허청의 정책기조가 엄격한 심사로 변했고, 심사관의 통지서는 과거보다 훨씬 구체적이 됐다. 기존의 경험이라면 충분히 심사관을 설득할 것이라고 기대해 볼만한 서면조차 번번히 실패하는 경우가 늘었다. 열정만으로 되는 세상은 끝난 것 같았다. 나는 대리인이고 시대가 변하면 그 시대에 알맞게 변화해야 하는 것이 임무라고 생각했다. 여러 번 의견서 스타일을 바꾸었다. 여기에서 설명한 대부분의 이야기는 변화를 거듭해서 나온 결론이다. 미래는 지속되고 여전히 세상은 변하기 때문에 잠정적인 결론이라고 말해두는 것이 낫겠다는 생각도 든다.

나는 크게 세 가지 변화를 추구했다. 첫째, 심사관의 심리를 중시하게 된 변화다. 특허청의 정책기조에 의해서 심사관은 부정적인 심사결과를 내놓아야 하는 닦달에 직면했다. 게다가 신속한 심사를 해야 하는 의무 때문에 심사관 개인에게 할당된 심사과업도 많다. 이것은 틀림없이 실무자에게 이롭지 못하다. 기술이 충분히 성숙한 오늘날 대부분의 발명은 개량이며, 언제든지 유사한 문헌이 제시될 여지가 있다. 발명은 약한 반면 심사는 단호해진다. 말하자면 최악의 상황에서 최선의 결과를 추구해야 하는 상황이 된 것이다. 그렇다면 기존의 전략과 습관을 모두 바꿔야 한다고 생각했다. 그래서 나온 결론이 심사관의 심리를 고려함으로써 좀 더 설득력을 높이겠다는 생각이었다. 이는 이미 제4장 가목에서 살펴봤다.

둘째, 심판서면와 의견서를 명확히 구별하게 됐다. 아마도 지나친 열정이었으리라 생각하지만, 예전에 나는 거의 심판서면처럼 의견서를 작성했다. 발명의 요지를 개설하고, 목적, 구성, 효과라는 항목이 마치 변할 수 없이 지정된 순서인 것마냥 그 항목에 따라 적극적으로 비교했다. 하지만 그런 방식은 실무자 본인에게는 할 이야기를 다 한 것처럼 느껴져서 자기 만족적이다. 타인의 이야기를 듣고 그 사람의 내심을 탐색하기보다는 성급하게 내 이야기를 늘어놓았다. 그 타인이 다름 아닌 특허의 생살여탈권을 쥐고 있는 사람임에도 말이다. 너무 많은 주장은 듣는 상대방으로 하여금 불편하게끔 만든다. 그리고 그 상대방이 자기 생각에 대해 확신을 하고 있다면 제대로 듣지도 않을 것이다. 나는 거절결정에 대한 불복심판 사건의 서면을 작성하는 것이 아니다. 심판사건에서는 공세적인 주장도 좋다. 판단자는 당사자가 아니기 때문이다. 그러나 중간사건의 의견서는 가급적 수위를 조절하는 게 낫다. 판단자가 당사자이기 때문이다.

셋째, 내가 하고 싶은 이야기를 줄이고 심사관의 판단에 더 경청하게 됐다. 그 결과 나의 사유와 경험 영역에서 결론만을 다투는 방식에서 벗어나 심사관의 사유와 의식의 흐름을 탐색하거나 분석하면서 안건마다 고유한 전략을 짜게 됐다. 일반론적인 대응방법이란 존재하지 않으며, 안건마다 상대적으로 대응한다는 생각에 이르렀다.

이런 변화 속에서도 일관되게 유지하려고 노력한 것은 심사관에게 함부로 설득 당하지 않겠다는 생각이었다. 권력은 심사관에게 있다. 그리고 그는 이미 판단을 했다. 이런 상황에서 심사관을 다시 설득하는 것은 쉽지 않은 일이다. 게다가 그런 설득 작업이 투자한 노력에 비해 그다지 경제적 이익을 가져오지는 못한다. 하지만 그럼에도 출원인의 발명을 위해서 맞서 싸우는 것이 대리인의 의무다. 실무자에게 그런 의무는 항상 숭고하다. 실무자가 어떻게 청구항을 보정하는지를 관찰하면 그/그녀가 과연 심사관에게 쉽게 설득 당했는지 여부를 대강 알 수 있다. 심사관에게 설득 당할수록 청구범위를 좁혀버린다.

안건마다 상대적으로 대응한다고는 해도 작업의 분류가 아예 없는 것은 아니다. 아마도 네 가지 정도로 분류할 수 있지 않을까. ①번에 대해서는 위에서 잠시 살펴봤고, 보정서 실무에서 다시 다루기로 한다. 나머지 사항들에 대해서는 이 책을 통해 다양한 사례로 언급될 것이다. 대개 ②번과 ③번은 거의 동시에 나타난다.

① 보정을 통해서 간명하게 극복할 수 있는 안건
② 심사관의 오해/착각이 결과에 영향을 미친 안건
③ 심사관이 무엇인가를 간과했고 그로 말미암아 거절된 안건

④ 심사관의 판단에 모순이 있는 안건

(2) 심판서면 같은 의견서

심판서면 같은 의견서는 앞에서 말한 것처럼 우리 발명과 인용발명에 대해서 각각 독립적으로 특징을 요약한 다음에 목적을 비교해 목적의 특이성을 밝히고, 기술구성을 비교해서 구성의 곤란성을 밝히며, 마지막으로 효과를 비교하는 순서로 의견서를 작성하는 것이다. 내 경험으로는 과거에는 확실히 통했다고 생각한다. 그리고 안건의 성격과 심사관의 성향에 따라서 지금도 여전히 좋은 형식일지도 모른다. 하지만 이런 형식의 의견서는 논증보다 설명이 많아진다는 단점이 있다. 또한 너무 형식적으로 비교하다 보면 심사관이 동의하기 어려운 표현도 늘어날 위험도 있다. 더욱 큰 문제는 목적의 특이성, 구성의 곤란성, 효과의 현저성이라는 결론적인 주장을 위해서 세세한 차이점을 나열하게 되는데, 본원발명의 진보성이 인정돼야 한다는 주장(주장 2)이 심사관의 판단이 어째서 잘못인지에 대한 핵심 주장(주장 1)을 압도해 버릴 우려가 있다. 주장 1과 주장 2의 관계에 대해서는 앞에서 살펴본 바와 같다.

또한 심판서면처럼 의견서를 쓰다 보면 차이점의 열거가 늘어나게 마련인데, 그러다 보면 심사관의 편향을 강화하는 불리한 주장이 포함될 가능성이 크다는 점도 문제다. 예컨대 시답잖은 차이를 강하게 주장한다거나 지나치게 논리적이지 않다거나 상식에 반하는 주장을 함으로써 심사관으로 하여금 거부감을 일으키는 것이다. 그런 주장 때문에 실무자의 수고로운 의견서의 설득력이 저하된다. 중간사건에서 의견서는 심판사건과 달리 당사자끼리 공방을 주고받는 성격의 서면이 아니다. 그저 이미 부정적인 판단을 한 심사관을 설득하겠다는 서면이다. 그래서 심사관이 납득하기 어려운 부분을 가급적 배제하는 것이 좋다.

예제 226은 전형적인 심판서면 같은 의견서다. 불필요한 설명이 너무 많고, 주장 2는 많지만 주장 1이 없다. 즉, 심사관에게 제출하는 의견서이고 심사관의 생각이 잘못되었다는 목적으로 작성된 서면이기는 하지만, 정작 심사관이 구체적으로 무슨 생각을 했는지 이 서면에서는 알 수 없다. 이 의견서는 실패했다. 그리고 거절결정이 내려졌다. 실패한 의견서라고 평가하지만, 이 서면 자체는 합리적이며, 심사관에 따라서는 설득력이 생길 수도 있고, 또한 거절결정불복심판사건이었다면 괜찮았으리라 생각하면서 읽어 보자.

예제 226

<의견내용>

1. 심사관님의 거절이유에 대한 개괄적인 의견

심사관님께서 통지하신 거절이유와 인용발명을 읽고 분석한 결과, 양 발명의 핵심적인 기술 특징과 과제해결원리가 서로 대응될 수 없고, 그 특징과 원리가 완전히 상이하기 때문에 심사관님의 거절이유는 납득하기 어렵다는 결론에 이르게 되었습니다. 요컨대 본원발명은 소셜 네트워크를 통해서 네트워킹 되는 사용자 단말(P, Q)이 존재하고, 어떤 특정 사용자 단말(P)이 이를테면 신문기사 페이지에 존재하는 선택형 질문에 답변을 함과 아울러, 그 선택형 질문을 자신의 소셜 네트워크 계정으로 공유하고, 친구 관계의 다른 사용자 단말(Q)이 동일한 선택형 질문에 참여하는 사용자 환경을 제공함으로써 선택형 질문과 답변이 자발적으로 확산되도록 하는 구성입니다.

반면에 인용발명은 조사자가 다수의 응답자를 상대로 설문조사를 하는 기술로서 메신저 프로그램을 이용하여 설문조사를 하면 좀더 신속하고 빠르게 조사를 할 수 있지 않겠느냐는 원리를 특징으로 하는 리서치 시스템입니다. 따라서 본원발명과 인용발명의 기술 특징과 원리는 서로 완전히 달라서 "무엇인가를 조사한다"라는 것을 제외하면 공통점 자체가 없습니다.

그러나 이러한 기술적 구성과 과제의 해결원리의 차이에도 불구하고, 보정전 특허청구범위의 기재를 살펴본 결과, 사용자 계정의 퀘스트 페이지를 통해 선택형 퀘스트가 SNS로 공유되며 확산되는 원리가 뚜렷이 나타나 있지 않다는 인상이 들었습니다. 심사관님께서는 청구범위에 기재된 사항에 대해서만 진보성 여부를 판단하는 것이지 발명의 상세한 설명까지 실체적 요건을 심사하는 것은 아니기 때문에 본원발명의 특징이 분명히 드러나도록 이번에 보정을 수행했던 것입니다. 이로써 본원발명이 인용발명으로부터 그 진보성이 부인되지 않음이 더욱 명확해졌다 하겠습니다. 이하 출원인의 의견을 소상히 밝힙니다.

2. 본원발명과 인용발명들의 기술요지

가. 본원발명의 기술요지

(1) 주지하다시피, 뉴스 기사나 칼럼에 질문을 더하는 방법은 알려져 있습니다. 예컨대 인터넷 뉴스 기사를 제공하고, 해당 기사가 좋은지 또는 나쁜지, 혹은 찬성하는지 반대하는지를 묻는 간단한 질문을 뉴스기사의 하단에 배치하는 방법이 종래 기술입니다. 하지만 이런 방법은 독자(사용자)가 해당 뉴스를 제공하는 사이트에 접속해서 답변을 해야 하는 한계가 있습니다. 해당 사이트에 접속하지 않고서는 사용자가 질문에 답할 수 있는 방법이 없기 때문에 매우 불편했습니다. 또한 확보할 수 있는 사용자 답변의 정보량이 매우 적고 편향적(매체의 성향에 따라 크게 좌우되는 문제)이라는 문제점이 있었습니다. 그렇기 때문에 그런 기사(Article)를 제공하는 매체는 독자의 충분한 피드백을 얻기 곤란했습니다. 충분한 피드백을 얻기 위해서 매체는 유명한 포털 사이트에서 잘 보이는 위치를 확보하기 위해 노력해야 합니다. 그 결과 뉴스매체는 포털 사이트에 종속되는 현실에 직면하기도 했습니다.

이를 해결하기 위해서 매체는 API 기술을 이용해서 페이스북이나 트위터 등의 유명한 소셜 네트워크를 통해 뉴스가 폭넓게 공유되도록 시도하고 있습니다. 뉴스 기사 하단에 페이스북이나 트위터 계정을 위해서 기사를 공유할 수 있는 인디케이터를 제공하고, 그것을 사용자가 클릭하여 공유하도록 하는 것입니다. 하지만 이와 같은 방법은 기사를 공유할 수는 있어도 사용자의 반응을 묻는 질문을 공유하는 것이 아니기 때문에 충분한 피드백을 받을 수가 없다는 한계가 있었습니다.

(2) 본원발명은 이와 같은 종래기술의 문제점을 해결하기 위해서, 매체의 기사를 광범위하게 배포함과 동시에 광범위한 피드백 정보를 수집할 수 있는 신규한 기술적 구성을 제공합니다. 해당 뉴스 기사에 존재하는 질문 콘텐트가 SNS 네트워크를 통해서 연쇄적인 공유되도록 하고, 질문에 대해서 SNS 네트워크에 가입된 사용자 단말들이 참여할 수 있게 함으로써 거대한 리서치 데이터베이스로 구축하는 것입니다. 동시에 사용자들은 자기가 생각하는 질문에 대한 해답과, 타인이 생각하는 질문에 대한 해답을 비교할 수 있도록 하는 것입니다.

(3) 즉, 본원발명의 기술적 구성의 특징은 청구항 제1항에 기재되어 있는 것처럼,

185

(a) 다른 사용자 단말(Q)에 의해 소셜 네트워킹되는 개인 계정의 퀘스트 페이지를 갖는 사용자 단말(P)이 통신수단을 이용하여 인터넷 페이지인 아티클 페이지에 접속하는 단계와, (b) 상기 사용자 단말(P)이 상기 아티클 페이지에 존재하는 선택형 퀘스트에 응답하여 답변 이벤트를 생성하는 단계와, (c) 상기 (b) 단계의 답변 이벤트가 생성되는 경우 상기 사용자 단말(P)의 퀘스트 페이지에 상기 선택형 퀘스트를 자동으로 공유함으로써 상기 다른 사용자 단말(Q)이 상기 사용자 단말(P)의 퀘스트 페이지를 통해서 상기 선택형 퀘스트에 답변 이벤트를 할 수 있는 사용자 환경을 제공하는 단계와, (d) 상기 선택형 퀘스트에 응답하여 답변 이벤트를 생성한 사용자 단말(P)의 화면에 답변 통계 정보를 표시하는 단계; 를 포함하게 됩니다.

인터넷 페이지인 아티클 페이지에 선택형 질문 콘텐트(C1)가 있습니다. 그리고 소셜 네트워크에서 P와 Q1, Q2, Q3 등이 친구관계입니다. 본원발명은 특정 사용자(P)가 아티클 페이지에 접속해서 어떤 선택형 질문 콘텐트(C1)을 공유하고 답변하면 이것이 자신의 SNS으로 퍼지고, 다른 사용자(Q)가 아티클 페이지에 접속하지 않고서도 해당 선택형 질문 콘텐트(C1)을 볼 수도 있으며 답변참여를 할 수도 있는 환경이 제공됩니다. 또한 본원발명은 사용자(P)가 답변에 참여하면 답변 통계를 사용자(P)의 개인 계정에 나타내줄 수도 있으며, 사용자(P)와 친구관계인 다른 사용자(Q)가 답변에 참여하면 그 사용자(Q)의 개인 계정에서도 답변 통계를 제공할 수도 있습니다.

종래기술에서는 아티클 페이지가 SNS을 통해 공유되어 퍼지기 때문에 혹시 아티클 페이지에 퀘스트가 있다고 가정하더라도, 그 퀘스트에 참여하기 위해서는 SNS의 모든 사용자는 해당 아티클 페이지에 일일이 접속해야만 하고, 그 다음에 일일이 답변에 참여해야 하며, 답변 통계도 그 아티클 페이지에 접속해야만 비로소 확인할 수 있기 때문에 몹시 불편하고, 그런 불편함과 귀찮음 때문에 제대로 답변에 참여하지 않게 돼버려서 제대로 된 리서치 정보를 얻을 수 없었으며, 리서치 정보를 얻더라도 적극적이고 능동적인 계층의 편향된 정보만을 얻게 되는 치명적인 한계가 있었던 것입니다.

그러나 본원발명에서는 아티클 페이지에 존재하는 선택형 질문(선택형 퀘스트)이 SNS을 통해 공유되고 퍼지며, 이와 함께 사용자들은 굳이 아티클 페이지에 접속하지 않아도, 친구 관계의 어느 한 사람이 해당 아티클 페이지의 선택형 퀘스트를 공유했다면, 그저 자기 계정에서 그 선택형 퀘스트에 답변을 할 수 있기 때문에, 극히 쉽게 퍼지고 극히 쉽게 답변에 참여할 수 있으며, 그

넣기 때문에 매우 광범위하고 정확한 리서치 데이터베이스를 구축할 수도 있다는 완전히 새롭고 극히 편리한 효과를 발휘합니다.

나. 인용발명의 요지

인용발명 "인터넷 메신저를 이용한 리서치 시스템"(공개특허공보 제2006-0097288호, 2006년 9월 14일 공개)은 그야말로 설문조사 방법입니다. 인용발명은 종래의 가가호호 방문 오프라인 설문조사나 ARS 음성 응답시스템을 이용한 설문조사 방법, 휴대폰을 이용한 투표 방식의 리서치 방법의 한계를 지적하면서 조사에 참여하는 패널의 신뢰성을 확보할 수 없다는 단점을 문제 삼았습니다. 즉, 어떻게 하면 설문 조사 결과에 대해서 신뢰성을 확보할 수 있을 것인가가 인용발명의 문제의식의 출발점입니다.

그렇기 때문에 인용발명의 발명가는, "전술한 바와 같이, 리서치 시스템은 설문 조사 결과에 대해 신뢰성을 확보하여야 하며, 특히 특정 조건을 만족하는 패널을 얼마나 신속하게 많이 확보하느냐가 매우 중요한 사안이다. 하지만, 종래의 다양한 리서치 방법이나 시스템들은 그 어느 것도 특정 조건을 만족하는 패널을 신속하게 확보하는 방법을 제시하고 있지 못하며, 또한 패널에 대한 신뢰성도 확보하지 못하고 있는 실정"이라고 진술하고 있는 것입니다.

이를 해결하기 위해서 인용발명은 특정 조건을 만족하는 패널을 신속하게 확보하고 이를 이용하여 빠른 리서치 결과를 도출할 수 있는 "메신저를 이용한 리서치 시스템 제공"을 특징으로 합니다. 즉, 리서치 관리 서버가 있어서, 설문 대상자들과 인터넷 메신저를 이용하여 리서치를 수행하도록 하고, 설문 대상자인 패널의 정보는 메신저 서비스 서버로부터 제공받도록 하는 기술 구성을 특징으로 하는 것입니다. 좀더 쉽게 설명하자면, 리서치 관리 서버가 사용자 단말에 설치된 메신저로 리서치를 하겠다는 이야기입니다. 이러한 인용발명의 기술적 구성은 사실상 본원발명의 기술적 구성과 완전히 다른데, 그 까닭은 양 발명이 서로 해결하려는 문제의식이 완전히 다른 방향, 다른 위치에 놓여 있기 때문입니다. 아래에서 구체적으로서 살펴보겠습니다.

3. 본원발명과 인용발명들 간의 대비

가. 우선 목적 자체가 다릅니다.

본원발명에는 여러 목적이 기재되어 있지만, 간단하게 말해서 ① 본원발명의 기본적인 목적은 아티클 페이지에 있는 선택형 질문(선택형 퀘스트)이 소셜 네트워크를 통해서 공유되고 퍼지도록 하는 것입니다. 또한, ② 소셜 네트워크의 다른 사용자들이 가장 간단하고 편리하게 답변에 참여할 수 있도록 하고, 그렇게 해서 ③ 소셜 네트워킹을 이용한 자발적이고 광범위한 리서치 엔진을 축적하는 데 있습니다. 반면에, 인용발명의 목적은 메신저 프로그램을 이용해서 패널을 신속하게 확보하고 빠르게 리서치 결과를 도출하겠다는 데 그치므로, 본원발명의 위 ①, ②, ③의 목적과는 완전히 다릅니다. 과제해결원리 자체가 상이하기 때문입니다. 그러므로 본원발명의 목적의 특이성은 인용발명에 의해 부인될 수 없습니다.

나. 핵심적인 기술구성요소도 전혀 대응하지 않습니다. 먼저 "아티클 페이지에 대한 퀘스트를 확장하는 네트워킹 방법"인 청구항 제1항을 살펴보겠습니다.

(1) 구성요소 1: 본원발명은 (a) 단계로서, 다른 사용자 단말(Q)에 의해 소셜 네트워킹되는 개인 계정의 퀘스트 페이지를 갖는 사용자 단말(P)이 통신수단을 이용하여 인터넷 페이지인 아티클 페이지에 접속합니다.

즉, 본원발명의 구성요소 1은 친구관계 혹은 팔로잉 관계 등으로 소셜 네트워킹 되는 사용자 단말(P, Q)를 전제로 하며, 그 중 특정 사용자 단말(P)이 아티클 페이지에 접속함을 전제로 합니다.

그러나 인용발명에서는 이러한 구성요소 1에 대응하는 구성이 없습니다. 인용발명에서 사용자 단말들은 서로 아무런 관련성이 없으며, 그저 서버측과의 관계에서만 구성요소로서 존재 의미를 가질 뿐입니다. 즉, 인용발명에서 사용자 단말(100, 102, 104)는 메신저 프로그램이 설치된 단말일 뿐입니다. 이 메신저 프로그램으로 사용자들끼리 서로 리서치 행위에 준하는 이벤트를 하는 것도 아닙니다.

(2) 구성요소 2: 본원발명의 (b) 단계로서, 사용자 단말(P)이 아티클 페이지에 존재하는 선택형 퀘스트에 응답하여 답변 이벤트를 생성합니다.

본원발명은 예컨대 아래의 도면처럼 사용자 단말(P)이 아티클 페이지의 아티클(11)의 아래에 위치하는 퀘스트 인디케이터(14)를 선택하여, 객관식으로 표시되는 선택형 퀘스트에서 어떤 답을 선택하는 이벤트를 생성하는 구성요소를 갖습니다. 본원발명에서 사용자 단말(P)은 구성요소 1에서 보는 것처럼 아티클 페이지에 능동적으로 접속해서 능동적으로 답변 이벤트를 생성합니다.

인용발명은 리서치 관리 서버(120)는 메신저 서비스 서버(110)의 도움을 받아서 메신저 프로그램이 설치된 사용자 단말(100, 102, 104)에 대한 정보를 얻습니다. 그리고 리서치 관리 서버(120)가 리서치에 참여할지 여부를 메신저를 통해서 대화창으로 사용자 단말에게 전하고, 사용자 단말이 응해주면 그 사용자 단말을 패널로 인증하고 소정의 설문조사를 수행하게 됩니다.

심사관님께서는 인용발명의 구성이 사이트에 접속한 후 질문에 답하는 구성으로 오해하셨습니다만, 실상 인용발명의 사용자는 어떤 리서치 사이트에 접속하는 게 아닙니다. 리서치 관리 서버가 사용자의 메신저 계정으로 설문조사를 요청하는 구성으로서 인용발명의 사용자는 그저 메신저 프로그램을 활성화시키고 있으면 되고, 대화창에서 모든 게 이루어진다고 구성으로 간주됩니다. 본원발명과는 완전히 상이한 구성이며, 인용발명의 내용으로는 구성요소 2에 대응하는 구성이 존재하지 않습니다.

(3) 구성요소 3: 본원발명의 (c) 단계로서, (b) 단계의 답변 이벤트가 생성되는 경우 사용자 단말(P)의 퀘스트 페이지에 선택형 퀘스트를 자동으로 공유합니다. 이로써 다른 사용자 단말(Q)이 SNS 관계인 사용자 단말(P)의 퀘스트 페이지를 통해서 선택형 퀘스트에 답변 이벤트를 할 수 있는 사용자 환경을 제공됩니다.

그러나 인용발명의 어디에도 "답변 이벤트가 생성되는 경우 사용자 단말(P)의 퀘스트 페이지에 선택형 퀘스트를 자동으로 공유"한다는 구성이 존재하지 않으며, 기술내용상 존재할 수도 없습니다. 본원발명은 사용자들의 SNS 네트워크를 통해서 선택형 "퀘스트를 공유"합니다. 그리고 그 공유도 구성요소 2와 같이 사용자 단말(P)이 아티클 페이지에서 답변이벤트를 생성하는 경우에 자동으로 질문을 공유하는 구성입니다.

그러나 인용발명의 원리는 사용자 단말이 어찌 해보겠다는 게 아니라, 리서치 관리 서버(120)가 사용자 단말에게 선별과 인증절차를 거친 후에 질문을 푸시합니다. 서버와 단말이 1:1로 설문조사하는 것이지 단말들끼리 질문을 확산하여 답변하는 구성이 전혀 아닙니다.

(4) 구성요소 4: 본원발명의 (d) 단계로서, 답변 이벤트를 생성한 사용자 단말(P)의 화면에 답변 통계 정보를 표시합니다. 이것은 사용자들이 자신의 계정에서 실시간으로 답변 통계를 확인할 수 있도록 하는 구성입니다.

그러나 인용발명은 리서치 프로세스로서 어쨌든 조사를 하겠다는 것이지 결과 분석 모듈(22)이 설문 데이터를 분석해서 사용자에게 제공하겠다는 게 아닙니다. 결과문석 모듈은 리서치가 모두 종료된 다음에 조사결과 데이터베이스(270)에 저장된 응답 자료를 분석하고 보고서를 작성하는 작업에 사용되는 수단이지 사용자에게 통계 정보를 실시간으로 제시하는 수단이 아닙니다. 인용발명 어디에도 사용자들이 실시간으로 답변 통계를 확인할 수 있는 구성이 없으며, 그럴만한 수단도 존재하지 않습니다. 따라서 본원발명의 구성요소 4

또한 인용발명에서 대응되는 구성을 찾을 수 없습니다.

이상에서 밝혀 드린 바와 같이, 본원발명의 청구항 제1항의 구성요소는 모두 인용발명과 전혀 대응되지 않음을 알 수 있습니다. 본원발명의 구성요소들은 시계열적으로 유기적으로 결합된 발명으로서, 이들 구성요소의 결합관계 또한 중요할 수밖에 없는데, 그와 같은 구성요소의 결합관계 또한 인용발명으로부터 어떤 대응 관계도 찾을 수 없었습니다. 따라서 이 분야의 당업자가 인용발명으로부터 본원발명을 용이하게 발명한다는 것은 매우 기이한 일이며 납득할 수 없다는 결론에 이릅니다.

다. 한편, 아티클 페이지에 대한 퀘스트를 확장하는 네트워킹 시스템에 관한 본원발명 청구항 제6항의 구성요소에 있어서도, 청구항 제1항의 구성요소에 대해서 자세히 살펴본 것처럼, 본원발명의 네트워킹 시스템이 기본적으로 소셜 네트워크를 기반으로 한다는 점, 소셜 네트워크를 통해서 "질문(선택형 퀘스트)"이 연쇄적으로 공유되도록 한다는 점, 사용자 단말이 아티클 페이지에 인터넷을 통해 접속한다는 점, 사용자 단말이 아티클 페이지에 있는 질문에 답변을 하는 경우에 사용자 단말의 개인 계정의 퀘스트 페이지(소셜 네트워크 개인 계정 페이지를 의미합니다)에 해당 질문을 자동으로 공유하는 시스템이라는 점을 특징으로 한다고 했을 때, 이러한 특징의 어느 하나도 인용발명 시스템에는 존재하지 않는다는 사실은 앞서 확인했기 때문에 청구항 제6항 또한 인용발명으로부터 진보성이 부인될 수 없습니다.

라. 본원발명의 작용효과 또한 현저합니다.

심사관님께서는 본원발명의 효과가 현저하지 않다고 지적하십니다만, 기술적 구성이 완전히 달라서 그 작용효과 또한 달라질 수밖에 없습니다. 본원발명의 특유한 효과는 인용발명과 비교하여 매우 현저하며 다양합니다.

네트워크상에서 사용자 단말들이 질문이벤트를 생성하거나 답변 이벤트를 생성한다는 질문-답변 그 자체는 "Q&A" 형식으로 새로울 것이 없습니다. 그러나 본원발명의 기술적 구성은 사용자 단말(P)의 질문 콘텐트에 대한 다른 사용자 단말(Q)들의 답변 이벤트가 SNS 네트워크를 통해서 발생하고, 반복되고, 누적됨에 따라서 사용자 단말(P, Q)의 성향이 어느 정도 유사한지를 분석하고 매치할 수 있는 장점이 있습니다. 또한 사용자 단말(P)의 질문 콘텐트에 대한 다른 사용자 단말(Q)들의 누적된 답변 이벤트 내용을 분석함으로써 개인적인 성향과 사회적인 성향을 보다 정확히 파악할 수 있게 되는 것입니다. 그런데 이러한 본원발명의 장점은 인용발명에서는 전혀 기대할 수 없으며 상상할 수조차 없습니다. 인용발명은 사용자 단말이 리서치의 주체가 되는 게 아니라 리서치를 행하는 서버가 주체가 되며, 사용자 단말끼리 리서치를 자발적으로 확산하고 참여하는 개념과 수단이 존재하지 않기 때문입니다.

산업상 이용 가능성의 관점에서 본원발명의 위와 같은 효과를 다시 한 번 살펴볼 수 있습니다. 본원발명에서 사용자 단말(P)이 질문 콘텐트를 많이 생성하면 생성할수록, 첫째로는 사용자 단말(P)의 성향과 유사한 성향을 갖고 있는 다른 사용자 단말(Q)의 존재를 알 수 있게 됩니다. 사회 구성원의 평균적인 성향과 자신의 성향을 비교할 수 있는 정보를 얻을 수도 있어서 새로운 사용자 경험이 돼서 흥미로운데다가 질문 콘텐트를 더 많이, 더 자주 생성할 수 있는 유인책으로 작용할 수 있습니다. 둘째 시스템 서버의 관점에서 살펴보자면, 사용자 단말(P, Q)들의 질문 이벤트와 답변 이벤트 정보가 누적됨에 따라서 사회 구성원들의 성향에 관한 광범위한 데이터베이스를 구축할 수 있다. 그 결과 가장 정확한 리서치 자원을 사용자 단말들의 자발적인 콘텐트 생성에 의해서 구축할 수 있는 장점을 갖게 됩니다. 이는 완전히 새로운 개념의 리서치 데이터베이스입니다. 종래에는 인용발명처럼 필요할 때마다 별도의 대상자를 선정하여 리서치 작업을 해야 했으므로 결과를 얻기까지 시간이 소요되었고 리서치에 참여한 패널의 절대적인 양이 부족했으며 또한 부정확했습니다. 그러나 본원발명이 산업화되는 경우에는 필요 시 구축된 데이터베이스를 "검색"함으로써 보다 정확한 리서치 결과를 매우 신속하게 얻을 수 있게 되는 것입니다.

그러므로 본원발명인 인용발명으로부터 진보성이 부인되기 어렵다는 결론에 이릅니다.

이제 전혀 다른 방식의 의견서를 보자. 예제 227은 같은 사건의 재심사 의견서다. 예제 226을 작성한 실무자가 전략을 변경한 것이다. 특허범위에 영향을 미치지 않는 매우 형식적인 보정만을 한 다음에 쓴 의견서를 보라. 예제 226에 비해 일단 분량이 1/3 이하로 줄었다. 심판서면 같은 형식도 사라졌다. 덕분에 심사관이 어떤 판단을 했는지도 명시적으로 드러났고, 그 판단이 왜 잘못인지에 대한 주장도 눈에 들어오게 됐다. 이 재심사 의견서는 성공했다. 특허결정이 내려졌다.

예제 227 (특허 1416653)

<의견내용>

가. 심사관님의 거절결정서에 기재된 이유를 읽고, 저희가 제출한 의견서 및 보정서를 다시 한 번 검토하였습니다. 심사관님의 기본적인 입장은 본원발명과 인용발명의 차이가 있음을 인정할 수 있지만, 그런 정도의 차이는 단순한 설계 변경에 불과하다는 것입니다.

나. 심사관님께서는 "이 사건 출원발명은 오프라인상에서 일반적으로 행해지고 있는 설문조사방식을 단지 온라인으로 옮긴 것에 불과"한 것으로 판단하시고 계십니다. 그렇지만 오프라인에서 행해지는 설문조사와는 완전히 다른 관계입니다. 오프라인에서는 설문조사에 응답하는 답변 주체끼리는 서로 아무런 관련이 없습니다(이는 인용발명도 마찬가지입니다). 반면에, 본원발명 청구항 제1항 발명은 종래 답변주체로만 단순 인식되었던 단말들이 질문의 주체가 되고 동시에 답변의 주체가 되는 관계를 바꿀 수 있습니다. 요컨대 서버에 접속한 어느 사용자 단말이 아티클 페이지에 답변이벤트를 함으로써 자기의 퀘스트 페이지를 통해서 자기와 "친구관계"인 다른 사용자가 답변할 수 있도록 함으로써 곧 질문자의 역할까지 수행하는 것입니다. 따라서 단순히 종래의 설문조사방식을 단지 온라인으로 옮긴 것에 불과하다는 심사관님의 견해를 받아들이기 어렵습니다.

다. 인용발명은 종래의 가가호호 방문 오프라인 설문조사나 ARS 음성 응답시스템을 이용한 설문조사 방법, 휴대폰을 이용한 투표 방식의 리서치 방법의 한계를 지적하면서 조사에 참여하는 패널의 신뢰성을 확보할 수 없다는 단점을 문제 삼았습니다. 이를 해결하기 위해서 인용발명은 특정 조건을 만족하는 패널을 신속하게 확보하고 이를 이용하여 빠른 리서치 결과를 도출할 수 있는 "메신저를 이용한 리서치 시스템 제공"을 특징으로 합니다. 그러나 본원발명은 인용발명의 핵심 필수구성인 메신저를 전혀 이용하지 않습니다.

라. 인용발명은 메신저 프로그램을 설치한 단말 사이에는 기술 구성상에 아무런 상호관계가 없습니다. 저마다 독자적으로 푸시받은 설문조사에 참여할 뿐입니다. 그러나 본원발명은 (1) 소셜 네트워킹 시스템에서 친구관계로 설정된 사용자 단말들 사이의 질문 콘텐츠가 공유된다는 점, (2) 사용자 단말(P)이 아티클 페이지의 선택형 질문에 답변 이벤트를 할 때 자신의 고유한 페이지에 그 선택형 질문이 옮겨진다는 점, (3) 그때 친구관계의 다른 사용자 단말(Q)이 공유된 선택형 질문에 아티클 페이지에 굳이 접속하지 않아도 답변할 수 있다는 점, (4) 사용자 단말(P)

192

의 퀘스트 페이지에서 다른 사용자 단말들(Q)의 답변 통계 정보를 가시화할 수 있다는 점을 특징으로 합니다. 그러나 이와 같은 네 가지 본원발명의 핵심적인 기술구성은 인용발명에는 전혀 존재하지 않고 암시조차 없습니다.

마. 본원발명의 기술적 구성은 사용자 단말(P)이 신문기사에 연관된 질문 콘텐트에 답변을 할 때, 그 질문 자체가 자동으로 자신의 페이지에 공유되고, 자신과 친구관계인 다른 사용자 단말(Q)들이 편리하게 답변할 수 있게 되며, 이와 같은 질문과 답변이 SNS 네트워크를 통해서 발생하고, 반복되고, 누적됨에 따라서 사용자 단말(P, Q)의 성향이 어느 정도 유사한지를 분석하고 매치할 수 있는 장점이 있습니다. 또한 사용자 단말(P)의 질문 콘텐트에 대한 다른 사용자 단말(Q)들의 누적된 답변 이벤트 내용을 분석함으로써 개인적인 성향과 사회적인 성향을 보다 정확히 파악할 수 있게 됩니다. 이러한 본원발명의 장점은 인용발명에서는 전혀 기대할 수 없으며 상상할 수조차 없습니다. 인용발명은 사용자 단말이 리서치의 주체가 되는 게 아니라 리서치를 행하는 서버가 주체가 되며, 사용자 단말끼리는 아무런 관련이 없으며 리서치를 자발적으로 확산하고 참여하는 개념과 수단 또한 존재하지 않기 때문입니다.

따라서 기술사상의 핵심원리가 완전히 다르기 때문에, 인용발명으로부터 당업자가 본원발명을 용이하게 추론하는 것은 매우 어려운 일이며, 따라서 본원발명 청구항 제1항 발명의 진보성이 인용발명에 의해 부인될 수 없다는 결론에 이릅니다. '93

(3) 복수 인용발명의 결합 용이성

실무적으로 인용발명 1은 그리 무섭지 않다. 세상에서 가장 두려운 것 중의 하나가 '인용발명 2'다. 이것은 언제든지 인용발명 1과 결합돼서 우리 발명의 진보성을 부정해버리기 때문이다. 실무자가 이 결합을 방해하지 못한다면 중간사건의 상당수는 거절로 귀결된다. 한편으로는 기술이 성숙해서 개척발명보다는 개량발명이 많고, 다른 한편으로는 선행기술 검색 데이터베이스가 충실히 축적돼 있어서 특허받기가 만만치 않은 상황이다. 이런 상황에서 복수 인용발명의 결합은 더욱 높은 특허진입장벽을 만들어낸다. 심사관은 복수 인용발명을 제시하면서 인용발명 사이의 결합이 당업자에게 용이하다고 주장한다. 이른바 결합발명의 등장과 결합의 용이성이다. 이는 심사관의 통지서에 매우 만연돼 있어서 실무자가 결합발명을 깨뜨리는 논리를 성공적으로 제시할 수 있다면 특허를 취득하는 데 더할나위 없이 효과적이다. 그러므로 결합발명이 나오면 필수적으로 결합의 비용이성을 탐색한다. 대법원은 다음과 같이 판단했다.

"여러 선행기술문헌을 인용하여 특허발명의 진보성을 판단함에 있어서는 그 인용되는 기술을 조합 또는 결합하면 당해 특허발명에 이를 수 있다는 암시, 동기 등이 선행기술 문헌에 제시되어 있거나 그렇지 않더라도 당해 특허발명의 출원 당시의 기술수준, 기술상식, 해당 기술분야의 기본적 과제, 발전경향, 해당 업계의 요구 등에 비추어 보아 그 기술분야에 통상의 지식을 가진 자가 용이하게 그와 같은 결합에 이를 수 있다고 인정할 수 있는 경우에는 당해 특허발명의 진보성은 부정된다고 할 것이다."[5]

이러한 판례에서 실무자가 실제 의견서로 사용할 수 있는 기준은 인용발명에 우리 발명의 특징에 이를 수 있는 <암시와 동기>가 있느냐다. <당시의 기술수준, 기술상식, 해당 기술분야의 기본적 과제, 발전경향, 해당 업계의 요구>라는 표현은 기억에 담아 둘 만하고 항상 기억해야 하겠지만, 인용발명들 자체의 문제라기보다는 기술분야에 관한 것이어서 실무상 활용도가 크지는 않다.

실무자에게는 '워딩'이 중요하다. 어떤 워딩이냐에 따라 그것에 걸맞은 논리를 개발되기 때문이다. 결합발명에 관해서 특허청 심사지침서에도 기재되어 있는 워딩 중에는 이러한 것들이 있다.

- 암시와 동기
- 출원당시의 기술 수준

- 기술상식
- 해당 기술분야의 기본적 과제
- 기술 발전 경향
- 해당 업계의 요구
- 유기적으로 결합한 전체로서 그 발명이 갖는 특유한 효과[6]
- 당업자의 경험칙
- 더 큰 복합적인 상승효과[7]
- 기능적 상호작용
- 결합을 위해 서로 관련지을 만한 합리적인 근거
- 기술적 편견
- 부작용
- 사후적[8]
- 기술원리상 양립불가능

위와 같이 다양한 워딩이 있지만, 실제 실무에서 구체화하기 어려운 경우가 많다. 통상 인용발명 1과 인용발명 2가 서로 기술적으로 모순돼서 양립할 수 없다는 논리로 결합의 용이성이 없다고 주장하곤 한다. 예제 228의 본원발명은 쉽게 말하자면 옷깃에 일회용으로 부착해서 사용하는 땀 흡수용 시트에 관한 발명이어서 원리와 구성 자체가 매우 간단하다. 심사관이 제시한 인용발명 1과 인용발명 2를 단순결합하면 본원발명의 진보성이 쉽게 부정될 것 같다. 예제 228의 실무자는 본원발명과 인용발명을 구체적으로 비교하기 전에 먼저 인용발명 1과 인용발명 2를 서로 비교해서 심사관의 확증편향에 의문을 들게 하는 전략을 택했다. 의문을 효과적으로 전해서 편향을 흔들어 놓은 다음에 본원발명과 결합발명을 대비하는 전략이다.

예제 228 (특허 1604332)

<의견내용>

가. 본원발명은 일회용으로 의복 등에 부착사용하는 흡수시트를 제공하는 것을 목적으로 하면서, 동시에 제조 공정 시에서의 불량발생을 억제하고 효율적인 공정으로 흡수시트를 제조할 수 있는 구조를 가진 흡수시트를 제공함에 있습니다. 그리고 그러한 해결원리와 기술특징은 보정 후 청구항 제1항 및 제3항에 기재된 바와 같습니다.

심사관님께서는 인용발명 1 내지 인용발명 3을 결합함으로써 당업자가 용이하게 발명할 수 있다고 판단하셨습니다. 심사관님의 판단은 논리적으로, 첫째 인용발명 1 내지 인용발명 3의 결합이 용이하다는 전제와, 둘째 그와 같은 결합발명이 청구항 제1항 및 제3항 발명의 기술특징(이번에 그 범위를 한정하고 그 특징을 강조하는 보정을 하였습니다)에 이르기 용이하다는 전제가 있어야 합니다. 이 두 가지 전제 중 어느 하나가 사라진다면 본원발명의 진보성이 인정될 수밖에 없다는 것이 출원인의 반박 논리이며, 이러한 논리에 기초해서 출원인의 의견을 개진합니다.

나. 인용발명 1 내지 인용발명 3의 결합은 당업자가 그 결합의 동기를 찾기 어렵기 때문에 용이하지 않다고 사료됩니다.

(1) 주인용발명인 인용발명 1은 사람의 머리에 말아서 부착하는 흡수 시트이며, 머리에서 생기는 땀이나 모발가공약제를 흡수하기 위한 목적으로 사용되는 흡수대에 관한 것입니다. 인용발명 1의 명세서의 기재를 살펴보건대, 흡수대를 사람의 머리부분에 장착해서 사용할 때에 흡수체가 아래 방향으로 치우쳐서 충분히 약제가 흡수되지 않는다는 문제와 제조공정이 복잡해서 생산성이 나쁘며 경제적이 못하다는 문제를 해결하겠다는 것이 인용발명 1의 목적입니다([0003] 기재). 이런 목적을 달성하기 위해서 인용발명 1은 띠(帶) 모양의 투액성 시트를 겹쳐서 통 모양을 만들고, 그 안에 흡수성 시트를 삽입해서 일체화되도록 고정하는 흡수대를 특징으로 합니다. 그 결과 모발용 약제를 잘 흡수하고, 그것을 흡수한 흡수성수지의 겔(gel)이 외부로 누출되지도 않는다는 것이며, 또한 롤러 모양 부직포를 사용해서 1회의 봉제로 연속 생산가능하다는 것이 인용발명 1의 효과입니다.

(2) 반면 인용발명 2는 본원발명처럼 의복에 부착해서 사용하는 흡수 테이프이며, 인용발명 3은 [0003] 단락에 명시되어 있는 것처럼 외과수술용으로 수술 중에 생기는 혈액으로 말미암아 장기에 손상이 생기지 않도록 하는 흡수성 물품에 관한 것입니다.

196

이들 인용발명들은 흡수성 수지를 이용한다는 점에서 공통점이 있으며 그렇기 때문에 심사관님께서는 결합이 용이하다고 판단하신 것 같습니다. 그러나 이들 인용발명들은 흡수성 수지의 조성물에 관한 것은 아닙니다(단순히 이용하는 것에 불과합니다). 각각 전혀 다른 흡수 제품에 관한 것이며, 그래서 저마다 기술적 과제가 다르고, 그런 기술적 과제에 각각 부합하는 흡수 제품의 구조와 형태에 관한 발명입니다. 그렇다면 결합의 동기를 판단함에 있어, 본원발명의 특징을 모른다는 전제 하에서, 인용발명 1 내지 3의 물건의 구조 및 형태가 당업자가 서로 참조할 만한가를 중심으로 살펴보는 것이 합리적이라고 사료됩니다.

(3) 그런데 인용발명 1은 인체의 머리카락에 부착하는 수단으로서 어떻게 하면 모발용 약제를 잘 흡수하면서 누출을 방지하는 구조(투액성 시트를 통 모양으로 만든 다음에 그 안에 흡수성 시트를 삽입해서 일체화하는 구조)를 만들 것인지에 관하고, 인용발명 2는 의복에 부착하는 수단으로서 어떻게 하면 효과적으로 땀을 흡수하고 의복을 보호하는 물건의 구조(비닐 등의 수지 시트를 기준으로 정면으로는 고흡수성폴리머, 흡수시트, 부직포 순으로 적층하고, 배면으로는 접착부과 박리지를 설치한 구조)를 제안할 것인지에 관하고, 인용발명 3은 외과수술용 흡수성물품으로서 어떻게 하면 수술 중에 발생하는 혈액을 흡수해서 장기를 잘 보호할 수 있는 구조(외면기재 부직포, 내면기재 부직포를 개켜서 내부에 봉투 모양을 만들고, 이 두 부직포를 주위 단부를 히트실링을 해서 접착한 다음에, 그 내부에 흡수성 코어가 수납되도록 하는 구조)에 관한 것이어서 기술의 특징이 완전히 상이합니다.

(4) 물건의 구조와 형태에 관해서, 인용발명 1의 입장에서 인용발명 2와 인용발명 3이 필요가 없고, 마찬가지로 인용발명 2의 관점에서 혹은 인용발명 3의 관점에서도 다른 인용발명들의 구조와 형태를 결합할 동기가 전혀 없습니다. 서로 과제가 다르고, 그 기술적 구성조차 서로 양립하기 어렵기 때문(기술구성의 원리상 이들 발명을 서로 결합하는 것은 불가능합니다)입니다. 따라서 본원발명의 기술내용을 사전에 읽지 않는 한, 당업자가 인용발명 1 내지 3을 결합할 동기는 존재하기 어렵다는 결론에 이릅니다. 이런 점을 감안하시어 거절이유를 철회하여 주시기 바랍니다.

다. 설령 인용발명 1 내지 인용발명 3을 결합하는 것이 가능하더라도(어디까지나 가정에 불과합니다), 그 결합발명이 보정된 본원발명에 용이하게 이르기 어렵습니다. 보정후 청구항 제1항은 피부대향면 반대쪽 면의 길이방향을 따라 가로지르는 봉인문을 형성하는 부직포가 있으며, 이 봉인문을 따라 길이방향으로 상기 봉인문을 덮으면서 접착되는 이형지부착 접착필름을 포함하며, 또한, 이형지부착 접착필름을 부착하기 전에 상기 봉인문의 가고정 수단으로서 상기 부직포의 봉인문을 따라 액체성 접착 영역이 설치되어 있는 구성입니다. 보정후 청구항 제3항은 피부대향면 반대쪽 면의 길이방향을 따라 가로지르는 봉인문을 형성하는 부직포와, 상기 봉인문을 따라 길이방향으로 상기 봉인문을 덮으면서 접착되는 이형지부착 접착필름을 포함하며, 상기 봉인문을 형성하기 전에 상기 봉인문에 대한 가고정 수단으로서, 상기 고흡수성 수지 시트의 피부대향면 반대쪽 면의, 상기 부직포의 봉인문에 대응하는 영역의 전부 혹은 일부에 액체성 접착 영역이 설치되어 있는 구성을 특징으로 합니다.

본원발명은 봉인문을 액체성 접착 영역을 설치하는 가고정 수단을 포함하는 구성을 함으로써,
이형지부착 접착필름을 부착할 때의 공정상의 효율향상을 도모할 수 있습니다. 즉 좀 더 용이하고 신속하게 접착필름을 부착할 수 있게 됩니다. 그와 같은 가고정 수단을 포함하고 있지 않으면 부직포의 양쪽 단부가 다시 풀어져버리기 쉬워서 접착필름을 부착할 때 시간과 수고가 동반돼서 기술적인 불이익이 발생합니다. 인용발명들의 결합발명의 경우에는 본원발명의 가고정 수단이 존재하지 않고 또한 아무런 암시도 없기 때문에, 그와 같은 기술적 불이익을 해결할 수 없습니다.

라. 이상으로 심사관님의 판단에 대해서 두 가지 논리 관점으로 출원인의 의견을 개진하였습니다. 요약하자면, 첫째, 심사관님께서 제시한 일본 인용발명들은 흡수성 수지 조성물 자체에 관한 것이 아니라 그런 흡수성 수지를 이용한 서로 다른 제품에 관한 것이고, 각자 서로 관련성 없는 기술적 과제를 해결하기 위해서 전혀 다른 특징의 물리적 구조를 전제하고 있기 때문에 결합이 용이하지 않습니다. 둘째, 설령 인용발명들을 결합하더라도, 그 결합발명이, 본원발명의 봉인문 구성요소에 이형지부착 접착필름을 설치하기 전에 먼저 봉인문을 가고정하는 본원의 특징을 결여하고 있으며, 그 결여에 대해서 특별한 암시도 발명자의 인식도 없습니다. 그러므로 본원발명의 특징을 사전에 알고 있지 않다면, 인용발명들로부터 본원발명을 당업자가 용이하게 생각하기는 어렵다 하겠습니다. 그러므로 본원발명의 진보성이 부인되기 어렵다는 결론에 이릅니다.

예제 229는 인용발명 1과 인용발명 2를 결합한 발명을 당업자 관점에서 정의해보고 그것이 과연 합리적인가를 논증한 것이다. 기술상식에 반하며 불이익이 초래될 것이 분명한 결합을 당업자가 과연 하겠는가라는 질문이 문맥에 포함되는 의견서다. 사실 인용발명 1과 인용발명 2는 모두 미디어 콘텐츠에 관한 기술이고 그것을 어떻게 표시할 것인가에 대한 고민이 있다는 점에서 일견해서는 결합의 용이성이 당연한 것처럼 보였다. 그러나 이렇게 비집고 들어가면 빈틈이 생긴다.

예제 229 (특허 1674301)

<의견내용>

가. 심사관님의 판단 논리

심사관님의 판단은 대화형 텔레비전 애플리케이션의 광고 제공 시스템에 관한 인용발명 1을 주된 인용발명으로 제시하신 후, 다음과 같은 논리에 따라 본원발명의 진보성을 부인하였습니다.

(1) 주된 인용발명(인용발명 1)과 본원발명의 구성은 차이점 A를 제외하고 서로 대응된다.

(2) 차이점 A는 인용발명 2에 기재되어 있다.

(3) 인용발명 1과 인용발명 2는 용이하게 결합할 수 있다.

차이점 A는 <본원은 오버레이 사운드를 이용한 동시 출력방법이지만 인용발명 1은 사운드가 아닌 그래픽 광고를 제공하는 것>이라는 것이 심사관님의 견해입니다. 요컨대 이 중 어느 하나라도 잘못이 있다면 거절이유를 철회하실 근거가 생기게 됩니다.

(중략)

라. 세 번째 논증은 이러합니다. 인용발명 1과 인용발명 2의 결합이 용이하지 않습니다.

(1) 우선 당업자는 본원발명의 존재를 모릅니다. 본원발명의 명세서를 읽지 않고 평균적인 지식수준으로 인용발명 1과 인용발명 2의 결합의 동기가 있어야 할 터입니다.

(2) 인용발명 1은 TV 영상에 광고용 그래픽 정보를 오버레이하여 표시하는 기술에 관한 것이어서 결국 텔레비전 광고에 관한 발명입니다. 반면 인용발명 2는 네트워크 안에 존재하는 유저의 미디어 콘텐츠를 감시 수집하는 기술에

관한 발명이고, 그렇게 해서 수집한 미디어를 활용함에 있어 일부 음성을 치환하는 기술이 기재되어 있습니다. 사실 해결원리가 완전히 달라서 출원당시의 기술수준과 기술상식을 고려하건대, 본원발명의 내용을 사전에 알지 않고서는, 당업자로서는 양 발명을 서로 관련지어서 결합할만한 합리적인 근거를 찾기 어렵습니다. 만약 양 발명을 서로 원리를 훼손하지 않은 채 결합한다면, 그 결합발명은 필경 ① 네트워크에 있는 수많은 단말로부터 광고용 그래픽 정보를 감시하고 수집한 다음에, ② 광고를 유저의 TV 영상에 표시함에 있어 영상과 음성이 함께 표시되도록 하는 발명이 될 것으로 분석됩니다. 그러나 ①은 지금 기술수준으로 구현하기 불가능하고 해당업계의 요구도 아니며 (네트워크에서 행해지는 감시를 배제하려는) 기술의 발전 방향과도 역행하므로 당업자가 그런 결합을 생각할 리 없으며, ②의 경우 TV 시청자의 영상 시청을 방해하기 때문에 기술적인 부작용이 너무 커서 실시 가능하지 않습니다.

(3) 따라서 양 발명은 당업자가 양 발명을 서로 결합할 합리적인 근거나 동기가 없는 것 같습니다. 인용발명 2에서 일부 표현만 떼어와서 인용발명 1을 결합하는 것만이 가능할 텐데, 그렇지만 그런 결합은 본원발명의 내용을 읽은 다음에 사후에 검색해서 행하는 결합이 아니고서는 당업자의 상식에는 부합하지 않습니다. 그렇다면 거절이유의 세 번째 전제에 대해서도 의심을 하게 마련입니다.

(4) 결합발명의 용이성을 인정해야 하는 경우

복수의 인용발명이 제시됐고, 그 인용발명들의 결합에 의해서 진보성이 부정됐는데 그 결합의 용이성을 다투기 어려운 것처럼 보인다면 심사관의 결론적인 판단에 어느 정도 합리성이 있는가에 따라 대응이 달라진다. 합리성이 없는 경우라면 주된 인용발명(인용발명 1)과의 대비를 그르쳤거나 또는 보충 인용발명(예컨대 인용발명 2)에서 특정된 구성에 대한 판단에 잘못이 있는 경우다. 결합의 용이성은 다투지 않고 통지서에 적힌 잘못된 판단만을 다퉈서 심사관을 설득한다.

예제 230은 주된 인용발명과의 대비가 잘못됐다는 주장이 핵심인 의견서다. 공손하면서 탄탄한 기승전결의 양식을 갖고 있다. 서론 역할을 하는 (1)은 심사관과 실무자의 배치되는 결론을, (2)는 본원의 특징과 심사관의 판단을 설명하면서 (1)을 보충한다. (3), (4), (5)번 단락에서 어째서 심사관의 판단에 잘못이 있는지를 논증하는데, (3), (4)번 단락에서는 주된 인용발명인 비교대상발명 1과 본원발명이 어째서 다른지를 밝힘에 있어 지나치게 구성자체의 차이에 빠지지 않고, 적절하게 효과의 관점에서 논증한다. 비교적 쉬운 기술내용의 경우 구성 자체에 대해서는 심사관이 모르지 않을 것이다. 심사관의 무지보다는 잘못된 이해가 판단에 영향을 미쳤다면 실무자는 효과에 대한 적절한 설명을 통해서 구성의 차이를 심사관이 재인식하도록 밝힌다. (3)번과 (4)번 단락에 의해서 주된 인용발명과의 본원발명의 대비가 잘못됐음이 논증됐다면 (5)번은 그 논증을 보충할 뿐이다.

예제 230 (특허 1601866)

<의견내용>

(1) 심사관께서는 본원 제1항 발명이 비교대상발명 1과 2의 결합에 의하여 용이하게 발명할 수 있는 것이라고 하셨습니다. 그러나 아래에 의견개진 하는 바와 같이 본원 제1항 발명은 진보성을 구비한 것으로 사료되오니 이를 고려하여 주시기 바랍니다.

(2) 본원발명에서는 실내 공간의 열 분포 감지를 위해 적외선 영상을 촬영하고, 이를 기준 영상과 비교하여 소정 이상의 열 분포 차이가 있는 영역에 대응되는 조명기기에 대해 온/오프 여부나 조도를 제어합니다. 이에 따라 기존 센서를 이용한 방식에 비해 간단한 구성으로 실내 전자기기의 제어가 가능합니다. 심사관께서는 본원발명의 촬영부, 판단부, 제어부에 비교대상발명 1의 적외선 센서모듈(110), 신호처리모듈(130), 제어모듈(140)이 각각 대응된다는 입장이십니다. 저장부 구비 여부에서의 차이는 인정하셨지만 이것도 비교대상발명2와 같은 종래기술로부터 알 수 있다는 입장이십니다.

(3) 그러나 본원발명의 촬영부는 적외선 영상을 촬영하는 것이므로 비교대상발명 1의 적외선 센서모듈에 대응되지 않습니다. 비교대상발명 1의 신호 처리 모듈은 적외선 센서에서 감지된 열에너지에 대한 변화를 열 영상 이미지로 처리하고, 처리된 이미지를 판단하여 결과를 출력하는 것이지만, 본원발명의 판단부는 촬영부가 촬영한 적외선영상과 저장부에 저장된 기준영상을 비교하여, 소정 이상의 열 분포 차이가 있는 실내 공간 내의 영역에 대해 사람이 있는 영역으로 판단하는 것이므로 상이합니다.

(4) 특히 본원발명에서 실내 공간은 복수의 서브공간으로 가상적으로 구획되어 판단부는 상기 서브공간들 각각에 대해 사람이 있는지 여부를 개별적으로 판단할 수가 있습니다. 본원발명은 적외선영상만을 이용하여 실내 공간 내의 구획된 각 영역별로 사람의 존재 여부를 판단하여 조명기기의 개별적 점멸 및 조도 제어의 효과가 탁월합니다. 본원발명에 따르면, 저가격 실현 및 효율적인 시스템 운영이 가능합니다. 또한 정보량 축소에 따른 이득(메모리, 여산속도 등)이 있습니다. 하지만 비교대상발명 1에서는 적외선 센서 모듈의 감지 영역이 결정되도록 광학 모듈이 배치되어야 하므로, 서브공간이 늘어나면 그에 따라 광학 모듈 수가 늘어나야 하는 등 관리할 면적이 증가할수록 설치 및 관리에 많은 비용이 드는 단점을 가집니다.

(5) 한편, 심사관께서는 본원 제1항 발명이 저장부를 포함하는 점에서 비교대상발명 1과 차이가 있다고 인정하시면서도 비교대상발명 2에 사람의 형상 또는 자동차 등의 형상을 미리 설정 저장한다고 개시되어 있는 점 등으로부터 알 수 있다는 입장이십니다. 하지만 비교대상발명 2는 본원발명과 같은 적외선영상이 아니라 통상의 CCD 카메라를 통한 영상일 뿐이므로 차이가 있고, 특히 본원발명의 저장부는 실내 공간의 열 분포에 관한 기준영상을 저장하고 있는 것인데, 비교대상발명들로부터는 이것에 대해 전혀 알 수가 없습니다.

(6) 이와 같이, 본원발명에서 실내 공간은 복수의 서브공간으로 가상적으로 구획되어 판단부는 서브공간들 각각에 대해 사람이 있는지 여부를 개별적으로 판단할 수가 있다는 구성상 차이점이 확실하고, 이러한 차이점은 비교대상발명 1 및 2 조합으로부터 용이하게 알 수 없습니다.

예제 231은 위 예제 230과 달리 주된 인용발명이 아니라 보충 인용발명인 인용발명 2와의 차이점을 논증하고 있다. 실무자는 인용발명 1과 본원발명의 차이점을 밝히기 어렵다고 판단한 것이다. 그래서 인용발명 1과의 차이점을 쟁점으로 삼지 않고, 대신 인용발명 1을 보충해서 결합발명을 만든 인용발명 2의 핵심구성에 대해서 공략하고 있다. 인용발명 1에 대해서는 그것이 주된 인용발명인 만큼 잘 비교했으나 인용발명 2에 대한 파악이 잘못된 심사 케이스가 더러 있다. 선행문헌을 찾는 작업은 아무래도 검색 키워드에 의존한다. 그러다 보면 그 키워드는 한두 단락의 표현에만 포함돼 있는 문헌이 인용발명 2로 종종 제시되는 것이다. 그러므로 실무자는 심사관이 인용발명 2의 원리를 잘 탐색했는지 살펴본다.

다만 심사관은 인용발명 2의 원리가 무엇이든 인용발명 2로 본원발명의 진보성을 부정하겠다는 것이 아니라, 인용발명 2로 인용발명 1을 보충하겠다는 생각이라는 점을 간과해서는 안 된다. 즉, 인용발명 1과 본원발명의 차이가 당업자의 용이한 추론 범위 안에 있다는 것이 심사관의 판단이고, 인용발명 2는 그저 그런 추론을 뒷받침하는 근거로 사용된 것이다. 따라서 인용발명 2에 대한 판단이 잘못됐다고 무작정 심사관의 판단이 부당하다고 단정할 수는 없다. 실무자는 심사관의 잘못된 판단을 증폭할 필요가 있고, 그런 점에서 어느 정도 청구항 보정이 필요할지도 모르겠다.

한편 결합발명을 했음에도 그 결합발명과 본원의 특징이 크게 다르다면 그것을 명확히 언어화하는 것이 바로 의견서의 핵심 논리가 되겠다.

예제 231 (특허 1602016)

<의견내용>

귀 의견제출통지서에 따르면, 청구항 1 발명의 보조 가열 기구에 대응하는 기술구성이 인용발명 1에 개시되어 있지 않은 점은 인정되지만, 인용발명 2의 [0059], [0060] 단락에 기재된 '회전 테이블의 상방에 설치되어 웨이퍼를 700~800℃로 가열하는 가열 램프(210)'를 인용발명 1에 결합하여 청구항 1 발명을 용이하

203

게 발명할 수 있다고 지적되었습니다.

그러나 인용발명 2의 [0059], [0060] 단락의 기재에 따르면, 인용발명 2에서는 각 반응 가스 및 분리 가스를 공급하고, 제3 반응 가스를 공급하여 실리콘 산화막(242)을 형성한 후에, 실리콘 산화막 내에 인을 도핑하기 위한 프로세스로서, 가열 램프(210)로 실리콘 산화막(242)을 700~800℃로 가열하는 것이 기재되어 있을 뿐입니다.

반면 보정후 청구항 1 발명은 '주 가열 기구{히터 유닛(5)}에 의해 회전 테이블(2)을 거쳐 기판(W)을 간접적으로 가열하고, 보조 가열 기구{램프 유닛(7)}에 의해 기판(W)을 직접적으로 가열하여, 기판(W)을 오존 가스가 열분해되는 온도 이상의 처리 온도로 가열한 후에, 처리 가스 및 산화 가스를 공급'하여 실리콘 산화막을 성막하는 것이며(발명의 상세한 설명의 [0068] 내지 [0074] 단락 참조), 이러한 제어 동작을 하는 제어부에 대해서는 인용발명 2에 개시되어 있지 않습니다. 이러한 본원발명의 제어부는 인용발명 1에도 개시되어 있지 않은 것이며, 인용발명 1에는 '처리 온도는 오존 가스가 열분해되는 온도 이상의 온도이다'는 점도 개시되어 있지 않습니다.

이상 살펴본 바와 같이, 보정후 청구항 1 발명은 인용발명 1 및 2와는 상이한 구성을 포함하고, 그로 인해 인용발명 1 및 2에 비해 현저한 효과를 제공합니다. 따라서 보정후 청구항 1 발명은 인용발명 1 및 2를 결합하더라도 도출될 수 없는 것이므로, 보정후 청구항 1 발명은 인용발명 1 및 2에 비해 진보성이 인정되어야 한다고 사료됩니다

인용발명 1에서든 인용발명 2에서든 심사관의 판단에 어느 정도 합리성이 있는 것으로 분석됐고 결합의 용이성을 다투기 힘들다면 거절이유를 극복하기 어렵다. 실무자는 커다란 무기를 잃어버렸다. 결합발명에서도 차이가 있기는 있을 것이다. 구성의 차이가 있으므로 효과의 차이도 있을 터인데, 누구나 예상할 수 있는 그런 정도로는 심사관을 설득하지 못한다. 이때 중요한 것은 당업자의 예상 범위를 넘는 새로운 상승효과다. 그 효과를 강조하기 위해서는 우선 인용발명들의 결합발명에 의해 예측되는 효과를 특정해야 한다. 그리고 그런 결합발명의 효과와 우리 발명의 효과가 어느 정도 다른지를 구체적으로 논증할 필요가 있겠다.

예제 232에서는 당업자는 본원발명의 존재를 모른다는 점, 결합발명이라 하더라도 인용발명 2는 주된 인용발명인 인용발명 1을 보충해서 결합된다는 점, 결합발명에서 예측하는 효과의 한계를 특정했다는 점, 본원이 발휘하는 효과가 어째서 새로운 상승효과인지에 관해서 논증했다는 점에서 의미가 있다. 물론 실무자가 이렇게 의견서를 작성했다 하더라도 심사관을 설득하는 데까지 이를지는 의문이다. 결합발명이 통했다는 것은 심사관의 판단이 비교적 확고했음을 방증하기 때문이다.

예제 232

<의견내용>

다. 출원인은 다음과 같은 네 가지 이유로 심사관님의 판단에 반대하는 의견을 제출합니다.

첫째, 우선 이 분야의 당업자는 본원발명의 존재를 모릅니다.

당업자는 본원발명의 존재를 모르면서 주된 인용발명인 인용발명 1을 인용발명 2를 찾아서 보충해 줘야 합니다. 그런데 인용발명 1과 인용발명 2 사이에 기술적 모순이 있다거나 서로의 해결원리를 배척한다는 등의 관계가 없는 반면에, 어떤 목적지를 찾아감에 있어 정보를 제공한다는 점에서 공통점이 있으므로 그와 같은 보충은 가능하리라 생각됩니다. 그런 점에서 출원인은 결합의 용이성을 다투지 않습니다. 그러나 인용발명 2는 당업자에게 경로를 그래픽으로 표시해주는 사용자 인터페이스만을 인용발명 1에 보충해줄 뿐이지, 당업자가 본원발명의 내용을 참조하면서 결합하는 것은 아닙니다.

(중략)

인용발명 1의 특징은 위 화면에서 환승역인 압구정역에 "도착확인 버튼(51)"을 설치함으로써 그 이후의 도착예정시간을 더욱 정확히 안내하겠다는 것입니다. 나머지 15개의 정거장에 대해서는 인용발명 1은 침묵합니다.

반면 본원발명은 예컨대 경복궁역에서 압구정역까지 9개역, 4211번 버스의 7개 정류장이 모두 경로 열에 해당하기 때문에, 이 경로 열마다 클리어링 체크 UI를 구성토록 합니다. 즉 16개의 정거장 모두에 클리어링 체크 UI가 구성될 수 있습니다. 그런데 인용발명 2는 전체 경로를 표시해주는 그래픽 사용자 인터페이스만을 인용발명 1에 보충해주므로, 인용발명 1과 인용발명 2를 결합한 결합발명이어도 환승역인 압구정 역에서만 클리어링해서 도착 확인을 할 수 있을 뿐이지, 나머지 정거장에서는 그렇게 도착 확인을 할 수 없습니다.

그런데 이러한 차이는 본원발명을 모르는 당업자들이 본원발명을 읽지 않고도 충분히 예상할만한 사소한 차이인가요? 이제, 그런 차이가 본원발명으로 하여금 새로운 상승효과를 불러일으키는지에 대한 논증만 남았습니다.

(중략)

그런데 버스와 같은 대중교통 앱은 자동차 내비게이션 앱과 같을 수 없습니다. 사용자가 자동차를 운전하는 게 아니고 이미 정해진 노선을 따라 이동하고 있기 때문에 굳이 사용자가 모바일 앱을 실행하면서 화면을 보고 갈 이유가 전혀 없습니다. 그렇기 때문에, 대중교통 길안내 앱 서비스 사업자는 교통상황을 고려하여 정확하게 도착시간과 최적경로를 안내하기 어렵다는 기술적인 한계에 직면했습니다. 대중교통을 이용해서 목적지까지 이동하는 고객은 좀처럼 앱을 실시간으로 실행하지 않습니다. 그 결과 매우 적은 수의 사용자에게만 모바일 앱 트래픽이 유도되기 때문에 사업자는 비즈니스 모델을 찾기 힘들었던 것입니다.

그러나 본원발명처럼, 그래픽 노선 목록의 경로 열마다 클리어링 체크 UI를 함께 표시하고, 사용자가 정거장마다 클리어링 액션을 입력할 수 있다면, 대규모의 데이터가 실시간으로 수집될 수밖에 없고, 이로써 더 정확한 안내가 가능하며, 더 많은 사용자 트래픽으로 더 많은 비즈니스 모델 기회가 창출됩니다. 그것이 본원발명의 진정한 특징이며, 인용발명들의 결합발명에서는 예기치 못하는 새로운 상승효과라 하겠습니다.

(5) 심사관이 우리 발명의 중요한 요소를 간과하거나 오해한 경우

심사관의 통지서를 읽다 보면 본원의 특징에 대해 오해를 하거나 중요한 요소를 간과하는 경우가 있다. 그리고 그 착오가 부정적인 심사결과의 직접적인 원인으로 작용한다. 이것은 심사관의 약점이다. 그 약점을 발견하는 것은 의견서 실무자에게 즐거움이 되겠다. 다만 지나치게 사소한 오해까지 쟁점으로 삼아서는 안 된다. 핵심이 유사하다는 판단이 번복되지 않는 한 사소한 오해가 정정됐더라도 거절을 피할 수 없기 때문이다. 여기에서 '사소함'이란 그 구성 자체의 단순함을 뜻하는 것이 아니라 발명의 해결원리에서 차지하는 비중이 적고 심사관의 판단을 흔들 만하지 못함을 뜻한다.

예제 233에서 본원발명은 매우 단순한 구성을 지녔다. 타이어 공기주입구에 고무재질의 야광 캡을 씌우겠다는 것이 발명의 특징이었다. 다만 실무자는 야광 캡만으로는 특허를 받을 수 없다고 판단해서 야광 캡에 의해 씌워지는 공기주입구를 청구항의 필수요소로 결합해 특허를 신청했다. 가령 구성요소 A만 있는 발명에 대해 그 발명을 실시할 때 반드시 관여할 수밖에 없는 구성요소 B, C, D를 추가하는 전략이다. 형식적으로는 특허범위가 좁은 것처럼 보이지만, 실제로 B, C, D가 필연적인 까닭에 구성요소 A만의 발명과 큰 차이가 없다.[9] 구성요소 A만의 단순단일한 구성의 발명은 특허범위가 매우 넓은 것처럼 보이겠지만, 신규성이 인정되는 물질이나 장치가 아닌 한 특허심사를 통과하기 힘들다. 반면 발명을 실시할 때에는 반드시 필요한 구성요소 B, C, D를 청구항의 필수 요소로 만들어 놓으면 특허심사를 통과하기 유리하다. 차이를 주장할 여지가 늘어나고, 무엇보다 심사관의 인용문헌이 아마도 B, C, D에 치우칠 가능성이 커지기 때문이다.

예제 232의 핵심은 공기주입구에 착탈식으로 결합하고 분리할 수 있는 고무소재의 캡에 있다. 심사관은 야광기능이 있는 공기주입구에 관한 인용문헌을 제시하면서 거절이유를 통지했다. 실무자는 우리 발명이 공기주입구에 착탈되는 별도의 캡이라는 점에 특징이 있으며, 심사관의 판단에는 그것이 간과됐음을 논증했다. 라목은 다소 억지 같이 보이지만 '자동차에는 순정품'이라는 관념이 상식처럼 퍼져있기 때문에 아마도 효과적일 것이다.

예제 233 (특허 1339095)

<의견내용>

가. 심사관님께서는 본원발명의 구성요소를 3개(공기주입구 본체, 주입구 캡, 축광 캡)으로 구분하신 후에, 이를 인용발명 1과 대비하셨습니다. 그리고 그 결과 구성요소 1과 구성요소 2는 실질적으로 동일하고, 구성요소 3 부분에서만 차이가 있지만, 그 차이는 인용발명 2 및 인용발명 3을 인용발명 1과 결합함으로써 본원발명의 진보성을 부인된다는 논리를 제시하셨습니다.

나. 그러나 인용발명 1, 인용발명 2 및 인용발명 3 어디에서도 본원발명의 기술적 사상, 즉 본원발명의 핵심적인 과제 해결 수단과 대응되는 내용은 존재하지 않습니다. 본원발명은 공기주입구에 장착되는 주입구 캡에 관한 것이 아닙니다. 본원발명의 핵심 구성요소가 되는 "축광 캡"은 주입구 캡과 구별되는 것으로, 본원 명세서에서 축광 캡은 "제 2 캡"으로서 "제 1 캡"인 주입구 캡과 별도로 존재하는 구성요소입니다. 그런데 인용발명 1, 인용발명 2 및 인용발명 3은 모두 본원발명에서의 주입구 캡에 관한 것에 불과합니다.

다. 자동차는 무엇보다 안전이 중요합니다. 자동차 운행, 주정차, 부품의 관리 및 교체 등 모든 경우에 제조사는 최적의 안정성을 고려하고, 운전자 또한 예외 없이 그 중요성일 인식하고 있습니다. 운전자의 생명과 직결되는 문제이기 때문입니다. 본원발명은 타이어에 영향을 미치는 공기주입구와 주입구 캡에 기술적으로나 기능적으로 영향을 전혀 초래하지 않도록 하기 위해서, 주입구 캡에 덧씌우는 제 2 캡으로서의 축광 캡을 제안하고 있습니다. 비록 그 구성 자체는 간단하게 보일 수는 있겠습니다만, 바로 그 점이 오히려 본원발명의 기술사상을 빛내 줍니다. 본원발명은 측면 시에서의 타이어의 야광 수단에 관하여 그 이전에 공지된 어떤 수단보다 안전하며 경제적이고 효율적인 방법을 제안하기 때문입니다.

라. 시속 100km를 넘는 속도로 달리는 차량에는 순정 부품이라는 무시할 수 없는 물건이 있고, 운전자는 함부로 그 부품을 변경하거나 교체하지 않습니다. 본원발명은 자동차 타이어용 공기주입구에 있어 밸브 캡(주입구 캡)에 그저 본원의 축광 캡을 덧씌우는 것만으로 측면 시의 타이어 식별이 가능하도록 보장합니다. 그러나 인용발명 1은 주입구 캡 자체에 관한 것이므로 차량의 타이어를 구입할 때 현재 존재하는 타이어 밸브 캡을 버리고 인용발명 1의 공기주입구 캡(C)으로 교체해야 하는 불이익이 따릅니다. 인용발명 1의 기술사상은 공기주입구 캡(C)은 몸체의 외주면에 요입부를 형성하고, 이 요입부(2)에 축광성을 띠는 야광판(4)를 접착한

것으로 이를 장착하기 위해서는 또한 별도의 베이스(5)와 너트(8)가 필요하다는 기술적 복잡성을 갖습니다. 본원발명은 그와 같은 기술적 불이익과 복잡성을 단번에 해결할 수 있습니다.

마. 심사관님께서는 인용발명 1, 인용발명 2 및 인용발명 3을 결합하여 본원발명과 대비하셨습니다. 그런데 인용발명 2 "타이어 튜브용 공기밸브"도 주입구 밸브 그 자체에 관한 것이지 그 공기밸브 위에 덧씌우는 새로운 신축성 부재에 관한 것이 아닙니다. 본원발명의 기술사상은 인용발명 2와 같은 타이어 튜브용 공기밸브를 인용발명 1처럼 어떻게 바꾸자는 것이 아니라, 인용발명 2와 같은 수단을 그대로 둔 상태에서 별도의 캡인 본원의 축광 캡을 덧씌움으로써 식별 수단이 되도록 하자는 데 있습니다. 본원발명에 따르면 운전자는 부품을 교체할 필요 없이 설치하는 데 아무런 어려움이 동반되지 않은 상태에서 측면 시의 차량 식별 효과를 거둘 수 있습니다. 이와 같은 사항은 인용발명 3의 복륜 타이어의 주입구 익스텐션 장치의 경우에도 마찬가지입니다.

그러므로 보정 후 청구항 제1항 내지 제3항 발명의 진보성은 인용발명들에 의해 부인될 수 없다는 결론에 이릅니다.

209

심사관의 판단이 항상 틀릴 리 없다. 합리적이며 수긍할 만한 거절이유도 많다. 심사관의 판단에 그다지 문제가 없어 보인다면 독립 청구항만으로는 심사관의 부정적인 판단을 뒤집기 힘들 것이다. 실무자는 보정을 해서 독립항을 보강한다. 그 경우 명세서에 기재된 사항을 청구항의 필수요소로 추가하는 방법과 종속항을 이용해 독립항을 보강하는 방법이 있다. 후자의 경우 종속항도 전부 거절됐다고 가정해야 한다(종속항이 거절되지 않았다면 특허성을 인정받은 종속항을 독립항에 병합하는 보정만으로 거절이유를 치유할 수 있기 때문에 의견서 실무의 주요 논점이 되지는 못한다). 독립항만으로 거절이유를 극복하기 어렵다면 명세서에서든 다른 청구항에서든 독립항에 새로운 필수요소를 추가하고, 그렇게 해서 심사관이 간과하거나 오해했던 사항을 증폭해보는 것이다.

이때 종속항을 굳이 독립항에 병합해야 하는 것은 아니다. 이따금 종속항의 일부를 떼어내 독립항에 추가하는 보정안을 고려할 만하다.

예제 234에서 '출력 전류에 관한 온도 디레이팅 제어'는 청구항 2에 있던 것이었다. 그것을 청구항 1의 필수요소로 추가한 다음에 심사관이 '출력 전류에 관한 온도 디레이팅 제어'를 고려하지 않았다며 인용발명과의 차이를 논증했다.

예제 234 (특허 1602044)

<의견내용>

거절이유에 의하면 본원 청구항 전항에 기재된 발명이 일본 공개특허공보 특개 2009-146648호(인용발명 1), 일본 공개특허공보 특개평10-086746호(인용발명 2) 및 일본 공개특허공보 특개2011-129447호(인용발명 3)에 비해 진보성이 없다고 지적되었습니다. 하지만 보정된 청구항 제1항에 기재된 발명은 인용발명들에 대하여 진보성을 갖고 있다고 사료되는 바, 아래에서는 보정된 청구항 제1항을 중심으로 본원발명의 진보성을 주장하도록 하겠습니다.

상술한 바와 같이 보정에 의해 본원발명은 "제어부는, 출력 전류에 관한 온도 디레이팅 제어를 행하고, 상기 제1 점등 상태를 지시하는 신호 입력이 행해진 경우 또는 상기 제2 점등 상태를 지시하는 신호 입력이 행해진 경우에 상기 온도 디레이팅 제어의 특성을 변화시키는 것"을 특징으로 합니다. 이와 관련하여, 거절이유에서는 상기 구성이 인용발명 1의 기재내용에 비추어 통상의 기술자가 별다른 어려움 없이 도출해낼 수 있다고 판단되고 있습니다만, 이와 같은 판단은 디레이팅 제어가 어떤 것인지에 대한 고려가 결여된 상태에서 내려진 것으로 사료됩니다.

본원발명에서 출력 전류에 관한 온도 디레이팅 제어란, 출력 전류의 전류치를 온도에 따라서 제어하는 것으로서, 발명의 상세한 설명 [0049]에 의하면 제어 IC(22)가, 예컨대 제어 IC(22) 내에 형성된 온도 검출부(도시하지 않음)에 의해 검출한 온도의 정보와 온도 디레이팅 특성에 기초하여 현재의 온도에 따라서 설정되어야 할 출력 전류(Io)의 전류치를 취득하고, 취득한 전류치를 상기 정전류 제어에서의 목표치로 설정함으로써, 출력 전류에 관한 온도 디레이팅 제어를 실현하는 것으로 구체적으로 기술하고 있습니다. 또한 본원발명에서는 제1 점등 상태를 지시하는 신호 입력이 행해진 경우 또는 상기 제2 점등 상태를 지시하는 신호 입력이 행해진 경우에 온도 디레이팅 제어의 특성을 변화시키고 있습니다.

그런데 인용발명 1의 경우 현재의 온도를 고려하여 출력 전류의 전류치를 제어하는 것에 대하여 아무런 개시나 시사가 없습니다. 보다 구체적으로 인용발명 1에서는 제어 수단이, 반도체 광원 전체의 전류의 크기 및 반도체 광원 전류의 공급 시간중 어느 한쪽 또는 양쪽에 따라 상기 팬 구동전류의 크기를 조정하도록 제어하여 온도 상승을 억제하는 것을 개시하고 있을 뿐, 현재의 온도를 측정하여 출력 전류의 전류치를 제어하는 것에 대해서는 물론, 제1 점등 상태를 지시하는 신호 입력이 행해진 경우 또는 상기 제2 점등 상태를 지시하는 신호 입력이 행해진 경우에 온도 디레이팅 제어의 특성을 변화하는 것에 대해서도, 아무런 개시나 시사가 없습니다. 한편, 인용발명 2 및 3 역시 본원발명의 출력 전류에 관한 온도 디레이팅 제어에 대하여 아무런 개시나 시사가 없음은 물론입니다.

따라서, 보정에 의해 청구항 제1항에 기재된 발명은 인용발명들에 비해 진보성 요건을 만족하는 것이 분명합니다. 또한, 보정된 청구항 제1항의 기술구성을 모두 포함하는 다른 청구항들 역시 진보성 요건을 만족하는 것이 분명합니다.

(6) 종래기술에서 본원의 특유한 원리를 귀납하는 방법

판례는 구성요소 하나하나 분리해서 대비하지 말고 특유한 과제해결원리를 고려해서 진보성 심사를 해야 한다고 천명하지만, 심사경향은 구성요소 대비를 여전히 중시한다. 심사관이 모든 안건마다 고유한 해결원리를 탐색해서 인용발명과 대비하기가 현실적으로 어렵기는 할 것이다. 어쨌든 실무자는 이런 원칙과 현실 사이에서 적절한 대응방안을 찾게 마련인데, 구성요소 대비의 가장 커다란 단점은 특유한 해결원리가 묻혀버릴 수 있다는 점이고, 그런 경우 어떻게 하면 우리 발명의 특유한 해결원리를 의견서를 통해 다시 부각할 것인지 고뇌할 수밖에 없다.

우리 발명의 원리가 이러저러하며, 발명의 특이점이 바로 여기에 있노라고 실무자가 선언한다고 해서 심사관이 쉽게 납득하는 것은 아니다. 생각보다 잘 전달되지 않는다. 설명으로는 부족하며 알기 쉬운 논증이 필요하다. 종종 귀납적인 논증이 효과적이다. 종래기술의 문제점을 구체적으로 표현하면서 그 문제를 해결하는 방법이 어째서 중요한지를 선명하게 드러낸다. 그 다음 자연스럽게 우리 발명의 특징을 도출하는 것이다. 종래기술의 문제점을 설명하면서 과학적이거나 혹은 현실적인 경험을 진술하고, 그러면서 기술적 과제가 선정되고, 그 과제를 해결하는 발명의 원리가 필연적인 법칙인 것처럼 논리화하는 방식의 논증이다. 이런 논증은 실무자에게 익숙할 것이다. 특허문서의 기본적인 논법이기도 하기 때문이다. 의도는 이러하다. 이런 논리 과정을 통해서 우리 발명의 구성요소들이 결합해 만들어내는 특유한 해결원리에 인용발명이 개입할 여지를 차단하려는 것이다. 결과적으로 구성요소만을 대비한다면 외견상 사소한 차이점으로 보이는 것이 실제로는 진보성에 결정적인 영향을 미치는 특징점임을 논증한다.

물론 이런 방법을 실무상 언제나 활용할 수 있는 것은 아닌 것 같다. 귀납논증은 항상 구체적인 근거를 필요로 하기 때문이다. 명세서의 <배경기술>과 <기술적 과제>에 그와 같은 논증이 적절하게 기재돼 있다면 도움이 될 것이다. 이와 관련해서는 특허문서 작법에서 상세히 설명했다.

예제 235에서 실무자는 본원발명과 인용발명 1을 대비하기 전에 본원발명의 특징이 갖는 의미를 종래기술의 문제점에서 귀납하며 논증했다. 그런 과정을 거침으로써 심사관으로 하여금 자신의 판단에 의문이 들게 한 다음에 인용발명과 대비하는 것이다.

예제 235 (특허 1602076)

<의견내용>

심사관님께서는 본원 제1항 발명에 대하여 인용발명 1과 비교하여 진보성을 부정하셨는바, 이하에서는 본원 제1항 발명이 인용발명 1로부터 용이하게 도출될 수 없어 진보성이 인정되어야 함을 말씀드리도록 하겠습니다.

본원 제1항 발명은 알킬화 반응을 촉진하는 촉매의 존재 하에 벤젠, 톨루엔 및 이들의 혼합물로부터 선택된 방향족 탄화수소와 메탄올, 디메틸 에테르 및 이들의 혼합물로부터 선택된 알킬화제의 접촉을 포함하는 알킬화 반응에 의해 크실렌을 제조하기 위한 유동상 반응기 시스템에 관한 것입니다. 본원 제1항 발명에 따른 반응기 시스템은 알킬화제 및 방향족 탄화수소 중 1 이상의 단화 주입을 포함하는 것을 특징으로 합니다. 또한, 반응기 시스템은 배플 재료에 의해 분리된 다수의 주입 단을 특징으로 하며, 배플 재료는 알킬화 반응에 의한 크실렌의 제조에서 기상 역혼합, 바이패스 현상 및 기포 크기 중 1 이상을 감소시키고 촉매가 배플 재료를 통과하게 하는데 적합한 것을 특징으로 합니다.

본원 명세서 [0008] 단락에 기재된 바와 같이, 유동상의 바닥부에서 생성된 기포는 이것이 최대 안정 기포 크기에 도달하기까지 그 상을 통해 상승함에 따라 커지게 합니다. 기포는 상이한 속도로 커질 것이기 때문에, 통상적으로 유동상의 기포 크기의 분포는 넓을 것이며, 넓은 기포 크기 분포는 전역 수준(level)(수평 방향을 가로지르는 균등하지 않은 축 방향 속도(axial velocity) 프로필로 인함)에서뿐만 아니라 국부 수준(난류 맴돌이(turbulent eddy)의 생성으로 인함)에서도 현저한 기상 역혼합을 일으킬 수 있습니다.

이렇듯 넓은 기포 크기 분포는 심각한 기상 역혼합을 초래할 수 있는데, 이는 소정 생성물의 일부를 예상된 반응기 체류 시간보다 더 오랫동안 활성 촉매와 접촉하도록 합니다. 다른 한편으로는, 역혼합이 기상체류 시간을 증가시키지만, 또 다른 현상이 동시에 기상 체류 시간을 감소시킬 수 있습니다. 큰 기포는 또한 기체 바이패스(by-pass)를 일으키는 연속적 걸프 스트리밍 흐름(gulf-streaming flow) 구조를 생성할 수 있으며, 이는 기체가 촉매와 적게 접촉하면서 상을 빠르게 통과하도록 하여 체류 시간을 감소시킵니다. 바이패스 구역에서 기체와 활성 촉매 사이의 불량한 접촉은 반응물 전환율을 감소시키고 유동상(반응기 체적) 이용 효율을 낮게 합니다.

본원 명세서 [0010] 단락에 기재되어 있듯이, 역혼합이 일반적으로 메탄올 전환의 경우 양호하다고 생각되지만, 본 발명자들은 배플 시스템의 존재 하의 단화 주입(staged injection)이 목적하는 p-크실렌의 덜 바람직한 이성체로의 이성체화와 같은 부수적 반응을 방지하고, p-크실렌으로의 선택성을 약 60-70 중량%으로부터 80 중량% 이상으로, 예를 들어 실시양태에서 80-90 중량%으로 개선하는 것을 발견하였습니다. 놀랍게도 본 발명자들은 이를 적합하게 하는 방법 및 장치 또는 시스템을 발견하였으며, 여기서 더 작고 더 균일하여 제어 가능한 기포 크기를 얻도록 심부(deep) 유동상에서 단화 배플을 이용함으로써, 그리고 소정 생성물을 더욱 효과적으로 생성하도록 단화 배플 선택성으로서 구조화된 패킹 층

(structured packing layer)의 사용과 반응기 상으로의 단화 메탄올 주입(staged methanol injection)을 조합함으로써, 감소된 기상 역혼합과 바이패스 현상의 조합이 협력하여 작동할 수 있어서, 촉매 이용 효율을 증가시킬뿐만 아니라 전환율 및 선택성을 모두 개선시킬 수 있었던 것입니다.

또한, 본원 제1항 발명에서 반응기를 다수의 단으로 분리하는데 사용되는 배플 재료는 유동상 반응기를 통해 촉매 입자의 이동을 억제하지 않습니다. 본원 제1항 발명은 보정에 의해 그러한 점이 보다 명확해졌습니다. 본원 명세서 [0032] 단락에도 기재되어 있듯이, 패킹 재료는 기체 및 촉매 고체 양쪽을 통과시키는 높은 개구 영역을 가져야하는 것입니다.

인용발명 1에는 본원 제1항 발명의 기술적 특징에 대해 전혀 교시하는 바가 없습니다. 인용발명 1은 톨루엔과 메탄올 사이의 알킬화 반응으로부터 파라-크실렌을 제조하기 위해 방향족 반응물질을 높은 전환율 및 높은 선택도로 알킬화하기 위한 방법을 제공하고자 하는 것입니다. 이를 위하여, 인용발명 1은 방향족 반응체를 유동상 반응 영역의 제1의 위치에 있어서 유동상 반응 영역에 도입하는 것, 알킬화작용 물질을 상기 제1의 위치보다 하류의 제2의 위치에 있어서 유동상 반응 영역에 도입하는 것, 그리고 방향족 반응체와 알킬화작용 물질의 반응에 의해 제조된 알킬화 방향족 생성물을 유동상 반응 영역으로부터 회수하는 것을 포함하는, 방향족 반응체를 알킬화하여 알킬화 방향족 생성물을 제조하기 위한 방법을 개시하고 있습니다.

그러나, 인용발명 1에는 유동상의 바닥부에서 생성된 기포에 의한 문제점을 인식하고 있지 못하며 따라서 이를 해결하고자 하는 목적이나 수단을 제공하거나 교시하고 있지 못합니다. 특히, 인용발명 1은 기상역혼합, 바이패스 현상 및 기포 크기와 관련된 기술적 사항에 대해서 아무런 언급조차 없습니다.

이러한 점에서, 통상의 기술자는 인용발명 1에 개시된 사항에 근거하여 본원발명을 용이하게 도출할 수 있다고 볼 수는 없으며, 특히 본원발명에서와 같은 배플 재료를 추가할 것을 용이하게 도출할 수 있다고 인정할만한 근거나 동기는 인정될수 없고, 본원발명에서 배플 재료의 추가에 의한 효과 역시 인용발명 1로부터는 예측할 수 없는 것이라 할 것입니다. 따라서 통상의 기술자라고 할지라도 인용발명 1로부터 용이하게 도출할 수 있다고 볼 근거는 없는바, 진보성이 인정되어야 할 것입니다.

(7) 수치한정발명의 임계적 의의를 주장하는 경우

수치한정발명이란 청구항에 기재된 발명의 구성 일부가 수량적으로 표현된 발명을 뜻한다. 수치한정발명의 진보성을 주장하는 경우에는 보통 세 가지 중 어느 하나를 주장한다. 첫째, 그 수치의 임계적 의의를 주장하든가,[10] 둘째, 임계적 의의가 없다면 수치한정이 보충적인 사항에 불과하고 진보성을 인정할 수 있는 다른 구성요소가 있다거나, 셋째, 전혀 다른 수치한정임을 입증하든가.[11] 두 번째 사항은 실무적으로 특별히 문제되지 않는다. 진보성이 인정될 수 있는 요소를 강조하면 그만이기 때문이다. 실제로는 어떻게 임계적 의의를 주장할 것인지가 실무자의 관심이며, 또한 세 번째 사항으로서 인용발명과는 다른 목적이 있으며, 그 효과도 이질적임을 어떻게 논증할 것인지가 중요하다.

예제 236은 독립항의 진보성이 부인되자 그 청구항에 수치한정을 추가하는 보정을 한 후 임계적 의의를 밝힌 의견서다. 이런 논증이 통한 까닭은 예제 236의 인용발명에 수치한정의 범위가 중복되지 않기 때문이다. 과즙률의 경우에는 본원과 인용발명 사이에 다른 수치범위를 보이며, 알코올농도와 과즙률의 관계(B/A)에 관한 수치범위에 대해서 인용발명은 아무런 언급이 없다. 그러므로 실무자가 논증하기 좋은 케이스라 하겠다.

> **예제 236 (특허 1601991)**
>
> <의견내용>
>
> 심사관님께서는 본원발명은 비교대상발명 1과 2로부터 용이하게 발명할 수 있다고 지적하셨습니다. 우선 본 출원인은 본원의 청구항 제1항을 하기와 같이 보정하였습니다.
>
> [청구항 1]
>
> 알코올 도수 (A)가 9 v/v% 이상이고, 과즙률 (B)가 100% 이상이고, B/A가 11.5 이상인 과즙 함유 알코올 음료로서, 상기 과즙은 사과 과즙, 그레이프프루트 과즙, 및 포도 과즙으로 이루어지는 군에서 선택되는 1 종이고,

(A) 상기 과즙이 사과 과즙인 경우에는 5.0 ㎎/100 ㎖ 이상의 클로로겐산류를 함유하고,

(B) 상기 과즙이 그레이프프루트 과즙인 경우에는 60 ㎎/100 ㎖ 이상의 말산을 함유하고, 그리고,

(C) 상기 과즙이 포도 과즙인 경우에는 30 ㎎/100 ㎖ 이상의 칼륨 이온을 함유하는 상기 알코올 음료.

즉, 보정된 본원발명은 과즙률(B)이 100% 이상이고, B/A가 11.5 이상인 것을 추가 구성적 특징으로 하는 과즙 함유 알코올 음료입니다. 이러한 구성적 특징에 따른 효과는 본원 명세서로부터 뒷받침되는 것으로, 이에 대해 후술합니다.

과즙률 (B)≥100%

본원발명의 음료의 과즙율은 '100% 이상'으로서, 이러한 구성에 의해 본원발명이 고알코올 음료임에도 알코올의 자극감을 효과적으로 저감할 수 있습니다.

<0053> 본 발명의 알코올 음료는 사과 과즙, 그레이프프루트 과즙 또는 포도 과즙을 함유하는 것으로서, 각각의 과실이 갖는 풍미를 맛볼 수 있는 음료이다. 그리고, 본 발명의 알코올 음료에서는 이들 과즙에 첨가하여, 필요에 따라 각각의 과실의 향미를 갖는 향료를 사용하여도 된다. 각 과실의 풍미를 맛볼 수 있는 것이라면 과즙이나 향료의 배합량은 상관없지만, 과즙률 환산으로 80 % 이상, 바람직하게는 100 % 이상이 되도록 과즙을 배합하면 고알코올 음료에 있어서의 알코올의 자극을 저감 또는 소거할 수 있으므로 바람직하다.

<0057> 일반적으로 「과즙률」이란 과실을 착즙하여 얻어지는 스트레이트 과즙을 100 % 로 했을 때의 상대 농도이고, JAS 규격 (과실 음료의 일본 농림 규격)에 나타내는 각 과실에 특유의 당용 굴절 지시도의 기준에 기초하여 환산할 수 있다.

그러나 비교대상발명에는 이러한 본원발명의 기술적 특징, 즉 과즙률에 따른 알코올 자극의 저감에 대해 전혀 기재하거나 시사하고 있지 않습니다.

비교대상발명 1의 청구항 제2항에는 0.5~40w/v%라는 기재가 있지만, 본원발명의 과즙률은 그보다도 현저하게 과즙률이 높은 것입니다. 특히, 비교대상발명 1의 실시예에는 레몬(실시예 1), 글레이프프루트(실시예 2), 오렌지(실시예 3)의 스트레이트 과즙(100% 과즙)을 음료 1000 L 중에 25~30kg 첨가하고 있습니다만, 이들 과즙 배합량은 과즙률 환산에서 약 2~3%에 지나지 않습니다. 즉, 본원발명의 과즙률은 비교대상발명보다도 현저하게 높은 것으로서, 인용발명은 본원발명의 구성에 대해 전혀 기재하지도 않고 있고, 그로 인한 효과도 인식하지 못하고 있습니다.

B/A≥11.5

본원 명세서에 기재된 바와 같이, 본원발명에서는 B/A는 11.5 이상으로 함으로써, 알코올에 의한 자극감을 더욱 효과적으로 저감하고 있습니다. 이와 관련하여, 본원 명세서에는 하기와 같이 구성에 따른 효과에 대해 기재하고 있습니다.

<0062> 본 발명의 과즙 함유 고알코올 음료에서는 과즙의 배합량(사과, 그레이프프루트, 및 포도 이외의 과즙을 배합하는 경우에는 그들의 양도 포함한다)이 알코올에 대해 과즙률 환산으로 11.5 배 이상이면 음료의 알코올 자극을 거의 소거할 수 있기 때문에 바람직하다. 여기에서, 「알코올에 대해 과즙률 환산으로 11.5 배 이상」이란 알코올 1 v/v% 당 환산되는 과즙률의 비율이 11.5 배 이상인 것, 즉 본 발명의 알코올 음료 중의 (A) 알코올 농도(v/v%)와 (B) 과즙률(%)을 지표로 하여 B/A 의 값이 11.5 이상인 것을 의미한다.

B/A를 11.5 이상으로 하면 특히 큰 효과를 수득할 수 있는 것은 본원명세서 실시예에서도 확인되어 있습니다. 즉, 사과 과즙을 함유하는 음료는 실시예 5, 실시예 6, 포도 과즙 함유음료는 실시예 8, 실시예 9, 실시예 10, 실시예 11에 기재되어 있고 B/A가 11.5 이상으로 하면 탁월한 효과가 수득되는 것이 입증되어 있습니다.

그러나 비교대상발명 어디에도 B/A를 11.5 이상으로 하는 것은 어떠한 기재도 없으며, 상기 구성에 따른 본원발명의 효과에 대해 시사하지도 인식하지도 못하고 있습니다. 따라서 본원발명은 비교대상발명 1과 2로부터 그 구성의 곤란성 및 효과의 비예측가능성이 인정되는 진보한 것입니다.

예제 237은 '제1전극층과 제1반도체층이 접촉하는 면적이 발광구조물 면적의 3 내지 13%인 것'이라는 요소의 진보성을 강조한 사례다. 1차 심사결과에서 심사관은 이러한 수치한정의 임계적 의의를 인정하지 않았다. 그런 심사관을 설득하기 위해서는 임계적 의의가 구체적이어야 한다. 예제 237의 실제 의견서에서 실무자는 5개의 실험 데이터 도면을 제시하면서 임계적 의의가 당업자가 용이하게 예측할 수 있는 범위 밖에 있음을 논증했다.

예제 237 (특허 1601626)

<의견내용>

본원 제1항에 기재된 접속면적 한정의 의미

우선, 본원 청구항 제1항에 기재된 "제1 전극층과 제1 반도체층이 접촉하는 면적에 관련된 수치 사항"은 고유한 임계적인 의의가 있다는 점이 간과되어서는 안됩니다. 이에 대해서, 심사관께서는 반복적인 실험을 통해서 얻어지는 자명한 사항이라고 지적하셨으나, 접속면적이 증가하면 비저항이 감소한다는 통상적인 접근(예, 인용 발명 2)과 달리, 다양한 인자를 고려하여 최종 광효율의 관점에서 얻어진 조건이 며, 그 결과도 예기치 않게 특정한 구간으로 나타나는 점에서 의미가 있습니다.

구체적으로, 본원 청구항 제1항에 기재된 조건은 제1 전극층(콘택홀)의 접속면적에 따른 저항(R1) 외에도, 그 저항(R1)과 제2 전극층의 접속면적에 따른 저항(R2)의 직렬 저항값(R3)을 고려하여 얻어진 결과(본원의 도5 및 도6 참조)입니다. 즉, 두 접속면적에 따른 저항뿐만 아니라, 최종적인 발광면적의 변화를 고려하고, 최종적으로 광효율의 관점에서 얻어진 조건(본원의 도7 참조)입니다.

또한, 이러한 종합적인 고려로부터 얻어진 결과(도7)는 접촉면적의 증가에 따른 선형적인 증가와 같이 단순히 예측 가능한 결과가 아니라, 높은 수준의 광효율(예, 80% 이상)을 나타내는 조건이 하한뿐만 아니라 상한까지 정의되는 구간(예, 30000 내지 130000μm^2)으로 나타났습니다. 이러한 구간을 일반화하여, 본원 청구범위 제1항에 기재된 바와 같이, "제1 전극층과 제1 반도체층이 접촉하는 면적"을 발광구조물 면적의 3 내지 13%라고 특정한 것입니다.

이러한 일반화된 결과는 당업자가 용이하게 예측할 수 있는 사항도 아닐 뿐만 아니라, 다른 구조의 반도체 발광소자와 달리, 본원 청구항 제1항에 기재된 구조에서 나타나는 고유한 결과로 볼 수 있다는 점에서 자명한 사항이 아니라 할 수 있습니다. 예를 들어, 본원 발명의 다른 구조로 예시된 도9에 도시된 반도체 발광소자의 경우에는, 본원의 도10 및 도11에 나타난 바와 같이, 하한이 0에 가까운 조건 (0.615%)으로 나타난 반면에, 본원 청구항 제1항에 따른 구조에서 제1 전극층과 제1 반도체층의 접촉 면적은 3% 이상이라는 상대적으로 큰 값으로서 의미 있는 하한 조건을 제시하고 있다는 점에서 본원 발명의 구조와 관련된 고유한 사항이 며, 일반적으로 예측될 수 있는 결과가 아니라 할 수 있습니다.

(8) 확증편향이 매우 강한 심사결과에 대한 대응

실무자들은 종종 심사관의 통지서를 읽으며 화를 낸다. 심사관의 결론이 마뜩치 않지만 무엇보다 통지서에 적혀 있는 심사관의 잘못된 논리와 불성실한 태도에 납득하지 못한다는 것이다. 실무자도 감정이 있고 흥분할 수 있다. 물론 이런 경우가 자주 발생하는 것은 아니다. 실무자가 반응하는 잘못과 불성실이 정말로 발생했다고 하더라도 심사라는 과업도 인간이 하는 일이어서 기계처럼 문제 없이 결과를 내는 것은 아니라는 점, 인간의 과업은 언제나 흠이 있게 마련이어서 그렇기 때문에 심판절차가 예비되어 있다는 점, 오해와 착각으로 말미암아 그런 '말도 안 되는' 심사를 했다면 그것을 풀어주는 것이 실무자의 역할이라는 점, 무엇보다 심사의 대상이 된 우리 발명이 본디 미약하다면 심사관의 논리적인 문제점을 치유하더라도 여전히 거절될 가능성이 있다는 점 등을 두루 감안하자. 냉정함을 잃지 말아야 한다는 이야기다.

어쨌든 확증편향이 강한 심사결과를 받아 볼 때 실무자는 곤혹스럽다. 열심히 의견서를 작성해서 제출하더라도 심사관의 판단을 뒤집지 못할 것으로 예상되기 때문이다. 결국 거절될 것이 예견될 때 실무자는 무엇을 어떻게 해야 하는가? 솔직히 나도 잘 모르겠다. 출원인이 가령 대기업이어서 역량이 충분하고 싸우는 데 딱히 비용문제를 걱정하지 않는다면, 그리고 심판과 심결취소소송 절차까지 가서 기어이 특허를 받겠다는 의지가 있다면 심사관의 확증편향은 큰 문제가 되지는 않을 것이다. 그러나 모든 출원인이 그렇지는 않다. 개인이나 소기업의 경우 언제나 빈약한 역량과 연약한 의지가 중간사건 이후의 절차를 핍박할 수 있다. 심사관의 판단이 부당함에도 체념할 가능성이 있다. 요컨대 심사관 개인의 확증편향은 그것이 설령 출원인이 누군인지와 무관한 중립적인 태도라 하더라도 현실적으로는 개인과 소기업에게 더 불리할 따름이다. 이런 현실 한 가운데에 있는 실무자로서는 확증편향이 강한 심사결과를 받아볼 때마다 고민에 빠질 수밖에 없다.

실무자에게도 잘못된 반대편향이 발생한다. 어지간해서는 심사결과를 뒤집을 수 없다는 것을 예감하고 있기 때문에 어떻게든 특허를 받기 위해서 특허범위를 크게 감축하는 것이다. 심사관의 확증편향이 강할수록 실무자의 특허범위 축소 범위도 비례적으로 커진다면 그것이야말로 더 큰 문제가 되겠다. 특허라는 결과만이 중요하다면 특허범위의 축소는 슬기로운 대책일 수 있다. 그러나 실무자는 특허라는 결과뿐 아니라 출원인의 사업도 염두에 둬야 한다. 그러므로 첫째 그런 특허범위로도 출원인의 실시 사업을 충분히 보호할 수 있는지에 대한 검토가 선행되어야 하며, 둘째 그런 검토는 출원인과 충분히 소통돼야 한다(전문적인 언어를 이용한 통지가 아니라 일상 언어로 공평하게 이뤄지는 소통이 필요하다). 타협은 출원인이 하는 것이지 대리인이 결정하는 것이 아니다.

어쨌든 확증편향이 강한 심사관을 설득하는 일은 언제나 어렵다. 더욱이 출원인의 역량과 의지에 따라 대응방법이 달라진다. 출원인의 역량과 의지가 이상적이라면 교과서적인 대응방법은 다음 세 가지로 요약될 수 있을 것 같다.

220

- 거절결정불복심판을 염두에 둔다.
- 그러므로 특허범위를 가급적 좁히지 않는다.
- 거절결정을 감내해야 하기 때문에 출원인과의 소통을 중시한다.

예제 238에서 실무자는 심사관이 확증편향이 몹시 강하다고 간주했다. 통지서에 기재된 근거를 분석해 보건대 과제해결원리를 편견없이 탐색하기보다는 이미 특허에 대한 가부 결론을 내린 채 본원발명과 인용발명을 끼워맞추기식으로 대비하고 있으며, 그 대비가 구체적이기는 하지만 지나치게 과장됐고, 양 발명 사이의 본질적인 차이점들을 일부러 외면하고 있다는 인상을 받은 것이다. 더욱이 그 동안 여러 차례 같은 심사관의 통지서를 경험해서 심사관의 경향이 분석됐다면(실무자도 심사관의 성향에 대한 데이터를 경험적으로 기억한다), 실무자의 그런 분석은 경험에 의해 더욱 강화된다. 이런 점을 감안한다면 심판청구를 염두에 두게 될 터다. 약하고 부드러운 대응은 효과적이지 못하다. 또한 많은 시간을 써서 본원발명과 인용발명을 소상하게 비교하더라도 운명처럼 거절결정될 가능성이 크다. 그래서 예제 238의 실무자는 일부러 다소 공격적인 논조로 의견서를 작성했다. 출원인이 만만치 않으며 심판을 통해서 거절결정이 뒤집어질 수 있다는 메시지를 전하고 싶었던 것이다.

　　물론 일반론적으로는 예제 238 방식의 의견서를 추천하기는 어려울 것이다. 그러나 논증은 구체적으로 이루어져 있고 탄탄한 논리구조를 갖고 있기 때문에 이런 의견서도 쓸 수 있다는 견본쯤은 되겠다. 보정은 형식적으로만 이루어졌다. 한편 예제 238 의견서의 논증이 심사관을 설득할 수 있을 정도에 이르렀다고 가정하더라도 이것은 어디까지나 제시된 인용발명 1과 인용발명 2의 관계에서만 그러하다는 것이다. 새로운 인용발명이 제시된다면 논증은 다시 시작돼야 한다. 이것이 모든 의견서의 근본적인 한계점이라 하겠다.

예제 238

<의견내용>

특허출원 제2015-1234567호(이하 "본원발명"이라 합니다)에 대한 거절이유에 대해서 출원인은 다음과 같이 의견을 제출합니다.

Ⅰ. 심사관님의 거절이유

심사관님은 아래와 같은 인용문헌을 제시하면서 본원발명 청구항 전체에 대해서 진보성을 부인하는 거절이유를 통지하였습니다. 심사관님께서 제시한 이유와 근거는 이하의 의견서에서 다시 거론하기로 하겠습니다.

인용발명 1: 미국 특허공보 US8814046호

인용발명 2: 대한민국 공개특허공보 제10-2015-0012613호

Ⅱ. 특허청구범위에 대한 보정

본 의견서와 동일자로 제출되는 보정서에 의하여, 심사관님이 안내한 바에 따라서 청구항 제9항의 '금용기관 서버'를 '금융기관 서버'로 오기를 정정하는 보정을

하였습니다.

심사관님의 판단에 대해서는 기술적 범위를 축소하기보다는 논리적으로 반박하고자 합니다. 다만, 자기장 발생기가 모바일 컴퓨팅 디바이스에 내장되어 있는 구성이라는 점을 명확히 하는 보정을 독립항에 추가하였습니다.

III. 거절이유에 대한 출원인의 의견

1. 불가능한 것을 가능하다고 믿는 당업자의 판단으로 인용발명들이 판단되었으므로 그 판단에 수긍할 현실적이고 합리적인 당업자는 없습니다.

가. 심사관님은 본원발명의 진보성을 부인하면서 주된 인용발명으로 인용발명 1을 제시하였습니다. 그러나 심사관님도 아시다시피 본원발명에는 7개의 구성요소의 결합으로 이루어져 있는 반면 인용발명 1은 그 중 극히 일부의 구성요소에만 공통점이 있어서 그 차이가 심합니다. 심한 차이를 인용발명 2를 이용해서 메울 수 있다는 것이 심사관님의 논리입니다만, 그러려면 인용발명 1과 인용발명 2의 가교역할을 하는 동기가 있어야 하는데(거절이유에서는 결합의 동기가 검토되지 않았습니다), 양 발명은 지나치게 멀리 떨어져 있어서 양 발명 사이에 다리를 놓을 수 없습니다. 이런 상황에서 인용발명 1과 인용발명 2가 결합돼서 본원의 진보성을 부인하려면 전지적이고 전능한 당업자가 양 발명 사이를 '용이하게' 넘나드는 수밖에 없습니다. 출원인은 이 분야의 '현실적인' 당업자로서 심사관님의 판단을 합리적으로 납득하기 힘듭니다.

나. 인용발명 1을 주된 인용발명으로 하고, 거기에 인용발명 2를 결합하여 본원발명의 모든 청구항 발명의 진보성을 부인한 심사관님의 논리는,
첫째 인용발명 1은 비록 본원발명과 차이가 있음에도 주된 인용발명의 자격이 될 정도로 기본적으로 그 기술특징이 본원발명과 대응함을 전제로 하며,
둘째 인용발명 1과 인용발명 2의 결합이 용이함을 전제로 합니다.
만약 이 두 가지 전제사항이 정말 올바르다면, 그 결합발명이 과연 본원발명과 대응하는지만을 하나씩 따지면 되겠습니다. 그러나 만약 이 두 가지 전제사항 중 어느 하나라도 잘못되었다면 심사관님의 결론 자체가 근거를 잃어버리게 되는 결과가 됩니다. 출원인은 먼저 거절이유의 전제가 되는 위 두 가지 전제가 잘못되었음을, 아래의 반론을 통해서 침착하게 밝히고자 합니다.

다. 먼저 첫 번째 전제사항을 살펴보겠습니다. 심사관님은 인용발명 1과 본원발명의 차이점을 인정하였습니다. 그럼에도 인용발명 1을 주된 인용발명으로 삼은 까닭은 기본적은 양 발명의 기술특징이 대응되기 때문임을 전제합니다.

공통점이 있기는 합니다. 오래된 결제기술인 자기장 전송 기술을 이용해서 결제한다는 점에서 공통점이 있고 그렇기 때문에 본원발명의 명세서에서 인용발명 1을 명시적으로 표현하기도 했습니다. 그러나 공통점은 한 줌에 불과하며 차이점이 훨씬 더 많습니다.

첫째, 기본적인 과제해결원리가 다릅니다. 인용발명 1은 스마트폰에 신용카드 결제 정보가 저장되어 있고, 별도의 외부 장치인 캡슐형태의 자기장 전송기가 있어서 그것을 스마트폰의 오디오 잭에 꽂아서 결제하는 구성을 특징으로 삼습니다. 인용발명 1로서는 신용카드 자체가 스마트폰에 있기 때문에 스마트폰과 서버와의 통신이라는 관념이 아예 없습니다. 반면 본원발명은 스마트폰과 서버와의 통신이라는 관념이 핵심을 이루고 있습니다. 본원발명은 스마트폰에 신용카드 결제정보가 저장되지 않으며 캡슐형태의 외장 기기도 필요로 하지 않고 그러므로 오디오 잭을 이용하지도 않습니다. 그런데 본원발명에 없는 그런 특징이 인용발명 1의 특징이며, 본원발명의 특징은 인용발명 1에는 없습니다. 여기에서의 핵심은 저기에 없고, 저기에서의 핵심은 여기에 없는 관계가 인용발명 1과 본원발명 사이의 관계이며, 이는 과제해결원리가 기본적으로 다르기 때문입니다. 이런 점에서 인용발명 1은 본원발명의 진보성을 부인하는 주된 인용발명이 될 자격이 없습니다.

223

둘째, 본원발명의 청구항 제1항은 7단계가 시계열적으로 결합된 발명이어서, 그 중 마지막 (f) 단계의 일부 기재사항으로 함부로 축소될 수 없는 발명입니다. 구성요소의 유기적인 결합으로 이루어진 발명을 마음대로 해체해서 분리하면 그것은 더 이상 발명이 아님을 심사관님도 잘 아실 것입니다. 심사의 편의와 판단의 편리를 위해서 분리대비하는 것이 필요할지는 몰라도 그럴 때마다 발명의 특징이 사라지지는 않는지 유념해야 합니다.

심사는 쉬워도 발명은 어렵습니다. 판단은 재빠르고 과감하게 할 수는 있겠으나, 발명이 제안되기까지는 숱한 땀과 연구가 있게 마련입니다. 인용발명 1의 특징은 청구항 제1항 발명의 (f) 단계 중 일부 기재사항, 즉 "자기장 발생기를 이용하여 자기장을 통해 근접해 있는 결제 단말기로 전송"하는 부분에만 관련됩니다. 나머지는 모두 다릅니다.

본원발명에도 자기장 전송이 있기는 하지만, 그것이 갖는 의미는 서버와의 필수적인 사전 과정을 거쳐서 수신한 앱 카드 데이터를 "결과적으로 자기장 전송"하는 정도인데, 그 "결과적으로 자기장 전송"만으로 인용발명 1을 주된 인용발명으로 삼는 것은 척 보면 모든 것을 알아채는 신화 속 당업자 수준이 아니라면 기이한 일입니다.

셋째, 심사관님은 본원발명 제1항의 (a) 단계, (e) 단계, (f) 단계, (g) 단계가 인용발명 1의 기재에 대응한다는 취지로 판단하였습니다. (a) 단계를 제외하고는 사실이 아닙니다. 본원발명의 (e) 단계는 <마그네틱 카드 데이터 포맷의 앱 카드 데이터를 수신하는 단계>입니다. 인용발명 1은 앱 카드 데이터라는 개념이 없고 서버로부터 그런 데이터를 "수신"한다는 절차 자체가 없고, 그럴 수도 없고, 그렇게 해서도 안 되는 기술이 인용발명 1입니다. 단지 전자 지갑 애플리케이션(102)을 통해서 스마트폰에 저장되어 있는 신용카드를 선택할 뿐입니다. (f) 단계와 (g) 단계도 동일한 것이 아니라 일부만 같을 뿐입니다. 본원발명의 해당 단계들은 <외부 서버로부터 수신한 앱 카드 데이터>에 관련한 데이터 처리 로직인데 인용발명 1에는 그런 개념이 없고, 본원발명은 예컨대 스마트폰 내에 내장된 자기장 발생기를 이용하지만, 인용발명 1은 별도의 캡슐형태의 외장 기기를 스마트폰 오디오잭에 연결해서 자기장 전송을 하는 것이어서 하드웨어 기작도 다릅니다. 요컨대 인용발명 1은 본원발명의 절반 이상의 구성요소((b), (c), (d), (e) 단계)가 아예 없고, 나머지 (f), (g) 단계도 달라서, 본원발명의 진보성을 부인함에 있어 주된 인용발명이 될 자격이 없는 발명입니다.

이상으로 인용발명 1이 주된 인용발명이 될 정도로 본원발명과 기술특징이 대응된다는 전제는 충분히 무너졌다고 사료됩니다. 인용발명 1에 대한 공박에 맞서서 논리적으로 인용발명 2 뒤에 숨는 방어 논리가 남아 있기는 합니다.

라. 그러면 이제 두 번째 전제사항을 반박하고자 합니다. 인용발명 1과 인용발명 2의 결합이 용이하다는 전제입니다. 과연 그렇습니까? 당업자가 인용발명 1과 인용발명 2를 용이하게 결합할 수 있을까요? 심사관님은 양 발명의 결합에 도무지 의심하지 않았습니다.

첫째, 본원발명의 존재를 당업자가 모릅니다. 심사관님도 아시다시피 진보성을 판단함에 있어 사후적 판단은 금지되어 있기 때문에, 당업자는 본원발명의 존재를 모르는 것으로 간주되고, 그런 상황에서 인용발명 1과 인용발명 2의 결합을 따져야 합니다.

둘째, 그러면 인용발명 1과 인용발명 2의 특징을 살펴보겠습니다.

인용발명 1은 앞에서 살펴본 것처럼, 스마트폰에 신용카드 결제 정보가 저장되어 있다는 것이며, 캡슐형태의 자기장 전송기가 있다는 것이고, 그래서 스마트폰 전자지갑 애플리케이션을 실행한 다음에 캡슐 전송기를 스마트폰의

224

오디오 잭에 꽂아서 신용카드 결제를 하겠다는 내용입니다.

반면 인용발명 2는 기존에 없던 아주 색다른 결제기술을 제안하는데, 스마트폰(이동통신단말)과는 별개의 하드웨어인 <일회용카드 단말(10, 100)>을 제안하는 것입니다. 인용발명 2의 신용카드 결제 원리는 이렇습니다. 먼저 스마트폰이 매장에 있는 일회용카드 단말로부터 매장식별정보를 획득합니다(바코드 인식 등의 방법을 이용). 그런 다음에 스마트폰은 결제서버와 통신하여 매장식별정보를 알려주고 사전 결제를 행합니다(본원은 사전결제라는 관념이 없습니다). 그리고 임시카드번호를 발급한 다음에, 그 임시카드번호를 다시 일회용카드 단말(10, 100)로 전송합니다(본원처럼 스마트폰에 전송하는 것은 아닙니다). 그리고 그 일회용카드 단말을 이용해서 매장에서 포스 단말로 결제하는 매우 복잡한 과정을 거칩니다. 어쨌든 그런 프로세스로 결제하겠다는 것이 인용발명 2의 특징입니다.

이와 같은 인용발명 1과 인용발명 2에 있어서 도대체 어떤 공통점이 있습니까? 신용카드 결제기술이라는 기술분야의 공통점을 제외하고는 기술특징이 전혀 다릅니다. 어떤 당업자도 인용발명 1로부터 인용발명 2의 결합을, 혹은 거꾸로 인용발명 2에서 인용발명 1과의 결합 필요성을 생각할 수조차 없습니다.

셋째, 결합 자체가 불가능합니다. 기본적으로 인용발명 1은 스마트폰 오디오 잭에 연결해서 사용할 캡슐형태의 자기장 전송 기기가 있어야 합니다. 그것을 이용해서 스마트폰에 내장된 신용카드를 이용하여 결제하겠다는 것입니다. 인용발명 2는 결제서버와 통신하는 일회용카드 단말이라는 하드웨어가 필수적으로 있어야 합니다. 인용발명 1의 관점에서는 결제서버의 존재도 인용발명 2의 특징인 일회용카드 단말의 존재도 필요하지 않습니다. 인용발명 2의 관점에서는 캡슐형태의 자기장 전송 기기가 전혀 필요 없습니다. 일회용카드 단말 자체가 신용카드와 같은 형태의 구성이어서 스와이핑하여 자기장 결제를 할 수 있기 때문입니다(단, 인용발명 2의 일회용카드 단말은, 당업자에게 다소 기이하지만, 매장에 비치되어 있는 디바이스입니다).

넷째, 실재가 이러함에도 인용발명 1과 인용발명 2를 결합한다면, 그것은 불가능을 가능하게 할 수 있다는 당업자의 관념만 있을 뿐입니다. 그런 당업자는 한편으로는 불가능을 가능으로 믿는 전지전능한 기술환상에 빠진 당업자에 불과하여 특허법의 당업자가 아니며, 다른 한편으로는 본원발명의 존재를 알고 있어서 그것을 부인하기 위해서 불가능한 결합을 억지로 가능하게 한 고집스러운 당업자여서 역시 특허법의 당업자는 아닙니다.

225

이로써 두 번째 전제사항도 충분히 무너졌다고 사료됩니다. 그러므로 두 가지 필수적인 전제사항을 잃어버린 거절이유는 그 논리적 근거를 잃었으므로 특허결정이 내려져야 한다는 결론에 이릅니다.

2. 설령 인용발명 1과 인용발명 2의 결합발명이라도 하더라도 본원발명과는 다릅니다.

가. 심사관님은 "그러나 이 차이는 인용발명 2에 공지된 이동통신단말이 사용자 식별정보를 포함하는 정보를 전송하여(1-2) 임시카드번호의 발급을 요청하면 (1-3) 결제서버는 결제가능한 임시카드번호를 발급하는 것(1-4)(인용발명의 청구항 1, 도 2 참조)에 의하여" 당업자가 용이하게 도출할 수 있는 사항이라고 판단하였는데, 인용발명 2를 잘못 이해하고 있습니다.

나. 인용발명 2에서 결제서버가 결제가능한 임시카드번호를 발급하는 것은 본원발명의 <(d) 상기 금융기관 서버가 마그네틱 카드 데이터 포맷의 앱 카드 데이터를 생성하여 상기 모바일 컴퓨팅 디바이스로 전송하는 단계>와 대응하지도 않습니다. 인용발명 2에서 물론 결제서버가 임시카드번호를 발급하기는 합니다. 그러나 그것은 본원발명의 원리와 유사하게, 결제서버가 이동통신단말로 임시카드번호를 전송하는 구성이 전혀 아닙니다. 결제서버가, 이동통신단말이 아닌, 그것과는 별도의 하드웨어인 <일회용카드 단말>에 전송하는 구성입니다.

다시 말하면, 본원발명은 앱 카드 데이터를 요청하고 수신하는 주체가 모바일 컴퓨팅 디바이스(예컨대 스마트폰)로 동일합니다. 그러나 인용발명 2는 임시카드번호를 요청하는 주체와 임시카드번호를 수신하는 주체가 다릅니다. 전자는 이동통신단말이 하고 후자는 일회용카드 단말이 합니다. 또한 본원발명은 (g) 단계에서 최종 결제가 행해지고 그 이전에는 어떠한 결제도 존재하지 않습니다. 그러나 인용발명 2는 이동통신단말과 결제서버가 모바일 결제를 일단 결제를 진행합니다. 그런 다음에 매장에서 일회용카드 단말로 다시 결제를 행하는 구조입니다. 완전히 결제방법이 다릅니다. 이런 방법조차 동일하다고 생각하는 당업자는 들어 본 적이 없습니다.

3. 소결

인용발명 1은 본원발명의 진보성을 부인하는 주된 인용발명의 자격이 없는 발명이며, 인용발명 1과 인용발명 2는 이 분야의 통상의 지식을 갖고 있는 당업자의 관점에서는 결합될 수 없는 발명이고 결합돼서도 안 되는 발명이어서 인용발명 1

과 인용발명 2의 결합발명을 전제로 본원발명의 진보성을 부인할 수 없습니다.

무엇보다 인용발명 1과 인용발명 2를 결합하더라도 본원발명의 핵심적인 구성인, "(c) 모바일 컴퓨팅 디바이스가 금융기관 서버로 자기장 통신 데이터를 요청하는 단계와 (d) 금융기관 서버가 마그네틱 카드 데이터 포맷의 앱 카드 데이터를 생성하여 모바일 컴퓨팅 디바이스로 전송하는 단계"가 그 결합발명에 존재하지 않습니다. 인용발명 2는 이동통신단말이 아니라 일회용카드 단말이라는 별도의 기이한 하드웨어에 임시카드번호를 전송합니다(임시카드번호의 발급은 이동통신단말이 합니다).

그렇다면 본원발명의 진보성이 부인되기 어렵다는 결론에 이릅니다. 그러므로 본 의견서와 보정서에 의해 재심사하시어 부디 특허를 허여해 주시기를 간곡히 바라옵니다. 감사합니다.

(9) 구체적인 판단사항이 많은 심사결과에 대한 대응

심사관마다 경향이 있다. 어떤 심사관은 판단사항이 적다. 본원발명의 청구항을 복사해서 붙이고 인용발명에 기재된 문구를 복사해서 붙인 다음에 막연히 서로 구성이 대응된다는 내용의 통지서를 실무자는 자주 접한다. 통지서에는 적지 않은 분량의 글이 적혀 있지만, 막상 대부분의 분량은 실상 Ctrl + c와 Ctrl + v에 의해 작성되었을 뿐, 심사관의 실제 거절이유는 적다. 의견제출통지서에 적힌 실제 판단사항이 적다고 해서 그것만으로 부실심사라고 단정할 수 없다. Ctrl + c와 Ctrl + v를 이용한 분량 채우기는 감사에 민감한 공무원의 문화라고 이해를 해주고 실무자는 그저 심사관의 논리를 추론해서 의견서를 작성한다.

핵심만 간명하게 적혀 있는 통지서가 심사경제에는 이롭다고 나는 생각한다. 심사관의 입장에서는 불필요한 행정업무를 줄일 수 있고, 대리인도 심사관의 논리를 신속하게 이해해서 쟁점이 명확한 의견서를 제출할 수 있기 때문이다. 또한 그 의견서를 심사관이 재빠르게 이해할 수 있어서 심사에 소요되는 시간을 줄일 수 있다. 실무자로서는 심사관의 명료한 견해를 알 수 있어서 차라리 대응하기 쉽다.

오히려 문제는 구체적인 판단사항이 많이 적혀 있는 '친절한' 통지서를 접했을 때다. 나는 앞에서 주장 1과 주장 2를 구별했다. 주장 1은 통지서에 적혀 있는 심사관의 판단이 잘못됐다는 주장이다. 주장 2는 심사관의 판단사항과 무관하게 우리 발명이 특허를 받아야 한다는 주장이다. 의견서는 주장 2의 향연이 아니다. 주장 1을 중심으로 전개돼야 하며 주장 2는 주장 1이 성공함에 따라 드러나는 결론적인 주장이 돼야 한다. 그런데 통지서에 적힌 심사관의 판단사항이 많다면 주장 1을 명쾌하게 전개하기 어렵다. 주장이 너무 많아지면 논리가 산만해지고 결과적으로 설득력이 약해진다. 그렇다고 해서 통지서에 적힌 심사관의 판단을 무시하기도 어렵다. 난감해진다.

어째서 심사관은 구체적인 거절이유를 세세하게 통지서에 기재할까? 심사할 시간이 많아서? 심사관에게 배당된 안건의 수를 고려할 때 꼭 그런 것은 아닌 것 같다. 거절이유를 빼곡하게 기재하면 우수한 심사 사례로 선정될 수 있어서? 글쎄, 과연 그럴까. 여러 장에 걸쳐서 빽빽하게 기재된 거절이유를 접하면 어쩐지 심사관이 높은 수준으로 정밀하게 심사했을 것이라는 인상을 받는다. 실무자로서 위축된다. 그렇다면 특허청 내에서도 정밀심사를 했을 것 같은 인상이 퍼질 수도 있겠다. 하지만 막상 냉정하게 통지서를 독해하면 부실한 판단으로 가득 차 있는 경우도 종종 있다. 아마도 둘 중 하나가 아닐까 생각한다. 첫째, 심사관의 개인적인 성향이다. 메모하면서 심사를 하고 그 메모사항을 그대로 거절이유로 기재하는 습관이 작용함으로써 판단사항이 많아질 수 있다. 둘째, 거절하겠다는 완고한 의지의 표현일 수 있겠다. 이렇게 많은 부분에 대해서 살펴봤으므로 어지간해서는 극복할 수 없다는 심사관의 견해로 해석하는 것이다. 어쨌든 실무자의 관심사는 이것이다. 그래서 그런 세세한 판단사항이 올바른가?

그럴 리는 없다. 숲 안에 있으면 그 숲이 보이지 않는 법이다. 발

228

명의 특이점과 과제해결원리를 충분히 고찰하면서 구성을 대비하는 것이 아니라, 구성요소 하나하나만을 비교하는 경향에서 자유롭기는 힘들 것이다. 우리는 '숲'의 진보성을 말하지만, 심사관은 '나무'의 진보성을 판단한다. 그렇기 때문에 심사관의 판단사항이 늘어난다고 보는 견해가 타당할 것 같다. 그럼에도 의견서를 쓰는 실무자가 괴롭기는 매한가지다. 주장 1보다는 주장 2로 대응하자니 의견서의 논법에 맞지 않는다. 심사관의 그 많은 판단사항 중에서 핵심만 추리는 작업도 용이하지 않다. 그렇다고 심사관의 모든 판단사항을 반박하려고 하면 의견서가 산만해진다. 무엇이 올바른 실무 방법일까?

예제 239는 거절결정에 대한 재심사 의견서다. 1차 의견서를 제출할 때에는 심사관의 판단사항 중 일부만을 취해서 주장 1을 제시하되, 전체적으로는 주장 2를 중심으로 의견서를 작성했다. 그러나 거절이유를 극복하지 못하고 거절됐다. 거절결정서에도 의견제출통지서에 적힌 것처럼 구구절절 판단사항이 이어졌다. 재심사 의견서를 작성하면서 실패한 1차 의견서를 다시 써먹을 수는 없다. 실패한 방법으로는 설득이 힘들기 때문이다. 그래서 실무자는 재심사 의견서를 작성하면서 주장 2보다는 주장 1 중심으로 의견내용을 적되, 거절이유로 제시된 심사관의 모든 판단사항을 반박했다. 분량이 늘어날 수밖에 없었다.

예제 239 (특허 1635320)

<의견내용>

가. 심사관님께서는 구성에 관한 출원인의 의견을 기각하셨습니다. 그리고 거절결정서에는 납득하기 힘든 근거가 많이 제시되어 있었습니다. 일단, 출원발명의 (a), (b), (d) 단계가 인용발명 1의 (a´), (b´), (d´)에 대응하여 실질적으로 동일하다는 판단, 그리고 (c) 단계가 차이가 있지만 인용발명 2에 (c´)가 있다는 판단, 그러므로 인용발명들의 결합에 의해서 출원발명의 진보성이 부인되는 결론에 대해서는, 나중에 다시 살펴보기로 합니다. 왜냐하면 출원인이 주장하는 차이점을 기각하면서 제시한 심사관님의 근거들이 오해에서 비롯된 것임이 밝혀진다면 위와 같은 판단과 결론에도 영향을 미치기 때문입니다. 따라서 이하에서는 출원인의 주장을

반박하는 심사관님의 근거들을 우선적으로 살펴보겠습니다.

나. 먼저, 심사관님은 출원인이 주장하는 안내자 단말이 TV 애플리케이션을 원격으로 실행하여 TV로 보는 사용자 인터페이스를 호출한다는 구성을 기각하였습니다. 그 근거를 모두 살펴봅니다.

첫째, 심사관님은 "출원발명의 상세한 설명에 <스마트 TV의 경우에는 셋톱박스가 TV 디바이스에 내장되어 스마트 TV 내 앱으로 구성될 수 있다. 그러므로 본 명세서 TV 디바이스의 셋톱박스라는 표현과 셋톱박스의 기능이 내장된 스마트 TV는 서로 균등한 범위의 치환에 해당한다(단락 [0031])라고 기재되어 있고, 인용발명 1에 스마트 단말은 구매자가 보유하는 단말로서 적어도 전화 기능 및 데이터 통신 기능을 함께 구비한 단말이며 예를 들면 스마트폰일 수 있는 점(단락 [0042] 참조)이 기재되어 있어 스마트 단말의 유형을 스마트폰으로 한정하고 있지 않아 설령 출원발명의 TV(스마트 TV)와 인용발명 1의 스마트 단말의 구성에 있어 다소의 차이가 있다 하더라도 그로 인한 현저한 효과가 발생한다고 보기 어려운 점을 고려"하셨습니다.

그러나 출원발명의 명세서 [0031] 단락의 기재는, 그런 의미의 내용이 전혀 아닙니다. [0031] 단락의 의미에서 가장 중요한 구성은 <셋톱박스>입니다. 다만 셋톱박스가 설치되는 TV는 두 종류가 있는데 셋톱박스가 외장으로 설치되어 연결되는 디지털 TV와 셋톱박스가 내장되어 설치되는 스마트 TV가 있는데, 스마트 TV이든 디지털 TV이든 셋톱박스 기능이 설치되어 있다면 출원발명의 기술사상의 범위 내에 있다는 선언입니다.

그런데 인용발명 1의 스마트 단말은 심사관님의 말씀처럼 스마트폰일 수 있고, 그것은 전화와 데이터 통신이 가능합니다만, 셋톱박스라는 구성이 없습니다. 인용발명 1의 스마트 단말은 출원발명의 TV 디바이스에 대응되는 구성이 아니라, 출원발명의 구매자 전화단말에 대응하는 구성입니다. 그러나 출원발명의 구매자 전화단말은 안내자에게 전화통화를 하는 것 외에, 셋톱박스가 설치되는 TV 디바이스의 제어 기작과 화면 지원과는 아무런 관련이 없습니다. 그리고 셋톱박스 구성이 없다면 출원발명을 완성할 수도 실시할 수도 없습니다. 따라서 심사관님의 첫 번째 근거는 오해로부터 비롯된 것 같습니다.

둘째, 심사관님은, "인용발명 1의 스마트 단말 인터페이스부는 조회된 판매 상품 정보를 구매자의 스마트 단말로(원격으로) 전송하며 구매자의 스마트 단말로부터 전송된 판매 상품 정보에 따라 구매자의 선택에 의해 생성되는 상품 선택 정보를 수신하는 기능을 포함하는 점"과 "스마트 단말용 애플리케이션 프로그램의 서비스 서버 인터페이스 기능 블록은 호 설정 보고 기능의 보고에 의해 서비스 서버가 조회한 판매자의 판매 상품 정보를 서비스 서버로부터 수신하는 점"을 근거로 제시하셨습니다.

이 구성은 인용발명 1의 서비스 서버(스마트 단말 인터페이스부)와 구매자의 스마트 단말 사이의 데이터 통신에 관한 내용입니다. 그러나 앞에서 살펴본 바와 같이 인용발명 1의 구매자의 스마트 단말과 대응하는 구성은 출원발명의 구매자 전화 단말이며, 출원발명의 원리에서는 구매자 전화 단말의 경우 어떤 서버와 데이터 통신을 하면서 판매 상품 정보를 주고받는 기능이 없습니다. 심사관님의 두 번째 근거 부분은 출원발명의 구매자 전화단말의 구성과 역할과는 너무나 다릅니다.

만약 인용발명 1의 <서비스 서버 ↔ 구매자 스마트 단말> 사이의 관계를 출원발명의 <안내자 단말 ↔ TV 디바이스> 관계로 대응시켰다면, 인용발명 1의 원리는 구매자와 판매자가 전화통화로 주문할 때의 정보를 서비스 서버가 자동으로 취득하도록 하는 구성이 핵심원리인데 그와 같은 원리가 출원발명에 전혀 없다는 점, 출원발명에서는 셋톱박스에 설치되어 있는 TV 애플리케이션을 실행하는 것이 필수적인 전제임에도 그와 같은 구성이 인용발명 1에는 구현될 수 없다는 점을 감안한다면, 역시 납득하기 어렵습니다. 따라서 심사관님의 두 번째 근거도 타당하지 않다고 사료됩니다. 핵심원리가 이처럼 근본적으로 다르며, 프로세스와 그 프로세스를 실행하는 하드웨어가 모두 상이하고, 서로 대응되기 곤란하다면 당업자가 용이하게 설계변경할 수 있는 범위를 초월합니다.

셋째, 심사관님은, "스마트 단말에 판매 상품 선택화면 및 결제 요청 메시지를 표시하는 점, 스마트 단말의 결제하기 화면에 가맹점명, 결제금액이 표시된 점"을 근거로 제시하셨습니다.

이에 대해서는 앞에서 정리한 표를 다시 인용하겠습니다. 출원발명과 인용발명 1의 구성을 편견없이 대응한다면 아래와 같이 하드웨어가 대응됩니다. 즉, 인용발명 1의 스마트 단말은 셋톱박스가 설치되어 있는 TV 디바이스에 대응하는 것이 아니라, 구매자의 전화단말에 대응합니다. 구매자의 단말이라는 점, 전화통화 기능이 가장 기본적이라는 점, 인용발명 1에도 스마트폰이라고 예시되어 있다는 점, 출원발명에서는 TV 디바이스와는 별도로 구매자 단말이 존재한다는 점이 근거가 됩니다.

그런데 이 출원발명의 기술사상에서는 구매자 전화 단말의 화면은 아무런 역할을 하지 않습니다. 구매자 전화 단말에 어떤 애플리케이션이 설치되어 있는 것도 아니며, 그저 구매자 전화 단말은 TV에 표시되어 있는 안내자 전화번호를 전화를 걸어서 안내자 단말과 통화를 하는 동작만을 하기 때문입니다(이로써 안내자 단말은 구매자 단말의 셋톱박스를 원격으로 실행할 수 있는 정보를 취득합니다). 모든 화면 지원 프로세스는 TV 디바이스의 화면을 통해서 이루어집니다.

그러나 인용발명 1은 TV 디바이스라는 개념이 없으며, 따라서 안내자 단말이 원격으로 TV 디바이스의 셋톱박스에 설치된 TV 애플리케이션을 원격으로 실행한다는 개념과 대응하는 구성 또한 없고, 모든 화면 프로세스를 예컨대 스마트폰에서 해야만 한다는 것이지만 출원발명에서는 스마트폰이 아니어도 되고 설령 스마트폰을 구매자가 사용하더라도 안내자 단말과 통화를 하는 것에 그친다는 점 등을 종합적으로 고려하면, 심사관님의 세 번째 근거에도 설명하기 어려운 문제가 있다고 사료됩니다.

그러므로 2015-10-15에 제출하였던 출원인의 주장, 즉, 출원발명의 "(b) 호 연결된 안내자 단말이 상기 구매자의 미리 등록되어 있는 전화번호이거나 또는 셋톱박스 고유 아이디인 개인화 정보를 이용하여 상기 TV 디바이스의 셋톱박스에 설치된 TV 애플리케이션을 원격으로 실행하여 TV로 보는 실시간 주문 사용자 인터페이스를 호출하는 단계"는 인용발명 1에는 존재하지 않는 구성이라는 결론을 다시 한 번 주장합니다.

다. 다음으로 "안내자 단말이 실시간 주문 사용자 인터페이스를 이용하여 TV 화면을 통한 구매 지원 프로세스를 실행하는 점"을 살펴보겠습니다.

첫째, 심사관님은 "인용발명 1의 전화 통화를 통하여 판매 상품을 상담하면서 판매자는 판매 상품의 판매 금액을 데이터 통신 단말을 이용하여 입력하는 것이 가능하며 입력된 금액을 스마트 단말에서 구매자가 즉석(실시간) 확인하는 것이 가능한 점"을 근거로 제시하셨습니다.

그런데 이는 인용발명 1의 판매자를 안내자 단말에 대응시키며 구매자의 스마트 단말을 TV에 대응시키는 사고를 전제로 합니다. 하지만 구매자의 스마트 단말은 TV에 대응되지 않습니다. 앞에서 반복해서 밝혀드렸던 것처럼, 구매자의 스마트 단말은 판매자와 전화통화를 하는 기능을 전제로 합니다. 즉 그것은 스마트폰으로 이해할 수 있습니다. 출원발명에서 그와 같은 전화통화를 하는 기능은 구매자의 전화단말이라는 구성이 있습니다. 그럼에도 "스마트 단말(인용발명) = TV(출원발명)" 대응하는 것은 기술적인 원리에도 맞지 않습니다. 출원발명의 TV 디바이스는 셋톱박스가 설치되어 있어야 하는데 인용발명 1에는 그런 구성이 아예 없고, 기술적으로 있을 리도 없습니다. 또한 출원발명의 TV 디바이스가 안내자 단말과 전화통화하는 기능(심사관님의 대응이 옳다면 그런 기능이 있어야 합니다)을 하지 않으며, 기술적으로 그런 기능이 가능하지도 않습니다.

그러므로 심사관님의 첫 번째 근거는 합리적이 않다고 사료됩니다.

둘째, 심사관님은, "스마트 단말용 애플리케이션 프로그램의 서비스 서버 인터페이스 기능 블록은 호 설정 보고 기능의 보고에 의해 서비스 서버가 조회한 판매자의 판매 상품 정보를 서비스 서버로부터 수신하는 점, 스마트 단말에 판매 상품 선택화면 및 결제 요청 메시지를 표시하는 점, 스마트 단말의 결제하기 화면에 가맹점명, 결제금액이 표시된 점"을 근거로 제시합니다.

이에 대해서는 이미 앞에서 충분히 논박했다고 사료됩니다. 대법원은 청구항에 기재된 구성요소를 모두 중요한 필수요소로 간주하면서 청구항을 해석합니다. 함부로 청구항의 요소요소를, 단어단어를 분리하는 것은 발명으로서의 기술사상을 해체하고 맙니다. "안내자 단말이 실시간 주문 사용자 인터페이스를 이용하여 TV 화면을 통한 구매 지원 프로세스를 실행하는 구성"에서, '안내자 단말이 구매 지원 프로세스를 실행하는 구성'으로 약술할 수 없습니다. 구매지원 프로세스는 반드시 "TV 화면을 통해" 이루어집니다. 인용발명 1은 그러하지 않습니다. 또한 실시간 주문 사용자 인터페이스는 셋톱박스에 설치되어 있는 TV 애플리케이션이 원격으로 실행될 때 TV 화면으로 표시되는 것입니다. 그러나 인용발명 1에는 셋톱박스가 존재하지 않으며, 원격으로 실행되는 사용자 인터페이스라는 개념도 없습니다.

셋째, "인용발명 2의 판매자와 구매자는 디지털 텔레비전을 통해 실시간으로 쇼핑 정보를 제공하거나 제공받을 수 있는 점, 쇼핑 서비스를 제공하는 메신저 화면에 상품명, 가격, 판매자를 포함하는 상품정보 및 구매하기, 배송확인 버튼이 표시된 점, 구매자 장치는 디지털 텔레비전을 포함하는 점"을 근거로 제시하셨습니다.

이 출원발명의 경우, 안내자 단말에는 메신저가 설치되어 있지 않습니다. TV 디바이스에도 메신저가 설치되어 있지 않습니다. 심지어 구매자의 전화단말

233

에도 메신저라는 개념은 없습니다. 이 출원발명 어디에도 메신저 프로그램이 존재하지 않으며, 메신저 화면에서 무엇인가 정보를 제공한다거나 쇼핑이 이루어지도록 하지도 않습니다. 인용발명 2 어디에도, 구매자 전화단말과 안내자 단말이 전화통화를 하고, 구매자 전화단말의 요청에 의해서 안내자 단말이 셋톱박스의 TV 애플리케이션을 원격으로 실행한 다음에, TV 화면을 통해서 구매 지원 프로세스를 실행한다는 원리가 전혀 없습니다.

그러므로, 이 출원발명의 안내자 단말이 단계적으로 변화하는 상기 실시간 주문 사용자 인터페이스를 이용하여 TV 화면을 통한 구매 지원 프로세스를 실행하는 구성은 인용발명 1 및 인용발명 2 어디에도 존재하거나 시사되는 구성이 아니라는 결론에 이릅니다.

라. 이로써 2015. 10. 15.자 출원인의 의견내용을 심사관님이 기각한 이유에 관해서 거절결정서에 기재된 사항을 모두 살펴보았습니다. 이제 다시 원점으로 돌아가서 출원발명의 보정된 청구항 제1항의 구성에 대해서 다시 살펴보도록 하겠습니다.

(1) 본원 제1항 발명의 전제부, "TV 화면의 실시간 주문 사용자 인터페이스를 이용하여 티커머스의 상품 구매를 목적으로 한 TV로 보는 실시간 주문 방법으로서"에서 출원발명이 TV 쇼핑에 관한 기술이라는 점을 선언합니다. 이로써 구매자는 TV 앞에 위치하게 됩니다. 왜냐하면 TV 쇼핑 방송을 보다가 어떤 상품을 구매하려고 하는데, 일련의 도움을 얻으려고 의욕하기 때문입니다. 그런 의욕에 대한 기술적인 해결이 곧 이 출원발명의 기술사상의 원리이기 때문입니다. 이러한 원리는 앞에서 상세히 밝힌 것처럼 인용발명 1과 인용발명 2에서는 존재하지 않습니다.

(2) (a) TV 쇼핑 구매자 전화 단말이 TV 디바이스의 쇼핑 화면에 표시되어 있는 TV 쇼핑의 안내자 전화번호로 호 연결을 한 다음에 구매 지원 프로세스를 요청하는 단계에 대해서 살펴 봅니다. 심사관님은 보정 전의 (a) 단계가 인용발명 1의 "스마트 단말의 전화 기능을 이용하여 판매자의 전화 단말과 전화 호를 설정하는 점에 대응한다고 판단하셨습니다.

이런 대응은 "구매자 전화 단말 = 구매자의 스마트 단말", "안내자 전화번호 = 판매자의 전화 단말"이라는 등식을 전제합니다. 이것은 옳습니다. 그러나 인용발명 1에서는 구매자가 판매자에게 구매지원 프로세스를 요청하지 않습니다. 그저 주문만 할 뿐입니다. 주문과 구매지원 프로세스는 같은 개념으로 볼 수 있을 것이라는 재반박이 제기될 수 있습니다. (a) 단계만 놓고 본다면 그 또한 옳습니다. 그러나 발명은 (a) 단계로만 분리되지 않으며 이어서 (b) 단계와 (c) 단계가 시계열적으로 결합됨으로써 구매지원 프로세스의 개념은 주문과는 완전히 다른 개념으로 이루어집니다. 출원발명은 안내자 단말이 구매지원 프로세스를 제공하지만, 인용발명 1은 판매자가 아니라 서비스 서버가 제공하기 때문입니다.

(3) (b) 호 연결된 안내자 단말이 상기 구매자의 미리 등록되어 있는 전화번호이거나 또는 셋톱박스 고유 아이디인 개인화 정보를 이용하여 상기 TV 디바이스의 셋톱박스에 설치된 TV 애플리케이션을 원격으로 실행하여 TV로 보는 실시간 주문 사용자 인터페이스를 호출하는 단계에 대해서 살펴 봅니다. 심사관님은 "전화 호 설정에 연동하여 온라인 주문 및 결제가 가능한 점, 구매자의 스마트 단말의 식별정보 또는 구매자의 식별정보를 서비스 서버로 전송하는 점, 스마트 단말용 애플리케이션 프로그램의 서비스 서버 인터페이스 기능 블록은 호 설정 보고 기능의 보고에 의해 서비스 서버가 조회한 판매자의 판매 상품정보를 서비스 서버로부터 수신하는 점"에 대응한다고 판단하셨습니다.

그러나 이런 대응은 "TV 디바이스 = 구매자의 스마트 단말"이라는 등식을 전제합니다. 그런데 이는 (a) 단계에서의 심사관님의 전제와 모순됩니다. 기술사상에 대한 진보성 판단은 판단자 개인의 주관이 개입할 염려가 항상 있고 자칫 기술진보의 누진적 발전을 가로막을 수도 있기 때문에 다양한 기준과 지침이 제시되고 있는 형편입니다. 그나마 일관된 논리가 객관적인 판단을 지향하는 데 상당한 기준이 됩니다. 기술사상은 무엇보다 논리적이기 때문입니다. 그런 점을 고려할 때, (a) 단계와 (b) 단계를 판단하실 때의 심사관님의 모순은 쉽게 간과할 사항은 아니라고 사료됩니다.

한편, 출원발명의 (b) 단계는 ① 안내자 단말이 TV 디바이스의 셋톱박스에 설치된 TV 애플리케이션을 원격으로 실행한다는 점, 그래서 ② TV로 보는 실시간 주문 사용자 인터페이스를 사용자의 TV 화면으로 호출한다는 점이 필수적으로 수반되어야 함을 나타냅니다. 이로써 사용자는 다음 (c) 단계를 실행할 수 있는 사용자 환경이 만들어집니다. 위의 두 가지 차이점에 대해서는 이미 앞에서 매우 자세하고도 충분하게 설명해 드렸으며, 인용발명 1과 인용발명 2의 기재로는 그와 같은 특징을 갖고 있지 않으며, 인용발명들의 원리로는 기술적으로도 불가능하고, 따라서 단순설계사항으로 간주할 수 없습니다. 이에 대해서는 반복 설명은 생략하겠습니다.

235

(4) (c) 단계는, "안내자 단말이 단계적으로 변화하는 실시간 주문 사용자 인터페이스를 이용하여 TV 화면을 통해서 구매 지원 프로세스를 실행하는 단계"입니다. 인용발명 2에는 "판매자와 구매자가 디지털 텔레비전을 통해 실시간으로 쇼핑 정보를 제공하거나 제공할 수 있다는 점"이 기재되어 있음을 심사관님께서 제시하셨습니다. 그러나 인용발명 2의 기술적 특징은 (1) 판매자 장치(113)와 구매자 장치(117)에 "쇼핑 메신저"를 설치해야 한다는 점, (2) 메신저 서버(103)와 네트워크를 통해서 판매자와 구매자를 연결해주는 점, (3) 쇼핑메신저 프로그램을 이용해서 1:1 화상통화를 통해 판매자와 구매자 사이의 인터넷 쇼핑을 보장한다는 점입니다.

하지만 인용발명 2의 기술적 특징은 출원발명의 해결원리와 달라도 너무 다릅니다. 출원발명의 TV 쇼핑의 실시간 주문 방법은 (1) 메신저 프로그램을 이용해서 채팅하는 것이 아니라 안내자 단말이 사용자의 셋톱박스 ID를 이용해서 원격으로 사용자 TV로 접근하는 원리입니다. 또한 출원발명의 구성은 (2) 판매자와 구매자를 메신저로 연결해주는 구성이 아니며, (3) 그러므로 판매자와 구매자가 1:1 화상통화로 인터넷 쇼핑하는 것이 구성도 아닙니다.

(5) 출원발명의 (d) 상기 구매자의 리모콘 또는 상기 안내자 단말의 입력수단이 상기 구매 지원 프로세스를 종료함으로써 TV 쇼핑 화면으로 복귀하는 단계에 대해서, 심사관님은 인용발명 1의 "스마트 단말과 판매자의 전화 단말과의 통화가 종료되면 스마트 단말은 통화 화면을 결제 처리 화면으로 전환하여 표시하는 점"과 실질적으로 동일하다고 합니다.

이것이 어떻게 동일하다는 것인지 잘 이해가 되지 않습니다. 출원발명은 이렇습니다. TV 쇼핑 방송을 보고 있던 시청자가, 구매를 하기로 결심하고, 구매지원을 안내자에게 요청합니다. 그러면 앞에서 설명한 (a) ~(c) 단계들이 실행됩니다. 그래서 구매 지원 프로세스를 종료한 다음에, 다시 처음으로 TV 쇼핑 화면으로 복귀하는 것입니다. 그러므로 이 경우 원격지원이 끝나고 셋톱박스와 안내자 단말 사이의 통신도 끝나며, 셋톱박스에 설치되어 있는 TV 애플리케이션의 실행도 종료되게 됩니다. 결국 (a) 단계 이전의 TV 쇼핑 방송을 시청하게 됩니다.

그러나 인용발명 1의 해당 부분은 통화종료 후 결제화면으로 전환하는 것인데, 인용발명 1의 특징은 스마트폰에 설치된 애플리케이션 화면에서 통화도 하고 결제도 한다는 원리입니다. 즉, 심사관님이 제시한 부분은 예를 들어서 인용발명 1의 도 8에서 도 9로 바뀌는 것이며, 애플리케이션은 여전히 실행

중에 있어서 애플리케이션 실행 이전 화면(예컨대 스마트폰의 메인화면)으로 돌아갈 수 없습니다.

마. 위와 같은 의견을 종합한 결과 이 출원발명의 보정된 제1항 발명은 인용발명 1과 인용발명 2를 결합하더라도 그 진보성이 부인되기 어렵다는 결론에 이릅니다. 그렇다면 독립항의 진보성이 인정되는 이상 나머지 종속항의 진보성도 자연스럽게 인정됩니다. 그러므로 본 의견서와 보정서에 의해 재심사하시어 부디 특허를 허여해 주시기를 간곡히 바라옵니다. 긴 글을 읽어주셔서 감사합니다.

(10) 표와 이미지

의견서를 작성할 때 실무자는 설득력을 높일 목적으로 표와 이미지를 자주 사용한다. 이미지는 통상 우리 발명이나 인용발명에 있는 도면을 사용한다. 장치, 시스템, 전자분야의 경우 구성의 차이점을 심사관에게 시각적으로 보여주려는 목적으로 도면 이미지를 사용한다. 화학분야의 경우 작용효과의 차이점을 강조하기 위해서 명세서나 도면으로 첨부된 실험결과를 종종 사용한다. 의견서는 논증하는 문서이기 때문에 이미지는 보조적으로 사용될 뿐이다. 이미지를 사용함에 있어 세 가지를 유의한다.

첫째, 글의 흐름과 긴밀한 관계를 갖되 이미지의 삽입이 출원인에게 전적으로 유리해야 한다. 이미지의 일부라도 불리한 부분이 있다면 사용해서는 안 된다. 또한 이미지를 의견서에 삽입하기만 하는 것이 아니라, 그 이미지를 심사관에게 제시한 까닭을 글로 구체적으로 설명해야 한다. 실무자는 그게 무슨 이미지이며, 그 이미지를 통해서 무엇을 말하려는 것인지를 설명해야 한다. 'So what?' 식으로 이미지를 의견서에 삽입하지는 말자.

둘째, 해상도에 유의해야 한다. 특허청 서식작성기에 삽입되는 도면은 TIFF 혹은 JPEG 포맷으로 삽입되는데 선명하지 않은 이미지가 도움이 될 리는 없기 때문이다. 의견서 소프트웨어인 특허청 서식 작성기에 이미지를 삽입한 다음에 '이미지 보기'를 눌러서 해상도를 확인해 본다. 희미하게 보인다면 해상도를 높여서 삽입한다.

셋째, 당연한 이야기지만 특허도면을 편집해서 이미지 삽입하는 것도 가능하다. 일부만을 잘라서 삽입해도 좋고, 이미지 위에 텍스트를 넣어서 삽입해도 좋다. 여러 이미지를 하나의 파일로 만들어서 삽입하는 것도 가능하다.

한편, 실무자는 의견서에 보정 전후의 청구항의 변화를 보여주는 표를 삽입하곤 한다. 친절한 태도이다. 그러나 반드시 그렇게 해야 하는 것은 아니다. 서식작성기의 표의 시각적 기능이 그리 좋지 않아서 생각보다 한눈에 파악되지 않는다.

한편, 과거에는 의견서를 작성할 때 관례적으로 구성대비표를 작성하였다. 그러나 구성대비표가 있다고 해서 설득력이 올라가는 것은 아니다. 특별히 유리하지도 않다. 우리 발명과 인용발명의 구성을 비교한 구성대비표를 찬찬히 검토하는 심사관이라면 그 표가 없어도 의견서의 논증에 귀를 기울일 것이다. 반대로 의견서의 논증에 동의하지 않는 심사관이라면 구성대비표를 자세히 보지 않을 터이다. 더욱이 구성요소를 하나하나 분리해서 대비하는 실무경향에 비판적인 판례의 입장을 참고할 만하다. 구성대비표는 결국 구성을 분리한 다음에 양 발명을 대비해야 하고, 그러다 보면 특유한 과제해결원리가 간과될 수 있다. 만약 구성대비표를 작성하고자 한다면, 서식작성기에서 표를 그리기보다는 오피스에서 표를 보기 좋게 작성한 다음에 그것을 이미지 파일로 만들어서 삽입하는 방법이 더 효과적인 것 같다.

(11) 기재불비에 관하여

대부분의 기재불비는 심각한 수준의 하자가 아니라면 심사관의 지적에 수긍하더라도 특허범위에 영향을 미치지 않기 때문에 보정서를 통해 간명하게 해결한다. 수정할 수 없는 지적은 해당 표현을 삭제한다. 예컨대 '적어도', '대략' 따위가 그러하다. 그런 표현을 삭제하더라도 이론적으로는 특허범위가 축소된 것처럼 보이지만, 실질적으로는 생각하는만큼 특허범위가 축소되지는 않는다. 특허침해사건에서 그런 표현이 문제가 될 가능성은 매우 낮기 때문이다. 특허문서에 기재된 어떤 표현의 불명확성을 지적하는 심사관의 거절이유가 타당하다면 그 표현을 수정할 수밖에 없다. 그리고 보정사항에 대해서는 의견서를 통해 간략히 설명한다. 기왕에 보정하는 것이라면, 그 보정에 대한 설명도 기분 좋게 표현할 수 있겠다. 예제 240에서 심사관은 도면과 상세한 설명의 불일치를 지적하였다. 이런 불일치가 해소되지 않으면 나중에 무효사유도 될 수 있으므로 고마운 마음으로 보정한다. 실무자는 의견서에 그런 표현을 넣었다. 특허를 받을 수 있다면 표정 있는 서면이 나쁠 리 없다.

239

예제 240 (특허 1459337)

<의견내용>

가. 본 의견서와 동일자로 제출되는 보정서에 의하여, 도 1과 도 2를 서로 바꾸는 보정을 하였습니다. 심사관님께서는 본원 상세한 설명 식별번호 <35>의 기재에서 송풍팬(50)에 대한 구성을 도 2의 기재에 대해서 설명하고 있으나, 도 2에는 송풍팬(50)이 도시되지 않음을 지적하셨습니다. 검토결과 심사관님의 지적이 맞습니다. 도 1과 도 2가 서로 잘못 첨부되어 있음을 발견하였습니다. 기술문헌으로서 내실을 기할 수 있는 기회를 주셔서 감사합니다. 이번 보정을 통해서 도 1과 도 2의 위치를 바로잡았습니다.

나. 또한 보정 전 청구항 제1항에서 "상기 물탱크"라는 표현이 있었으나, "상기"라는 표현이 불필요한 기재라는 점을 심사관님께서 지적하셨고 이 또한 합당하십니다. 바로 잡았습니다.

그러나 특허범위에 크게 영향을 미치는 기재불비 지적에 대해서는 순순히 보정하기 어렵다. 거절이유를 극복해서 특허를 받았으나 그 특허가 출원인의 비즈니스를 조금밖에 보호하지 못하거나 사실상 페이퍼 특허에 불과하다면 일이 어딘가 잘못된 것이다. 현명한 범위 내로만 보정을 하고, 의견서를 통해서 기재불비 거절이유에 맞서야 한다. 이와 관련한 몇 가지 사례들이 다음 장의 <보정서 실무>에서 소개될 것이기는 하지만 예제 241을 보자.

예제 241는 일부 종속항의 기재불비에 관한다. 심사관은 해당 종속항 세트가 상세한 설명에 뒷받침되지 않는다는 최후거절이유를 통지하였다. 청구항 1~10은 특허성이 인정되었다. 실무자에게는 두 가지 방법이 있다. 우선 지적된 종속항을 삭제하고 나머지 청구항으로 특허를 받는 방법을 관례적으로 생각할 수 있다. 독립 청구항을 침해하지 않으면서 종속항을 침해할 수는 없는 노릇이고, 또한 독립 청구항을 침해한다면 종속항의 침해여부를 따지지 않아도 특허침해를 구성하기 때문에 해당 종속항이 삭제되더라도 그다지 큰 문제는 없다. 따라서 첫 번째 방법이 잘못되었다고 단정하기는 어려울 것이다. 그러나 만약 특허침해가 발생하였고 독립항을 침해할 뿐만 아니라 종속항도 침해하여 중복침해가 성립한다면 기술의 동일성뿐만 아니라 그 침해행위에 악의적 인상을 줄 수 있다는 장점이 있고, 로열티 협상에서 특허권자가 높은 수준의 협상능력을 지녀야하겠지만, 중복침해가 더 유리한 조건을 만들 여지도 있다는 점에서 해당 종속항이 삭제되지 않고 존속하는 것이 조금이라도 더 바람직하겠다. 그러므로 실무자는 두 번째 방법, 즉 삭제하지 않고 거절이유에 맞서는 방법을 고려할 수 있다. 이 두 가지 방법 중에 어떤 방법을 선택할지는 발명의 중요성과 출원인의 역량에 달려 있다. 발명이 중요하고 또한 출원인이 대기업이라면 후자가 바람직하다.

예제 241 안건의 쟁점은 이러하다. 청구항의 기재에 대응하는 내용이 상세한 설명에 있기는 하다. 그러나 효과를 구현하는 구체적인 기술내용이나 실시예가 기재되어 않았다는 것이다. 사견으로는 심사관이 법리 오해를 하고 있는 것으로 보인다. 청구항의 기재와 상세한 설명의 기재가 서로 대응하고 있으므로 특허법 제42조 제4항 제1호는 만족하고 있다고 판단하는 것이 옳고(약리효과를 입증하는 구체적인 실시 데이터에 의해서 발명이 완성된다는 의약용도발명은 제외), 당업자의 반복 재현이 어렵다면 제42조 제3항의 거절이유를 통지하는 것이 합당하지 않을까 생각한다.[12] 한편 예제 241의 실무자의 논리와 그/그녀가 제시한 특허법원 판례도 실무에 참고할 만하다.

예제 241 (특허 1629507)
<기재불비 대상의 청구항>
청구항 12
제1항에 있어서, 상기 전해질은 중합반응에 의해 폴리머를 형성할 수 있는 단량체(monomer)를 함유하는 전구체 용액의 중합에 의해 형성된 겔상의 폴리머를 더 포함하는 것을 특징으로 하는 전해질.

청구항 13
제12항에 있어서, 상기 단량체는 비닐 모노머인 것을 특징으로 하는 전해질.

청구항 14
제13항에 있어서, 상기 비닐 모노머는 아크릴로니트릴, 메틸메타크릴레이트, 메틸아크릴레이트, 메타크릴로니트닐, 메틸스티렌, 비닐에스테르류, 염화비닐, 염화비닐리덴, 아크릴아마이드, 테트라플루오로에틸렌, 비닐아세테이트, 비닐크로라이드, 메틸비닐케톤, 에틸렌, 스티렌, 파라메톡시스티렌 및 파라시아노스티렌으로 이루어진 군으로부터 선택된 어느 하나 또는 이들 중 2종 이상의 혼합물인 것을 특징으로 하는 전해질.

청구항 15
제12항에 있어서, 상기 알콕시 알킬기 함유 아미드 화합물, 이온화 가능한 리튬염 및 보란화합물과 상기 단량체의 중량비는 0.5~0.95 : 0.05~0.5인 것을 특징으로 하는 전해질.

청구항 16

241

제12항에 있어서, 상기 겔상의 폴리머 전해질은 전기 화학 소자 내부에서 In-situ 중합하여 제조된 것을 특징으로 하는 전해질.

청구항 17

제12항에 있어서, 상기 알콕시 알킬기 함유 아미드 화합물, 이온화 가능한 리튬염 및 보란 화합물은 상기 겔상의 폴리머에 함침된 것을 특징으로 하는 전해질.

청구항 18

제17항에 있어서, 상기 폴리머는 폴리메틸메타크릴레이트, 폴리비닐리덴 디플루라이드, 폴리비닐 클로라이드, 폴리에틸렌 옥사이드 및 폴리하이드록시에틸메타크릴레이트로 이루어진 군으로부터 선택된 어느 하나 또는 이들 중 2종 이상의 혼합물인 것을 특징으로 하는 전해질.

청구항 19

양극, 음극 및 전해질을 포함하는 전기화학소자에 있어서, 상기 전해질은 제1항 내지 제10항 및 제12항 내지 제18항 중 어느 한 항의 전해질인 것을 특징으로 하는 전기화학소자.

청구항 20

제19항에 있어서, 상기 전기화학소자는 리튬 이차전지인 것을 특징으로 하는 전기화학소자.

<심사관의 거절이유>

이 출원의 청구항 제12항 및 이를 직·간접적으로 인용하는 제13항 내지 제20항은 제1항의 인용항들로서 중합반응에 의해 폴리머를 형성할 수 있는 단량체를 함유하는 전구체 용액의 중합에 의해 형성된 겔상의 폴리머를 포함하는 전해질에 관한 내용들을 구성으로 한정하고 있으나, 발명의 설명에는 상기의 구성과 관련하여 식별번호 [0069] 내지 [0078]에 청구범위의 기재내용이 단순히 반복되는 수준으로 기재되어 있을뿐, 출원발명의 주요 구성인 알콕시 알킬기 함유 아미드 화합물과 보란 화합물이 포함된 상태에서 겔상의 전해질의 전도도나 이를 적용한 전지의 충방전 용량 및 성능이 개선되는 효과를 구현시키기 위한 구체적인 기술 내용이나 실시예가 기재되어 있지 않습니다. 따라서 본 출원의 청구항 제12항 내지 제20항은 발명의 설명에 의하여 뒷받침 되어 있지 않습니다.

<의견내용>

심사관님께서는 본원 청구항 12 및 이를 직·간접적으로 인용하는 제13항 내지 제

20항은 중합반응에 의해 폴리머를 형성할 수 있는 단량체를 함유하는 전구체 용액의 중합에 의해 형성된 겔상의 폴리머 전해질에 관한 내용들을 구성으로 한정하고 있으나, 발명의 설명에는 청구범위의 기재 내용이 단순히 반복되는 수준으로 기재되어 있을 뿐, 출원 발명의 주요 구성이 포함된 상태에서의 효과를 구현시키기 위한 구체적인 기술 내용이나 실시예가 기재되어 있지 않다고 지적하고 계십니다만,

겔 폴리머 전해질은 폴리머, 유기용매 및 리튬염으로 구성되며, 고체 고분자 매트릭스 내에 유기 전해액을 함침시켜 제조되는 것으로, 외형상으로는 고체 필름 형태지만, 폴리머 사슬 내로 스며든 액체 전해질의 상태와 그들의 이온 전도 등 액체 전해질의 특징을 그대로 포함합니다.

즉, 본건 청구항 12의 겔 폴리머 전해질은 본원 발명의 주요 구성인 청구항 1의 알콕시 알킬기 함유 아미드 화합물과 보란 화합물을 포함하는 겔상의 폴리머 전해질에 관한 것이므로, 겔상의 폴리머 사슬 내로 스며든 청구항 1의 전해질의 효과를 그대로 구현하는 것은 당해 기술분야에서 자명한 사실입니다.

이와 관련하여, 판례 또한, 「발명의 상세한 설명에는 통상 특허청구범위에 기재된 발명과 일치하는 기술적 사상이 먼저 소개된 다음, 이를 보다 상세하게 개시한 설명 또는 구체적인 구현예나 실험결과 등이 추가로 기재되는 것이 일반적이기는 하지만, 상세하게 개시한 설명이나 이를 구현하는 실시예가 없다고 하더라도 통상의 기술자가 발명의 기술적 구성을 이해하고 실시하는데 아무런 지장이 없다면 위와 같은 경우에도 특허청구범위에 기재된 발명이 발명의 상세한 설명에 의하여 뒷받침되는 것으로 볼 수 있다고 할 것이다.」(2012허6298)고 판시하여,

단순히 구체적인 기술 내용이나 실시예가 기재되어 있지 않다는 이유로 거절될 수 없다는 입장을 명확히하고 있습니다.

또한, 본원 상세한 설명 등의 실시예 등에도 청구항 12의 폴리머를 형성할 수 있는 단량체를 함유하는 전구체 용액은 당업계에서 액체 전해질이 스며들 수 있는 일반적인 폴리머 전해질을 기재하고 있으며, 본원발명에 적용되는 폴리머, 단량체 등도 청구항 1의 효과의 구현을 불가능하게 할 만한 특별한 물질을 사용하는 것은 아니므로, 통상의 기술자가 청구항 12의 폴리머 전해질의 기술적 구성을 이해하고 실시하는 것은 물론, 청구항 1과 동일한 효과를 발휘할 수 있음을 예측하는데 아무런 지장이 없다고 생각됩니다.

아울러, 본원 명세서 식별번호 [0066]에 「본 발명의 전해질은 본 발명의 목적을 저해하지 않는 한도 내에서 다양한 종류의 첨가제나 유기용매를 더 포함할 수 있

음은 당업자에게 자명하다고 할 것이다.」고 명확히 기재하고 있습니다.

따라서, 청구항 12의 겔상의 폴리머 전해질의 구체적인 기술 내용이나 실시예가 별도로 기재되어 있지 않더라도, 심사관님께서 인정하셨듯이, 청구항 12는 청구항 1의 주요 구성을 포함하고 있으며, 이 구성을 포함함으로써, 청구항 1의 효과를 구현하는 것은 당업계에서 자명한 사실이므로, 청구항 12 및 이를 직·간접적으로 인용하는 청구항 13 내지 20항은 발명의 상세한 설명에 뒷받침되는 청구항으로 사료됩니다.

(12) 1차 의견서와 재심사 의견서

십여 년 전의 실무에 비해서 오늘날 특허실무는 언어를 많이 낭비한다. 우선, 심사관의 통지서에 기재되는 거절이유의 분량이 크게 늘었다. 또한 심사관에게 제출하는 실무자의 의견서에 적히는 언어도 비약적으로 늘어났다. 언어의 소모가 증가했다. 언어는 사유의 부산물이므로 특허심사를 둘러싸고 심사관이나 실무자나 모두 정신적인 고통을 겪고 있는 셈이다. 또한 절차의 중복이 심해졌다. 심사가 빨라진 대신 더 엄격해지면서 심사관이 발급하는 통지서의 횟수가 늘어난 것처럼 느껴진다. 최초거절이유통지, 최후거절이유통지, 거절결정, 다시 최초거절이유통지. 그러면 실무자는 1차 의견서, 2차 의견서, 3차 의견서(재심사 의견서), 다시 4차 의견서를 작성하여 제출해야 한다. 행정업무에 언어의 낭비가 많다면 국가적 손해라고 생각한다.

심사관은 여러 차례 통지서를 발급하면서 복사와 붙이기 기능을 자주 활용한다. 제법 잘 작성된 의견서를 제출했음에도 의견출통지서의 거절이유와 거절결정서의 거절이유의 문장이 동일한 경우가 허다하다. 납득하기 어려울 때도 있지만 어쨌든 심사관이 그렇게 동일한 거절이유를 반복한다 해서 실무자가 그것을 따라해서는 안 된다. 심사관은 판단해서 결정하는 사람이고, 실무자는 그런 심사관을 설득하는 사람이라서 처지가 다르다.

　가령 실무자가 재심사 의견서를 쓸 때에는 이미 제출했던 1차 의견서가 실패한 사정이 전제된다. 1차 의견서를 제출했음에도 거절결정된 상황이다. 1차 의견서에 적힌 논리가 심사관을 설득하는 데 실패했음을 의미한다. 그렇다면 재심사 의견서는 어떻게 작성되어야 하는가? 노련한 실무자는 1차 의견서의 논리를 반복해서 재탕하지 않는다. 피곤하더라도 자신이 작성한 의견서에 어떤 부족함이 있었길래 심사관을 설득하지 못했을까를 자문한다. 설령 일부 문장을 재사용하더라도 실무자는 새롭게 논증하면서 재심사 의견서를 쓴다.

(13) 상표 사건 의견서

상당수의 변리사가 축소지향적이다. 그들은 특허 사건과 상표 사건을 구별한다. 그러고는 그런 구별에 복종하여 자신의 실무 역량을 제한한다. 자기를 특허계로 분류한 다음에 자신의 역량을 전공에 따른 분류로 더욱 좁혀버린다. 나는 그런 구별법을 따르지 않는다. 특허권이나 상표권이나 지적소유권(지적재산권)이라는 점에서 공통되며, 두 권리 모두 국가 관청에 특별히 독점권을 신청하고 심사를 거치는 제한적인 소유권이라는 점에서 특질이 같다. 그런 점에서 '유사특허'라는 개념으로 상표를 포섭한다. 물론 특허가 담는 내용은 기술에 관하며, 상표권이 담는 내용은 시장활동에서 사용되는 표장이라는 점에서 차이가 있기는 하지만, 특허를 삼요소로 파악하는 입장에서는[13] 결국 특허도 시장활동의 일환으로 파악되며, 시장활동의 관점에서 바라보면 특허와 상표권의 주체가 동일해진다는 점에서 특히 동질성이 있다.

　대학 전공은 4년의 기간에 불과하지만 변리사로서의 실무 기간은 평생이라는 점, 젊은 날의 일천한 지식으로 인생의 역량을 제한하는 것은 무모한 행위라는 점, 실무자는 학습하고 경험하면서 자신의 지식수준을 넓힐 수 있다는 점, 실무자로서의 대부분의 슬럼프는 좁은 영역에 자신을 가두었을 때 발생한다는 점, 실무자가 특정 영역에서 전문화되는 것이 다른 영역에서의 무지를 전제하지 않는다는 점, 복수 분야에서 스스로를 전문화할 수 있다는 점, 특허 사건과 상표 사건을 판결하는 재판부가 동일하다는 점, 특허 사건과 상표 사건은 모두 언어 사용법에 관한 법적 이슈를 다룬다는 점, 특허 사건과 상표 사건을 동시에 다뤄야만 고객의 시장활동을 더 입체적으로 이해할 수 있다는 점, 모두 고객의 지적소유권을 다룬다는 점, 양 사건의 특질이 비슷해서 상표 사건을 잘하면 특허 사건의 실무역량을 강화한다는 점 등을 종합적으로 생각하건대, 쓸데없이 자기 자신의 역량을 제한해서는 안 되겠다고 생각한다. 스스로 역량을 제한하면 '바깥 세상'에 대한 관심을 잃는다. 관심이 없으면 무지해지고, 무지해지면 용기를 잃는다.

의견서 실무에서 특허실무와 상표실무의 본질은 같다. 부정적인 판단을 내린 심사관을 설득하는 것이다. 상당수의 실무자가 비본질적인 내용으로 의견서의 지면을 낭비한다. 복사와 붙이기를 남용한 나머지 가령 10매 분량의 의견서 중에서 실제 주장은 1매 분량에도 미치지 못하는 경우도 자주 목격된다. 심사관을 설득하려면 심사관의 워딩을 중시해서 판단 논리에 집중해야 한다. 그럼에도 심사관의 판단에는 아랑곳하지 않고 안건과 직접 관련이 없는 판례 케이스를 복사해서 붙인다. 논리는 없고 판례만 있다. 담당 심사관은 배제되고 이 사건과 무관한 가상의 판사만 가정되어 있을 뿐이다. 논증하지 않고 설명한다. 지금까지 우리가 학습한 특허 중간 사건의 의견서 실무에 따르면 그래서는 안 된다.

상표 사건의 의견서 실무는 특허 사건보다 논증의 비중이 더욱 크다. 특허 사건의 경우 논증이 약하더라도 우리 발명과 인용발명 사이의 차이점을 잘 설명했다거나 또는 청구항 보정이 심사관에게 만족스러웠다면 거절이유를 극복하는 데 성공한다. 그러나 상표 사건의 경우에는 상표법 제6조 관련 식별력이나 제7조와 제8조 관련 비유사성을 설명하는 것에 그쳐서는 거절이유를 극복하기 힘들다. 디테일한 논리와 설득력 높은 논증이 필요하다. 지정상품/서비스업 보정은 제한적이다. 시장활동에 반드시 필요한 상품과 서비스업을 삭제할 수는 없기 때문이다. 이런 단점을 약간 보완하고 논증을 강화하기 위해서 판례의 교시 사항을 특허 사건보다 적극적으로 사용한다.

예제 242는 지금까지 이 책에서 설명한 특허 의견서 실무의 문법에 따른다. 본원상표가 식별력이 있다고 주장(주장 2)하는 데 그치지 않고, 통지서에 적힌 심사관의 논리를 구체적으로 언급하고 그것을 반박하는 주장(주장 1)을 하며 거절이유를 극복하기 위한 논증을 한다. 판례 기준이 먼저 언급되기는 했지만, 의견서의 III-다-(3)에서 판례와 의견서 논증이 긴밀하게 연결되어 있다. 선등록 사례도 과하지 않게 논증을 보충하는 것으로 제시되어 있다. 예제 242에는 쓸데 없는 내용이 없다. 그것이 바로 실무자의 의견서이다. 읽는 재미도 있다.

247

예제 242 (상표등록 1175682)

[의견내용]

상표등록출원 제40-2014-0077940호(이하 "본원상표"라 합니다)에 대한 심사관님의 의견제출통지서에 대하여 다음과 같이 의견을 제출합니다.

Ⅰ. 심사관님의 거절이유

심사관님께서는 두 가지 거절이유를 통지하셨습니다.

첫째, 본원상표 <CACAOTREE>는 카카오나무라는 뜻으로 지정상품의 원재료, 품질, 생산방법 등을 보통으로 사용하는 방법으로 표시하는 상표로서 식별력이 없다는 것입니다. 근거규정은 상표법 제6조 제1항 제3호와 제7호입니다.

둘째, 본원상표의 지정상품 중 '초콜릿함유 음료'는 불명확하다는 것입니다.

Ⅱ. 지정상품에 대한 보정

거절이유 2에 관해서 본원상표의 지정상품 '초콜릿함유 음료'를, 심사관님에서 추천하신 바에 따라 '초콜릿음료'로 한정하는 보정을 하였습니다. 이와 같은 보정을 통해서 거절이유 2가 자연스럽게 해소되었습니다. 또한, '코코아캔디, 밀크코코아

음료, 코코아, 코코아스프레드, 코코아음료, 코코아제품'은 삭제합니다. 이하에서는 거절이유 1에 대해서 출원인의 의견을 드립니다.

III. 거절이유에 대한 출원인의 의견

가. 상표법 제6조 제1항 제3호의 기술적 표장 여부를 판단하는 기준

(1) 상표법 제6조 제1항 제3호가 상품의 산지, 품질, 효능, 용도 등을 보통으로 사용하는 방법으로 표시한 표장만으로 된 상표를 등록받을 수 없도록 한 것은 그와 같은 기술적 상표는 ① 통상 상품의 유통과정에서 필요한 표시여서 ② 누구라도 이를 사용할 필요가 있고 그 사용을 원하기 때문에 ③ 이를 특정인에게 독점배타적으로 사용하게 할 수 없다는 공익상의 요청과 이와 같은 상표를 허용할 경우에는 타인의 동종 상품과의 관계에서 식별이 어렵다는 점에 그 이유가 있는 것입니다(특허법원 2008.11.7. 선고 2008허10351 판결 등).

(2) 따라서, 어떤 상표가 지정상품의 품질, 효능, 용도 등을 보통으로 사용하는 방법으로 표시한 표장만으로 된 상표에 해당하는지 여부는, ④ 그 상표가 지니고 있는 관념, 지정상품과의 관계, 일반 수요자나 거래자의 그 상표에 대한 이해력과 인식의 정도, 거래사회의 실정 등을 감안하여 객관적으로 판단하여야 하고, ⑤ 그 상표가 지정상품의 품질, 효능, 용도를 암시하는 정도에 그치는 경우에는 그에 해당한다고 볼 수 없습니다(대법원 2006. 7. 28. 선고 2005후2786 판결 등).

(3) 예컨대, 거래자나 수요자가 직관적으로 그 의미를 인식할 수 없는 상표(대법원 1992. 11. 13. 선고 92후636 판결), 또는 상표의 의미 내용을 일반 수요자나 거래자들이 심사숙고하거나 사전을 찾아보고서 비로소 그 뜻을 알 수 있는 것은 고려대상이 될 수 없습니다(대법원 1992. 8. 14. 선고 92후520 판결). 또한 상표법 제6조 제1항 제7호에 해당하여 식별력이 없는지 여부에 대해서도 위와 같은 동조 동항 제3호의 판단기준이 일응 적용될 것입니다.

나. 심사관님의 거절이유에 대한 간략한 분석

(1) 심사관님께서는 본원상표가 지정상품의 원재료, 품질, 생산방법 등을 보통으로 사용하는 방법으로 표시한 상표라고 지적하셨습니다. 요컨대 제6조 제1항 제3호의 성질표시 항목 중에서 3개를 제시하셨습니다. '원재료', '품질', '생산방법'입니다. 각각에 대해서 먼저 살펴보겠습니다.

(2) 상표심사기준에 따르면, <품질표시>라 함은 당해 지정상품과의 관계에서 그 상품 품질의 상태 또는 우수성을 직접적으로 표시하는 것이라고 인정되는

경우에 이에 해당하는 것으로 본다고 규정되어 있습니다. 그런데 본원상표 <CACAOTREE>는 상품의 품위와 등급의 표시, 품질보증의 표시와 미감의 표시와는 아무런 관련이 없는 단어여서 초콜릿 등의 지정상품의 상태나 우수성을 직접적으로 표시하지는 않습니다. 본원상표를 접하는 것만으로 소비자가 가타부타 없이 지정상품의 우수한 품질을 떠올릴 일은 만무합니다. 따라서 <품질표시>는 적합하지 않습니다. 또한 본원상표 <CACAOTREE>가 초콜릿이나 초콜릿 과자의 <생산방법>을 직접 표시하는 것도 아니어서 이 또한 거절이유로 삼기에는 인과관계가 너무 적습니다.

(3) 마지막으로 심사관님은 본원상표가 지정상품의 <원재료>를 직접 표시하는 상표에 해당하기 때문에 식별력이 없다고 판단하셨습니다. 이는 확실히 쟁점이 됩니다. 본원의 지정상품들과 본원상표<CACAOTREE>와의 의미적 인과관계는 심사관님께서 지적하신 <원재료>에 관련되어 있습니다. 카카오나무에는 열매가 열립니다. 그리고 그 열매가 '카카오'입니다. 그 '카카오'에는 많은 씨가 들어 있는데, 그 씨를 말려서 가루로 만든 것이 '코코아'입니다. 그리고 그 '코코아'가 지정상품의 주원료 혹은 보조원료로 사용될 수 있습니다. 이런 점을 고려하면 심사관님께서 본원상표의 식별력을 부인하는 근거로서 제6조 제1항 제3호의 '원재료'를 제시한 것은, 비록 이하의 상세한 근거로 출원인은 동의하기는 어렵습니다만, 충분히 맥락이 있는 판단입니다. 그러므로 이하에서는 본원상표가 <상품의 원재료>를 과연 직접 표시하는 표장에 해당하는지, 일반 수요자들이 과연 본원상표를 보고 상품출처를 떠올리지 못하는지를 중심으로 의견을 개진하겠습니다.

다. 본원상표 <CACAOTREE>가 지정상품의 원재료를 직접 표시하는 상표인지 여부

(1) 본원상표 <CACAOTREE>는 CACAO와 TREE가 띄어쓰기 없이 결합된 상표입니다. 실은 출원인이 대표로 있는 회사의 영문명칭인 OTREE이며, CACA와 OTREE를 결합해서 본원상표 <CACAOTREE>를 네이밍했고, 조사결과 누구도 <CACAOTREE>라는 상표를 사용하지 않고 있었으며, 직접 표시하지 않고 암시하는 것에 그친다면 식별력이 인정된다는 판례의 기준과, <라임나무>, <Bean Tree>, <CANDYTREE>, <과일나무>, <떡나무> 등에 대한 우리 특허청의 선등록 예를 근거해서 상표출원을 했으며, 상표사용도 개시했습니다. 이를 증명하는 자료를 참고자료 1로 제출합니다.

(2) 그런데 본원상표 <CACAOTREE>의 구성에 띄어쓰기를 넣으면, 심사관님께서 지적하신 것처럼 '카카오 나무'라는 의미를 지닙니다. 이런 의미가 본원

상표가 상품의 원재료를 직접 나타내는 것은 아닌지 의심케 합니다. 그러나 카카오 나무가 직접적으로 본원상표의 지정상품인 '초콜릿제품, 초콜릿이 함유된 과자, 코코아를 주재료로 한 가공식품' 등의 원재료가 되는 것은 아닙니다. 왜냐하면 막연히 카카오 나무를 이용해서는 지정상품을 만들 수가 없기 때문입니다.

앞에서 설명드린 것처럼, 카카오 나무에는 열매가 맺힙니다. 그 열매를 '카카오'라 부릅니다. 만약 본원상표의 지정상품이 '카카오'라면, 심사관님의 거절 이유는 백번 타당합니다. 이는 '사과'라는 지정상품에 대해서 <사과나무>라는 상표가 등록받을 수 없다는 이치와 정확히 일치합니다. 그러나 본원상표의 지정상품은 '카카오'가 아닙니다.

카카오 나무에서 열매가 맺히고, 그 열매를 '카카오'라 부르며, 그 열매 속에서는 씨가 있습니다. 그 씨를 모아 빻으면 가루가 생깁니다. 그 가루를 '코코아'라고 부릅니다. 이렇게 얻은 '코코아'에 우유 설탕, 향료 따위를 섞어 가공해서 만든 것이 '초콜릿'입니다. 말하자면, 카카오 나무 → 카카오 → 코코아 → 초콜릿의 복수 단계를 거치게 되는 것이어서, 초콜릿 제품의 원재료를 표시할 때에 코코아를 표시하지 카카오를 적거나 카카오나무를 표시하는 경우는 없습니다. 초콜릿 제품의 원재료에 카카오나무를 표시한다면 이는 마치 카카오나무의 잎, 줄기, 뿌리 등으로 초콜릿을 만들 수 있다는 오해를 불러오기 때문에 자연의 이치에 맞지 않아서 비과학적일 뿐만 아니라 수요자들에게 오해와 혼동을 초래할 따름입니다. 이와 같은 과학적 논리에 기초해서 다시 한 번 재고해 주시기 바랍니다.

만약 본원상표가 <CACAO>이며 지정상품이 '코코아'라면, 심사관님의 판단이 옳습니다. 또는 본원상표가 <COCOA>이며 지정상품이 '초콜릿'이라면 이 역시 심사관님의 판단이 옳습니다. 그러나 본원상표는 <CACAOTREE>이며 지정상품은 '코코아'가 아니라 '초콜릿'입니다. '카카오나무'는 '초콜릿 제품'의 원재료가 될 수 없습니다. 물론 원재료를 암시할 수는 있겠습니다만, 직접 표시하지 않고 심사숙고해서 암시하는 것에 그쳐서는 식별력을 부인할 수는 없습니다.

(3) 한편, 위에서 언급한 특허법원 10351 판례와 대법원 2786 판례의 논거를 이용해서 식별력 여부를 다시 고찰해 보겠습니다. ① 본원상표 <CACAOTREE>는 통상 상품의 유통과정에서 필요한 표시는 아닙니다. 그리고 그런 단어가 사용된 적도 없었습니다. 또한, ② 누구라도 <CACAOTREE>를 사용할 필요

가 있다거나 그 사용을 원한다고 볼 경험지식이나 합리적인 필요도 없습니다. 앞에서 설명한 것처럼, 초콜릿제품의 원재료는 '코코아'를 표시하게 됩니다. ③ 그러므로 <CACAOTREE>가 특정인에게 독점배타적으로 사용하게 할 수 없다는 공익상의 요청을 찾기가 어렵고, 타인이 동종상품과의 관계에서 식별이 어렵지도 않습니다. 그렇다면 <CACAOTREE>가 상품의 원재료를 보통으로 사용하는 방법으로 표시한 상표에 해당한다고 보기 어렵다고 결론을 내리더라도 공익에 반하지 않으며, 누구의 이익도 해치지 않아서 안심할 수 있습니다.

라. 선등록상표에 대한 선행 행정처분의 신뢰를 고려해주시기 바랍니다.

나목과 다목을 근거로 해서 심사관님께서 상표등록 결정을 내리시더라도, 그런 결정이 우리 특허청의 상표심사의 관행상 이상한 것도 아닙니다. 본원상표와 극히 유사한 안건에서 식별력을 인정하여 상표등록을 허여해 준 우리 특허청의 선행심사의 예가 다수 존재하기 때문입니다. 예컨대 지정상품 '가공커피원두', '커피와 코코아를 주재료로 사용한 가공식품'에 <Bean Tree>가 상표등록 되어 있습니다. 지정상품 '허브티'에 <Lime Tree>가 상표등록되어 있습니다. 쿠키나무라는 뜻의 <COOKIETREE>가 '쿠키' 지정상품에 대해서 상표등록이 되어 있습니다. <CANDYTREE>는 '캔디' 지정상품에 대해서 상표등록을 허여 받았습니다. 심지어 지정상품 '떡'에 대해서 <떡나무>가 상표등록되어 있습니다.

언뜻 보기에는 모두 상표법 제6조 제1항 제3호 및 제7호에 해당하여 식별력이 없는 것처럼 보입니다. 그러나 우리 특허청은 형식적 판단이 아니라, 우리 판례가 제시한 실질적인 근거, 즉 "어떤 상표가 지정상품의 품질, 효능, 용도 등을 보통으로 사용하는 방법으로 표시한 표장만으로 된 상표에 해당하는지 여부는, 그 상표가 지니고 있는 관념, 지정상품과의 관계, 일반 수요자나 거래자의 그 상표에 대한 이해력과 인식의 정도, 거래사회의 실정 등을 감안하여 객관적으로 판단하여야 하고, 그 상표가 지정상품의 품질, 효능, 용도를 암시하는 정도에 그치는 경우에는 그에 해당한다고 볼 수 없다는 대법원 판례(대법원 2006. 7. 28. 선고 2005후2786 판결 등)에 기초해서 심사를 했고, 또 그에 따라 상표등록결정을 내렸던 것입니다.

몇 가지 선등록상표의 예를 소개하면 아래와 표와 같습니다.

상표	공고번호 (모두 등록되었습니다)	지정상품	비고
Bean Tree	45-2012-0077624	가공커피원두, 커피와 코코아를 주재료로 사용한 가공식품	참고자료 2
Lime Tree 라임트리	40-2005-0041568	허브티 등	참고자료 3
COOKIETREE	40-2014-0086546	쿠키 등	참고자료 4
CANDYTREE	40-2013-0042807	캔디 등	참고자료 5
딸기나무	40-2007-0033980	아이스크림 등	참고자료 6
떡나무	상표공고 2000-0005721	떡 등	참고자료 7
과일나무	상표등록 40-0401961	과일성분(향포함) 이 함유된 초콜릿	참고자료 8

마. 위와 같은 논거에 의해서 본원상표는 상표법 제6조 제1항 제3호의 성질표시 표장에 해당하지 않는다는 결론에 이릅니다. 본원상표는 지정상품에 대해서 자타 상품을 구별할 수 있는 기능을 하며, 일반 수요자가 본원상표를 상품출처로 인식 하는 데 어려움이 없습니다. 그러므로 상표법 제6조 제1항 제7호에도 해당하지 않 는다 하겠습니다. 이로써 거절이유 2도 자연스럽게 치유되었다고 사료됩니다. 본 의견서를 참조하시어 부디 출원공고 결정을 내려주시기를 간절히 바라옵니다.

5.

보정서 실무

254

가

개
요

좁은 의미에서 특허문서를 고치는 것을 보정(補正, Amendment)이라고
한다. 그것은 아이디어의 내용에 관한 수정이다. 넓은 의미의 보정은 특
허출원서에서 일체의 하자나 미비 사항을 치유하는 것을 뜻한다. 특허
법이 규정하는 보정은 크게 두 가지로 나눈다. 특허법은 제46조의 <절
차의 보정>과 제47조의 <특허출원의 보정>을 별도로 규정한다. 전자
는 형식에 관한 보정이며, 후자는 내용에 관한 보정이다. 전자는 대리
인의 선정이나 자격, 법정된 다양한 방식, 수수료에 관한 보정이며, 후
자는 특허문서에 관한 보정이다. 출원인은 절차가 계속되고 있는 동안
에는 특별한 규정이 없다면 자진해서 보정할 수 있다. 다만 특허법 제
46조 규정에 의해 보정 명령을 받거나 제47조의 의견서 제출기간 동
안에는 보정 기간이 정해지기 때문에 정해진 기한 내에 보정할 수 있
다. 여기에서 설명할 보정은 특허법 제47조에 규정된 보정, 즉 특허문

서를 고치는 보정에 관한다. 흔히 '실체보정'이라고 칭하기도 한다. 좀 더 쉽게 의미가 전해지도록 <특허문서의 보정>이라고 표현하겠다.

특허문서의 보정 실무에서 가장 기초적인 사항은 보정의 한계를 실무자가 명확히 인식해야 한다는 점이다. 보정이 특허범위에 영향을 미친다는 사실을 실무자가 모를 리 없다. 또한 출원 당초의 특허문서에 기재되지 않은 발명을 보정을 통해 추가해서는 안 되며(신규사항 추가의 금지), 최후 거절이유통지 이후의 보정이나 재심사 신청 시의 보정에 제한이 생긴다는 규정도 실무자에게는 기초적인 사항이다. 실무자는 특허법에 명시된 사항을 안다. 법정된 보정의 한계를 인식하는 데에는 어려움이 없으나 실무자들은 특허발명이 시장에서 어떻게 실시되는지를 자주 잊는다. 내가 한 보정으로 말미암아 발생한 특허범위의 변경이 출원인이나 출원인의 경쟁자의 시장에서의 실시행위에 어떤 영향을 미칠 것인가, 이 질문에 대한 답변이 진정한 보정의 한계다. 이 한계를 실무자가 인식한다면 한편으로는 고객의 비즈니스에 관심을 놓치지 않으며, 다른 한편으로는 심사관을 향한 더 능동적인 대응 전략을 짤 수 있다.

나

보정 내용은 누가 결정하는가

보정의 주체는 출원인이다. 그러므로 출원인이 보정의 내용을 결정한다. 대리인인 실무자가 있는 경우 보정의 사실상 주체는 실무자 자신이다. 법적 주체와 사실상의 주체, 이론적인 주체와 실천적인 주체 사이에 간격이 있다. 이 간격을 어떻게 취급하느냐가 중요하다. 현실적으로 출원인(발명자를 포함하여)은 보정의 내용을 스스로 결정할 역량을 지니지 못한다. 너무 모르거나 너무 바쁘다. 그러므로 실무자가 이런 현실에 적극적으로 개입해서 출원인을 배려하며 보정안을 마련해야 한다.

출원인이 개인이나 중소기업이라면 특허에 대해 전혀 모르는 경우가 허다할 것이다. 이런 경우까지 출원인에게 어떻게 보정할지 알려달라며 기계적으로 사무를 처리한다면 초급 실무자 수준의 덕이다. 친절하게 보정안을 안내해주는 몫까지 실무자의 역할이다. 출원인이 보정안을 충분히 이해할 수 있도록 커뮤니케이션한다. 출원인이 어느 정도 지식을 지녔다 해도 대부분 존경할만한 수준에는 이르지 못한다. 상당수의 중견기업과 대기업이 그렇다. 법에 대해서는 알지만 특허실무에 대해서는 모르는 경우가 있고, 실무 지식조차 지녔으나 경험이 일천한 경우가 많기 때문이다. 이러한 출원인의 역량을 보충하는 것이 실무자의 역할이다. 그러므로 적극적으로 보정안을 마련한다. 출원인 조직에 인하우스 전문가가 있더라도 아랑곳하지 않고 자기 나름의 보정안을 결정한다. 인하우스 전문가는 전반적인 업무의 코디네이터이지 당면한 안건 자체의 실무자가 아니기 때문이다. 물론 출원인과 실무자 사이에 업무의 가이드라인이 정해져 있다면 그것에 따르면 되겠다. 그러나 어떻게 특허문서를 보정할지는 순전히 보정만의 문제가 아니라 의견서의 논증을 포함해서 심사관의 거절이유에 대한 맞대응 전략의 문제이기 때문에, 실무자 본인의 지적능력이 적극적으로 개입되는 것이 바람직하다.

어차피 실무자의 역할은 보정 내용을 최종적으로 결정하는 일이 아니라 최선의 보정안을 마련해서 제안하는 일이다. 그러므로 자율적이며 적극적으로 자기 역할을 행한다. 특허문서에 내재되어 있는 특허 전략을 포함해 특허문서의 내용을 가장 잘 아는 사람이 실무자 본인이며, 심사관의 통지서 내용과 심사관의 거절이유 또한 실무자가 가장 먼저 분석하기 때문이다. 자기 일을 출원인에게 미뤄서는 안 된다.

정리하면 이러하다. 실무자는 거절이유를 둘러싼 여러 가지 사정을 종합하여 자율적으로 보정 내용을 마련해서 출원인에게 제안한다. 그리고 그 보정 내용의 취지와 의미가 출원인에게 전달돼야 한다. 따라서 출원인의 역량을 고려해 알기 쉽게 소통한다. 그러고 나서 출원인의 최종결정을 기다린다. 당연히 보정 내용은 수정될 수 있다.

다

의견서와의
관계

특허문서의 보정은 심사관의 통지와 무관하게 스스로 보정할 수 있지만, 대부분 심사관의 거절이유통지를 받고 의견서 제출 기간 내에 이뤄진다. 보정은 특허를 받기 위한 목적으로 행해진다. 그리고 그 목적은 당면한 거절이유를 극복하기 위함이기도 하다. 실무자는 두 가지 대응 수단이 있다. 모두 문서다. 하나는 의견서이며, 다른 하나가 보정서다. 의견서 실무는 앞에서 자세히 다뤘다. 특별한 사정이 없는 한 의견서와 보정서는 같은 날 제출한다.

　　의견서의 핵심은 논증이며, 보정서의 핵심은 해결이다. 심사관의 거절이유를 극복함에 있어 논리가 필요하지 않을 때가 있다. 보정만으로 거절이유로 지적된 문제점이 간명하게 해결되는 경우다. 노련한 실무자라면 다루기 쉬운 케이스이기도 하다. 간단한 기재불비 사항을 치유한다거나 특허성이 인정된 일부 청구항을 이용해서 축소 보정하는 경우가 그렇다. 이런 경우 이론적으로는 의견서를 제출하지 않아도 족하다. 하지만 간단하게나마 어떻게 보정했는지를 설명하는 의견서를 제출하는 것이 통상이다.

보정서로 잠정적으로 해결됐으나 확실한 해결이 보장되지 않은 경우가 있다. 실무자의 관점과 심사관의 관점이 다르기 때문이다. 그 경우 의견서가 보정서를 보충해줘야 한다. 실무자는 의견서를 통해 보정내용과 보정근거를 설명해야 한다. 또한 해당 보정으로 말미암아 어떻게 거절이유가 해소됐는지를 구체적으로 논증해야 한다. 실무자의 지혜가 필요한 몇몇 기재불비, 자연법칙을 이용하지 않았다는 거절이유, 일부 청구항의 진보성이 인정된 상태에서 그 청구항의 일부 구성을 이용해 다른 청구항을 보정하는 경우(청구항을 합체하는 보정이 아니다) 등이 그렇다.

마지막으로 보정서만으로는 거절이유를 극복할 수 없는 경우가 있다. 가령 청구항 전항의 진보성이 부정된 케이스처럼 심사관의 확증 판단에 정면으로 맞서 반론을 펼쳐야 하는 상황이라면 보정서만으로 거절이유를 극복하기 난망하다. 의견서의 논증이 핵심 대응방법이며, 보정서는 의견서를 보충해주는 역할을 한다. 보정 자체가 보충적이고 의견서의 논증을 지원해주는 정도라면 굳이 지나치게 많은 보정을 할 필요는 없다. 의견서의 설득력을 높여주는 수단이거나, 심사관을 향한 심리적 장치로서의 수단의 역할을 할 뿐이다.

라

Q
보정

특허문서의 보정은 크게 두 종류로 개념화할 수 있다. 특허범위에 영향을 미치는 보정과 특허범위에 영향을 미치지 않는 보정이다. 전자를 P 보정이라고 약칭하고, 후자를 N 보정이라고 약칭해보자. 대부분의 실무자는 P 보정과 N 보정을 구별할 수 있다. 청구항에 '상기 모바일 디바이스'라는 표현이 있는데, 그 표현 앞에 '모바일 디바이스'가 없다면 기재불비. 이 경우 '상기'라는 표현을 삭제하는 보정을 통해 기재불비가 치유된다. 이때의 보정은 N 보정이다. 이는 특허범위에 아무런 영향을 미치지 못한다. 반면 '상기 모바일 디바이스'라는 표현을 '기울기 센서를 포함하는 센서가 내장된 모바일 디바이스'로 보정했다면 센서를 포함하지 않은 모바일 디바이스는 특허범위에서 제외되므로 그것은 P 보정이다.

특허범위에 영향을 미치지 않는 N 보정은 대표적으로 다음과 같은 케이스다.

① 지시 보조어의 불명확함을 해결하는 보정
② 자명한 오자의 정정
③ 명세서 용어와 도면부호의 불일치
④ 불명료한 기재를 명확하게 수정하는 보정
⑤ 청구범위에서 주체의 불명확함을 해결하는 보정
⑥ 청구범위에만 기재되어 있던 사항을 발명의 상세한 설명에 추가하는 보정
⑦ 도면에만 기재되어 있던 사항을 발명의 상세한 설명에 추가하여 특허문서의 내실화를 기하는 보정(출원인 스스로 특허문서를 작성하여 출원한 다음에 나중에 대리인이 선임되어 그 대리인이 특허문서를 보정할 때 이런 보정이 자주 생긴다)
⑧ 선행기술 문헌명을 명세서에 단순하게 추가하는 보정
⑨ 청구항 보정을 동반하지 않는 발명의 명칭 변경
⑩ 특허문서의 어떤 부분을 강조하기 위해서 밑줄이나 볼드 표시를 한 보정

특허범위는 특허청구범위에 기재된 사항에 의해서 정해지기 때문에 P 보정은 대부분 청구항 보정이다. 다음과 같은 보정이 그러하다.

① 청구항을 삭제함으로써 특허범위가 사라진 보정
② 2개 이상의 청구항을 합체하는 보정
③ 택일적으로 기재된 요소를 삭제하거나 택일적으로 기재된 구성요소를 추가하는 보정
④ 수치한정의 범위를 축소하거나 삭제 또는 변경하는 보정

⑤ 상위개념의 기재를 하위개념의 기재로 변경하거나

  그 반대의 보정

⑥ 다수항을 인용하는 청구항에서 인용항의 수를 감소하거나

  인용항을 추가하는 보정

⑦ 청구항에 새로운 구성요소를 직렬적으로 부가하거나

  직렬적 구성요소를 삭제하는 보정

⑧ 구성요소를 치환하는 보정

⑨ 새로운 청구항을 신설하는 보정

⑩ 청구대상, 즉 오브젝트를 변경하는 보정

그러나 N 보정과 P 보정이라는 두 가지 개념만으로는 실무세계에서는 부족하다. 하나의 개념을 추가해야 한다. 실무자는 학자가 아니기 때문에 이론적인 분석보다는 실천적인 취급을 중시해야 한다. 이론적으로는 P 보정처럼 보이지만, 실천적으로는 N 보정처럼 취급되는 보정이 있다. 그것을 Q 보정이라고 정의하자. Q 보정의 특성은 이러하다. 문언적으로는 특허범위를 축소한 보정이다. 청구항 보정에 관해서 법적으로 표현하자면 '청구항을 한정하거나 청구항에 부가하여 청구범위를 감축하는 경우'에 해당할 수 있는 보정이다. 그러나 그 발명을 실시함에 있어서는 - 자기 실시이든 타인의 모방 실시이든 상관하지 않는다 - 보정에도 불구하고 사실상 특허범위가 축소되지 않는다. 특허발명의 실시 국면은 법적인 차원이 아니라 시장의 차원이다. 법리에서는 시장 경쟁력은 필연적이지 않으며, 특별히 고려되지 않는다. 그러나 시장에서는 경쟁력이 결정적이며, 필연적인 요소다. 경쟁력이 없는 실시는 이루어지지 않는다. 예를 들어 보자. '모바일 디바이스'를 '스마트폰'으로 보정했다면 스마트폰이 아닌 모바일 디바이스는 특허범위에서 제외됐으므로 P 보정에 해당한다. 그러나 특허를 실시함에 있어 스마트폰이 아닌 모바일 디바이스가 시장에서 출시되는 것이 경쟁력이 없어서 불가능하다면 그것은 Q 보정이다. Q 보정이라는 개념을

263

통해 P 보정은 N 보정에 사실상 근사하게 된다. 실무적으로 Q 보정의 취급이 매우 중요하다.

실무적으로 Q 보정은 의견서의 논증을 통해 거절이유를 극복할 때 설득력을 높이기 위한 보정 방책으로 사용된다. Q 보정을 생각하지 않고 전통적인 방식으로 P 보정만을 생각하면 특허범위가 크게 좁혀진다. 복수의 종속항을 독립항에 함부로 합체하는 경우도 자주 발견된다.[14] 보정을 하자니 지나치게 특허범위가 좁혀지고 보정을 하지 않자니 의견서만으로는 심사관을 설득하기 어려운 케이스를 실무자라면 누구나 체험한다. 그때 Q 보정을 활용하면 상당히 이롭다. 물론 의견서는 제대로 된 논증문서여야 한다. 보정서는 그 의견서의 설득력을 도와줄 뿐이다.

예제 243는 청구항 1의 보정이력을 예시한다. '아티클 페이지'는 예를 들어 인터넷 신문기사 웹 페이지로 이해하면 족하다. '퀘스트 페이지'는 페이스북과 같은 SNS 페이지라고 쉽게 생각해보자. 이 특허는 말하자면 신문기사 페이지에 포함된 객관식 질문에 유저가 답하면서 자기 계정으로 공유하는 것으로 이해하면 될 것 같다. 밑줄 친 부분이 보정된 부분이다. 두 번의 보정 모두 Q 보정이 행해졌다. 외견상으로는 새로운 구성요소가 직렬로 부가된 것처럼 보인다. 그러므로 P 보정이다. 첫 번째 보정부터 살펴보자. 신문기사 웹 페이지가 인터넷 페이지임은 말할 것도 없다. 퀘스트 페이지가 SNS 페이지이기 때문에 다른 유저에게 공유돼야만 실제 시장에서 서비스가 제공될 것이다. 이런 점을 감안하면 문언적으로는 축소됐으나 시장 관점으로는 특허범위가 실질적으로 동일하다고 하겠다. 두 번째 보정은 SNS에 접속된 유저가 '친구관계'임을 한정한 것이다. 시장 관점으로 당연하다. SNS 서비스를 제공한다면 친구관계의 유저에게서 공유권한을 주는 것은 SNS 속성상 필수구성이기 때문이다. 추가된 구성을 배제하고는 사실상 서비스가 제공될 수 없다. 그러므로 Q 보정이다.

예제 243 (특허 1416653)

최초 청구항 1	1차 보정된 청구항 1	2차 보정된 청구항 1
(a) 다른 사용자 단말(Q)에 의해 네트워킹되는 개인 계정의 퀘스트 페이지를 갖는 사용자 단말(P)이 통신수단을 이용하여 아티클 페이지에 접속하는 단계;	(a) 다른 사용자 단말(Q)에 의해 소셜 네트워킹되는 개인 계정의 퀘스트 페이지를 갖는 사용자 단말(P)이 통신수단을 이용하여 인터넷 페이지인 아티클 페이지에 접속하는 단계;	(a) 다른 사용자 단말(Q)에 의해 소셜 네트워킹되는 개인 계정의 퀘스트 페이지를 갖는 사용자 단말(P)이 통신 수단을 이용하여 인터넷 페이지인 아티클 페이지에 접속하는 단계;
(b) 상기 사용자 단말(P)이 상기 아티클 페이지에 존재하는 선택형 퀘스트에 응답하여 답변 이벤트를 생성하는 단계;	(b) 상기 사용자 단말(P)이 상기 아티클 페이지에 존재하는 선택형 퀘스트에 응답하여 답변 이벤트를 생성하는 단계;	(b) 상기 사용자 단말(P)이 상기 아티클 페이지에 존재하는 선택형 퀘스트에 응답하여 답변 이벤트를 생성하는 단계;
(c) 상기 (b) 단계의 답변 이벤트가 생성되는 경우 상기 사용자 단말(P)의 퀘스트 페이지에 상기 선택형 퀘스트를 자동으로 공유하는 단계; 및	(c) 상기 (b) 단계의 답변 이벤트가 생성되는 경우 상기 사용자 단말(P)의 퀘스트 페이지에 상기 선택형 퀘스트를 자동으로 공유함으로써 상기 다른 사용자 단말(Q)이 상기 사용자 단말(P)의 퀘스트 페이지를 통해서 상기 선택형 퀘스트에 답변 이벤트를 할 수 있는 사용자 환경을 제공하는 단계; 및	(c) 상기 (b) 단계의 답변 이벤트가 생성되는 경우 상기 사용자 단말(P)의 퀘스트 페이지에 상기 선택형 퀘스트를 자동으로 공유함으로써 상기 사용자 단말(P)과 친구관계인 다른 사용자 단말(Q)이 상기 사용자 단말(P)의 퀘스트 페이지를 통해서 상기 선택형 퀘스트에 답변 이벤트를 할 수 있는 사용자 환경을 제공하는 단계; 및
(d) 상기 아티클 페이지 또는 상기 퀘스트 페이지에 답변 통계를 표시하는 단계;를 포함하는, 아티클 페이지에 대한 퀘스트를 확장하는 네트워킹 방법.	(d) 상기 선택형 퀘스트에 응답하여 답변 이벤트를 생성한 사용자 단말(P)의 화면에 답변 통계 정보를 표시하는 단계;를 아티클 페이지에 대한 퀘스트를 확장하는 네트워킹 방법.	(d) 상기 선택형 퀘스트에 응답하여 답변 이벤트를 생성한 사용자 단말(P)의 화면에 답변 통계 정보를 표시하는 단계;를 아티클 페이지에 대한 퀘스트를 확장하는 네트워킹 방법.

265

Ⅱ. 중간사건 실무

마 / 불복
심판
진입
전의
보정

특허문서에는 맞춤법의 잘못에서부터 청구범위의 치명적인 불명확성
이나 발명의 미완성까지 다양한 오류가 포함될 수 있다. 심사관은 지
적하고 실무자는 보정한다. 심사나 보정이나 모두 사람이 하는 일이어
서 오류가 완벽하게 탐지되거나 온전히 치유되지는 못한다. 그런 한계
가 있더라도 특허문서의 하자를 치유하기 위해 실무자는 노력하게 되
는데, 보통 의견제출통지서를 받은 다음에 탐색한다.

그러나 현실적으로 실무자는 수동적인 태도를 보인다. 심사관이
지적한 부분만 보정한다. 지적되지 않은 사항은 특별히 관심을 보이지
않는다. 어차피 보정 기회는 남아 있기 때문에 큰 문제가 되지는 않을
것이다. 대개의 위험은 내재돼 있기는 해도 좀처럼 드러나지 않는다.
또한 특허문서에 다소 흠이 있으나 특허결정을 받는다면 그 흠은 묻힐
것이다. 결과적으로 실무자가 수동적인 태도를 보이더라도 크게 문제

가 되지는 않는다. 하지만 능동적인 태도가 요구될 때가 있다. 심사관의 부정적인 태도와 출원인의 의지가 충돌하는 분위기에서의 마지막 단계의 보정이 그러하다. 거절결정불복심판 청구를 하기 전의 보정을 말한다.

심판청구를 한 이후로는 심판단계에서 새로운 거절이유가 통지되는 특별한 사정이 없는 한 특허문서를 보정할 수 없다. 청구항을 삭제할 수도 없다. 실무자는 이런 상황을 두 가지 관점으로 인식해야 한다. 첫 번째 돈이다. 비용관점이다. 심판청구비용은 청구항마다 산정된다. 기본 15만원이며, 청구항마다 15,000원이 가산된다. 청구항이 10개이면 심판청구비용은 30만원이 된다. 큰 비용이 아닐지도 모르지만 출원인의 사정을 고려해서 불필요한 청구항을 삭제하는 것을 고려해볼만하다. 삭제 대상이 되는 청구항은 단순히 공지요소로 한정되거나 부가된 종속항이 주가 되겠다.

두 번째 법리 관점이다. 독립 청구항이라 해도 심판심리의 쟁점에 도움이 되지 못하거나 불리한 청구항도 삭제 여부를 검토해야 한다. 사람들은 청구항 1에 지나치게 집중한 나머지 다른 독립청구항을 간과하는 경향이 있다. 예컨대 방법에 의해서 물건을 특정하는 청구항 Product by Process Claim은 심판청구를 하기 전에 반드시 삭제하는 것이 좋다. PBP 청구항은 심사단계에서 자주 간과되곤 하지만 심판이후 단계, 특히 심결취소소송 단계에서는 여지 없이 쟁점화되고, 그 청구항으로 말미암아 청구기각을 피할 수 없게 된다.

그러므로 실무자는 심판청구를 하기 전에 청구항 세트를 다시 점검해서 경제적이며, 또한 쟁점에 유리한 청구범위로 승부하는 것이 좋다. 물론 분할출원 여부도 검토될 것이다.

바

보정서
연습

(1) 특허법 시행령 제5조 제6항 다중 종속항의 문제

2개 이상의 항을 인용하는 항이 다시 2개 이상의 항을 인용하는 항에 인용되는 경우의 문제는 보정을 통해 간명하게 해결한다. 예컨대 청구항 3의 인용관계는 '제1항 또는 제2항에 있어서', 청구항 4의 인용관계는 '제1항 내지 제3항 중 어느 한 항에 있어서', 청구항 5의 인용관계는 '제1항 내지 제4항 중 어느 한 항에 있어서'라고 기재돼 있다고 가정하자. 심사관이 이를 지적하면 보정을 통해 인용관계를 정리한다. 청구항 3, 청구항 4, 청구항 5의 인용관계를 모두 '제1항 또는 제2항에 있어서'라고 보정하면 될 것이다. 그러나 청구항 3과 청구항 4의 인용관계를 모두 '제1항에 있어서'라고 보정하는 것도 또 다른 해결방법이다. 그러면 청구항 5을 보정하지 않아도 된다. 의견서에는 예제 244와 같이 쓰면 족하다.

예제 244

본 의견서와 동일자로 제출되는 보정서에 의하여, 본원의 청구범위를 보정하였습니다. 청구항 제3항과 청구항 제4항을 청구항 제1항만의 종속항으로 인용관계를 보정하였습니다. 그러나 청구항 제5항의 인용관계는 보정하지 않고 그대로 두었습니다. 이와 같이 보정함으로써 심사관님의 거절이유가 자연스럽게 해소되었습니다.

(2) 합체 보정을 통해서 특허 취득

종속항 일부가 특허성을 인정받는 경우 그것을 독립항과 합체해 간명하게 특허를 취득할 수 있다. 실무자들이 매우 좋아하는 케이스다. 유념해야 할 사항이 있다. 합체보정은 당연히 특허범위 감축을 수반한다. 출원인이 축소된 특허범위에 만족하는가, 그것이 우선 문제다. 이론적으로 검토할 만한 사항은 아니다. 시장에서 특허발명을 실시할 때 그 실시가 경쟁력을 갖느냐를 중점으로 생각한다. 다음으로 복수의 종속항이 특허성을 인정 받았다면 어떤 종속항으로 청구항 합체를 하느냐를 따진다. 가장 넓은 특허범위의 종속항을 이용해 청구항을 합체하는 것이 좋고, 때때로 어떤 종속항은 독립항에 추가해 합체하고, 나머지 종속항은 인용관계를 없애서 독립항을 만드는 방법도 고려해 볼만하다.

보정서와 함께 제출하는 의견서에는 대략 예제 245와 예제 246처럼 진술한다.

예제 245

본 의견서와 동일자로 제출되는 보정서에 의하여, 심사관님께서 지적하신 거절이유를 해소하고자 했습니다. 진보성이 인정되어 특허 가능한 청구항으로 특정된 청구항 제3항을 청구항 제1항과 결합하는 보정을 통해서 보정 후 본원발명이 특허를 받을 수 있도록 하였습니다.

예제 246

심사관님께서는 보정 전 청구항 제2항 및 제3항에 대해서는 진보성을 인정하시어 거절이유를 통지하지 않으셨습니다. 이번 보정을 통해서 청구항 제2항을 청구항 제1항과 결합하여 독립항을 만들었고, 또한 청구항 제3항을 독립항으로 바꾸는 보정을 하였습니다. 그리고 나머지 종속항들은 이들 독립항을 인용하는 형식으로 보정하였으므로 결과적으로 보정 후 청구범위에 기재된 발명은 진보성이 인정된다 하겠습니다.

(3) 내용 분석 없는 기재불비 해결

보정에 의해서 간단하게 해결되는 것이 명확하고, 그런 보정이 N 보정이며, 특별히 내용분석조차 필요없는 경우라면 굳이 심사관의 판단에 맞설 필요가 전혀 없다. 예제 247에서 보는 것처럼 일부 심사관들은 괄호로 구성요소를 정의하거나 한정하는 것을 싫어한다(모든 심사관이 그렇지는 않다). 이런 경우 불필요하게 싸울 필요 없이 심사관의 판단에 순종해 보정한다. N 보정이라면 심사관의 판단을 다툴 실익이 없다.

271

예제 247 (특허 1317134)

<심사관의 거절이유>

청구항 5 발명에는 "전후 방향(-기판을 향하는 방향과 기판의 반대쪽 방향을 말한다)"이 기재되어 있으나, 괄호 안에 기재된 내용이 청구하는 것의 필수 구성요소인지 선택적인 구성요소인지 불명확하여, 청구항 5 발명은 발명이 명확하게 기재된 것으로 볼 수 없다.

<보정사항> (아래와 같음)

<의견내용>

본 의견서와 동일자로 제출되는 보정서에 의하여, 심사관님께서 지적하신 부분, 즉 청구항 제5항의 "전후 방향(-기판을 향하는 방향과 기판의 반대쪽 방향을 말한

다)"를 "기판을 향하는 방향과 기판의 반대쪽 방향"으로 보정함으로써, 심사관님께서 시사하시는 바대로 괄호를 사용하지 않고 구성요소로서 기재하였습니다. 이로써 심사관님의 거절이유는 자연스럽게 해소되었습니다. 보정 후 청구항 제5항은 다음과 같습니다.

[보정 후 청구항 제5항]
제1항에 있어서,
상기 접점 형성용 레그의 폭이 상기 고정용 레그의 폭보다 작으며,
상기 접점 형성용 레그가 장착되는 슬롯에 있어서 기판을 향하는 방향과 기판의 반대쪽 방향으로 이동 가능하게 되는 것인, 태양전지 기판용 전기 도금을 위한 기판용 클립.

(4) 내용 분석을 동반한 기재불비 해결

272   심사관이 청구항의 기재가 불명확하다는 거절이유를 내렸고, 결과론적으로는 보정을 통해서 간단히 해결되지만 내용분석이 동반되는 경우가 있다. 특히 구성요소 사이의 관계가 불명확한 경우가 그렇다. 실무자는 그 관계를 밝혀서 구성요소를 명확히 나타내는 표현을 청구항에 추가하면 된다. 심사관은 상당히 상식적으로 판단하기 때문에 너무 깊이 고민하기보다는 당업자의 상식을 생각하며 보정안을 마련한다. 안건을 지나치게 깊이 생각하면 괜히 특허범위만 좁아진다.

예제 248은 '상기'라는 표현이 문제됐다. 매우 흔한 케이스다. 대응방법도 흔하다. 인용하는 항에서 '상기'라는 표현을 삭제한다.[15] 하지만 때때로 섬세한 대응도 필요하다. 가령 출원인이 외국인이고 특허문서가 외국어 특허문서의 번역이라면 나라마다 실무가 달라서 우리법에 맞지 않는 표현과 기재방식이 생긴다. 인용하는 항에서 '상기'라는 표현을 삭제한 경우에 인용하는 항이 인용되는 항의 무엇을 한정하는지 모호해질 수 있고, 그 모호함으로 말미암아 자칫 최후거절이유가

통지될 우려도 있다. 실무자는 이를 막아줘야 한다. 예제 248에서 실무자는 의견서를 통해 보정사항을 보충해줬다.

예제 248 (특허 1319453)

<심사관의 거절이유>
청구항 제97항 발명에 있어서, "상기 가스흐름"이라는 기재가 있으나, 인용되는 청구항 제89항에는 "가스흐름"이라는 분명한 기재가 없으므로 기재불비에 해당한다.

<보정사항>
청구항 제97항에서 '상기'라는 낱말을 삭제

<의견내용>
본 의견서와 동일자로 제출되는 보정서에 의하여, 본원의 청구항 제97항을 보정하였습니다. "상기"라는 단어를 삭제함으로써 불명료한 표현을 없앴습니다. 청구항 제97항이 인용하는 청구항 제89항의 c) 단계의 기재에서 알 수 있듯이 노즐을 통해서 가스가 흐르게 되는데, 이러한 가스의 흐름을 위해서 청구항 제97항의 가스가 제공되는 것입니다. 함께 제출한 보정서를 통해서 불명료한 기재가 삭제되었으므로 심사관님의 거절이유는 자연스럽게 해소되었습니다.

예제 249에서 심사관은 상식적인 수준에서 청구범위 기재의 불명확성을 지적했다. 실무자는 내용을 분석해서 밑줄로 표현한 부분을 추가하는 보정을 했다. 그리고 의견서로 그 보정을 보충했다.

예제 249 (특허 1348704)

<심사관의 거절이유>
청구항 1 발명에는 모바일 스마트 디바이스가 텔레비전 방송 프로그램 송출에 동기화하고, 텔레비전 방송 프로그램을 모바일 스마트 디바이스 화면으로 출력한다고 기재되어 있으나, 그 기재 이전에 방송국이 방송망을 통해 텔레비전 장치로 텔레비전 방송 프로그램을 송출한다고 기재되어 있을 뿐, 모바일 스마트 디바이스로 텔레비전 방송 프로그램을 송출한다고는 기재되어 있지 않아, 텔레비전 방송

프로그램을 텔레비전 장치가 수신하여 모바일 스마트 디바이스로 재송신함으로써 동기화한다는 것인지, 방송국이 텔레비전 장치와 모바일 스마트 디바이스 모두에게 텔레비전 방송 프로그램을 송출한다는 것인지 또는 모바일 디바이스가 텔레비전 장치에 포함되는 개념인 것인지 불명료하여, 텔레비전 장치와 모바일 스마트 디바이스의 결합관계 및 텔레비전 방송 프로그램의 전송관계가 불명확합니다.

\<보정사항\>
아래 (b) 단계에서 애플리케이션 서버를 한정하는 표현을 추가하였다.
텔레비전 방송 프로그램 보조 애플리케이션이 설치된 모바일 스마트 디바이스를 이용하여 텔레비전 방송 프로그램의 부가 정보를 습득하는 방법으로서:

(a) 방송국이 방송망을 통해 텔레비전 장치로 텔레비전 방송 프로그램을 송출하는 단계;

(b) 상기 모바일 스마트 디바이스가 상기 애플리케이션을 실행하여 상기 방송국과 통신하여 상기 텔레비전 방송 프로그램을 수신하는 애플리케이션 서버에 접속하는 단계;

(c) 상기 애플리케이션 서버가 상기 모바일 스마트 디바이스의 상기 애플리케이션을 상기 방송국의 텔레비전 방송 프로그램 송출에 실시간으로 동기화하는 단계;

(생략)

\<의견내용\>
이번 보정에 추가된 사항은 발명의 상세한 설명 [0037] 단락에 기초합니다. 본 발명의 기술사상은 모바일 스마트 디바이스와 텔레비전 장치 상호 간의 통신에 의해 동기화하는 것은 아닙니다. 따라서 텔레비전 장치가 모바일 스마트 디바이스로 방송 콘텐츠를 재전송할 수는 없습니다. 본 발명에서의 동기화는 "애플리케이션 서버"에 의해서 이루어집니다. 또한 애플리케이션 서버가 이 서버에 접속한 모바일 스마트 디바이스에 방송 콘텐츠를 스트리밍하고 부가 정보를 전송하게 되는데, 이는 애플리케이션 서버가 방송국과 통신하여 텔레비전 방송 프로그램을 수신함으로써 가능해집니다. 그러므로 이와 같은 보정으로 심사관님의 거절이유는 자연스럽게 극복되었다고 사료됩니다.

274

(5) 선행기술문헌정보 추가

선행기술문헌을 아예 쓰지 않으면 거절이유가 자주 통지된다(발명의 내용에 따라 달라지기 때문에 항상 그렇지는 않다). 이런 거절이유를 다루는 것은 어렵지 않다. 보통 실체심사를 하면서 선행기술문헌 기재 미비를 지적하기 때문에 진보성을 부정하면서 심사관이 인용한 문헌을 배경기술에 기재하는 보정을 통해서 거절이유는 간단히 치유된다. 물론 심사관이 실체심사를 하지 않았거나 의견제출통지서에 인용된 문헌이 없을 때도 있다. 다소 번거롭겠지만 실무자는 특허문헌정보를 임의로 찾아서 추가한다. 거절이유는 간단히 치유되지만, 그 선행기술문헌에 우리 발명에 미치는 불이익이 없는지 조심해서 살펴야 한다. 가급적 우리 발명과 분명히 대비되며, 우리 발명을 실시할 때 영향을 미치지 않는 내용의 문헌으로 선별하는 것이 좋다. 물론 반드시 특허문헌이 아니어도 좋다.

보정 시 선행기술문헌정보만 간명하게 기재하면 족하다. 특허문서는 설명에 그치지 않고 독자(심사관을 포함한다)를 설득하는 문서라고 우리가 생각한다면 실무자의 전략적 판단에 의해서 이따금 선행기술문헌정보만이 아니라 그것의 의미를 밝히는 수사적 표현을 보정으로 추가할 수 있다. 그 의미란 결국 우리 발명의 특징과 대비되는 선행기술의 '문제 혹은 한계'에 관한 사항이다.

예제 250 (특허 1272656)

<심사관이 거절이유> 선행기술문헌이 없음을 지적함

<보정사항> 배경기술 마지막 단락에 다음과 같이 추가함
"이와 같은 종래기술의 어려움을 보고하는 문서들이 있다. 마이크로소프트사™의 PC 윈도우 프로그램에서의 파일명 검색과 관련하여 인터넷 선행문헌으로서 다음 링크를 참조할 수 있다(http://windows.microsoft.com/ko-KR/windowsvista/Why-cant-I-find-the-file-Im-looking-for). 또한 데이터 양의 증가 또는 컴퓨터를 사용한 시간에 관련한 인터넷 선행문헌으로서 다음 링크를 참조할 수 있다

(http://blog.daum.net/zzanggune9872/9987693). 모두 사용자들 스스로 관리를 잘해야 함을 강조하고 있다."

<의견내용>

일반적으로 배경기술로는 선행특허문헌을 기재하곤 합니다. 예전에는 이렇게 해결했는데, 우리는 이렇게 해결하겠다는 차별점을 강조하기 위함입니다. 그런데 본원발명은 파일을 저장함에 있어 아주 일반적인 불편함에 대한 대안책을 제시하는 것이며, 또한 특허문헌을 추가하려면 "파일 저장"하는 시나리오가 기재되어 있는 문헌을 찾아야 하는데, 파일명을 부여하여 파일을 저장하는 것은 너무 일반적인 기술이어서 배경기술에 적합한 특허문헌을 찾을 수 없었습니다. 이번에 추가된 사항조차 일반적인 내용이어서 심사관님께서 만족스럽지 못할까 염려됩니다. 그러나 본원발명의 특징이 "너무나 일반적인 어려움"을 해결하겠다는 데 특징이 있으므로 이 점 고려해 주시기 바랍니다.

²⁷⁶ (6) 인간의 정신활동

BM 발명이나 소프트웨어 발명에서는 자연법칙을 이용하지 않았다는 거절이유를 종종 만난다. 그런 발명 분야에서 이루어지는 어떤 단계의 주체는 '사용자'로 표현돼서는 안 된다. 사람이 주체가 되면 그 단계의 수행은 인간의 정신활동에 의존하게 돼서 결국 자연법칙을 이용하지 않은 발명이 된다. 심사관이 이를 지적한다면 하드웨어 주체를 나타내는 표현으로 '사용자' 대신에 '사용자 단말'로 보정하면 된다. 그런데 하드웨어 주체로 표시했음에도 불구하고 인간의 행위가 발명의 요소가 되었다는 거절이유를 받으면 대응하기 쉽지 않다. 실무자는 표현 하나하나를 점검하며 최선의 대응을 해야 한다. 보정서는 물론이거니와 의견서의 논리도 필요하다.

예제 251에서 행위의 주체는 '오피스 단말'로 기재돼 있으므로 외견상 인간의 행위로 보이지는 않는다. 그러나 심사관은 '오피스 단말'이 하는 행위는 곧 '오피스 단말 사용자'의 행위로 본 것이다. 실무자는 매우 미묘하게 표현을 바꾸면서 대응을 했다.

예제 251 (특허 1313541)

<심사관의 거절이유>

"오피스 단말이 노인복지 업무지원 시스템에 설치되는 편집기를 이용해서 보고서를 작성하고 미리 저장되어 있는 보고서 탬플릿과 결합함으로써 보호자용 보고서를 생성하는 (b) 단계"는 인간(오피스 단말 사용자)행위 또는 정신적 활동이 수반될 수밖에 없는 것으로서 발명에 해당되지 않습니다. 청구항 2 내지 4 발명은 청구항 1 발명을 인용하고 있으므로 청구항 1 발명과 동일한 거절이유가 적용됩니다."

<보정사항>

최초 청구항 1의 (b) 단계	보정된 청구항 1의 (b) 단계
(b) 상기 오피스 단말이 노인복지 업무지원 시스템에 설치되는 편집기를 이용해서 보고서를 작성하고 미리 저장되어 있는 보고서 탬플릿과 결합함으로써 보호자용 보고서를 생성하는 단계	(b) 상기 오피스 단말이 노인복지 업무지원 시스템에 설치되는 편집기를 이용해서 작성된 보고서와 미리 저장되어 있는 보고서 탬플릿을 결합함으로써 보호자용 보고서를 생성하는 단계;

<의견내용>

위와 같이 보정함으로써 인간의 행위나 정신적인 판단이 개입되는 요소가 청구항의 필수구성요소로 포함되지 않게 되었습니다. 보정된 (b) 단계는, 오피스 단말은 컴퓨터에서 작성된 보고서와 미리 저장되어 있는 보고서 탬플릿을 결합하여 자동으로 보호자용 보고서를 생성하는 단계로 구성됨으로써 컴퓨터와 컴퓨터 프로그램의 상호관계로 프로세스를 진행하는, 이른바 자연법칙을 이용한 발명의 한 요소가 되었습니다. 이로써 심사관님께서 지적하신 사항은 자연스럽게 해소되었습니다(만일 이렇게 보정된 구성요소조차 문제가 된다면 컴퓨터 관련 발명은 자연법칙을 이용하지 않는 발명으로 간주될 운명에 빠집니다).

(7) 보정이 거절이유를 해결했으나 의견서의 보충이 필요한 경우

최초 특허문서가 엉망으로 작성되지 않는 한 기재불비에 관한 대부분의 거절이유는 보정을 통해서 일응 해결된다. 그러나 심사관의 관점과 실무자의 관점이 다르며, 심사관이 기대하는 보정과 실무자의 대응이 다를 수 있다. 특히 후자의 경우라면 반드시 의견서의 섬세한 보충이 필요하다.

예제 252는 청구범위의 기재가 발명의 상세한 설명에 의해 뒷받침되지 않는다는 거절이유에 대한 보정 케이스다. 심사관은 발명의 상세한 설명에 기재된 구체적인 수치로 청구범위를 한정할 것을 요구했다. 그런데 심사관의 요구에 따라 보정을 하면 특허를 받을 수는 있겠으나 특허범위가 지나치게 좁아져서 쓸모 없는 특허가 되고 만다. 그래서 실무자는 특허범위에 영향을 미치지 않는 최소한의 범위로 보정을 하되, 의견서를 통해 거절이유를 논박하기로 했다. 이런 보정안을 마련하는 것도 중요하지만, 의견서의 논리도 중요하다.

278

예제 252 (특허 1256934)

<보정사항>

최초 청구항 1	보정된 청구항 1
직접 메탄올 연료전지의 환원극 촉매층은, 백금 담지 탄소 촉매(Pt/C catalyst), 유기용매, 나피온 이오노머를 혼합 교반하여 제조된 1단계 촉매 잉크에, 백금-루테늄 블랙 촉매(PtRu black catalyst) 및 소수성 고분자 용액을 2단계 촉매 잉크로서 상기 1단계 촉매 잉크에 첨가하여 교반함으로써 이종 복합으로 구성되며, 상기 환원극 촉매층을 구성하기 위한 최종 촉매 잉크 안에 들어 있는 상기 백금 담지 탄소 촉매 중 백금의 질량 은, 상기 백금-루테늄 블랙 촉매의 백금-루테늄 질량보다 큰 것을 특징으로 하는 직접 메탄올 연료전지의 이종 복합 환원극 촉매층.	직접 메탄올 연료전지의 환원극 촉매층은, 백금 담지 탄소 촉매(Pt/C catalyst), 유기용매, 나피온 이오노머를 혼합 교반하여 제조된 1단계 촉매 잉크에, 백금-루테늄 블랙 촉매(PtRu black catalyst) 및 소수성 고분자 용액(-이 소수성 고분자 용액의 입자의 크기는 상기 촉매들의 입자 및 상기 나피온 이오노머의 입자보다 크다)을 2단계 촉매 잉크로서 상기 1단계 촉매 잉크에 첨가(-소수성 고분자 용액을 첨가함에 있어 열과 압력을 가하지 않는다)하여 교반함으로써 이종 복합으로 구성되며, 상기 환원극 촉매층을 구성하기 위한 최종 촉매 잉크 안에 들어 있는 상기 백금 담지 탄소 촉매 중 백금의 질량은, 상기 백금-루테늄 블랙 촉매의 백금-루테늄 질량보다 큰 것을 특징으로 하는 직접 메탄올 연료전지의 이종 복합 환원극 촉매층.

<의견내용>

가. 본원발명에서 사용되는 수치와 관련된 제한적인 범위의 크기는 각각 다음과 같습니다:

"백금 담지 촉매는 60~70nm 정도 되는 탄소 담지체 위에 3~4nm의 백금 나노 입자가 붙어 있는 형태, 백금-루테늄 블랙 촉매는 4~5nm, 나피온 이오노머는 40~50nm 정도. 소수성 고분자인 PTPE는 200nm 정도를 사용"

나. 그런데 이런 수치 한정적인 범위로 본원발명의 청구범위를 제한하면 문제가 발생합니다. 백금 담지 촉매, 백금-루테늄 블랙 촉매의 크기가 명세서에 기재된 범위를 넘어선 경우라거나, 나피온 이오노머의 크기가 40~50nm 범위 밖이라면 본원발명의 무의미하게 된다는 것입니다. 또한, 200nm의 PTPE라고 한다면 다른 종류의 소수성 고분자는 보호범위에서 완전히 벗어날 뿐만 아니라, 199nm 혹은

201nm의 PTPE를 사용하면 이 또한 본원발명의 보호범위를 넘어서게 되는 문제점입니다. 만일 그렇게 보호범위에서 벗어나는 수치여서 본원발명의 기술적 효과를 발휘하지 못하게 되는 경우라면 수긍할 수 있겠으나, 그와 같은 미차에도 불구하고 여전히 본원발명의 기술적 특징을 그대로 갖게 되기 때문에 명시적으로 수치 한정을 할 수는 없는 노릇입니다.

다. 본원발명의 기술적 특징은, 입자의 크기가 큰 소수성 고분자를 "단순 첨가"하는 것만으로도 달성될 수 있습니다. 왜냐하면 (1) 입자의 크기가 촉매입자들보다 그리고 나피온 이오노머의 입자보다 크다면, 촉매입자들 사이사이에 소수성을 갖는 입자가 위치하게 되고, 촉매들 사이사이에 입자의 크기가 큰 소수성 고분자가 위치함으로써 충분한 기공이 형성될 수 있기 때문입니다([0030]. (2) 또한 그 때문에 액체가 잘 빠져나가고 동시에 반응 기체가 쉽게 드나들 수 있는 구조가 만들어질 수 있습니다([0030]. (3) 게다가 입자의 크기가 촉매입자들과 나피온 이오노머의 입자보다 큰 소수성 고분자를 단순 첨가하는 것으로 명세서는 설명하고 있으며, 입자의 크기로 인한 화학적 반응은 전혀 고려의 대상이 아니며, 열이나 압력을 가하는 것은 배제하고 있습니다([0031]).

그러므로, 본원발명의 특징은 "소수성 고분자 용액의 입자의 크기는 상기 촉매들의 입자 및 상기 나피온 이오노머의 입자보다 크다"라는 제한적인 범위와 "소수성 고분자 용액을 첨가함에 있어 열과 압력을 가하지 않는다"라는 제한적 범위에 의해 충분히 그 범위가 뒷받침되는 것으로 이해할 수 있습니다.

라. 금번에 추가된 보정에 의해서 본원 청구범위 기재의 발명의 보호범위는 발명의 상세한 설명에 의해 명확히 뒷받침되도록 되었습니다. 그러므로 심사관님의 거절이유 1도 보정에 의해 극복되었다고 사료되옵니다.

(8) Q 보정 연습

청구항 전항의 진보성이 부정되었으나 분석결과 의견서를 통해 다툴수 있을 때, 그리고 의견서의 논증만으로 충분히 거절이유를 극복할수 있다면 굳이 보정은 필요 없을 것이다. 어디까지나 이론적인 이야기다. 실무자의 주장이 아무리 탁월하더라도 현실적으로는 특허문서를 조금이나마 수정한 보정서를 제출하는 것이 좋다. 진보성이 쟁점이라면 청구항 보정이 수반되는 것이다. 보정서 없는 의견서 제출만으로심사관이 자신의 부정적인 판단을 철회한다면 그것은 심사관 스스로자기 잘못을 공식적으로 인정하는 꼴이어서 심리적으로 부담을 느낀다. 보정서가 함께 제출된다면 아무래도 그런 부담을 줄일 수 있다. 또한 보정의 대부분은 언어적으로는 특허범위를 축소하는 것이므로 차별점이 늘어나게 돼서 의견서의 논리전개에도 이롭다.

앞에서 설명한 것처럼 Q 보정은 이론적으로는 특허범위를 축소했지만 그 발명을 시장에서 실시함에 있어서는 보정으로 추가된 부분이 필연적이어서 사실상 특허범위가 축소되지 않는 보정을 말한다. 형식적으로는 P 보정이지만 실질적으로 N 보정을 실무자는 탐색한다.

물론 언제나 Q 보정이 통하는 것은 아니다. 심사관의 논리에 빈틈이 있고, 심사관이 제시한 인용문헌에 기재될 발명과 우리 발명에명확한 차이가 있다고 가정하고, 그래서 실무자가 거절이유를 다퉈 볼만한 경우에 쓰임새가 있다. 발명 자체가 연약하고 심사관의 판단이합리적이고 정당하다면 Q 보정이 아니라 특허범위를 실질적으로 크게 축소한 P 보정조차 거절이유를 극복할 수 없다. 안 되는 것은 안 되는 것이다. 그러나 특허결정과 거절결정 사이의 갈림길에 놓인 안건에서 Q 보정은 유리한 효험을 낳는다.

예제 253은 두 차례에 걸쳐서 청구항이 보정됐다. 밑줄로 표시한 부분이 각 단계에서 행해진 보정이다. 물론 이런 보정만으로 특허를 취득한 것은 아니다. 거절이유에 맞서는 의견서의 논증이 중핵적인 역할을 한다. 예제 253은 심판절차까지 가서 심결에 의해서 특허를 취득했다. 1차 보정에서 스마트폰의 슬립 모드를 한정하는 표현은 슬립 모드를 설명했을 뿐이어서 특허범위에 영향을 미치지 않는 사실상 N 보정이다. 이 특허발명의 핵심은 가령 스마트폰에서 알림 메시지가 표시될 때 동시에 미리 저장한 광고도 표시되도록 하겠다는 것이다. 2차 보정에서는 마지막 단계에 많은 사항이 청구항의 필수 요소로 추가됐다. 확실히 특허범위는 축소됐다. 축소된 부분은 스마트폰의 알림 메시지가 <애플리케이션의 이벤트를 통지하는 알림 메시지, 이메일 수신 메시지, 모바일 인스턴트 메시지, 일정 알림 메시지 및 문자 메시지 중 어느 하나>라는 것이다. 그 밖의 메시지는 특허범위에서 제외됐으니까 확실히 그만큼은 특허범위가 축소됐다. 하지만 메시지 연동형 모바일 광고에서 그런 종류의 메시지를 제외하고 발명을 실시하는 것이 시장에서 과연 가능한가? 불가능하다. 그러므로 이 보정은 법리 관점에서는 특허범위를 축소했겠지만, 시장 관점에서는 특허범위를 축소하지 않은 Q 보정이 된다.

282

예제 253 (특허 1473226)

<보정사항>

최초 청구항 1	1차 보정된 청구항 1	2차 보정된 청구항 1
(a) 광고 콘텐트 애플리케이션을 스마트 디바이스에 설치하는 단계;	(a) 광고 콘텐트 애플리케이션을 스마트 디바이스에 설치하는 단계;	(a) 광고 콘텐트 애플리케이션을 스마트 디바이스에 설치하는 단계;
(b) 상기 스마트 디바이스가 슬립 모드로 진입하는 단계;	(b) 상기 스마트 디바이스가 화면에서 터치 이벤트가 일어나지 않도록 화면을 잠그는 슬립 모드로 진입하는 단계;	(b) 상기 스마트 디바이스가 화면에서 터치 이벤트가 일어나지 않도록 화면을 잠그는 슬립 모드로 진입하는 단계;

(c) 상기 스마트 디바이스가 상기 (b) 단계의 슬립 모드 상태에서 스마트 디바이스용 알림 메시지를 수신하는 단계; 및	(c) 상기 스마트 디바이스가 상기 (b) 단계의 슬립 모드 상태에서 스마트 디바이스용 알림 메시지를 수신하는 단계; 및	(c) 상기 스마트 디바이스가 상기 (b) 단계의 슬립 모드 상태에서 스마트 디바이스용 알림 메시지를 수신하는 단계; 및
(d) 상기 스마트 디바이스의 슬립 모드 상태에서 상기 스마트 디바이스용 알림 메시지를 상기 스마트 디바이스의 화면에 표시할 때, 알림 메시지 영역 또는 알림 메시지 영역이 아닌 영역에 상기 광고 콘텐트 애플리케이션에 의해 스케줄링 되는 광고 콘텐트를 함께 노출하는 단계를 포함하는, 스마트 디바이스의 슬립 모드에 반응하는 광고 콘텐트 표시 방법.	(d) 상기 스마트 디바이스의 슬립 모드 상태에서 상기 스마트 디바이스용 알림 메시지를 상기 스마트 디바이스의 화면에 표시할 때, 알림 메시지 영역 또는 알림 메시지 영역이 아닌 영역에 상기 광고 콘텐트 애플리케이션에 의해 스케줄링 되는 광고 콘텐트를 <u>동시에</u> 노출하는 단계를 포함하는, 스마트 디바이스의 슬립 모드에 반응하는 광고 콘텐트 표시 방법.	(d) 상기 스마트 디바이스의 슬립 모드 상태에서 상기 스마트 디바이스용 알림 메시지를 상기 스마트 디바이스의 화면에 표시할 때, 알림 메시지 영역 또는 알림 메시지 영역이 아닌 영역에 상기 광고 콘텐트 애플리케이션에 의해 스케줄링 되는 광고 콘텐트를 동시에 노출하는 단계를 포함하며, 상기 스마트 디바이스의 화면에 상기 광고 콘텐트와 동시에 표시되는 상기 스마트 디바이스용 알림 메시지는 스마트 디바이스에 설치된 애플리케이션의 이벤트를 통지하는 알림 메시지, 이메일 수신 메시지, 모바일 인스턴트 메시지, 일정 알림 메시지 및 문자 메시지 중 어느 하나인, 스마트 디바이스의 슬립 모드에 반응하는 광고 콘텐 트 표시 방법.

283

예제 254는 예제 253과 마찬가지로 재심사 단계에서 특허를 받은 안건이다. 실무자는 2번의 보정서를 제출했고, 청구항 전항의 진보성을 부정하는 심사관의 심사결과를 의견서의 논증을 통해 뒤집었다. 핵심은 역시 의견서에 적힌 주장과 논증이다. 그러나 그런 주장과 논증을 뒷받침하는 보정이 필요하다. 이 특허발명은 표절 문서를 찾아냄에 있어 비교되는 문서 사이에 연속으로 동일한 구간을 찾아내서 그 결과를 알려주는 기술을 특징으로 한다. 심사관은 비교되는 문서에 대한 언어 분석을 하여 표절여부를 결정해주는 기술이 적혀 있는 선행특허문헌을 인용발명으로 제시했다. 기술분야가 동일하고 그 기술이 추구하는 일반적인 목적은 동일하다. 그렇다면 의견내용은 과제해결원리의 차이점과 구성요소 간의 유기적 결합이 다르다는 점을 강조하는 주장을 할 것이다. 그렇다면 보정안은 그런 주장을 지원하는 방향으로 행해져야 한다.

사례의 Q 보정은 이론적으로는 특허범위를 좁힌다. 1차 보정에서는 '청크 단위'를 한정해 특허범위를 좁혔고, 2차 보정에서는 문서 사전화부가 기능하는 시점과 방법을 한정함으로써 특허범위를 좁혔다. 모두 의견내용의 핵심에 관한 사항이다. 특허범위는 특허법 이론 관점에서는 좁혀졌다. 그러나 특허발명을 실시할 때의 시장 관점에서는 결국 보정된 특허범위로밖에 실시할 수 없다. 보정된 특허범위로 실시하지 않으면 원하는 효과를 거둘 수 없기 때문이다. 따라서 이는 Q 보정이며, 의견서의 논증에 봉사한다.

284

예제 254 (특허 1453866)

<보정사항>

최초 청구항 1	1차 보정된 청구항 1	2차 보정된 청구항 1
모사 검출 대상 문서를 입력하는 문서 입력부;	모사 검출 대상 문서를 입력하는 문서 입력부;	모사 검출 대상 문서를 입력하는 문서 입력부;
상기 문서 입력부를 통해 입력된 상기 모사 검출 대상 문서와 이 모사 검출 대상 문서와 비교되는 비교문서를 청크 단위로 사전화하는 문서 사전화부와, 상기 문서 사전화부에서 사전화된 두 문서에 대한 연속 모사 구간을 검출하는 연속 모사 구간 검출부를 포함하는 프로세서;	상기 문서 입력부를 통해 입력된 상기 모사 검출 대상 문서와 이 모사 검출 대상 문서와 비교되는 비교문서를 연속하는 n개(n은 1보다 큰 정수)의 단어의 결합으로 이루어지는 청크 단위로 사전화하는 문서 사전화부와, 상기 문서 사전화부에서 사전화된 두 문서에 대한 연속 모사 구간을 검출하는 연속 모사 구간 검출부를 포함하는 프로세서;	상기 문서 입력부를 통해 입력된 상기 모사 검출 대상 문서와 이 모사 검출대상 문서와 비교되는 비교문서를 비교하기 전에, 연속하는 n개(n은 1보다 큰 정수)의 단어의 결합으로 이루어지는 청크 단위로 각각 사전화하는 문서 사전화부와, 상기 문서 사전화부에서 사전화된 두 문서에 대한 연속 모사 구간을 검출하는 연속 모사 구간 검출부를 포함하는 프로세서;
상기 문서 사전화부에 의해 사전화된 문서 또는 연속된 모사 구간을 저장하는 메모리부; 및	상기 문서 사전화부에 의해 사전화된 문서 또는 연속된 모사 구간을 저장하는 메모리부; 및	상기 문서 사전화부에 의해 사전화된 문서 또는 연속된 모사 구간을 저장하는 메모리부; 및
상기 연속된 모사 구간을 출력하는 문서출력부를 포함하는, 고속 모사 구간 검출을 위한 문서 사전화 장치.	상기 연속된 모사 구간을 출력하는 문서출력부를 포함하는, 고속 모사 구간 검출을 위한 문서 사전화 장치.	상기 연속된 모사 구간을 출력하는 문서출력부를 포함하는, 고속 모사 구간 검출을 위한 문서 사전화 장치.

285

예제 255는 두 차례에 걸친 심사결과 모두 청구항 전항의 진보성이 부인된 케이스였다. 1차 통지서에서 한국문헌으로 인용발명 1과 인용발명 2가 문제됐다. 실무자가 의견서를 통해 심사관을 설득하는 데 성공해 거절이유를 극복하자 인용발명 1을 버리고 인용발명 2를 인용발명 1로 삼는 대신에 새로운 인용문헌으로서 일본 공개특허공보를 인용발명 2로 제시하면서 다시 진보성을 부정했다. 그러자 실무자는 다시 의견서를 통해서 심사관의 거절이유를 극복했다. 예제 255의 청구항의 변화를 보라. 실무자의 의지와 기개를 느낄 수 있다. 심사관의 판단에 주눅이 들지 않고 정면으로 대응하고 있는 것이다.

물론 특허범위를 감축하기는 했다. 보정된 부분이 없다면 특허범위는 이론적으로 더 넓게 해석될 수 있기 때문이다. 하지만 보정으로 추가된 부분을 제외하고 특허발명을 실시하는 것은 거의 불가능에 가깝다. P 보정처럼 보이지만 N 보정처럼 기능한다. 그러므로 이것은 Q 보정이다. 앞에서 여러 번 말했으나, Q 보정만으로 거절이유를 극복하기는 어렵다. 핵심은 의견서의 논증이며, Q 보정은 그 논증을 보충할 뿐이다.

286

예제 255 (특허 1595451)

<보정사항>

최초 청구항 1	1차 보정된 청구항 1	2차 보정된 청구항 1
모바일 디바이스에 내장된 디지털 카메라 모듈에 의해 제작되는 동영상 파일의 생성 방법으로서:	모바일 디바이스에 내장된 디지털 카메라 모듈에 의해 제작되는 동영상 파일의 생성 방법으로서:	모바일 디바이스에 내장된 디지털 카메라 모듈에 의해 제작되는 동영상 파일의 생성 방법으로서:
(a) 입력수단이 모바일 디바이스에 설치된 카메라 애플리케이션을 실행하여 카메라 모듈을 활성화하는 단계;	(a) 입력수단이 모바일 디바이스에 설치된 카메라 애플리케이션을 실행하여 카메라 모듈을 활성화하는 단계;	(a) 입력수단이 모바일 디바이스에 설치된 카메라 애플리케이션을 실행하여 카메라 모듈을 활성화하는 단계;
(b) 상기 카메라 모듈을 이용하여 동영상 촬영을 개시하고 사용자 제작 동영상 데이터를 획득하는 단계;	(b) 상기 카메라 모듈을 이용하여 동영상 촬영을 개시하고 사용자 제작 동영상 데이터를 획득하는 단계;	(b) 상기 카메라 모듈을 이용하여 동영상 촬영을 개시하고 사용자 제작 동영상 데이터를 획득하는 단계;
(c) 상기 모바일 디바이스의 프로세서가 상기 사용자 제작 동영상 데이터의 마지막 프레임에 상기 모바일 디바이스의 메모리에 미리 저장되어 있는 디바이스 영상을 결합하는 단계; 및	(c) 상기 입력수단이 동영상 촬영 종료버튼을 누르면, 상기 모바일 디바이스의 프로세서가 상기 사용자 제작 동영상 데이터의 마지막 프레임에 상기 모바일 디바이스의 메모리에 미리 저장되어 있는 디바이스 영상을 결합하는 단계; 및	(c) 상기 입력수단이 동영상 촬영 종료버튼을 누르면, 상기 모바일 디바이스의 프로세서가 상기 사용자 제작 동영상 데이터의 마지막 프레임에 상기 모바일 디바이스의 메모리에 미리 저장되어 있는 디바이스 영상을 결합하는 단계; 및
(d) 상기 사용자 제작 동영상 데이터와 상기 디바이스 영상이 결합된 파일로 인코딩을 하여 1개의 오리지널 동영상 파일을 생성하는 단계;를 포함하는 것을 특징으로 하는, 모바일 디바이스에 내장된 디지털 카메라에 의해 제작되는 동영상 파일의 생성 방법.	(d) 상기 사용자 제작 동영상 데이터와 상기 디바이스 영상이 결합된 파일로 인코딩을 하여 1개의 오리지널 동영상 파일을 생성하는 단계;를 포함하는 것을 특징으로 하는, 모바일 디바이스에 내장된 디지털 카메라에 의해 제작되는 동영상 파일의 생성 방법.	(d) 상기 모바일 디바이스의 프로세서가 상기 사용자 제작 동영상 데이터와 상기 디바이스 영상이 결합된 파일로 인코딩을 하여 1개의 오리지널 동영상 파일을 생성하는 단계;를 포함하는 것을 특징으로 하는, 모바일 디바이스에 내장된 디지털 카메라에 의해 제작되는 동영상 파일의 생성 방법.

287

(9) 청구항 번호를 변경하는 보정

청구항 보정은 삭제, 정정, 추가 중 어느 하나에 해당한다. 청구항은 1
부터 하나씩 순서대로 번호가 부여된다. 청구항 정정은 번호에 영향
을 미치지 않는다. 청구항 추가는 마지막 번호에 이어서 순서대로 추
가한다. 인커밍 사건에서는 국내진입할 때의 청구항을 모두 삭제하고
청구항을 추가하면서 심사청구를 하는 경우가 있는데, 예컨대 청구항
1~100까지 모두 삭제해서 청구항을 추가하면 청구항 101부터 다시
번호가 부여된다.

청구항 삭제 보정을 하면 번호 순열에 틈이 생긴다. 청구항의 개
수가 원래 많고 삭제된 청구항 수도 많은 경우 실무자는 번호 순열을
새롭게 정리하고 싶어진다. 청구항 번호 순열에 틈이 있더라도 법적으
로는 전혀 문제가 없다. 하지만 사후 관리 차원에서는 번거로운 점이
없지 않다. 특히 대리인과 출원인 사이의 커뮤니케이션 관점에서 좋지
못하고, 또한 특허 취득 후 권리를 행사한다거나 심판쟁송이 벌어져서
생기는 업무도 헷갈려진다. 청구항 번호 순열을 새롭게 정리하는 것이
가능할까? 최초 거절이유에 대한 보정에서는 가능하다. 최후 거절이유
에 대해서는 그런 보정을 하지 못한다.

청구항의 번호순서를 바꾸는 보정서를 제출하면 심사관은 바뀐
청구항 세트로 심사를 다시 하기 때문에 실무자는 의견서로 심사관을
배려할 필요가 있다. 보정 전후의 청구항 번호 변경에 대한 설명을 의
견서에 기재한다.

예제 256과 예제 257이 그런 예가 되겠다. 예제 256은 청구항 1
개를 삭제한 다음에 하나씩 번호를 조정한 사례이며, 예제 257은 청구
항 세트 중 두 개의 항을 삭제하면서 청구항 번호를 재조정한 사례다.

예제 256 (특허 1454734)

<보정사항>

청구항 1~16에서 청구항 1을 삭제하고, 청구항 2 내지 16을 청구항 1 내지 15로 청구항 번호를 변경하는 보정

<의견내용>

공고되는 특허문헌으로서 기재의 내실을 기하기 위하여 금번 보정을 통해서 청구항 번호를 숫자 순서대로 깔끔하게 정리하고자 하였습니다. 요컨대 보정을 통해서 보정 전 청구항 제1항이 삭제되었습니다만, 제1항 자리를 비어 두지 않고 그 이후의 청구항의 숫자를 하나씩 빼서 올림으로써 본원의 특허청구범위가 제1항부터 제15항까지 순서대로 배치되도록 하였습니다.

예제 257 (특허 1459338)

<보정사항>

청구항 3와 청구항 4를 청구항 1에 합체한 다음에 청구항 번호를 재조정

<의견내용>

한편 특허 등록됨으로써 권리장전이자 기술문헌으로 공개됩니다. 기술문헌으로서 충실함을 기하기 위해서 삭제된 청구항을 그대로 비어 두지 않고 순서대로 청구항이 기재되도록 하는 보정을 하였습니다. 보정 전후의 청구항은 다음과 같습니다.

보정 전 청구항 번호	보정 후 청구항 번호(괄호는 보정 전 청구항 번호)
1	1 (청구항 1+ 청구항 3 + 청구항 4)
2	2 (청구항 2)
3	3 (청구항 5)
4	4 (청구항 6)
5	5 (청구항 7)
6	삭제
7	삭제

(10) 청구항 기재 형식을 바꾸는 보정

청구항을 어떻게 보정할지는 실무자의 전략에 따라 다양하다. 심사결과가 나오기 전의 자진 보정이나 최초 거절이유에 대응하는 보정을 한다면 청구항의 내용과 형식을 어떻게 바꾸든 괜찮다. 특별히 제한이 없다. 물론 보정의 자유도가 있더라도 심사결과를 받은 상태에서 마음대로 청구항의 기재를 바꾸면 심사관을 불쾌하게 만든다. 결과적으로 심사를 지연케 하므로 일반론적인 관점에서는 바람직하지 않다. 그러나 실무자는 언제나 <어떻게 언어를 사용하면 거절이유를 극복하는 데 이로울까?>를 고민하기 때문에 그 고민에 합당한 자유도는 사용할 만하다.

예제 258은 개조식 청구항을 진술식 청구항으로 변경했다. 그리고 일부 주요 구성에 대해서는 도면 부호를 병기했다. 심사결과를 분석하고 출원인과 소통한 결과, 통지서에 드러난 심사관의 태도가 완고하게 보인다는 점, 또한 그 판단이 전혀 근거가 없다고 보기는 힘들어서 특허를 받을 가능성이 높지 않다는 점, 반면 이 안건은 출원인의 당면한 비즈니스와 매우 관련이 있어서 반드시 특허가 필요하다는 점을 이 중간사건의 상황요소로 실무자는 판단했다. 출원인의 비즈니스를 보호하기 위해서 특허범위를 함부로 축소할 수는 없다. 이런 상황에서 심사관 통지서의 약점을 탐색하고 의견서에서 사용할 논리를 준비했다. 의견서가 핵심이다. 이 경우 보정서는 의견서를 보충한다.

그런 취지로 예제 258은 청구항 기재형식을 전면적으로 바꾸는 보정으로 의견서를 보충한 것이다. 내용은 크게 달라지지 않았다. 그러나 개조식에서 진술식으로 변경하는 것만으로도 구성요소가 긴밀히 결합돼 있는 느낌을 준다. 실무자는 청구항 기재 구성요소 사이의 유기적인 결합을 논증함으로써 거절이유를 논박한다는 점을 감안한다면 진술식 청구항이 다소 유용할 것 같다.

예제 258 (특허 1635775)

<보정사항>

최초 청구항 1	보정된 청구항 1
유아 숙면 보조용 기능성 매트로서: 유아의 신체인 오브젝트를 위쪽 방향을 향해서 지지하는 매트 본체; 상기 매트 본체의 표면보다 직교 방향으로 전체적으로 구릉 모양으로 돌출하며, 오브젝트를 측면 방향으로 지지하는 사이드 서포터; 및 상기 매트 본체의 너비방향으로 교차하거나 가로지르며 위치하고, 상기 매트에 고정되어 오브젝트에 밀착되는 압박 서포터를 포함하는 유아 숙면 보조용 기능성 매트.	유아 숙면 보조용 기능성 매트(1)로서, 유아의 신체인 오브젝트를 위쪽 방향을 향해서 지지하는 매트 본체(10)와, 상기 매트 본체(10)의 표면보다 직교 방향으로 전체적으로 구릉 모양으로 돌출하며, 오브젝트를 측면 방향으로 지지하는 사이드 서포터(30)를 포함하여 구성하되, 압박 서포터(50)를 상기 매트 본체(10)의 너비방향으로 교차하거나 가로지르며 위치하면서 상기 매트(1)에 고정하여 설치하고, 상기 압박 서포터(50)의 오브젝트 대항 부분의 적어도 한 부분은 오브젝트를 향해 상측 방향에서 밀착함으로써 압박감을 제공하도록 상기 매트(1)에 고정되도록 하는 것을 특징으로 하는, 유아 숙면 보조용 기능성 매트.

<의견내용>

본 의견서와 동일자로 제출되는 보정서에 의하여, 이 출원발명의 청구항 제1항을 보정하였습니다. 보정 전 청구항 제1항은 각각의 구성요소가 병렬식으로 기재되어 있었는데, 이런 개조식 기재방식의 경우 각각의 구성요소가 용이하게 분리 고찰될 염려가 있고, 그 결과 구성요소의 유기적인 결합관계와 이 출원발명의 특징적인 과제해결원리가 간과될 우려가 있습니다. 그래서 청구항 제1항을 아래와 같은 기재방식으로 보정함으로써 이 출원발명의 특징과 기술적 범위의 경계가 두드러지게 표현되도록 하였습니다. 또한 몇 가지 구성요소에 대해서는 도면 부호를 병기함과 동시에, 상세한 설명과 도면에 표현되어 있는 내용을 필수구성으로 추가하는 보정을 하였습니다. 밑줄 친 부분이 이번에 필수구성요소로 추가된 부분입니다.

(11) 오브젝트를 변경하는 보정

유사한 기술은 헤아리기 힘들 정도로 많다. 특허심사는 선행기술과 어느 정도 유사한지 여부를 따지는 것이 아니라 청구범위에 기재된 심사 대상 발명이 선행문헌에 적힌 발명과 대비할 때 당업자가 그 선행기술로부터 심사 대상 발명을 용이하게 생각해낼 수 있는지 여부를 판단하는 것이다. 이런 판단 작업은 원칙적으로 <당업자가 우리 발명의 내용을 모르고 있는 상태>에서 판단하는 것이지만, 현실적으로 심사관은 우리 발명의 내용을 알고 있다. 원칙과 현실 사이의 간극으로 말미암아 실무자는 납득하기 어려운 다양한 심사 결과를 받게 된다. 말하자면 심사관이 우리 발명과 인용발명 사이의 공통점이나 유사성에 지나치게 천착한 나머지 양 발명의 원리와 특징을 오해하는 경우가 종종 발생하는 것이다. 오해로부터 기인한 부정적인 심사결과를 받았다면 그럴수록 실무자는 냉정하게 대응한다. 오히려 기회가 온 것이다. 거절이유의 약점을 잘 드러내면서 의견서를 제출하면 특허를 받을 수 있다.

예제 259는 오브젝트, 즉 특허청구의 대상을 변경하는 보정이다. 청구항의 다른 구성과 결합관계는 보정하지 않고 그대로 뒀다. '어휘의미패턴 구성 방법'을 '어휘의미패턴 재구성 방법'으로 '재'라는 글자 하나를 추가함으로써 오브젝트를 변경했을 뿐이다. 이렇게 오브젝트를 변경함으로써 심사관으로 하여금 발명의 전체 원리를 확인토록 유도한다. 단, 이런 보정만으로 특허를 받지는 못한다. 구체적이고 치밀한 의견서가 준비돼야 한다.

예제 259 (특허 1409298)

<보정사항>

최초 청구항 1	보정된 청구항 1
(a) 형태소, 음절 및 어절로 이루어진 어휘의미패턴(LSP: Lexico-semantic-pattern)을 정의하는 단계;	(a) 형태소, 음절 및 어절로 이루어진 어휘의미패턴(LSP: Lexico-semantic-pattern)을 정의하는 단계;
(b) 사용자 단말이 추출하고자 하는 1개 이상의 대표문형을 수집 또는 생성하는 단계;	(b) 사용자 단말이 추출하고자 하는 1개 이상의 대표문형을 수집 또는 생성하는 단계;
(c) 상기 대표문형에 대한 형태소 처리 과정을 거쳐 상기 대표문형을 LSP 형태로 변환하는 단계; 및	(c) 상기 대표문형에 대한 형태소 처리 과정을 거쳐 상기 대표문형을 LSP 형태로 변환하는 단계; 및
(d) LSP 형태로 변환된 상기 대표문형에서 사전 형태로 변경할 대상을 선정하고, 이를 이용하여 대표문형을 LSP로 재구성하는 단계;를 포함하는, 한국어 구문 인식을 위한 어휘의미패턴 구성 방법.	(d) LSP 형태로 변환된 상기 대표문형에서 사전 형태로 변경할 대상을 선정하고, 이를 이용하여 대표문형을 LSP로 재구성하는 단계;를 포함하는, 한국어 구문 인식을 위한 어휘의미패턴 재구성 방법.

293

<의견내용>

본 의견서와 동일자로 제출되는 보정서에 의하여 청구항 제1항을 보정하였습니다. 본원발명의 청구대상이 "한국어 구문 인식을 위한 어휘의미패턴 구성 방법"에 관한 것이 아니라, "한국어 구문 인식을 위한 어휘의미패턴 재구성 방법"임을 명료하게 표현하기 위해서, 본원의 발명의 명칭과 청구범위의 대상을 보정하였습니다.

(중략)

심사관님의 거절이유를 읽고 분석한 결과, 본원발명과 인용발명들은 모두 데이터 검색 기술에 관한 것이라는 공통점이 있으나, 본원발명의 기술특징과 인용발명들의 기술특징 사이에는 과제해결원리상의 직접적인 대응관계를 갖지 못하며 서로 다른 기술사상이라는 결론에 이르렀습니다. 다만, 심사관님께서 본원발명의 기술사상을 이해하심에 있어서 인용발명의 내용과 표현에 대한 오해가 있었고, 오해로부터 부정적인 심사결과가 발급된 것으로 보입니다. 따라서 본 의견서는 심사관님의 오해를 적절하게 해명하는 데 주안점을 두겠습니다.

(후략)

(12) 전제부를 추가하는 보정

오브젝트를 변경하는 보정 방법을 생각해낼 수 있다면 전제부를 추가하는 보정도 유연하게 생각해낼 수 있다. 예제 259는 전제부를 추가하는 보정을 보여준다. 이런 방식의 보정은 오브젝트를 변경하는 보정처럼 실제 구성요소와 그것들의 결합은 보정하지 않고 그대로 둔다. 과제해결원리의 독창성을 강조하면서 심사결과에 정면으로 대응하겠다는 의지의 표현이다. 그런 의지가 통할 수 있는 상황이어야 한다. 당연히 실무자는 심사관의 판단에서 판단결과를 뒤집을 수 있는 약점을 발견했을 것이다. 그 약점은 의견서에서 밝히되, 보정은 예제처럼 전제부만을 추가한다. 발명의 원리상 당연한 특징이 전제부에 기재됐으므로 특허범위에 영향이 없는 N 보정에 해당한다.

294

예제 260 (특허 1409298)

<보정사항>

최초 청구항 1	보정된 청구항 1
도금조의 중앙에 피도금체인 웨이퍼가 도금용액 안으로 수직으로 침지되도록 하는 지그;	전기도금 및 광유도 도금을 병행하여 웨이퍼의 양면에 대한 동시 도금을 실시하는 태양전지 기판용 도금 장치로서: 도금조의 중앙에 피도금체인 웨이퍼가 도금용액 안으로 수직으로 침지되도록 하는 지그;
상기 웨이퍼를 마주보며 도금조의 양쪽에 각각 대칭으로 설치되는 다수의 양극 부재를 포함하며 전기도금을 실시하는 제1 도금부;	상기 웨이퍼를 마주보며 도금조의 양쪽에 각각 대칭으로 설치되는 다수의 양극 부재를 포함하며 전기도금을 실시하는 제1 도금부;
상기 제1 도금부와 물리적으로 차단된 광원수용부에 구성되며, 상기 양극부재 뒤쪽에 각각 설치되고, 상기 웨이퍼를 향해 빛을 투사하는 LED 램프를 이용하여 광유도 도금(Light Induced Plating)을 실시하는 제2 도금부를 포함하는, 전기도금 및 광유도 도금을 병행하는 태양전지 기판용 도금 장치.	상기 제1 도금부와 물리적으로 차단된 광원수용부에 구성되며, 상기 양극부재 뒤쪽에 각각 설치되고, 상기 웨이퍼를 향해 빛을 투사하는 LED 램프를 이용하여 광유도 도금(Light Induced Plating)을 실시하는 제2 도금부를 포함하는, 전기도금 및 광유도 도금을 병행하는 태양전지 기판용 도금 장치.

<의견내용>

본 의견서와 동일자로 제출되는 보정서에 의하여 청구항 제1항을 보정하였습니다. 인용발명들과의 차이점을 명확히 하기 위해서 전제부를 추가하는 보정을 하였습니다.

(중략)

본원발명은 태양전지 기판에 대해서 전기도금 및 광유도 도금을 병행하여 웨이퍼의 양면에 대한 동시 도금을 실시하는 태양전지 기판용 도금 장치에 관한 것임에 비해서, 인용발명 1은 전기도금과는 무관하게 반도체의 가전자대(valence band)에 있는 전하 캐리어를 여기하여 전도대(conduction band)로 이동시키는 반도체 기판의 표면활성화 기술에 관한 장치입니다. 따라서 기술사상의 목적 및 효과가 전혀 다르고, 또한 과제해결의 원리가 상이하기 때문에 본원발명의 장치와 인용발명 1의 장치의 기술구성을 직접 대비하기는 어렵습니다.

(후략)

295

(13) 트랜지션 위치에 구성요소를 추가하는 보정

청구항은 전제부, 구성집합, 트랜지션, 오브젝트, 이렇게 4개의 요소로 이루어져 있다. 대개의 청구항 보정은 구성집합에 속하는 구성요소의 표현을 변경하는 보정이다. 그러나 앞에서 설명한 것처럼, 전제부를 추가한다거나 오브젝트를 변경하는 보정도 행해진다. 트랜지션도 당연히 보정될 수 있지만, 일반적으로는 트랜지션 자체가 아니라 트랜지션의 위치에 구성요소를 직렬적으로 추가하는 방식으로 보정이 이루어진다. 전제부와 오브젝트에 관한 보정이 현장에서 다소 드물게 발생한다면, 트랜지션의 위치에 구성요소를 직렬적으로 추가하는 보정은 매우 자주 발생한다. 특히 일부 종속항의 특허성이 인정되었을 때, 그리고 그 종속항을 독립항과 합체하는 보정을 할 때 그러하다. 예제 261은 보정된 부분이 바로 그런 예이다. 원래는 종속항에 기재되었던 부분이었다.

296

한편 종속항에 기재되어 있던 부분이 아니면서 보정을 통해서 트랜지션 위치에 어떤 구성을 추가하는 경우에는 대개 구성요소의 특징적인 결합관계를 표현하기 위함이다. (10)에서 다뤘던 예제 258을 참고하라.

예제 261 (특허 1500982)

<보정사항>

최초 청구항 1	보정된 청구항 1
건축용 조명 패널로서:	건축용 조명 패널로서:
문자, 숫자, 기호 및 도형 중 어느 하나 이상의 제 1 패턴이 형성된 1개 이상의 패턴 천공부를 갖는 박판의 비투명재 시트;	문자, 숫자, 기호 및 도형 중 어느 하나 이상의 제 1 패턴이 형성된 1개 이상의 패턴 천공부를 갖는 박판의 비투명재 시트;
상기 비투명재 시트와 서로 맞닿아 결합되는 도광판으로서, 도광판의 당접면에는 상기 제 1 패턴과 동일하여 일대일로 대응하는 제 2 패턴이 깊이 50마이크론 이상 1mm 이하의 깊이로 식각되어 있는 1개 이상의 패턴 식각부를 갖는 투명재 도광판;	상기 비투명재 시트와 서로 맞닿아 결합되는 도광판으로서, 도광판의 당접면에는 상기 제 1 패턴과 동일하여 일대일로 대응하는 제 2 패턴이 깊이 50마이크론 이상 1mm 이하의 깊이로 식각되어 있는 1개 이상의 패턴 식각부를 갖는 투명재 도광판;
상기 도광판의 1개 이상의 측면에 배열하여 설치되는 다수의 LED 램프; 및 상기 LED 램프를 지지하며 바닥 또는 벽면에 설치되는 프레임;을 포함하는 것을 특징으로 하는, 비투명재 시트를 이용한 건축용 조명 패널.	상기 도광판의 1개 이상의 측면에 배열하여 설치되는 다수의 LED 램프; 및 상기 LED 램프를 지지하며 바닥 또는 벽면에 설치되는 프레임;을 포함하며, 상기 도광판에는 상기 비투명재 시트의 당접면 반대쪽 면에 격자무늬 또는 도트로 이루어지는 제 3 패턴으로 식각되어 있는 다수의 패턴 식각부를 더 포함하는 것을 특징으로 하는, 비투명재 시트를 이용한 건축용 조명 패널.

297

(14) 형식적인 보정

때때로 실무자는 의견서만으로 심사관의 거절이유를 충분히 극복할 수 있다고 확실할 수 있다. 논증만으로 거절이유를 극복할 수 있다면 굳이 보정은 필요하지 않다. 그럼에도 전략적인 차원에서 형식적인 보정이 필요하겠다고 실무자는 생각할 수 있다. 특허범위에는 전혀 영향을 미치지 않는 N 보정이다. 다만, 형식적인 보정이 자칫 심사관을 불쾌하게 할 수 있기 때문에 의견서에 보정의 취지를 설명하는 것이 좋다.

예제 262와 예제 263은 모두 청구항 전항의 진보성이 부정된 케이스다. 실무자는 모두 형식적인 보정을 하였고 의견서의 논증을 통해서 거절이유를 극복했다. 예제 262는 청구항 제1항을 보정하였고, 예제 263는 발명의 상세한 설명을 보정하였다.

먼저 예제 262를 보자. 예제 262에서 실무자는 청구항 제1항에 '평면으로 이루어지며'라는 내용을 추가하였다. 기술내용상 '패널부'가 평면으로 이루어지는 것은 당연하다. 당연한 내용을 추가한 보정이다. 당연한 내용을 추가한 보정에 대해서는 납득할만한 설명이 필요하다. 실무자는 의견서를 통해서 '오해를 해결하기 위함'이라고 진술했다.

예제 262 (특허 1317133)

<보정사항>

[청구항 1]

<u>평면으로 이루어지며</u> 기판을 수용하는 패널부와 이송장치와 연결되는 지지부를 포함하는 태양전지용 전기 도금을 위한 기판 캐리어 장치로서:

패널부를 수직으로 가로지르도록 설치되고, 상단부가 상단 로드 고정부에 설치된 홀에 삽입되고 하단부이 하단 로드 고정부에 설치되는 홀에 삽입되며, 상기 상단부가 상기 상단 로드 고정부와 스프링 부재에 의해 연결되며, 스프링 부재의 탄성힘의 영향을 받으며 홀 내에서 회전하는 2개 이상의 클립장착용 로드;

상기 클립장착용 로드에 일정 간격으로 이격되어 설치되며, 상기 클립장착용 로드의 회전에 의해 기판과 접촉점을 형성하는 클립-닫힘 상태와 기판과의 접촉을 해

298

제하는 클립-개방 상태가 결정되는 다수의 클립; 및

상기 클립장착용 로드 사이의 상기 패널부 평면에 위치하는 기판 수용 영역으로서, 기판 표면을 지지하는 기판 서포터들과 기판 에지 가이드들을 가지며, 상기 패널부 평면 위에서 영역이 반복되는 기판 수용 영역; 을 포함하는, 태양전지용 전기도금을 위한 기판 캐리어 장치.

<의견내용>

청구항 제1항의 첫 부분에 "패널부"가 개구(opening)로 이루어진 것이 아니라 평면으로 구성된 것임을 강조하는 표현을 추가하였습니다. 심사관님께서 본원발명의 "기판수용영역" 구성에 대해 오해하시고 계시기 때문에 이번 보정을 통해서 그와 같은 오해를 해결하기 위함입니다.

예제 263은 두 번째 거절이유(최후가 아니라 최초거절이유였다)에 대한 대응이었다. 심사의 대상이 되는 청구항은 아예 보정하지 않고 의견서를 통해서 다투면서 명세서 일부 단락에 밑줄을 넣었을 뿐이다. 이런 보정은 특허공보에 그대로 표시된다. 밑줄 보정은 의견서의 논증사항을 은근히 강조하는 효과를 불러오며 실무자의 설득력을 강화한다.

예제 263 (특허 1565232)

<보정사항>

[0024] 단락

Sprague-Dawley계 흰 쥐(170±10g) 수컷을 대한바이오링크(주)로부터 구입하여 1주일간 적응시킨 후 6마리씩 총 5군으로 나누어 실험에 사용하였다. 실험식이로서 대조군은 Lieber De Carli Control diet를 급여하고, 에탄올 식이군은 알콜성 지방간 유발사료인 Lieber De Carli Ethanol diet를 급여하였다. 이들 사료로 1주일간 적응시 킨 후, 에탄올 식이군은 에탄올(5%)을 식이에 더 첨가하여 4주간 투여하여 간독성을 유도하였다. 에탄올 식이군들이 에탄올로부터 공급받는 열량만큼, 대조군의 식이에는 말토스 덱스트린(maltose dextrin)으로 대체되었다. 에탄올 식이군 중 에탄올(5%)만을 첨가한 실험군을 에탄올 대조군으로 하고, 실시예 1-2의 부지깽이 추출물 500ppm 및 1000ppm을 에탄올에 녹여 식이에 섞고 총 첨가되어야 할 에탄올(5%) 양에서 추출물 양을 뺀 나머지 양

만큼의 에탄올을 첨가하여 에탄올 농도를 맞추어 투여한 군들을 부지깽이 추출물 투여군으로 하였다. 비교군으로 간보호작용이 알려져 있는 실리마린 500ppm을 부지깽이 추출물과 동일한 방법으로 급여하였다. 이들 식이는 매일 공급 직전에 조제하고 4주간 투여하였다. 실험동물의 체중과 식이섭취량은 일주일에 두 번 일정한 시간 등록특허에 측정하였으며, 식이와 물은 자유롭게 섭취하게 하였다. 사육실 환경은 24±2℃, 습도 55±5%로 유지하고 명암은 12시간 주기로 일정하게 조절하였다. 각 시료별 실험군은 하기 표 1에 나타내었다

<의견내용>
출원인은 의견서를 뒷받침하도록 명세서를 보정하고자 하였습니다. 그러나 이미 특허청구범위는 제한적인 범위로 보정되어 있었기 때문에 이번에 보정할 개소를 찾기 어려웠습니다. 그래서 발명의 상세한 설명에 있어서, 기술문헌으로서 우리의 특허범위가 어디에 있는지를 좀더 시각적으로 표시한다는 취지로서 상세한 설명 [0024] 단락과 [0045] 단락에 밑줄을 추가하였습니다. 모두 본 발명의 부지깽이 추출물이 알콜성 지방간에 관한 것임을 두드러지게 나타내는 부분입니다.

300 예제 264는 흥미로운 케이스다. 의견서의 논증만으로 거절이유를 극복했다. 진보성을 인정받아야겠는데 청구범위는 보정하기 싫은 것이다. 그런데 보정은 해야겠다고 실무자는 판단했다. 보정하는 데 소요되는 비용은 4,000원에 불과한 반면 보정서 제출의 긍정적 효과(앞에서 언급한 심리적 효과를 말한다)는 비용을 훨씬 상회하므로 실무자는 보정할 만한 사항을 찾았다. 오탈자가 발견되었다. '페닐우레레아'를 '페닐우레아'로 고치는 보정서를 제출하였다.

예제 264 (특허 1344065)

<의견내용>
"본 의견서와 동일자로 제출되는 보정서에 의하여, 발명의 상세한 설명 일부오자 (예컨대 "페닐우레레아"를 "페닐우레아")를 바로잡았습니다. 특허문헌으로서 내실을 기하기 위함입니다."

(15) 분할출원과 보정

보정과 분할출원은 심사과정에서 출원인은 특허를 받기 위한 대응 방법이라는 점에서 서로 공통된다. 보정은 지금의 절차에서 심사를 받고 특허를 받겠다는 대응방법이며, 분할출원은 다른 절차에서 심사를 받고 특허를 받겠다는 대응·방법이다. 보정은 4,000원이지만, 분할출원은 정규의 신규 특허출원으로 간주되기 때문에 출원료와 심사청구료를 새롭게 부담해야 한다. 보정과 분할출원은 모두 특허범위에 영향을 미친다. 보정하면 보정사항으로 특허범위가 변경되는 것으로 해석하며, 출원을 분할하면 분할된 부분만큼 현재 계속 중인 원출원의 특허범위가 변경되는 것으로 해석한다. 이런 해석에 관해서는 아래의 판례를 참조하라.

한편, 분할출원할 때에는 원출원 명세서 전체에서 분할출원의 청구항을 만들지만, 실무적으로 분할출원은 보통 청구범위를 분할한다. 이때 원출원을 제대로 보정해야 한다. 원출원과 분할출원의 청구범위가 동일하면 특허법 제36조 제2항의 적용을 받는다. 보정은 원출원의 최종본 파일을 불러서 보정사항을 수정하게 되지만, 분할출원은 서식작성기로 새롭게 작성해서 hlz 파일을 새로 생성해야 한다.

> **대법원 2008.04.10. 선고 2006다35308 판결**
> <1> 특허발명과 대비대상이 되는 제품(이하 '대상제품'이라 한다)이 특허발명과 균등관계에 있어서 특허발명의 보호범위에 속하는지 여부를 판단함에 있어서, 특허출원인 내지 특허권자가 그 출원과정 등에서 대상제품을 특허청구범위로부터 의식적으로 제외하였다고 볼 수 있는 경우에는 대상제품이 특허발명의 보호범위에 속한다고 주장하는 것은 금반언의 원칙에 위배되므로 허용되지 아니한다. 특허발명의 출원과정에서 대상제품이 특허청구범위로부터 의식적으로 제외된 것에 해당하는지 여부는 명세서뿐만 아니라 출원에서부터 특허될 때까지 특허청 심사관이 제시한 견해 및 특허출원인이 심사과정에서 제출한 보정서와 의견서 등에 나타난 출원인의 의도 등을 참작하여 판단하여야 하는바(대법원 2002. 9. 6. 선

고 2001후171 판결, 대법원 2007. 2. 23. 선고 2005도4210 판결 등 참조), 특허출원인이 특허청 심사관으로부터 기재불비 및 진보성 흠결을 이유로 한 거절이유통지를 받고서 거절결정을 피하기 위하여 원출원의 특허청구범위를 한정하는 보정을 하면서 원출원발명 중 일부를 별개의 발명으로 분할출원한 경우 위 분할출원된 발명은 특별한 사정이 없는 한 보정된 발명의 보호범위로부터 의식적으로 제외된 것이라고 보아야 할 것이다.

<2> 원심판결의 이유기재에 의하면 원심은, 특허청 심사관이 원심 판시 보정 전 화학식으로 표기된 화합물은 발명의 상세한 설명에 그 생성확인자료가 객관적·구체적으로 제시되어 있지 아니하여 통상의 기술자가 용이하게 실시할 수 있도록 기재되어 있지 않고, 발명의 상세한 설명에 의하여 넓은 특허청구범위가 뒷받침되지 않으며, 선행 문헌과 비교하여 볼 때에도 위 화합물에 진보성이 없다는 등의 이유로 원심 판시 이 사건 출원발명에 대하여 등록거절이유를 통지한 사실, 원고는 거절이유의 통지를 받은 후 이 사건 출원발명 중 특허청구범위 제9항을 제외한 나머지 청구항을 모두 삭제하고, 특허청구범위 제9항의 보정 전 화학식으로 표기된 화합물을 단일 화합물인 오르토-크레졸프탈레인 부티릴 에스테르(이하 '이 사건 화합물'이라 한다)로 특정하는 보정서를 제출한 사실, 이때 원고는 이 사건 화합물로 축소된 보정서의 청구범위는 기재불비 및 진보성의 거절이유를 극복한 것이고 이 사건 화합물을 제외한 나머지 특허청구범위에 대하여는 분할출원하였다는 취지의 의견서를 함께 제출한 사실, 한편 원고는 위 보정서를 제출한 날 보정 전 화학식으로 표기되는 화합물 중 이 사건 화합물을 제외한 나머지 화합물에 대한 부분을 분할출원한 사실 등을 확정하였는바, 위에서 본 이 사건 특허발명 (특허번호 제361255호)에 대한 출원과정에서 특허청 심사관의 거절이유통지의 내용, 원고의 이에 대응한 보정서와 의견서의 내용, 원고가 이 사건 출원발명으로부터 이 사건 화합물을 제외한 나머지 화합물에 대한 부분을 분할출원을 한 경위 등을 참작하면, 원고는 심사관으로부터 거절이유통지를 받고서 선행기술을 회피하고 명세서기재요건을 충족시키기 위하여 이 사건 출원발명의 화합물을 이 사건 화합물로 감축보정하면서 이를 제외한 나머지 화합물들을 별개의 발명으로 분할출원함으로써 이들을 이 사건 특허발명의 특허청구범위로부터 의식적으로 제외한 것으로 봄이 상당하므로, 위 분할출원된 화합물에 속하는 피고의 오르토-크레졸프탈레인 헥사노일 에스테르는 이 사건 특허발명의 보호범위에 속하지 아니한다.

302

(16) 아웃고잉을 위한 명세서 보정

한국 특허출원을 우선권 주장하여 외국에 특허출원하는 경우, 보정 이슈가 있다. 우선권 기초가 된 한국 특허출원의 심사과정에서 보정이 이루어졌다고 가정하자. 전략적으로 보정이 이루어진 경우가 있겠고, 심사를 받는 과정에서 특허를 받기 위해서 보정이 행해졌을 수도 있다. 즉, 우선권 기초가 된 한국 특허출원의 명세서는 최초 명세서와 보정된 명세서, 이렇게 두 종류로 구분할 수 있다. 한국 특허출원 명세서가 보정되었다면, 보정된 명세서로 외국 특허출원의 명세서를 보정해야 하는가? 보정된 명세서로 PCT 국제출원을 하는 것이 좋을까? PCT 국제출원의 국제단계에서 우선권 기초출원에 맞게 보정해야 하는가? 외국 특허청에서 심사를 받기 전에 미리미리 보정을 해 두는 것이 좋을까?

특별한 사정이 없는 한 보정하지 않는다. 최초 명세서와 동일하게 외국 특허출원 명세서를 유지한다. 전략적으로 혹은 필요에 의해서 우선권 기초가 되는 한국의 보정된 명세서와 외국의 특허출원 명세서를 일치시키고자 하더라도, 외국 특허청의 심사를 받은 다음에 대응할 때, 그때 보정한다.

모든 언어에는 맥락이 있는데 그 맥락을 잘 활용하기 위함이다. 구체적으로 설명하자면 이러하다. 현재 각국의 특허청끼리 나라마다의 심사정보가 공유되고 있으며 누구나 쉽게 열람할 수 있는 상황에 이르렀다. 심사관의 통지서와 인용문헌은 쉽게 공유되며 그 경우 언어의 차이는 크게 문제가 되지 않는다. 문제는 나라마다 행해진 보정사항과 의견내용이다. 실무자가 보정을 하면서 제출했던 의견내용에는 맥락이 있고, 그 맥락은 외국의 심사관이 알기 힘들다. 좀 더 구체적으로 설명해 보자. 우리 발명에 대해서 인용문헌 A와 인용문헌 B가 제시되면서 한국에서 진보성이 부정되었고, 그래서 실무자가 청구항 일부 표현을 사소하게 변경하면서 의견서의 논증을 통해 거절이유를 극복했다고 가정하자. 외국의 심사관에게는 인용문헌 A와 인용문헌 B에

393

의해 우리 발명의 진보성이 한국에서 거절되었다는 사실만 전해진다. 한국 실무자가 어떤 논리로 거절이유를 극복했는지 전해지지 않는다. 그리고 한국에서 행해진 그런 작은 보정이 갖는 맥락은 외국에서는 의미를 잃고 만다. 이런 상황에서 미리 명세서를 보정해버리면, 그 보정의 의미를 모르는 외국 심사관은 한국 특허청과 같이 보정된 명세서에도 불구하고 인용문헌 A와 인용문헌 B를 제시하면서 여전히 진보성을 부정하는 거절이유를 통지하게 된다. 상실된 맥락을 외국어로 다시 살리는 것은 어려운 작업이 아닐 수 없다.

이런 문제를 예방하기 위해서 한국에서 보정을 했더라도 그 보정을 함부로 외국절차에 반영하지 않고 심사결과를 기다리는 것이 좋다고 생각한다. 그러므로 특별한 사정이 없는 한 최초 명세서를 기준으로 번역하여 외국으로 진입한다.

Ⅲ.

침해의 사전공방

1. 침해의 사전공방이란

308

III. 침해의 사전공방

침해의 사전공방이란 특허침해를 둘러싼 각종 쟁송 전 단계에서 이루어지는 당사자 사이의 공방을 의미한다. 여기에서 말하는 당사자는 특허권자와 특허권자의 상대방을 뜻한다. 그러나 현실 속에서는 그런 당사자의 관계자까지 확장해서 고려된다.

제1권에서 소개한 특허문서 작법실무를 통해서 특허문서가 작성됐고, 그 특허문서가 특허청에 접수돼 특허청 공무원의 심사를 받게 되면 앞에서 설명한 중간사건을 거쳐 특허를 취득하게 된다. 특허청에 등록료를 납부함으로써 특허번호가 부여되고, 부동산 등기부 등본처럼 등록원부가 발급된다. 비로소 특허라는 권리가 탄생한다. 그런 과정을 거쳐서 2014년 한 해 동안 129,786건의 특허가 등록됐다. 실용신안 특허는 4,955건이 심사를 통과했다. 합쳐서 134,741건의 독점권리다.[16]

모든 권리가 공평하지는 않다. 특허는 기술에 대한 권리여서 기술 내용과 수준에 따라 특허의 가치가 달라진다. 기술의 관점이다. 그러나 이런 기술 관점만으로는 특허 세계를 제대로 이해하지 못한다. 기술 내용과 수준은 생각보다 특허에 제한적인 영향을 미친다. 기술은 특허 문서로 언어화되는 과정을 거쳐야 하는데, 실무자의 제한적인 언어 능력에 속박된다. 또한 중간사건을 거치면서 기술을 표현한 언어가 축소, 변형, 해석 제한 등의 곡절을 겪는다. 그렇게 해서 등록 시점의 특허청구범위에 기재된 사항에 의해 특허범위가 정해진다. 즉, 언어표현에 의해 특허범위가 결정된다. 기술은 언어로 치환됐고, 언어의 창문을 통해 기술을 이해하며, 그 언어의 의미를 좇아 권리를 해석한다. 이것이 법리의 관점이다. 이로써 모든 특허는 자기만의 고유한 법적 지위를 갖게 되는데, 이런 법적 심급에서는 기술 내용의 수준 차이는 사실상 소거되고 만다. 법리 관점에서는 이 권리와 저 권리를 차별할 수 없기 때문이다. 원천특허이건 개량특허이건 침해의 성립과 권리의 행사에 있어 기술 수준의 높고 낮음에 차이를 둘 수 없다. 그러므로 우리는 다시 원점으로 돌아가서 모든 권리가 공평하지 않음을 어떻게 이해해야 하는가?

나는 답을 시장에서 찾아야 한다고 생각한다. 134,741건의 특허 중에서 침해소송의 대상이 되려면 그 특허가 누구든지 시장활동 속에서 실시돼야 한다. 실시되지 않는 특허, 즉 시장에서 침묵하고 있는 권리는 우선 침해사실이 존재할 리 없다. 권리는 있지만 침해사실이 없다면 권리주장을 할 수 없다. 예방적 차원의 권리행사조차 결국 실시를 예정한 것이다. 특허발명의 실시는 시장을 제외하고는 생각할 수 없다.

그러므로 특허침해에 관한 실무는 항상 당사자의 시장활동을 염두에 두면서 임한다. 시장활동은 다양한 요소가 포함되고 여러 가지 관계가 개입된다. 그것은 복잡계. 특허기술 혹은 특허권은 시장활동의 한 부분이며, 실무자가 그것을 함부로 과장해서는 안 된다. 전문가의 과장은 고객의 시장활동에 오히려 나쁜 영향을 미칠 수 있음을 유념한다.

침해의 사전공방 실무는 정식 재판절차가 아니며, 특별히 제한된 형식이 없으므로 자유도가 높다. 특허권자는 침해사실을 인지하며 초기 증거를 수집한다. 실무자인 대리인은 증거를 통해 침해사실을 분석하고 전략을 짠다. 그리고 사전 공방을 행한다. 상대방은 특허권자의 주장을 읽고 특허권을 이해하며 대응을 준비한다. 상대방의 대리인도 분석하고 전략을 짜며 사전 공방을 행한다. 침해의 사전공방 실무를 이해하기 위해 등장인물을 소개한다. 다섯 사람이 등장한다. 이들을 정의하는 용어에 대한 새로운 이해가 필요하다.

〈특허권자〉

특허 등록원부에 특허권자로 기록된 당사자다. 장차 침해소송을 하게 되면 원고가 된다. 등록원부에 기재된 전용실시권자도 여기에서 말하는 특허권자에 포함해서 이해해도 좋다. 정식 재판절차라면 엄격한 당사자 적격이 필요하겠지만, 침해의 사전공방에서는 현실적으로 형식적인 자유도가 높아서 자격은 그다지 중요하지 않다. 그러므로 등록원부에 등재된 통상실시권자뿐만 아니라 특허권자로부터 라이선스를 받은 미등록의 통상실시권자도 이 실무에서는 특허권자의 개념에 포함될 수 있다. 말하자면 침해의 사전공방 실무에서 말하는 <특허권자>는 특허침해를 주장하는 자로 이해할 수 있다. 구체적으로 실무를 소개하면서 다시 언급되겠지만, 이 실무에서 '주장'이라는 단어는 넓게 해석되며, 그러므로 '공손한 알림'도 '주장'에 포함되는 것으로 이해하면 인식의 혼란을 막을 수 있을 것 같다.

〈특허권자의 대리인〉

이 책의 주된 독자이며 아마도 변리사다. 변호사도 물론이다. 제한적이며 경험적인 소견이지만, 침해의 사전공방 실무에 관한 한 변리사보다 변호사가 더 세련된 결과를 보여준다는 느낌을 많이 받았다. 변리사의 분발이 필요하다. 대리인의 역할에 관해서는 다음 장에서 자세히 다룬다.

3ll

〈상대방 사업자〉

특허권자의 상대방이다. 흔히 '침해자'로 표현된다. 그러나 사전공방 단계에서는 침해로 의심되는 상대방일 뿐이지 침해자로 단정할 수 없다. 침해사실과 침해여부는 재판을 통해 밝혀질 뿐이다. 부정확한 언어는 현실을 과장하고 왜곡된 관념을 낳는다. 그리고 그런 관념이 침해의 사전공방을 잘못된 방향으로 조타한다. 상대방도 시장활동을 하는 주체로 인식해서 <상대방 사업자>라는 표현을 쓰기로 한다. 시장에서는 복수의 상대방 사업자가 존재할 수 있다. 상대방 사업자의 특정은 특허권자가 결정한다.

〈상대방 사업자의 대리인〉

특허권자의 대리인과 마찬가지로 변리사이거나 변호사다. 물론 이 책의 주된 독자다.

〈시장관계자〉

침해의 사전공방과 직접 관련된 당사자는 아니지만, 시장활동을 통해서 특허권자와 관계를 맺거나 혹은 상대방 사업자와 관계를 맺는 사람을 뜻한다. 주로 거래처 사업자가 된다. 바람직하지는 않지만, 때때로 시장관계자는 불특정 사람일 수도 있겠다. 가령 언론일 수 있고 공중이 될 수도 있다. 전통적인 사전공방 실무에서는 자주 간과되지만, 우리가 시장활동을 염두에 두면서 이 실무를 펼쳐간다고 전제하였다면 시장관계자 또한 중요하게 고려돼야 한다.

312

특허침해문제는 특허권자가 기초 분석과 증거를 수집해 상대방 사업자를 특정함으로써 개시된다. 이 문제는 상식적으로 판단하기보다는 전문적으로 분석돼야 하는 문제다. 또한 당사자끼리는 쉽게 감정적으로 반응하고 서로 공방이 잘 이루어지지 않기 때문에 전문가, 즉 대리인이 필요하다. 따라서 특허권자는 대리인과 상담한다. 전문가에게 법률서비스를 의뢰함으로써 특허침해 프로세스로 본격 진입한다. 그리고 대리인은 실무에 착수한다. 바로 소장을 법원에 접수해 침해소송을 시작하는 것도 가능하겠지만, 소송을 준비하는 데에도 시간이 걸리고 상대방 사업자의 반응을 알아볼 필요도 있어서 사전공방을 하는 것이 보통이다.

　　실무자의 이해를 위해서 수학 개념을 차용해 설명한다. 침해문제는 삼변수 함수로 이해할 수 있다. 시장과 소송과 역량이 변수가 된다. 침해문제를 풀어가는 가상의 공간이 있다고 가정하면 (x, y, z) 공간은 (m, l, c) 공간이 된다. m은 Market, l은 Litigation, c는 Capability에서 따왔다. 침해 케이스는 이 공간 어딘가에서 움직인다. (시장, 소송, 역량)은 침해문제에 영향력을 가지며, 크기와 방향을 규정한다. 그러므로 이 가상의 공간은 벡터 공간이며, 침해문제함수는 벡터함수가 된다. 실무자는 삼변수의 크기와 방향을 탐색해 그 값을 어림할 수 있으며(비록 수학문제를 풀듯이 숫자로 정해지는 것은 아니겠으나), 침해문제방정식에 대한 솔루션을 얻을 수 있다. 그것이 실무자의 전략이다.

침해의 사전공방 실무에 대해서만 설명한다. 이 실무는 세 개의 벡터로 이루어진 벡터장이다. 벡터 M과 벡터 L와 벡터 C다. 벡터 M은 소송 없이 시장에서 침해문제를 해결하려는 힘과 방향으로 정의한다. 이 벡터에서는 협상, 그것에 준하는 자발성, 기타 국가에 의존하지 않고 시장에서 적절하게 행해지는 다양한 해결방법이 침해의 사전공방에 미치는 작용력에 영향을 비친다. 벡터 M에 기반한 실무는 재판을 하기보다는 당사자 사이의 공방으로 매듭짓는 것을 목표로 한다. 벡터 L은 재판을 통해 특허침해문제를 해결하려는 힘과 방향으로 정의한다. 승소보다 더 큰 이익을 주는 것이 아니라면 협상은 그다지 중요하지 않다. 벡터 L은 승소에 대한 당사자의 확신에 비례하는 크기를 갖는다. 벡터 C는 각 당사자의 역량에 의해 결정되는 힘과 방향으로 정의한다. 당사자의 역량에 영향을 받지 않는 특허침해 실무는 없다. 그것은 시장에서의 지위, 인적 네트워크, 소송비용, 패소에 대한 대비, 관리능력 등이 벡터 C의 크기에 영향을 미친다. 요컨대 사전공방 실무의 침해 벡터장 (M, L, C)는 (Market, Litigation, Capability)로 이해할 수 있다.

$$\vec{F}(m, l, c) = \vec{M} + \vec{L} + \vec{C}$$

이제까지의 한국실무는 이러한 벡터장을 충분히 고려할 만한 이성을 보여주지 못했다. 아무렇지도 않게 협박문구가 적힌 서면을 내용증명으로 보내는 행태가 오래된 문화로 자리잡았다. 이성에 호소하지 않고 감정을 자극했다. 아무런 의심 없이 여전히, 그런 방식으로 작성된 내용증명 서신을 목격할 때마다 같은 실무자로서 좌절감을 느낀다. 한편 그런 가운데에서도 감정을 섞지 않고 냉정하게 작성된 서면을 접할 수도 있지만, 대부분 침해의 사전공방 실무를 벡터 L의 관점에서만 다루는 경향이었다. 재판은 수고로운 절차이며, 돈과 시간과 역량을 낭비할 수 있음을 잊지 말자.

우리가 침해의 사전공방 실무는 벡터 M과 벡터 L과 벡터 C의 벡터장이라고 이해한다면 이 공간에서의 실무를 현실적이며, 또한 이성적인 방식으로 수행할 수 있다. 그리고 종래와는 전혀 다른 결과를 만들 수 있다. 당사자들의 역량을 함부로 낭비하지 않고 불필요한 재판을 예방하며, 송사가 시장의 질서를 해치는 것을 예방할 수 있다. 실무자는 사전공방을 통해서 침해문제가 종결되도록 벡터 M의 크기를 강화할 수 있다. 섬세하고 예술적인 언어사용이 행해질 것이다. 또한 실무자는 침해문제를 해결하려는 전략이 벡터 L에 의존하는 것이라면 사전공방을 경제적이며 효과적으로 치러낼 수 있다. 과도함은 스스로를 반성하고 언어는 절약될 터다. 또한 실무자가 벡터 C를 고려함으로써 무작정 일을 벌이고 보는 무대책의 소송전략을 예방할 것이다.

다시 침해의 사전공방이란 무엇인가? 이는 특허침해를 둘러싼 각종 쟁송 전 단계에서 이루어지는 당사자 사이의 공방을 의미한다. 당사자 사이의 공방은 법정에서 이루어지는 것이 아니라 시장에서 이루어지며, 사전공방 자체가 시장활동의 일환으로 해석될 수 있다. 그러므로 우리는 전통적인 시각이나 문화에서 벗어나 이 사전공방을 둘러싼 다양한 힘과 방향을 검토해야 한다. 어떻게 하면 특허침해에 관한 영향으로부터 시장에서의 비즈니스를 보호할 수 있는가? 어떻게 하면 소송하지 않고 해결할 수 있을까? 이성을 자극하는 언어 전술은 무엇인가? 어떻게 하면 시간을 끌 것인가 혹은 재빠르게 이끌어나갈 것인가? 우리의 조건은 무엇이며 상대방의 조건은 무엇인가? 이 문제가 시장에서 어떻게 하면 퍼져나가도록 할 것인가, 혹은 퍼져나가지 않게 막을 것인가? 당사자는 어느 정도의 역량이 되는가? 다양한 질문과 이에 대한 답변이 이 실무에 포함돼 있다.

316

Ⅲ. 침해의 사전공방

2.

대리인의 역할

318

III. 침해의 사전공방

침해문제에서 대리인의 역할은 간명하다. 문제를 해결하는 것이다. 고객(특허권자 또는 상대방 사업자)을 귀찮게 하고 걱정을 늘리면서 해결하는 것보다는 고객이 신경쓰는 것을 줄이면서 해결하는 것이 낫다. 비경제적으로 해결하기보다는 경제적으로 해결하는 것이 좋다. 오랜 시간 끝에 해결하기보다는 재빠르게 해결하는 것이 더 바람직하다. 고객의 특별한 지시가 없다면 시끄럽게 해결하기보다는 조용히 해결하는 것이 낫다. 분쟁을 키우면서 해결하기보다는 분쟁을 줄이면서 해결하는 것이 더 슬기롭다. 요컨대 문제를 해결하더라도 잘 해결해야 하는 것이다. 이것이 대리인의 본질적인 역할이다. 그러려면 어떻게 해야 하는가?

Ⅲ. 침해의 사전공방

가

분

석

특허권과 상대방 사업자의 실시기술(제품 또는 서비스)을 비교해 분석한
다. 고객의 요청이 없는 한 굳이 문서작업을 하지 않아도 된다. 메모장
과 종이만 있으면 충분하다. 숙련된 실무자는 읽고 보는 것만으로 실
시간으로 특허침해 여부를 분석해낼 수 있다. 특허문서를 읽고 특허범
위를 이해할 수 있다면 특허권과 실시기술을 비교해 침해 판정을 하는
데 큰 난관은 없다. 물론 아직 잠정적이기는 하다. 아래에서 세 개의
진술을 제시했다. '육안'과 '현미경'은 은유적 표현이다. '현미경'이라
함은 출원경과 과정에 대한 포대 신청, 상대방 사업자의 권리 보유 여
부, 관련 심판소송 케이스 검토, 판례 분석, 특허발명을 둘러싼 기술동
향이나 제3자의 권리현황 등을 조사하는 행위를 뜻한다.

(1) 육안으로 관찰하니 실시기술은 특허범위에 포함된다.

(2) 현미경으로 보니 특이점이 관찰되었다.

(3a) 특이점을 자세히 분석하니 특허침해 여부를 알 수 있었다.

(3b) 특이점을 자세히 분석하니 논쟁이 생길법했다.

(3c) 특이점을 자세히 분석하니 특허침해가 아닐 것 같았다.

침해사실을 확실히 혹은 이성적인 추론을 통해서 입증할 수 있다고 가정한다면 특허실무자가 (1)번 작업을 하는 것은 어렵지 않다. (1)번을 신속하고 정확하게 행할 수 있으려면 특허실무 경험과 판례지식이 뒷받침돼야 한다. 그것이 부족하다면 누군가의 도움을 받아야 하거나 혹은 상당한 시간을 지불해야 한다. (2)번과 (3a)~(3c)번에 이르는 것도 노련한 실무자에게는 그다지 어려운 일이 아니다. 다만 특허발명의 내용에 따라서 다소 시간이 걸릴 수 있고, 무효가능성 등의 다른 요소를 검토해야 하며, 대응 방안은 모색하면서 전략을 수립하는 데에는 적정한 시간이 걸리기는 한다. 그렇지만 침해의 사전공방 단계에서는 일반적으로 완벽하게 분석을 끝낸 다음에 행동하기보다는 잠정적인 결론으로 행동하는 케이스가 많다. 당사자들은 대개 신속한 조치를 원하고, 대리인으로서도 수임 사건을 빠르게 처리하는 것이 이익이 되기 때문이다. 어쨌든 대리인은 분석한다. 가끔 (1)번의 분석도 제대로 하지 않은 채 완고한 태도로 특허침해를 경고한 대리인의 서면을 접하는데, 비극인지 희극인지 모르겠다.

고객과의 상담은 자유로운 분위기에서 행한다. 고객이 자기의 진심을 말할 수 있는 분위기여야 한다. 상담을 통해 사실관계와 그 사실관계를 이해하는 고객의 수준을 파악할 수 있다. 대리인에게 고객의 이해수준은 매우 중요한 정보이다. 그/그녀가 무엇인가 오해하고 있지는 않은지를 알 수 있다. 그런 오해가 문제해결의 열쇠가 될 수 있다. 또한 차후 커뮤니케이션의 높낮이를 조절할 수 있다는 점에서 고개의 이해수준은 중요하다. 그러므로 특허침해문제에 관해서는 상담이 필수적이다.

이 상담의 주제는 당면한 특허침해문제 자체의 해결에 관한 것이다. 즉, 전체 프로세스에 관한 것이므로 침해의 사전공방 문제 자체가 상담의 주제는 아니다. 그러므로 실무자는 고객상담 시 향후 특허침해문제를 해결하는 데 필요한 절차와 비용에 대해 가급적 구체적인 정보를 제공하는 것이 좋다. 침해사건의 당사자는 자기 사건을 둘러싼 다양한 시나리오를 알 권리가 있다. 소송은 항상 번진다. 심급을 향해 위로 번지기도 하며, 가처분소송, 본안소송, 행정쟁송 등 서로 다른 절차로 번지기도 한다. 그럴 때마다 비용이 들고 당사자가 예기치 못한 결과들이 생길 수 있다. 고객상담 시에 대리인은 이런 사항을 포함해 고객에게 알려준다. 요약하자면 시나리오와 돈에 관한 정보가 되겠다. 고객은 항상 승소가능성을 묻는다. 양심에 따라 전문가의 분석의견으로 답한다.

다

고객의
진술

대리인은 고객의 진술에 관해서 항상 합리적 회의를 품는 것이 좋다. 고객이 진술하는 사실관계와 증거가 생각보다 정확하지 않은 경우가 많다. 사실관계는 분류돼야 한다. 유리한 사실과 불리한 사실과 알 수 없는 사실로 일응 분류될 수 있다. 이 분류가 제대로 되지 못하면 효과적으로 전략을 짜기 어렵다. 고객이 모호하게 진술하면 적절하게 질문해서 내심의 의사를 탐구하거나 더 정확한 사실을 추정한다. 대리인은 재판관이 아니므로 고객의 진술에 대해서 자기 판단을 말할 필요는 없다. 경청하고 질문함으로써 가급적 많은 고객의 진술을 수집한다. 때때로 '왜곡된 진술'이 전해지곤 한다. 편향과 오해는 흔하다. 그러므로 고객의 진술에 대해서 완전하고 절대적인 신뢰는 경계하는 게 좋다.

326

Ⅲ. 침해의 사전공방

라

고객의
요구

고객의 요구는 당연히 중요하다. 그것이 대리업무에서 신뢰성의 기본이기 때문이다. 고객의 진술은 그다지 신뢰할 수는 없는 경우라도 고객의 요구에 따라 업무를 추진할 수는 있다. 대리업무란 결론적으로 대리인의 생각이 아니라 위임인의 생각을 표현하고 실행하는 일이다. 다만 이 실무는 흥신소 업무가 아니므로 적극적으로 대리인의 견해를 개진하는 것이 좋다. 특히 고객의 요구가 감정에서 비롯되는 것인지 아니면 합리적인 목표인지를 살펴서 전자라면 조언을 한다. 예컨대 고객이 흥분해서 소송으로 끝장을 보겠다는 견해를 피력하더라도 소송이 고객에게 도움이 되지 못하고 좀 더 지혜로운 해결책이 있다면 그 해결책을 말한다.

고객의 요구가 어떤 방법을 특정하지 않고 어쨌든 이익이 되도록 잘 해결해달라는 취지라면 대리인의 실무 자유도가 높아진다. 그렇다면 침해의 사전공방 실무가 매우 중요해진다. 싸우는 것보다는 싸우지 않고 끝내는 것이 고객에게 이익이 된다면 소송보다는 사전공방에 힘쓴다. 고객이 상대방 당사자라면 더더욱 사전공방이 중요하다. 싸움을 건 쪽은 특허권자이기 때문에 소송의 진입 여부를 상대방 당사자가 결정하기는 힘들다. 그렇다면 특허권자의 소송 의지를 꺾는 것이 상대방 당사자의 진정한 요구가 되겠다.

328

마

벡터 M
과
벡터 C

우리는 앞에서 특허침해의 사전공방 실무가 (Market, Litigation, Capability)의 벡터장으로 이루어졌음을 살펴봤다. 그 개념식을 다시 한 번 표현하면 다음과 같다.

$$\vec{F}(m, l, c) = \vec{M} + \vec{L} + \vec{C}$$

(시장, 소송, 역량) 중에서 대리인은 법률에 관한 전문가로서 '소송' 변수는 잘 헤아릴 수 있다. 변리사 홍길동과 변리사 임꺽정과 변리사 성춘향 사이에 별반 차이가 없다. 어떤 전문가가 그 일을 맡더라도 내용과 결과가 비슷할 것이다. 그렇다면 그것은 침해문제가 현실적인 국면이라기보다는 이론적인 국면을 의미한다. 하지만 침해문제가 과연 이론적인 문제인가? 당사자들의 현재 혹은 장차의 시장활동이 위협받고

있는 상황은 이론적이지 않고 현실적이다. 따라서 홍길동이든 임꺽정이든, 아니면 성춘향이 사건을 맡든, 법리 문제만 생각한다면 누가 대리인이건 최적의 솔루션을 내지는 못할 터다. 현실은 (M, L, C)의 벡터장인데, 전문가가 시장과 역량이라는 변수를 고려하지 않음으로써 사건을 입체적으로 이해하지 못했기 때문이다.

대부분의 전문가가 벡터 L에 대한 지나친 편향성을 보인다. 그러나 특허청구범위의 해석에 의해서 승패 여부를 가늠하는 생각보다 간단한 일이고, 재판을 통해서 그 승패를 확인하는 것은 생각보다 복잡하고 위험한 일이다. 기계적인 판단을 신뢰했으나 치명적인 오류를 낼 수 있다. 이런 위험을 회피하려면 전문가가 벡터 M과 벡터 C를 탐구할 수밖에 없다. 현실의 문제를 해결하기 위해서는 먼저 현실을 제대로 인식해야 한다는 이야기와 같다.

실무자가 특허권자의 대리인이라면 다음과 같은 사항을 검토하면서 벡터 M을 탐구할 수 있다.

① 특허권자는 발명을 실시하고 있는가?
② 특허발명이 속한 시장의 크기가 어느 정도이며, 특허권자와 상대방 사업자의 시장점유율은 어느 정도인가?
③ 특허발명의 실시제품은 시장에서 실제 어느 정도의 비중을 차지하는가?
④ 특허발명의 실시제품이 만들어내는 시장은 초기 시장인가 아니면 충분히 성숙해 있는가?
⑤ 상대방 사업자의 실시와 특허권자의 실시 중 어느 쪽이 더 먼저 개시되었으며, 얼마나 오랫동안 실시되고 있는가?
⑥ 상대방 사업자의 실시가 없다면 그 실시가 사라지는 만큼 특허권자가 얻는 이익이 증가하는가?
⑦ 특허발명의 실시제품과 상대방 사업자의 실시제품의 가격, 성능, 인기도는 어떤 차이가 있는가?

⑧ 실제제품은 어떤 경로로 판매되는가?

⑨ 특허권자와 상대방 사업자가 서로 협상한다면 양 당사자는
무엇을 원할 것이며, 그것이 당사자에게 어떤 이익이 될까?

⑩ 소비자의 여론은 고려 요소가 될 만한가?

⑪ 제품을 판매함에 있어, 특허권자와 상대방 사업자의
주 거래처는 어디이며, 그 거래처가 특허분쟁에 휩쓸렸을 때
예상되는 시장 조치는 무엇이 있을까?

⑫ 특허분쟁이 양 당사자의 시장에서의 신뢰에 어떤 영향을
미칠까?

또한 실무자가 특허권자의 대리인이라면 다음과 같은 사항을 따져보면서 벡터 C를 탐구할 수 있다. 이는 실무자가 상대방 사업자의 대리인인 경우에도 마찬가지다.

① 특허권자는 어느 정도 규모의 조직을 갖고 있으며 증가하는
소송비용을 감당할 수 있는가?

② 나와 소통하는 고객 기업의 담당자는 조직 내에서 어느 정도
위치인가?

③ 나와 소통하는 고객 기업의 담당자가 지니고 있는 특허침해
소송에 관한 이해력은 어느 정도인가?

④ 담당자가 퇴사하더라도 소송에 대한 지원, 관리, 커뮤니케이션은
지속될 수 있는가?

⑤ 소송에서 졌을 때의 파급효과를 특허권자가 견딜만한 힘이
있는가?

⑥ 특허권자는 2년 혹은 3년 이상 소송이 지속되는 것을 견딜
인내가 있는가?

실무자가 상대방 사업자의 대리인인 경우에도 앞에서 살펴본 특허권

자의 대리인인 경우의 사항을 그대로 사용해서 벡터 M을 탐구한다. 다만 상대방 사업자이기 때문에 검토하고 고려해야 하는 사항이 있다.

① 특허권자의 침해 이슈화가 상대방 사업자의 영업방해를 불러올 위험은 없는가?

② 상대방 사업자와 주 거래처와 관계는 특허분쟁이 주 거래처로 번지더라도 상대방 사업자와의 거래를 유지할 정도로 신뢰가 강한가?

③ 상대방 사업자가 관련 제품의 제조 또는 판매를 중지하기로 작정하였다면 재고를 처분하기까지 어느 정도의 시간이 필요한가?

④ 이번 기회로 특허권자와 상대방 사업자가 우호 관계를 맺을 가능성은 없는가?

332 위와 같은 질문에 대한 정보를 수집하고 답을 내림으로써 당면한 케이스에서 작용하는 벡터 M와 벡터 C의 영향력을 가늠할 수 있다. 사실 이것을 제대로 가늠해야만 바람직한 사전공방 전략을 세우고, 또 그것을 제대로 실행할 수 있다.

바

이론적
낙관과
실천적
비관

침해문제의 당사자가 전문가를 찾아 상담을 한다는 것은 위임할 의사
가 있기 때문이다. 유능한 대리인은 위임할 사람을 필요 이상 불안하
게 만들지 않는다. 위임인과 대리인 사이에는 신뢰가 강할수록 좋고,
불안감은 그 신뢰를 해치기 때문이다. 그러므로 가급적 낙관적인 분위
기로 고객과 커뮤니케이션한다. 다만 대리인은 이익을 추구하기보다
는 양심을 추구한다. 낙관적인 분위기와 허위는 다르다. 유불리를 포
함해서 양심에 따라 분명한 견해를 밝힌다. 모호함조차 명확하게 밝힌
다. 승소할지 패소할지에 관한 전망이 불투명할 수는 있겠다. 그러나
이런 모호함은 문제가 아니다. 그것을 해결하기 위해서 전문가가 노력
하는 것이며, 법원의 존재 이유이기도 하다. 모호함을 명확하게 밝힌
다 함은 이러하다. 갑론을박이 가능한 쟁점을 고객에게 분명히 제시하
는 것이다. 예를 들어 침해사실의 입증이 관건이라거나 대상 제품의

어떤 부분이 특허발명과 차이가 있는데, 그 차이에 대한 평가가 쟁점이 된다는 등의 명확한 이야기를 고객에게 전해야 한다. 또한 소송은 당사자가 있는 싸움이며, 더욱이 당사자가 유능한 대리인과 함께 최선을 다해서 대응한다고 가정되기 때문에 우리의 바람과는 다른 결론이 나올 수 있을 알려주는 것이다. 문제는 승소의 전망이 어째서 불투명한 것인지 전문가가 분명히 이유를 설명하지 못하는 경우다. 모호함을 모호하게 이야기하면 그/그녀는 전문가가 아니다.

전문가는 자기가 착수하고 실행하는 업무에 대해 이론적으로 낙관할 수 있다. 그래야만 긍정적으로 일을 할 수 있고 더욱 상상력이 자극되기 때문이다. 승리에 대한 낙관이 없다면 소송전략을 세울 수 없고 또한 협상력을 잃는다. 그러나 실천적으로는 비관할 것을 권한다. 그래야만 돌다리도 두드리며 섬세하게 일할 수 있다. 상대방의 약점을 더욱 정밀하게 탐색할 수 있으며, 우리의 약점을 은폐할 수 있다. 충분히 이길 것이라고 확신했으나 나쁜 결과를 받게 되면 실망하게 마련인데, 대리인의 실망보다는 고객의 충격이 훨씬 클 것이므로 사태를 예방하기 위해서도 비관적으로 실무에 임한다.

실무자는 이론적으로 낙관한다. 그럼으로써 고객과의 소통에 필요 이상의 불안감을 전하지 않으며, 이상적인 소송전략을 수립할 수 있다. 그러나 실천적으로는 비관한다. 운 좋게 상대방이 실수할 수도 있겠지만, 최고의 전문가가 상대방을 도울 것으로 가정한다. 그러고는 방심하지 않고 항상 최선의 작업을 한다.

334

사 /

대 리 인 의
보 고 서

특허에 관한 고객의 지식수준에 따라 달라지지만, 고객이 특허침해에 관련해 지식이 높지 않다면 대리인은 가급적 그것을 보충해준다. 상담 시에 어느 정도 설명해주는 것도 도움이 되지만, 사람은 망각에 취약하기 때문에 문서를 통해 정확하고 자세히 알려주는 것이 바람직하다고 생각한다. 전문가는 서면으로 말한다. 특허권자의 대리인이라면 우리 특허의 내용과 특허범위, 특허침해에 대한 기본적인 이해, 특허침해소송의 일반적인 시나리오, 특허침해소송 시 고려해야 할 사항 등을 기재한 보고서를 작성한다면 고객이 좋아할 것이다. 전문가의 친절한 보고서는 고객회사의 내부 소통에 기여한다.

보고서에는 유리한 전망뿐만 아니라 불이익과 불편한 사실을 포함하는 것이 좋다. 그래야 객관적이며 합리적인 관점을 잃지 않을 수 있기 때문이다. 보고서에 포함될 몇 가지 문구를 다음과 같이 예시한다.

<특허침해라고 생각했는데 법원은 다르게 판단할 수도 있습니다. 특허침해의 판단은 법원이 하며, 최종적으로는 대법원의 판결로서 결정됩니다. 특허권자가 특허침해를 주장한다고 바로 집행되는 것이 아니며, 반드시 법원의 판결로서 판단을 받습니다. 특허권자가 특허침해라고 생각해서 침해소송을 진행하였으나, 법원은 침해가 아니라는 결론을 내놓기도 합니다. 모든 법적 분쟁은 한쪽의 일방적인 공격으로만 진행되지 않습니다. 다른 한쪽의 적극적인 방어와 항변도 있게 마련이며, 침해제품의 '영업금지'라는 특허분쟁의 속성상 상대방은 방어하기 위해 최선의 노력을 기울이게 됩니다. 또한, 재판부는 양 당사자의 주장을 모두 듣고 판단해야 하기 때문에, 원고의 주장이 받아들여지지 않을 수 있습니다.>

<특허권자는 우선 권리자이기 때문에 소송에서 유리한 지위를 갖고 있는 것은 사실입니다. 그러나 상대방은 일반적으로 다음 두 가지의 항변을 하면서 불리한 위치를 극복하려고 합니다. 첫째, 그 권리 자체에 하자가 있다는 주장이며, 둘째 그 권리는 인정하지만 대상제품이 그 권리의 보호범위에 속하지 않는다는 주장입니다. 이들 주장에 대해 법원이 어떻게 판단하느냐에 따라 소송의 승패가 결정될 것입니다. 피고의 흔한 주장으로는 예를 들어, ① 특허청구범위의 기재사항이 대상제품과 다르다, 즉 청구항의 구성요소의 일부가 대상 제품에는 결여되어 있다, ② 대상 제품은 그 특허가 신청되기 전부터 알려졌거나 알려진 것으로부터 쉽게 만들 수 있는 것이었다. 증거 문헌 1을 제시한다, ③ 이 사건 특허는 그 신청일 이전에 이미 새로운 것이 아니어서 당연히 무효이다. 증거 문헌 2를 제시한다, ④ 특허권자는 특허를 받는 과정에서 제출한 주장과 반대되는 주장을 지금 하고 있다(금반언의 원칙) 등입니다.

<소송은 양 당사자들의 에너지를 소비하는 것이기 때문에, 일도양단 식의 승패를 분명히 하는 전략은 양 당사자 모두에게 위험 부담이 있습니다. 또한, 현재는 경쟁관계이지만 장래에는 우호적인 관계가 될 수도 있기 때문에, 공방의 강약을 조절할 필요가 있습니다. 따라서 기업간 특허소송에서는 반드시 협상 가능성을 열어놓는 것이 바람직합니다. 경고장 및 답변을 주고 받은 후 소송전 협상 자리를 마련하거나 소송 단계에서의 합의가능성도 열어 놓는 것이 효율적일 수 있습니다.>

<특허침해소송은 상대방이 있는 싸움입니다. 특허의 속성상 상대방은 최선을 다해 방어를 하고 공격을 할 것입니다. 또한, 많은 비용과 시간이 소요되기도 하며, 시간이 경과함에 따라서 때로는 불리하게, 때로는 유리하게 진행될 수도 있는 가변성이 있습니다. 소송절차가 진행 중에 시장에 급격한 변화가 생겨서 소송이 의

미를 잃을 수도 있습니다. 이런 점을 감안한다면 합의 가능성은 남겨둘 필요가 있습니다.>

<특허침해소송을 개시함에 있어서, 이 소송으로 무엇을 달성하고자 하는지 그 목적에 대해서 분명히 정리할 필요가 있습니다. 특허분쟁의 목적에 따라서 소송을 수행하는 방법이 달라질 수 있기 때문입니다. 또한 특허분쟁의 목적을 수립함에 있어서 보다 구체적이고 중층적(우선적인 목적과 차선적인 목적 등)으로 정리할 필요가 있습니다. 그러나 어떤 목적이든 간에, 소송의 승패가 우리 기업에 미치는 악영향이 어느 정도인가를 미리 예측해 볼 필요가 있습니다. 특허분쟁의 목적으로는, ① 특허권의 완전한 행사 (특허권을 이용하여 경쟁제품의 생산을 완전히 금지시키겠다는 것), ② 협상을 통해 로열티 수입을 얻기 위함, ③ 협상을 통해 경쟁기업으로부터 다른 양보를 얻기 위함, ④ 특허분쟁을 통하여 기업의 기술과 가치를 알리는 마케팅 효과, ⑤ 주주의 이익을 위한 봉사 등이 있습니다.>

<특허침해소송을 함에 있어서 소송비용이 듭니다. 비용의 인적 요소는 변리사와 변호사 비용입니다. 또한, 심급 별로 비용이 소요되기 때문에, 대법원까지 비용이 누적될 수 있습니다. 경우에 따라서는, 억대의 소송 비용이 소요될 수 있다는 점도 고려할 필요가 있습니다. 따라서 이 소송을 통해 얻을 수 있는 경제적인 이익의 규모가 최소한 소송 비용보다는 커야 하며, 그렇지 않은 경우라면 이 소송을 통해 얻을 수 있는 특별한 목적이 부담해야 할 소송비용보다 더 가치가 있어야 합니다.>

<특허침해소송은 금방 종료되지 않습니다. 최종적인 판단은 대법원이 하기 때문에, 양 당사자가 합의를 하지 않고 대법원까지 소송을 끌고 간다면, 분쟁의 개시부터 3-4년 이상의 시간이 소요될 수도 있습니다. 물론, 가처분 신청 절차에서 우리가 이긴다면, 최종 결과가 언제 어떻게 되든 간에, 경쟁업체에 치명적인 타격을 입히는 것이 되어서 소정의 목적을 달성할 수는 있습니다.>

<상대방의 소송수행 능력은 중요한 변수가 됩니다. 상대방의 소송수행 능력이 떨어지는 경우에는 보다 신속하고 용이하게 목적을 달성할 수 있습니다. 반면에 상대방의 소송수행 능력이 좋은 경우에는 공방이 어렵고 긴 시간이 필요할 수 있습니다. 따라서 침해자가 다수인 경우에는, 그 중 소송수행 능력이 비교적 낮을 것으로 판단되는 업체를 상대로 우선 소송을 진행하여 유리한 판결을 얻고, 이것을 활용하여 다른 업체를 공격하는 것도 좋은 방법이 될 수 있습니다. 일반적으로 회사의 규모와 조직, 그 회사가 의뢰하는 변호사/변리사의 전문성에 의해 소송능력이

좌우되겠지만, 특허침해 경고장을 보낸 후 답변서가 어떻게 작성되어 오는지를 통해서 대충 짐작할 수 있습니다.>

<특허침해소송을 하면 상대방은 틀림없이 특허 무효를 먼저 생각할 것이며, 또한 실제 무효소송이 자주 벌어집니다. 특허를 받았다고 해서 완전 무결한 것이 아니며, 무효소송에서의 특허무효 비율이 통계적으로 상당이 높습니다. 즉 우리 특허가 무효가 될 수도 있다는 점을 염두에 둘 필요가 있습니다.>

<특허침해소송에서 승소하였다고 가정하면, 당연히 어느 정도 손해배상을 받을 수 있는지가 관심의 대상이 됩니다. 우리나라의 손해배상제도는 실손해 배상이 원칙이며, 특허권자가 그 손해액을 입증해야 합니다. 과연 권리자가 침해자의 침해행위로부터 어느 정도 손해를 입었는지가 먼저 입증되어야 하기 때문에, 손해액 산정이 매우 어렵습니다. 침해자의 관련 제품 매출이익이 모두 손해배상액이 되는 것이 아닙니다. 경우에 따라서는 손해배상액이 매우 작을 수도 있습니다. 다만, 손해배상액 산정이 어렵기 때문에, 적어도 로열티로 받을 수 있는 금액 정도를 손해액으로 추정해 주고 있습니다.>

338

상대방에 대한 감정표현의 배제

모든 법적 문제가 그렇듯이 특허침해 문제도 감정으로 해결되지 않는다. 흥분한 듯한 표현과 공격적인 문구는 사태를 악화시킨다. 그것은 해결책이 아니다. 당사자는 충분히 흥분할 수 있으며, 감정적인 태도를 보일 수 있다. 인간에게 감정은 자연스럽다. 자기 권리가 타인으로부터 침해됐다고 생각하거나 침해사실을 발견하면 분노가 촉발될 수 있다. 또한 어느날 갑자기 침해 운운하면서 범죄인 취급하며 시장에서 쫓아내려는 서면을 받으면 누구든지 감정적인 반응을 보이게 마련이다. 당사자는 감정적일 수 있다. 그러나 대리인이 그러면 안 된다.

대리인의 역할은 다양한 방식으로 문제를 해결하는 것이다. 협상도 솔루션이다. 그러므로 협상의 여지를 만드는 것이 대리인의 역할이다. 그런데 대리인이 앞장 서서 감정적인 표현을 일삼으면 어떻게 하란 말인가? 대리인은 당사자가 없앤 협상 분위기를 일부러라도 살려 놓아야 한다.

대리인은 자기에게 사건을 위임한 당사자의 감정적인 태도를 나무랄 필요는 전혀 없다. 그 감정을 들어주고 함께 공분해도 좋다. 우리끼리 감정을 공유하는 것이 무슨 문제가 되겠는가? 그러나 상대방에 대해서는 그 감정을 표현하지 않는다. 감정은 솔루션이 될 수 없지만 이성은 좋은 솔루션이다. 그러므로 감정을 자극하기보다는 이성에 호소한다. 상대방에게 보내는 각종 서면에는 이성으로 순화된 표현으로 요구사항을 밝힌다. 그 서면은 상대방이 읽고 대리인에게 사건을 위임한 당사자도 읽는다. 양 당사자가 그 서면을 읽으면서 감정을 순화할 수 있다면 특허침해문제의 상당수는 소송으로 비화되지 않고 사전공방 단계에서 끝난다.

340

3.
실무자가 알아야 할 주요 판례

III. 침해의 사전공방

판례를 학습하는 까닭은 행위의 준칙을 얻으려는 것이다. 법원은 무엇이 정의이며 적법한지를 판결로 밝힌다. 우리같은 실무자는 그런 판결이 교시하는 사항을 준칙으로 삼고 판단하며 조언하고 행동한다. 실무자들이 저지르는 대부분의 잘못은 행위의 준칙을 모르거나 그런 준칙 없이 행위를 함으로써 발생된다. 침해의 사전공방도 마찬가지다. 이하에서 침해의 사전공방을 하는 실무자가 꼭 알아야 할 주요 판례를 소개한다. 그리 많지 않은 케이스인 까닭에 읽고 숙지하는 데 어려움이 없을 터다.

서울중앙지방법원 2015. 5. 1. 선고 2014가합551954 판결

<1> 이 사건 경고장 발송행위의 위법성에 대한 판단

위 인정사실 및 앞서 본 증거들에 의하여 알 수 있는 다음과 같은 사정들, 즉,

① 이 사건 경고장은 단순히 특허 침해의 가능성을 언급한 것이 아니라, 이 사건 제품이 이 사건 특허를 침해한다고 단정하고 있는 점,

② 이 사건 각 거래처는 이 사건 제품이 피고의 특허를 침해하는지 여부를 판단할 객관적인 능력이 있다고 보기 어려운 점,

③ 이 사건 각 업체로서는 특허법률사무소의 변호사가 이 사건 제품이 이 사건 특허를 침해한다고 단정하고 있음에도 불구하고 법적 분쟁에 휘말릴 위험을 무릅쓰고 이 사건 제품의 판매를 강행하기는 어려운 점,

④ 경쟁업자의 거래처에 대한 경고장 발송에 의해 경쟁업자와 거래처 간의 거래관계가 중단될 경우 그 거래관계를 다시 원상회복시키기 어려워 경쟁업자가 회복하기 어려운 타격을 받을 수 있는 점,

⑤ 비록 특허권자라고 하더라도 독자적인 판단에 따라 누구에게나 어떠한 행위든 임의로 요구할 권리가 있다고 볼 수는 없는 점,

⑥ 의뢰인의 재판받을 권리에 의해 원칙적으로 정당화 되는 제소 및 소송수행과 달리, 이 사건 경고장 발송행위는 사법적 구제절차를 선취 또는 우회할 목적으로 이루어지는 자력구제의 성격을 가지는 바, 이러한 자력구제는 법적 제도를 통한 분쟁 해결이라는 법치주의의 이념을 훼손할 우려가 큰 점 등에 비추어 보면,

소외 회사의 손해를 예방하기 위한 방법으로 원고들에 대하여 이 사건 제품의 수입, 판매를 금지시키는 가처분신청 등 사법적 구제절차를 취하지는 아니한 채, 이 사건 각 거래처에 원고들과의 거래를 중단할 것을 요구하고, 이를 거절할 경우 특허권자로서 필요한 모든 조치를 취하겠다는 취지의 경고장을 발송한 행위는, 정당한 권리행사의 범위를 벗어난 행위로서 위법한 행위라고 아니할 수

없다. 그리고 피고가 소외 회사의 의뢰를 받아 변호사로서 이 사건 경고장을 발송하였다는 점은 이 사건 경고장 발송행위의 위법성을 조각할 아무런 근거가 되지 아니한다.

<2> 피고의 고의, 과실 유무에 관한 판단

앞서 본 증거들에 의하여 인정할 수 있는 다음과 같은 사정들을 종합하면, 피고가 이 사건 특허를 침해하는 이 사건 제품들의 판매를 중지할 것을 요구하는 내용의 경고장을 이 사건 각 거래처에 발송한 행위는 적어도 과실에 의해 원고들의 영업활동을 방해한 것으로 봄이 상당하다.

① 권리의 침해를 주장하는 의뢰인의 위임에 따라 그에 대한 <u>법률적 조력 업무를 담당하는 변호사</u>는 의뢰인에 대한 관계에서 그 위임받은 취지에 따라 선량한 관리자의 주의와 신의성실로써 의뢰받은 업무를 처리하여야 할 주의의무를 부담함은 물론, <u>의뢰인이 권리 침해자로 지정한 제3자에 대하여 의뢰인의 위임에 따른 법적 조치를 취함에 있어서도 제3자의 권리를 부당히 침해하지 않도록 할 주의의무가 있다.</u>

② 특허권의 침해여부는 고도의 전문적인 식견을 가지고 판단하여야 하고 <u>전문가에 따라 견해의 차이가 있을 수 있으므로 특허심판원의 심결 또는 특허법원의 판결 등에 의하여 비로소 객관적으로 확정될 수 있으며,</u> 특히 이 사건 특허의 경우 그 특허권자인 소외 회사와 이 사건 제품을 생산, 판매하는 회사 간에 세계 여러 나라에서 특허권 침해 여부에 관한 분쟁 및 소송이 발생하여 독일 등 일부 국가의 법원에서 이 사건 제품이 이 사건 특허권을 침해하지 않는다는 취지의 판결을 하는 등 특허의 권리범위를 쉽게 판단할 수 없다고 할 것이다.

③ 그럼에도 불구하고 피고는 특허심판원에 권리범위 확인의 심판을 구하거나, 법원에 특허권침해를 원인으로 한 가처분신청을 하지도 <u>않은 채</u>

345

단지 피고가 대표로 있는 **국제법률특허사무소 소속 변리사들의 판단만을 신뢰하여 특허권침해 여부에 대하여 보다 더 주의 깊은 조사를 하지 않은 채 이 사건 제품이 이 사건 특허권을 침해한다고 단정한 뒤, 이 사건 특허를 침해하는 이 사건 제품들의 판매를 중지할 것을 요구하는 내용의 경고장을 이 사건 각 거래처에 발송하였다. 더군다나, 피고는 이 사건 경고장 발송 후 2012. 7. 3.경 원고 1로부터 해외에서의 이 사건 특허 관련 판결문 등의 구체적인 판단 근거자료까지 수령하였음에도, 별다른 조치를 취하지 아니하였다.

④ 피고는 원고들에게 먼저 내용증명 등을 보내어 특허권 침해에 관한 의견을 조회하는 등의 절차 없이 곧바로 이 사건 각 거래처에 그 거래 중단을 요구하는 취지의 이 사건 경고장을 발송하였는바, 특허권 침해 경고의 상대방이 '경쟁업자'가 아닌 '경쟁업자의 거래처'일 경우 경쟁업자의 영업상 신용의 훼손 등 파급효과가 크고, 그 거래처가 거래처를 경고자로 바꾸는 등 경쟁업자로부터 거래처를 탈취하는 수단으로 악용될 소지가 있다는 점에서, 경쟁업자가 아닌, 경쟁업자의 거래처에 대한 경고장 발송의 경우 한층 더 높은 주의의무가 요구된다.

그렇다면, 피고의 이 사건 경고장 발송 행위는 적어도 과실에 의한 것으로서 그 위법성이 인정되므로 피고는 이 사건 경고장 발송으로 인한 원고들의 손해를 배상할 의무가 있다. 그리고 이 사건의 경우와 같은 '부당한 특허침해 경고행위'에 따른 책임을 그 특허권자에게만 한정할 근거는 없고, 그러한 특허침해 경고행위를 실행한 사람이라면 일반불법행위의 법리에 따라 그에 따른 손해배상책임을 부담하는 것이므로, 피고가 이 사건 특허권자인 소외 회사의 의뢰에 따라 그 대리인 자격으로 이 사건 경고장을 발송하였다는 사정은 이 사건 경고장 발송이라는 사실행위로 인한 피고의 불법 행위 책임의 인정에 아무런 방해가 되지 아니한다.

대전지법 2009. 12. 4. 선고 2008가합7844 판결

<1> 피고의 고의, 과실 유무에 관한 판단

피고의 대리인이었던 법무법인 ○○이 2008. 4. 10. 롯데홈쇼핑에 판매금지통보를 하자 롯데홈쇼핑은 원고의 해명을 요구한 사실, 원고의 해명 후 롯데홈쇼핑은 편성되어 있던 이 사건 제품의 홈쇼핑 방송을 한 사실, 피고는 2008. 6. 18. 대리인인 △△국제특허법률사무소(대표변리사 소외 2)를 통하여 롯데홈쇼핑에 이 사건 제품이 피고의 특허권을 침해하고 있으므로 그 판매행위를 중지하고 향후 판매, 전시 및 광고행위를 하지 않겠다는 각서를 2008. 6. 30.까지 제출하며, 원고 회사의 제품을 즉시 회수하여 일정 장소에 집합시키고, 그 집합물품을 피고가 지정한 자의 입회하에 폐기처분하며, 조선일보 및 동아일보에 사과문을 게재하라는 등의 내용이 기재된 이 사건 경고장을 보낸 사실,

이 사건 경고장이 도달하자 롯데홈쇼핑이 예정되어 있던 이 사건 제품의 홈쇼핑 방송을 모두 취소한 사실, 특허심판원이 원고의 권리범위확인심판청구에 대하여 이 사건 제품이 피고의 특허의 권리범위에 속하지 아니한다는 심결을 한 사실은 앞서 본 바와 같고, 피고가 GS홈쇼핑방송에서 판매하던 제품에 대하여 제3자인 주식회사 파워워킹이 특허침해를 원인으로 판매 금지 등 경고장을 GS홈쇼핑에 발송한 데에 대해 피고가 특허심판원에 권리범위확인심판청구를 한 사실은 변론 전체의 취지상 인정된다.

살피건대, 특허권의 침해 여부는 고도의 전문적인 식견을 가지고 판단하여야 하고 전문가에 따라 견해의 차이가 있을 수 있으므로 특허심판원의 심결 또는 특허법원의 판결 등에 의하여 비로소 객관적으로 확정될 수 있으며, 특히 피고가 특허를 가지고 있다고 주장하는 마사이워킹용 전문슈즈의 경우 다수의 업체에서 생산되고 있고, 피고 스스로 인정한 바와 같이 피고도 다른 업체로부터 특허 침해를 원인으로 한 판매금지 경고장을 받는 등 각각의 업체마다 특허의 권리범위에 관하여 주장하는 바가 다르고 분쟁이 많아 특허의 권리범위를 쉽게

판단할 수 없다고 할 것인데, 피고가 특허심판원에 권리범위 확인의 청구를 하거나, 법원에 특허권 침해를 원인으로 한 가처분신청을 하지도 않은 채 단지 의뢰하였던 변리사의 판단에 근거하여 원고의 이 사건 제품이 피고의 특허권을 침해한다고 단정한 뒤, 피고의 특허를 침해하는 이 사건 제품들을 폐기하고 더 나아가 주요 일간지에 사과문을 게재하라는 강력한 내용의 경고장을 원고의 거래처에 발송한 행위는 고의 내지는 적어도 과실에 의해 원고의 영업활동을 방해한 것으로 봄이 상당하다.

<2> 피고의 위법성에 관한 판단

이 사건 경고장에는 '귀사가 이미 특허를 받은 "마사이워킹용 전문슈즈"인 "슈페리어 워킹슈즈"를 판매, 유통하고 있다는 사실을 확인하였습니다', '당사는 귀사에게 다음 사항을 요구하니 이행하여 주시기 바랍니다. 만일 귀사가 당사의 다음 요구에 불응하거나 미흡한 조치를 할 경우에는 부득이 당사는 즉시 검찰에 형사고발을 진행하는 동시에 침해금지가처분 및 손해배상청구소송을 진행할 예정이니 유념하시기 바랍니다.'라는 문구가 기재되어 있는 사실, 이 사건 경고장 중 피고의 요구사항은 이 사건 제품의 판매중지 및 향후 판매하지 않겠다는 각서 제출, 이 사건 제품의 폐기, 조선일보 및 동아일보에 사과문 게재 등이었던 사실, 이 사건 경고장이 도달한 후 롯데홈쇼핑은 4회로 예정되어 있던 이 사건 제품의 홈쇼핑 방송을 취소한 사실은 앞서 본 바와 같다.

살피건대, 위 인정 사실에 나타난 바와 같이 이 사건 경고장은 단순히 원고의 특허침해의 가능성을 언급한 것이 아니라 피고의 특허를 침해하는 원고의 이 사건 제품이 롯데홈쇼핑을 통해 판매, 유통되고 있다고 하여 이 사건 제품이 피고의 특허를 침해한다고 단정하고 있는 점, 롯데홈쇼핑은 홈쇼핑 업체로 이 사건 제품이 피고의 특허를 침해하는지 여부를 판단할 객관적인 능력이 있다고 보기 어려운 점, 특히 이 사건 경고장 발송일로부터 4일 후인 2008. 6. 22.부터 이 사건 제품의 홈쇼핑 방송이 예정되어 있었으므로 롯데홈쇼핑이 전문가의

자문을 구할 시간적 여유도 없었던 점,

기업 이미지의 관리가 중요한 홈쇼핑 업체로서는 피고를 대리하는 특허법률사무소가 이 사건 제품이 피고의 특허를 침해한다고 단정하고 있음에도 불구하고 위험을 무릅쓰고 이 사건 제품의 홈쇼핑 방송을 강행할 수는 없는 점 등에 비추어 보면,

예정되어 있던 방송이 취소된 것이 롯데홈쇼핑의 재량에 따른 것일 뿐이고 피고의 이 사건 경고장 발송과 무관하다고 볼 수는 없으며, 공신력 있는 기관으로부터 특허 침해 여부의 확인도 받지 않고 이 사건 경고장과 같은 강력한 내용의 경고장을 경쟁업체의 거래처에 발송하는 행위가 피고가 가지고 있는 특허를 보호하기 위하여 사회통념상 허용되는 정당한 행위라고 볼 수도 없다.

이에 대하여 피고는 특허권 침해를 원인으로 한 가처분신청이 인용되었다가 법원의 판결로 그 가처분결정이 취소·확정되었다거나 그 후 가처분채권자가 상대방을 상대로 한 손해배상 등 민사소송에서 패소판결이 선고되고 그 판결이 확정되었다 할지라도, 그 가처분신청채권자에게 부당가처분으로 인한 고의·과실까지 인정할 수 없는 특별한 사정이 존재한다고 본 대법원 2007. 4. 12. 선고 2006다46360 판결을 들어 이 사건의 경우에도 피고의 경고장 발송행위에 위법성이 존재하지 않는다고 주장한다.

살피건대, 위 판결은 특허권 침해를 원인으로 한 가처분신청에 대하여 법원이 가처분 결정 전에 쌍방의 주장과 입장을 듣고 충분히 심리한 후 가처분 결정 여부를 결정한 사안에 관한 것으로서, 위 가처분 결정 후에 위 사건의 피고가 위 사건의 원고의 거래처에게 가처분결정이 있은 사실, 손해배상청구소송이 진행중인 사실 등이 적힌 통지문을 발송한 것은 그 당시 상황에 비추어 보면 사회통념상 용인되는 범위 내의 정당한 행위라는 취지의 판결이다. 그러나 이 사건의 사안은, 피고가 특허심판원에 피고가 가지고 있는 특허의 권리범위확인심판을 청구하거나, 법원에 특허권 침해를 원인으로 한 가처분신청을 하지 아니

349

한 채 의뢰한 변리사의 판단에만 근거하여 마치 원고의 이 사건 제품이 피고의 특허를 침해하는 것이 객관적인 사실인 것처럼 원고의 거래회사인 롯데홈쇼핑에 경고장을 발송하였고, 롯데홈쇼핑이 이 사건 제품에 관한 홈쇼핑방송을 모두 취소한 후 특허심판원은 피고가 아닌 원고의 청구에 따라 원고의 이 사건 제품이 피고의 특허의 권리범위에 속하지 아니함을 확인하는 심결을 한 것으로서, 피고가 들고 있는 위 대법원판결의 사안과 이 사건의 사안은 다르다. 피고의 위 주장은 이유 없다.

그렇다면 피고의 이 사건 경고장 발송 행위는 고의 내지는 적어도 피고의 과실에 의한 것으로서 그 위법성이 인정되므로 피고는 이 사건 경고장 발송으로 인한 원고의 손해를 배상할 의무가 있다.

350 대법원 2001. 10. 12. 선고 2000다53342 판결

<1>원심은 그 채택한 증거들을 종합하여 판시 사실을 인정한 다음, 원고의 이 사건 자동여과기는 피고 이준호의 특허권(특허번호 제104660호)을 침해하지 않는다고 판단되고, 피고 이준호가 피고 주식회사 레인보우(이하 '피고 회사'라고 한다)의 대표이사로서 행한 일련의 행위들 중 원고를 특허법위반죄로 고소한 것 등까지는 자신의 권리행사로서 허용될 수 있는 행위라고 볼 수도 있으나,

자신의 손해를 예방하기 위한 방법으로 원고에 대하여 그 침해물의 제조나 판매를 금지시키는 가처분신청 등 법적 구제절차는 취하지 아니한 채, 사회단체와 언론을 이용하여 불이익을 줄 수도 있음을 암시하고,

나아가 그 구매자인 소외 주식회사 동양폴리에스터(주식회사 효성생활산업으로 상호가 변경되었음, 이하 '효성산업'이라 한다)에 대하여도 법률적인 책임을 묻겠다는 취지의 경고와 함께 역시 사회단체와

언론을 통한 불이익을 암시하며,

형사고소에 대한 합의조건으로 원고와의 계약을 해제하고 자신과 다시 계약을 체결할 것을 지속적으로 강요하여 마침내 이에 견디다 못한 효성산업으로 하여금 원고와의 기존계약을 해제하고,

기왕 설치되어 있던 원고의 자동여과기까지 철거되도록 하는 등 이러한 위 피고의 일련의 행위들은 정당한 권리행사의 범위를 벗어난 행위로서 위법행위라 아니할 수 없으며, 원고의 자동여과기의 구성이 피고 이준호의 특허발명과 어느 정도 차이가 있어 특허권침해 여부가 불명확한 점을 고려하여 본다면 <u>피고 이준호가 대한변리사회의 감정결과만을 신뢰하여 특허권침해 여부에 대하여 보다 더 주의 깊은 조사를 하지 않은 채 원고의 이 사건 자동여과기가 피고 이준호의 특허권을 침해하는 것이라고 믿은 점에 과실도 있다고 할 것이어서</u> 피고들은 연대하여 원고에게 위 불법행위로 인하여 원고가 입은 손해를 배상할 책임이 있다고 판단하였는바, 기록에 비추어 살펴보면 원심의 그와 같은 사실인정 및 판단은 정당하고, 거기에 채증법칙을 위반하는 등으로 사실을 오인하거나 피고들의 불법행위의 성립 여부에 대한 법리를 오해한 위법이 없다.

대법원 2014. 3. 20. 선고 2012후4162 전원합의체 판결

<1> 특허법은 특허가 일정한 사유에 해당하는 경우에 별도로 마련한 특허의 무효심판절차를 거쳐 무효로 할 수 있도록 규정하고 있으므로, 특허는 일단 등록이 되면 비록 진보성이 없어 당해 특허를 무효로 할 수 있는 사유가 있더라도 특허무효심판에 의하여 무효로 한다는 심결이 확정되지 않는 한 다른 절차에서 그 특허가 무효임을 전제로 판단할 수는 없다. 나아가 특허법이 규정하고 있는 <u>권리범위확인심판은 심판청구인이 그 청구에서 심판의 대상으로 삼은 확인대상발명이 특허</u>

권의 효력이 미치는 객관적인 범위에 속하는지 여부를 확인하는 목적을 가진 절차이므로, 그 절차에서 특허발명의 진보성 여부까지 판단하는 것은 특허법이 권리범위확인심판 제도를 두고 있는 목적을 벗어나고 그 제도의 본질에 맞지 않다. 특허법이 심판이라는 동일한 절차 안에 권리범위확인심판과는 별도로 특허무효심판을 규정하여 특허발명의 진보성 여부가 문제 되는 경우 특허무효심판에서 이에 관하여 심리하여 진보성이 부정되면 그 특허를 무효로 하도록 하고 있음에도 진보성 여부를 권리범위확인심판에서까지 판단할 수 있게 하는 것은 본래 특허무효심판의 기능에 속하는 것을 권리범위확인심판에 부여함으로써 특허무효심판의 기능을 상당 부분 약화시킬 우려가 있다는 점에서도 바람직하지 않다. 따라서 권리범위확인심판에서는 특허발명의 진보성이 부정된다는 이유로 그 권리범위를 부정하여서는 안 된다.

<2> 다만 대법원은 특허의 일부 또는 전부가 출원 당시 공지공용의 것인 경우까지 특허청구범위에 기재되어 있다는 이유만으로 권리범위를 인정하여 독점적·배타적인 실시권을 부여할 수는 없으므로 권리범위확인심판에서도 특허무효의 심결 유무에 관계없이 그 권리범위를 부정할 수 있다고 보고 있으나(대법원 1983. 7. 26. 선고 81후56 전원합의체 판결 등 참조), 이러한 법리를 공지공용의 것이 아니라 그 기술분야에서 통상의 지식을 가진 자가 선행기술에 의하여 용이하게 발명할 수 있는 것뿐이어서 진보성이 부정되는 경우까지 확장할 수는 없다. 위와 같은 법리는 실용신안의 경우에도 마찬가지로 적용된다.

<3> 이와 달리 특허발명 또는 등록실용신안이 신규성은 있으나 진보성이 없는 경우 이에 관한 권리범위확인심판에서 당연히 그 권리범위를 부정할 수 있다는 취지로 판시한 대법원 1991. 3. 12. 선고 90후823 판결, 대법원 1991. 12. 27. 선고 90후1468, 1475(병합) 판결, 대법원 1997. 7. 22. 선고 96후1699 판결, 대법원 1998. 2. 27. 선고 97후2583 판결 등을 비롯한 같은 취지의 판결들은 이 판결의 견해에 배치되는

범위 내에서 이를 모두 변경하기로 한다.

<4> 원심은 그 판시와 같은 이유로 원고가 실시하고 있는 원심판시 확인대상고안이 명칭을 '사료 운반차량용 사료 반송장치'로 하는 이 사건 등록고안(등록번호 생략)의 실용신안등록청구범위(특허심판원 2012. 9. 24.자 2012정83호 심결로 정정된 것) 제1항과 제3항의 권리범위에 속한다는 취지로 판단하면서, 위 각 고안은 진보성이 없어 무효이므로 그 권리범위가 인정될 수 없다는 원고의 주장을 권리범위확인심판에서는 진보성이 없는 경우라고 하더라도 그 권리범위를 부정할 수 없다는 이유로 배척하였다. 위 법리에 비추어 원심의 판단은 정당하고, 거기에 상고이유 주장과 같이 권리범위확인심판에서 진보성 여부를 심리·판단할 수 있는지에 관한 법리를 오해하는 등의 위법은 없다.

<대법원 신영철, 대법관 민일영의 반대의견>

가. 다수의견은 권리범위확인심판에서 특허발명 또는 등록실용신안의 진보성 여부에 관하여 심리·판단할 수 없다고 하고 있다. 그러나 이러한 다수의견에는 다음과 같은 이유로 찬성할 수 없다.

나. 특허권의 권리범위확인심판은 특허가 유효함을 전제로 하여 특허발명의 권리범위를 확인하는 심판절차이다. 특허권의 권리범위확인심판 청구는 현존하는 특허권의 범위를 확정하려는 데 그 목적이 있으므로 특허에 무효사유가 있어 특허법이 정한 특허무효심판 절차를 거쳐 무효로 된 경우에는 그에 관한 권리범위확인심판을 청구할 이익이 소멸한다(대법원 1996. 9. 10. 선고 94후2223 판결, 대법원 2007. 3. 29. 선고 2006후3595 판결 등 참조). 이러한 법리는, 특허는 일단 등록된 이상 비록 무효사유가 있다고 하더라도 특허무효심판 절차에서 무효로 한다는 심결이 확정되지 않는 한 대세적으로 무효로 되지 아니한다는 법리를 전제로 하고 있는 것으로 이해될 수 있고, 그 결과 무효의 심결이 확정되기 전에는 권리범위확인심판을 청구할 이익이 인

정되는 것처럼 보인다.

그런데 특허법이 정한 요건을 충족하지 못하여 특허를 받을 수 없는 발명에 대하여 잘못하여 특허등록이 이루어지는 경우가 있다. 그러한 특허는 특허의 외양을 하고 있을 뿐 무효사유가 있어 특허법에 의한 보호를 받을 자격이 없고 그 실체가 인정될 여지도 없어 애당초 그 특허발명의 권리범위를 상정할 수가 없다. 그러한 특허에 대하여 특허무효심판 절차를 거쳐 무효로 되지 아니하였다는 사정만으로 별다른 제한 없이 권리범위확인심판을 허용하게 되면, 특허등록이 형식적으로 유지되고 있다는 사정만으로 실체 없는 특허권을 마치 온전한 특허권인 양 그 권리범위를 확인해 주는 것이 되어 부당하다. 권리범위는 인정할 수 있지만 정작 그 권리는 부정된다고 하는 결론이 나오더라도 이를 수용하여야 한다고 하는 것은 건전한 상식과 법감정이 납득할 수 있는 한계를 벗어난다. 대법원이 일단 등록된 특허라도 신규성이 없어 무효사유가 존재하는 경우에 그 특허발명의 권리범위를 인정할 수 없다고 한 것(대법원 1983. 7. 26. 선고 81후56 전원합의체 판결 등 참조)은 바로 이 점을 밝히고 있는 것이다.

354

다수의견은 특허발명에 신규성이 없는 경우에는 권리범위확인심판에서도 특허무효의 심결 유무에 관계없이 그 권리범위를 부정할 수 있으나, 진보성이 부정되는 경우까지 그와 같이 볼 수는 없다고 한다. 그러나 신규성 결여와 진보성 결여는 모두 발명의 구성과 효과 등을 종합적으로 검토하여 판단할 것이 요구되는 특허의 무효사유라는 점에서 본질적으로 차이가 없으므로, 권리범위확인심판에서 권리범위를 판단하기 위한 전제로서 발명의 신규성을 심리·판단하는 것과 진보성을 심리·판단하는 것 사이에 차등을 둘 이유가 없다. 권리범위확인심판에서 특허의 신규성 여부는 판단할 수 있다고 하면서 진보성 여부는 판단할 수 없다고 하는 다수의견은 그 논리에 일관성이 결여되었다는 비판을 면하기 어렵다.

한편 대법원은 특허발명에 대한 무효심결이 확정되기 전이라고 하더라도 그 특허발명의 진보성이 없어 특허가 특허무효심판에 의하여 무효로 될 것임이 명백한 경우에는 그 특허권에 기초한 침해금지 또는 손해배상 등의 청구가 권리남용에 해당하여 허용되지 아니한다는 법리를 선언한 바 있다(대법원 2012. 1. 19. 선고 2010다95390 전원합의체 판결 참조). 특허가 특허무효심판에 의하여 무효로 될 것임이 명백한 경우라면 특허권의 침해가 인정될 수 없다는 것이 위 전원합의체 판결의 취지이고, 이러한 논리를 특허권의 권리범위확인심판에 대하여 적용하면 특허권의 침해 여부를 판단하기 위한 선결문제로서의 의미를 갖는 권리범위의 확인을 청구할 이익도 부정된다고 보아야 한다. 특허가 진보성이 없어 무효로 될 것임이 명백하여 특허권 침해가 인정될 여지가 없음에도 이를 도외시한 채 특허발명의 권리범위에 관하여 심판하는 것은 무효임이 명백한 특허권의 행사를 허용하는 것이나 다름없기 때문이다. 특허가 진보성이 없어 무효로 될 것임이 명백한 경우에는 그 특허권의 행사가 허용되지 아니한다는 법리가 침해금지 또는 손해배상 등의 청구에서만 존중되어야 하고 권리범위확인심판에서는 그럴 필요가 없다고 볼 납득할 만한 이유를 찾을 수 없다.

이와 같이 특허가 진보성이 없어 무효로 될 것임이 명백함에도 권리범위확인심판을 허용하는 것은 특허권에 관한 분쟁을 실효적으로 해결하는 데 도움이 되지 아니하고 당사자로 하여금 아무런 이익이 되지 않는 심판절차에 시간과 비용을 낭비하도록 하는 결과를 초래하며, 특허발명을 보호·장려하고 그 이용을 도모함으로써 기술의 발전을 촉진하고 산업발전에 이바지하고자 하는 특허법의 목적을 달성하기 위하여 권리범위확인심판 제도를 마련한 취지에도 부합하지 않는다. 특허발명에 대한 특허무효심판이나 권리범위확인심판은 모두 특허심판원이 담당하므로 권리범위확인심판 절차에서 특허발명의 진보성 여부에 관하여 판단하는 것은 그 판단 주체의 면에서 보아 문제 될 것이 없다. 오히려 권리범위확인심판에서 특허가 진보성이 없어 무효로 될 것임이 명백하다는 이유로 특허권의 권리범위확인을 거절하게 되면,

355

권리범위확인심판에서는 확인대상발명이 특허발명의 권리범위에 속한다고 심결을 하여 확인대상발명이 특허권을 침해한다는 듯한 판단을 하면서 특허무효심판에서는 특허가 진보성이 없어 무효라고 심결을 하여 확인대상발명의 특허권 침해를 부정하는 듯한 판단을 함으로써 상호 모순되는 심결을 한 것과 같은 외관이 작출되는 불합리를 방지할 수 있다. 보다 근본적으로는 권리범위확인심판이 특허가 유효함을 전제로 하여서만 의미를 가질 수 있는 절차이므로 그 심판절차에서는 특허의 진보성 여부 등 무효사유가 있는지를 선결문제로서 심리한 다음 그 무효사유가 부정되는 경우에 한하여 특허발명의 권리범위에 관하여 나아가 심리·판단하도록 그 심판구조를 바꿀 필요가 있다. 이러한 사정들을 종합적으로 고려하면, 진보성이 없다는 이유로 특허발명에 대한 무효심결이 확정되기 전이라고 하더라도 적어도 그 특허가 진보성이 없어 무효로 될 것임이 명백한 경우라면, 그러한 특허권을 근거로 하여 적극적 또는 소극적 권리범위확인심판을 청구할 이익이 없다고 보아야 하고, 그러한 청구는 부적법하여 각하하여야 한다. 그리고 위와 같은 법리는 실용신안의 경우에도 마찬가지로 적용된다.

다. 위와 같은 법리에 비추어 보면, 원심은 이 사건 등록고안이 진보성이 없어 특허무효심판에 의하여 무효로 될 것임이 명백한지 여부에 관하여 심리·판단하여 이 사건 권리범위확인심판 청구를 부적법하다는 이유로 각하할지 판단하여야 한다. 그럼에도 원심은 진보성이 없는 경우라고 하더라도 그 권리범위를 부정할 수 없다는 이유로 위와 같은 판단을 하지 아니하였는바, 이는 권리범위확인심판에서 진보성 여부를 심리·판단할 수 있는지에 관한 법리를 오해하여 판결의 결과에 영향을 미친 것이다. 따라서 이 사건을 다시 심리·판단하게 하기 위하여 원심법원에 파기환송함이 상당하다.

<다수의견에 대한 대법관 고영한의 보충의견>

가. 특허에 무효사유가 있더라도 특허무효심판 절차에서 무효로 한다는 심결이 확정되지 않는 한 대세적으로 무효로 되는 것은 아니다(대법원 2012. 1. 19. 선고 2010다95390 전원합의체 판결 참조). 따라서 단순히 무효사유가 존재할 뿐 아직 무효로 되지 아니한 특허를 무효 심결이 확정되어 무효로 된 특허와 동일하게 취급하여 곧바로 그 권리범위를 부정할 수는 없다. 위 2010다95390 전원합의체 판결도 특허권침해소송에서 무효사유가 있는 특허권의 행사가 권리남용에 해당하는지를 판단하기 위한 전제로서 그 특허에 무효사유가 있는지를 판단할 수 있다는 취지이지, 특허에 무효사유가 있다고 하여 바로 그 특허가 무효인 것으로 취급하여야 한다거나 권리범위 자체를 부정하여야 한다는 취지가 아님은 명백하다.

한편 특허권의 권리범위확인심판은 확인대상발명이 특허권의 효력이 미치는 객관적인 범위에 속하는지 여부를 확인하는 제한적 목적을 가진 절차일 뿐 침해금지청구권이나 손해배상청구권의 존부와 같은 권리관계까지 확인하거나 확정하는 절차가 아니고, 권리범위확인심판에서의 판단이 특허권침해소송이나 특허무효심판에 기속력을 미치는 것도 아니다(대법원 2002. 1. 11. 선고 99다59320 판결 등 참조). 따라서 권리범위확인심판이 특허의 유효를 전제로 하여서만 의미를 가질 수 있다는 이유 등을 들어 그 절차에서 특허의 무효 여부까지 판단하도록 하는 것은 위와 같은 제도의 목적과 본질에 맞지 않다. 나아가 특허법은 특허무효심판 제도와 별개로 권리범위확인심판 제도를 두고 있는데, 권리범위확인심판 및 그에 대한 불복 소송에서 특허무효 여부를 권리범위확인의 전제로서 항상 먼저 심리하여야 한다면, 이는 특허무효심판 절차를 권리범위확인심판의 적법 요건을 심사하는 전심절차로 취급하는 것과 같이 되어 이들을 별개의 독립된 절차로 규정하고 있는 특허법 체계의 근간을 해치는 것이다.

나아가 특허에 무효사유가 있는지를 판단하는 특허무효심판과 특허에

357

관한 권리범위확인심판이 각각 그 목적과 기능을 달리하는 별개의 절차로 병존하고 있는 이상, 권리범위확인심판에서 확인대상발명이 특허발명의 권리범위에 속한다고 판단하였다고 해서 그 후 특허무효심판에서 그 특허가 무효라고 판단하는 것과 서로 모순된다고 할 것은 아니다.

나. 한편 대법원은 특허권침해소송에서 특허권자의 침해금지 또는 손해배상 등의 청구가 권리남용에 해당한다는 항변이 있는 경우 그 당부를 살피기 위한 전제로서 특허발명의 진보성 여부에 대하여 심리·판단할 수 있다는 법리를 선언한 바 있다(위 2010다95390 전원합의체 판결 참조). 그런데 특허권침해소송에서 권리남용의 항변을 받아들여 특허권 침해를 부정하는 것은 권리의 부존재나 무효가 아닌 권리행사의 제한사유를 이유로 하여 분쟁 당사자 사이의 권리관계를 판단하는 것이고, 그 판결의 효력도 소송 당사자 사이에서만 미친다. 반면에 권리범위확인심판은 어디까지나 특허권의 효력이 미치는 객관적 범위를 대세적으로 확인하는 제한적인 의미를 가질 뿐 특허권침해를 둘러싼 분쟁 당사자 사이의 권리관계를 최종적으로 확인해주는 것이 아니고, 그 심결이 확정되면 심판의 당사자뿐만 아니라 제3자에게도 일사부재리의 효력이 미치는 대세적 효력을 가진다. 따라서 특허권침해소송에서 권리남용의 항변의 내용으로서 진보성이 없다는 주장을 인정하더라도 이는 특허의 대세적 효력을 특허무효심판에 의해서만 부정할 수 있도록 한 특허법의 기본 구조와 상충되지 않지만, 심결에 대세적 효력이 있는 권리범위확인심판에서 진보성 결여를 이유로 무효사유 주장을 인정하게 되면 이는 위와 같은 특허법의 기본 구조와 상충된다. 그러므로 권리범위확인심판에서는 특허권침해소송에서와는 달리 진보성 여부를 특허무효사유로 주장할 수 없고, 이로 인하여 권리범위확인심판과 특허권침해소송에서의 결론이 마치 상반되는 듯이 보인다고 하여 서로 모순된다고 할 수는 없다.

다. 또한 심판청구의 이익이 있는지는 직권조사사항이므로, 반대의견과 같이 특허가 진보성이 없어 특허무효심판에 의하여 무효로 될 것임이 명백한 경우에 그에 관한 권리범위확인심판 청구의 이익이 없다고 본다면, 모든 권리범위확인심판 및 이에 대한 불복절차에서 특허심판원이나 특허법원은 당사자의 주장과 관계없이 항상 직권으로 특허가 진보성이 없어 특허무효심판에 의하여 무효로 될 것이 명백한지 여부를 심리하여야 할 것이다. 이는 특허심판원이나 특허법원에 과도한 심리 부담을 주는 것이 되어 부적절하다. 반대의견과 같이 권리범위확인심판에서 진보성 여부를 판단할 수 있도록 한다면 당사자 사이의 분쟁이 사실상 종료되는 경우도 있을 수는 있으나, 권리범위확인심판에서의 판단이 특허권침해소송이나 특허무효심판에 기속력을 미치지 못하는 이상 그 판단에 불복한 당사자가 위와 같은 별도의 절차를 통한 분쟁을 계속할 경우에는 오히려 당사자들로 하여금 분쟁해결에 도움이 되지 아니하는 무용한 절차에 시간과 노력을 낭비하도록 하는 결과를 가져올 뿐이다.

라. 위와 같은 점들을 종합하여 보면, 반대의견과 같이 특허가 진보성이 없어 특허무효심판에 의하여 무효로 될 것임이 명백한 경우라도 그에 관한 권리범위확인심판 청구가 심판청구의 이익이 없어 부적법하다고 볼 수는 없고, 이와 같은 법리는 실용신안의 경우에도 마찬가지로 적용된다.

<반대의견에 대한 대법관 신영철의 보충의견>

다수의견에 대한 보충의견이 지적하는 것처럼, 특허에 무효사유가 있더라도 특허무효심판 절차에서 무효로 한다는 심결이 확정되지 않는 한 특허가 무효로 되는 것은 아니다. 그렇다고 하여 그 특허에 대하여 예외 없이 무효사유가 없는 특허와 동일한 법적 지위나 효력을 부여하여야 하는 것은 아니다. 특허발명의 진보성이 없어 특허가 특허무효심판에 의하여 무효로 될 것임이 명백한 경우에는 그 특허권에 기초

359

한 침해금지 등의 청구는 권리남용에 해당하여 허용되지 아니한다고 판시한 대법원 2012. 1. 19. 선고 2010다95390 전원합의체 판결이 바로 그러한 예외가 인정될 수 있음을 보여주는 예이다. 위 전원합의체 판결은 권리남용의 법리를 적용하여 특허권에 기초한 침해금지 등의 청구를 배척함으로써 마치 특허가 무효로 된 것이나 다름없는 효과를 내고 있다. 마찬가지로 권리범위확인심판에서도 특허가 특허무효심판에 의하여 무효로 될 것임이 명백한 경우에는 그 특허권의 효력이 미치는 범위에 관한 확인을 거부하여 위 전원합의체 판결이 추구하는 소송경제와 효율성을 권리범위확인심판에도 보완적용하자는 것이 반대의견의 기본취지이다.

특허권의 권리범위확인심판은 권리범위확인의 대상이 되는 특허권이 존재함을 당연한 논리적 전제로 하고 있다. 특허법이 권리범위확인심판 제도와는 별개로 특허무효심판 제도를 두고 있다고 하여 이러한 논리적 전제가 부정될 수는 없다. 이를 무시하면서까지 실체가 없는 특허권에 관하여도 형식적이나마 권리범위확인심판을 허용하는 것이 두 제도를 병치시켜 둔 특허법의 취지라고 볼 수는 없다.

특허에 무효사유가 있음이 명백함에도 이러한 사정을 특허무효심판 절차에 미루어 둔 채 확인대상발명이 그 특허의 권리범위에 속하는지 여부에 관한 심결을 하게 되면, 심판의 당사자는 물론 제3자조차 무효로 되어야 할 특허에 일정한 권리범위가 존재한다거나 특허법의 보호를 받을 수 있다는 그릇된 인식을 하고 이를 토대로 새로운 법률관계를 형성할 수 있어 바람직하지 아니하다. 또한 특허권의 권리범위확인심판은 그 심판의 당사자 이외의 제3자에게 일사부재리의 효력이 미치므로 특허에 무효사유가 있음이 명백한지를 심리한 후에 그 권리확정에 나아감이 타당하다. 그렇지 아니하면 심판의 당사자는 물론 제3자조차 일사부재리의 효력이 미치는 범위 내에서 권리범위확인심판 청구를 봉쇄당하게 되어 일반 제3자의 이익을 해치게 된다.

다수의견에 대한 보충의견은, 특허권의 권리범위확인심판에서 특허가 진보성이 없어 무효로 될 것이 명백한지를 살펴야 한다면 특허심판원이나 법원에 과도한 심리의 부담을 주고 당사자들로 하여금 시간과 비용을 낭비하도록 하게 된다는 것을 우려하고 있다. 그러나 심판청구의 이익의 유무는 직권조사사항이므로, 권리범위확인심판 사건에서 특허심판원이나 법원은 당사자의 주장 여부와 관계없이 언제나 특허에 무효사유가 있음이 명백한지를 심리·판단하여야 한다. 심판청구의 이익이 있는지를 심리하는 데 부담이 따른다고 하여 그 심리를 생략한 채 아무런 이익도 없는 심판청구를 허용할 수는 없으므로, 그러한 부담을 우려하여 권리범위확인심판에서는 특허의 무효사유에 관한 심리를 하는 것이 부적절하다고 하는 것은 본말이 전도되었다는 비판을 면할 수 없다. 오히려 특허무효심판과 권리범위확인심판을 준별하여 권리범위확인심판 절차에서는 특허의 무효 여부를 판단할 수 없도록 하는 것이야말로 단일한 분쟁을 여러 개의 소송사건으로 만들 수 있도록 허용하는 것으로서, 그 자체로 시간과 비용의 낭비와 당사자의 불편을 초래하고 특허심판원이나 법원의 부담을 가중시키는 것이 된다.

대법원 2012. 1. 19. 선고 2010다95390 전원합의체 판결

<1> 특허법은 특허가 일정한 사유에 해당하는 경우에 별도로 마련한 특허의 무효심판절차를 거쳐 무효로 할 수 있도록 규정하고 있으므로, 특허는 일단 등록된 이상 비록 진보성이 없어 무효사유가 존재한다고 하더라도 이와 같은 심판에 의하여 무효로 한다는 심결이 확정되지 않는 한 대세적으로 무효로 되는 것은 아니다.

그런데 특허법은 제1조에서 발명을 보호·장려하고 그 이용을 도모함으로써 기술의 발전을 촉진하여 산업발전에 이바지함을 목적으로 한다고 규정하여 발명자뿐만 아니라 그 이용자의 이익도 아울러 보호하여 궁극적으로 산업발전에 기여함을 입법목적으로 하고 있는 한편 제

29조 제2항에서 그 발명이 속하는 기술분야에서 통상의 지식을 가진 자(이하 '통상의 기술자'라고 한다)가 특허출원 전에 공지된 선행기술에 의하여 용이하게 발명할 수 있는 것에 대하여는 특허를 받을 수 없다고 규정함으로써 사회의 기술발전에 기여하지 못하는 진보성 없는 발명은 누구나 자유롭게 이용할 수 있는 이른바 공공영역에 두고 있다. 따라서 진보성이 없어 본래 공중에게 개방되어야 하는 기술에 대하여 잘못하여 특허등록이 이루어져 있음에도 별다른 제한 없이 그 기술을 당해 특허권자에게 독점시킨다면 공공의 이익을 부당하게 훼손할 뿐만 아니라 위에서 본 바와 같은 특허법의 입법목적에도 정면으로 배치된다. 또한 특허권도 사적 재산권의 하나인 이상 그 특허발명의 실질적 가치에 부응하여 정의와 공평의 이념에 맞게 행사되어야 할 것인데, 진보성이 없어 보호할 가치가 없는 발명에 대하여 형식적으로 특허등록이 되어 있음을 기화로 그 발명을 실시하는 자를 상대로 침해금지 또는 손해배상 등을 청구할 수 있도록 용인하는 것은 특허권자에게 부당한 이익을 주고 그 발명을 실시하는 자에게는 불합리한 고통이나 손해를 줄 뿐이므로 실질적 정의와 당사자들 사이의 형평에도 어긋난다.

<2> 이러한 점들에 비추어 보면, 특허발명에 대한 무효심결이 확정되기 전이라고 하더라도 특허발명의 진보성이 부정되어 그 특허가 특허무효심판에 의하여 무효로 될 것임이 명백한 경우에는 그 특허권에 기초한 침해금지 또는 손해배상 등의 청구는 특별한 사정이 없는 한 권리남용에 해당하여 허용되지 아니한다고 보아야 하고, 특허권침해소송을 담당하는 법원으로서도 특허권자의 그러한 청구가 권리남용에 해당한다는 항변이 있는 경우 그 당부를 살피기 위한 전제로서 특허발명의 진보성 여부에 대하여 심리·판단할 수 있다고 할 것이다.

<3> 이와 달리 신규성은 있으나 진보성이 없는 경우까지 법원이 특허권 또는 실용신안권침해소송에서 당연히 권리범위를 부정할 수는 없

다고 판시한 대법원 1992. 6. 2.자 91마540 결정 및 대법원 2001. 3. 23. 선고 98다7209 판결은 이 판결의 견해에 배치되는 범위에서 이를 변경하기로 한다.

대법원 2015. 8. 27. 선고 2014다7964 판결

<1> 특허권침해소송의 상대방이 제조 등을 하는 제품 또는 사용하는 방법(이하 '침해제품 등'이라고 한다)이 특허발명의 특허권을 침해한 다고 할 수 있기 위해서는 특허발명의 청구범위에 기재된 각 구성요 소와 그 구성요소 간의 유기적 결합관계가 침해제품 등에 그대로 포 함되어 있어야 한다. 한편 침해제품 등에 특허발명의 청구범위에 기 재된 구성 중 변경된 부분이 있는 경우에도, 특허발명과 과제의 해결 원리가 동일하고, 그러한 변경에 의하더라도 특허발명에서와 실질적 으로 동일한 작용효과를 나타내며, 그와 같이 변경하는 것이 그 발명 이 속하는 기술분야에서 통상의 지식을 가진 사람이라면 누구나 쉽 게 생각해 낼 수 있는 정도라면, 특별한 사정이 없는 한 침해제품 등 은 특허발명의 청구범위에 기재된 구성과 균등한 것으로서 여전히 특 허발명의 특허권을 침해한다고 보아야 한다. 그리고 여기서 '과제의 해결원리가 동일'한지 여부를 가릴 때에는 청구범위에 기재된 구성의 일부를 형식적으로 추출할 것이 아니라, 명세서에 적힌 발명의 설명 의 기재와 출원 당시의 공지기술 등을 참작하여 선행기술과 대비하여 볼 때 특허발명에 특유한 해결수단이 기초하고 있는 기술사상의 핵심 이 무엇인가를 실질적으로 탐구하여 판단하여야 한다(대법원 2014. 7. 24. 선고 2012후1132 판결, 대법원 2014. 7. 24. 선고 2013다14361 판 결 등 참조).

<2> 원심은 다음과 같은 취지로 피고 실시제품은 이 사건 제1항 발명의 특허권을 침해한다고 판단하였다. (1) 이 사건 제1항 발명 중 원심판시 구성 1, 2, 4, 5, 즉 '연결구, 동력입력부, 전방프레임, 로터리복토부, 비닐공급부' 등의 구성들은 피고 실시제품에 그대로 포함되어 있으나, 원심판시 구성 3은 '전방프레임의 하부 측에 장착되어 상기 고랑의 지표면에 닿아 굴러가게 되는 앞바퀴'이고, 피고 실시제품 중 이에 대응되는 구성은 '전방프레임의 하부 측에 장착되어 상기 고랑의 지표면에 닿아 미끄러지도록 구성된 스키날'로서 차이가 있다. (2) 그런데 이 사건 제1항 발명과 피고 실시제품은 비닐피복을 전체적으로 자동화한다는 기술적 과제를 해결하는 원리가 동일하고, 이 사건 제1항 발명의 구성 3과 피고 실시제품의 대응구성은 모두 비닐피복기의 하부에 장착되어 농업용 견인차량에 의해서 견인되는 비닐피복기의 이동을 원활하게 하는 것이라는 점 등에서 실질적으로 동일한 작용효과를 나타내며, 또한 스키날은 일반적으로 진흙이나 눈 위 등에서의 작업과 같이 바퀴사용이 곤란한 경우에 채용되는 주지관용수단이어서 통상의 기술자가 이와 같이 구성을 변경하는 데 어려움이 없다. (3) 따라서 피고 실시제품은 이 사건 제1항 발명과 동일하거나 균등한 구성요소들과 그 구성요소들 간의 유기적 결합관계를 그대로 포함하고 있다. 앞서 본 법리 및 기록에 비추어 살펴보면, 원심의 위와 같은 판단은 정당한 것으로 수긍할 수 있고, 거기에 상고이유 주장과 같이 균등침해에 관한 법리를 오해하는 등의 위법이 없다.

대법원 2015. 7. 23. 선고 2014다42110 판결

<1> 특허법 제127조 제1호는 이른바 간접침해에 관하여 '특허가 물건의 발명인 경우 그 물건의 생산에만 사용하는 물건을 생산·양도·대여 또는 수입하거나 그 물건의 양도 또는 대여의 청약을 하는 행위

를 업으로서 하는 경우에는 특허권 또는 전용실시권을 침해한 것으로 본다.'고 규정하고 있다. 이는 발명의 모든 구성요소를 가진 물건을 실시한 것이 아니고 그 전 단계에 있는 행위를 하였더라도 발명의 모든 구성요소를 가진 물건을 실시하게 될 개연성이 큰 경우에는 장래의 특허권 침해에 대한 권리 구제의 실효성을 높이기 위하여 일정한 요건 아래 이를 특허권의 침해로 간주하려는 취지이다. 이와 같은 조항의 문언과 그 취지에 비추어 볼 때, 여기서 말하는 '생산'이란 발명의 구성요소 일부를 결여한 물건을 사용하여 발명의 모든 구성요소를 가진 물건을 새로 만들어내는 모든 행위를 의미하는 개념으로서, 공업적 생산에 한하지 아니하고 가공·조립 등의 행위도 포함한다(대법원 2009. 9. 10. 선고 2007후3356 판결 등 참조).

<2> 한편 간접침해 제도는 어디까지나 특허권이 부당하게 확장되지 아니하는 범위에서 그 실효성을 확보하고자 하는 것이다. 그런데 특허권의 속지주의 원칙상 물건의 발명에 관한 특허권자가 그 물건에 대하여 가지는 독점적인 생산·사용·양도·대여 또는 수입 등의 특허실시에 관한 권리는 특허권이 등록된 국가의 영역 내에서만 그 효력이 미치는 점을 고려하면, 특허법 제127조 제1호의 '그 물건의 생산에만 사용하는 물건'에서 말하는 '생산'이란 국내에서의 생산을 의미한다고 봄이 타당하다. 따라서 이러한 생산이 국외에서 일어나는 경우에는 그 전 단계의 행위가 국내에서 이루어지더라도 간접침해가 성립할 수 없다.

<3> 위 법리와 기록에 비추어 원심판결 이유를 살펴보면, 원심이, 피고가 국내에서 생산하여 수출한 N95와 N96의 각 반제품은 모두 국외에서 완성품으로 생산되었으므로 이 사건 제1항 및 제2항 발명의 각 특허권에 대하여 특허법 제127조 제1호에 정한 간접침해 제품에 해당하지 아니한다고 판단한 것은 정당하고, 거기에 상고이유 주장과 같이 특허발명의 청구범위 해석과 간접침해의 성립요건에 관한 법리를 오해하고 필요한 심리를 다하지 아니하여 판결에 영향을 미친 잘못이 없다.

대법원 2011. 5. 26. 선고 2010다75839 판결

<1> 특허발명의 보호범위는 특허청구범위에 기재된 사항에 의하여 정하여지고 특별한 사정이 없는 한 발명의 상세한 설명이나 도면 등에 의하여 특허청구범위를 제한하거나 확장하여 해석하는 것은 허용되지 않지만, 특허청구범위에 기재된 사항은 발명의 상세한 설명이나 도면 등을 참작하여야 그 기술적인 의미를 정확하게 이해할 수 있으므로, 특허청구범위에 기재된 사항의 해석은 그 문언의 일반적인 의미내용을 기초로 하면서도 발명의 상세한 설명 및 도면 등을 참작하여 그 문언에 의하여 표현하고자 하는 기술적 의의를 고찰한 다음 객관적·합리적으로 하여야 한다(대법원 2006. 12. 22. 선고 2006후2240 판결, 대법원 2007. 11. 29. 선고 2006후1902 판결 등 참조).

원심은, 그 판시와 같은 이유로 명칭을 '이동통신망을 이용한 비상호출 처리장치와 그 방법'으로 하는 이 사건 특허발명(특허번호 제379946호) 특허청구범위 제3항의 구성요소 4 중 '비상연락처로부터의 비상발신'은 이동통신 단말기 가입자의 비상 키버튼에 의한 호접속 요구와는 별개인 비상연락처가 주체로 된 새로운 호접속 요청으로 해석함이 상당하다고 판단하였다. 위 법리와 기록에 비추어 살펴보면 원심의 위와 같은 판단은 정당한 것으로 수긍할 수 있고, 거기에 상고이유의 주장과 같은 특허발명의 보호범위 해석에 관한 법리오해나 심리미진의 위법이 없다.

<2> 특허발명과 대비대상이 되는 제품(이하 '대상제품'이라 한다)이 특허발명의 보호범위에 속한다고 하기 위해서는 특허발명의 특허청구범위에 기재된 각 구성요소와 그 구성요소 간의 유기적 결합관계가 대상제품에 그대로 포함되어 있어야 한다. 한편 대상제품에서 특허발명의 특허청구범위에 기재된 구성 중 치환 내지 변경된 부분이 있는 경우에도, 특허발명과 그 과제의 해결원리가 동일하고, 그러한 치환에 의하더라도 특허발명에서와 같은 목적을 달성할 수 있고 실질적으로

동일한 작용효과를 나타내며, 그와 같이 치환하는 것이 그 발명이 속하는 기술분야에서 통상의 지식을 가진 사람이라면 누구나 용이하게 생각해 낼 수 있는 정도로 자명하다면, 대상제품이 특허발명의 출원시 이미 공지된 기술과 동일한 기술 또는 통상의 기술자가 공지기술로부터 용이하게 발명할 수 있었던 기술에 해당하거나, 특허발명의 출원절차를 통하여 대상제품의 치환된 구성이 특허청구범위로부터 의식적으로 제외된 것에 해당하는 등의 특별한 사정이 없는 한, 대상제품은 전체적으로 특허발명의 특허청구범위에 기재된 구성과 균등한 것으로서 여전히 특허발명의 보호범위에 속한다고 보아야 할 것이다.

다만 여기서 말하는 '특허발명과 그 과제의 해결원리가 동일'하다는 것은 대상제품에서 치환된 구성이 특허발명의 비본질적인 부분이어서 대상제품이 특허발명의 특징적 구성을 가지는 것을 의미하고, 특허발명의 특징적 구성을 파악함에 있어서는 특허청구범위에 기재된 구성의 일부를 형식적으로 추출할 것이 아니라 명세서상의 발명의 상세한 설명과 출원 당시의 공지기술 등을 참작하여 선행기술과 대비하여 볼 때 특허발명에 특유한 해결수단이 기초하고 있는 과제의 해결원리가 무엇인가를 실질적으로 탐구하여 판단하여야 한다(대법원 2009. 6. 25. 선고 2007후3806 판결, 대법원 2009. 12. 24. 선고 2007다66422 판결 등 참조).

위 법리와 기록에 비추어 살펴보면, 이 사건 제3항 발명 중 구성요소 4의 '비상연락처로부터의 비상발신에 따라 도청모드를 실행하여 수신부의 수화음성신호 수신을 금지시키고 송신부를 통한 송화음성의 송출만을 허용하는 제어수단'에 관한 구성은 명세서의 발명의 상세한 설명의 기재와 출원 당시의 공지기술 등을 참작하여 선행기술과 대비하여 볼 때, 단말기 소지자가 비상상황에 처할 경우 비상연락처 주도로 단말기 소지자의 상황을 비밀리에 탐지할 수 있게 하는 이동통신망을 이용한 비상호출 처리장치를 제공하려는 과제를 해결하기 위하여, 비상연락처로부터의 호접속 요청이 있을 경우 도청모드를 실행하는 구성을 특유의 해결수단으로 채용한 것으로서, 이 사건 제3항 발명의 본질적인 부분 내지 특징적인 구성이라 할 것이다. 그런데 피고의 원심 판시 알라딘 서비스 및 알라딘 폰은 이 사건 제3항 발명의 이러한 특징적 구성을 그대로 가지고 있지 아니하여 이 사건 제3항 발명과는 과제의 해결원리가 동일하다고 할 수 없으므로, 균등침해의 다른 성립요건에 대하여 더 나아가 살필 필요 없이 이 사건 제3항 발명의 균등침해를 구성하지 아니한다. 따라서 피고의 알라딘 서비스 및 알라딘 폰이 이 사건 제3항 발명의 균등침해를 구성하지 않는다는 취지의 원심 판단은 정당한 것으로 수긍할 수 있고, 거기에 상고이유의 주장과 같은 균등침해에 관한 법리오해의 위법이 없다.

대법원 2010. 1. 14. 선고 2008도639 판결

<1> 원심은, 피고인 1이 이 사건 특허발명의 존재를 명확히 알고 있었음에도 이 사건 특허발명의 일부 부품을 치환하여 원심 판시 이 사건 장치를 개발한 후 특허보다 손쉽게 등록할 수 있는 실용신안등록을 한 점, 이 사건 특허발명과 이 사건 장치 간에 본질적인 차이가 없고 실질적으로 균등한 구성인 점, 피고인 2도 특허권자인 피해자의 경고장을 보았음에도 계속 이 사건 장치를 제작하여 납품한 점 등을 근거로 피고인들에게 특허권 침해의 고의가 있다고 판단하였다.

<2> 그러나 원심이 적법하게 채택한 증거에 의하여 인정되는 다음과 같은 사정, 즉, 피고인 1이 피해자인 이 사건 특허권자로부터 납품받은 이 사건 특허발명의 실시품이 회전판과 꼬챙이의 결합이 견고하지 못하여 고기가 이탈되고 화재가 발생하는 등의 문제가 발생함에 따라 피고인 1의 남편인 공소외인이 이 사건 특허발명을 개량하여 실용신안등록출원을 한 점, 공소외인의 등록실용신안의 고안의 상세한 설명

에서도 이 사건 특허발명을 종래기술로 언급하면서 그 문제점을 지적하고 있는 점, 이 사건 특허발명과 공소외인의 등록실용신안의 실시품인 이 사건 장치는 그 구성에서 일부 차이가 있고, 균등관계에 있는지 여부의 판단은 통상의 기술자에게도 쉽지 않으며, 일반인의 경우는 매우 어려운 점, 이 사건 장치를 개발한 후 피고인 1이 변리사에게 문의하였을 때, 이 사건 장치가 이 사건 특허발명을 침해하지 않는다는 의견을 들은 점, 공소외인의 등록실용신안의 고안의 상세한 설명에 이 사건 특허발명이 종래기술로 기재되어 있음에도 심사관이 기술평가절차에서 공소외인의 등록실용신안에 대하여 실용신안등록 유지결정을 한 점, 이 사건 장치가 이 사건 특허발명의 일부 청구항의 권리범위에 속한다는 특허심판원의 심결이 2006. 2. 28. 무렵에야 이루어진 점 등에 비추어 보면, 특허심판원의 심결 이전인 이 사건 범죄일시에 피고인들에게 이 사건 장치가 이 사건 특허발명을 침해한다는 인식과 용인이 있었다고 보기는 어렵다.

369

대법원 2008. 10. 23. 선고 2007후2186 판결

<1> 특허권의 권리범위 내지 보호범위는 특허출원서에 첨부한 명세서의 특허청구범위에 기재된 사항에 의하여 정하여지고, 청구범위의 기재만으로 기술적 범위가 명백한 경우에는 원칙적으로 명세서의 다른 기재에 의하여 청구범위의 기재를 제한 해석할 수 없지만, 청구범위를 문언 그대로 해석하는 것이 명세서의 다른 기재에 비추어 보아 명백히 불합리할 때에는 출원된 기술사상의 내용, 명세서의 다른 기재, 출원인의 의사 및 제3자에 대한 법적 안정성을 두루 참작하여 특허권의 권리범위를 제한 해석할 수 있다(대법원 2003. 7. 11. 선고 2001후2856 판결 참조).

<2> 위 법리와 기록에 비추어 살펴보면, 원심이 명칭을 "색상에 의한 식별기호를 갖는 파일에 있어서 색상의 인쇄방법"으로 하는 이 사건 특허발명(특허번호 제176284호)의 원심 판시 구성요소 2에 기재된 '파일'을 '낱개 형태의 파일'로만 한정해석하여 추후 낱개 파일로 분리될 형태의 파일(낱개 파일들이 붙어있는 형태의 파일)을 그 구성으로부터 제외된다고 본 것은 다소 적절하지 않으나, 상세한 설명에 기재된 목적, 효과, 실시 예 및 출원인의 의사 등을 참작하여 제1항 발명의 권리범위는 1개의 인쇄판에서 1가지 색을 인쇄하는 구성을 가진 발명에만 한정적으로 미치는 것으로 해석한 다음, 1개의 인쇄판에서 2가지 색을 동시에 인쇄하는 구성을 가진 확인대상발명은 이 사건 제1항 발명의 권리범위에 속하지 않는다고 판단하였음은 정당하고, 거기에 상고이유에서 주장하는 바와 같은 판결 결과에 영향을 미친 특허청구범위의 해석 및 침해판단에 관한 법리오해, 심리미진 등의 위법은 없다.

370

대법원 2007. 2. 23. 선고 2005도4210 판결

<1> 특허발명과 대비대상이 되는 제품(이하 '대상제품'이라 한다)이 특허발명과 균등관계에 있는지 여부를 판단함에 있어서, 특허출원인 내지 특허권자가 특허의 출원·등록과정 등에서 대상제품을 특허발명의 특허청구범위로부터 의식적으로 제외하였다고 볼 수 있는 경우에는 대상제품이 특허발명의 보호범위에 속하여 그 권리가 침해되고 있다고 주장하는 것은 금반언의 원칙에 위배되므로 허용되지 아니한다. 그리고 대상제품이 특허발명의 출원·등록과정 등에서 특허발명의 특허청구범위로부터 의식적으로 제외된 것에 해당하는지 여부는 명세서뿐만 아니라 출원에서부터 특허될 때까지 특허청 심사관이 제시한 견해, 특허출원인이 제출한 보정서와 의견서 등에 나타난 특허출원인의

의도 등을 참작하여 판단하여야 한다(대법원 2002. 9. 6. 선고 2001후 171 판결, 2006. 6. 30. 선고 2004다51771 판결 등 참조).

<2> 원심이 적법하게 인정한 사실과 기록에 의하면, 명칭을 '앨범대 지의 연속 제조장치'로 하는 이 사건 특허발명(특허번호 제24509호) 이 최초 출원될 당시 그 출원서에 첨부된 명세서의 특허청구범위에는 원지의 일면을 접착제로 도포한 후 건조실을 통과하는 회수와 원지 의 다른 일면을 접착제로 도포한 후 건조실을 통과하는 회수에 대하 여 아무런 한정이 없었으나, 그 후 특허청 심사관으로부터 "하나의 건 조실을 사용하는 데 따른 작용효과의 설명이 미흡하다."는 등의 거절 이유통지를 받자 이 사건 특허발명의 출원인은 그 거절이유를 극복하 고 특허를 받기 위하여 심사관의 견해에 승복한다는 취지의 의견서와 함께 보정서를 제출하면서, 그 특허청구범위를 '원지의 일면을 접착제 로 도포한 후 건조실을 2회 통과시키고, 다시 원지의 다른 일면을 접 착제로 도포한 후 건조실을 2회 통과시키는 구성'으로 한정하고, 발명 의 상세한 설명란에 "한쪽 면에 먼저 접착제를 도포하여 건조실을 두 번 통과하면서 완전 건조한 다음 롤러에 의하여 원지의 면을 전도하 여 별도의 공정에 의하여 접착제를 도포하고 같은 건조실을 두 번 통 과시켜서 원지의 양면에 형성된 접착층이 완전 건조됨으로써 종래와 같이 원지를 절곡함으로써 생기는 비능률성과 부정확성에서 오는 작 업의 번거로움과 비능률성에서 벗어날 수 있고, 넓은 건조실을 구비 할 필요가 없어서 경제적인 것이다."라는 기재를 추가한 사실, 그런데 피고인의 앨범대지 생산기계는 원지의 일면을 접착제로 도포한 후 건 조실을 1회 통과하고 다시 원지의 다른 일면을 접착제로 도포한 후 건 조실을 1회 통과하는 방법으로 원지의 상·하면의 접착층을 건조하는 구성을 채용하고 있는 사실을 알 수 있다.

<3> 앞에서 본 법리와 위 사실관계에 비추어 살펴보면, 이 사건 특허 발명의 출원인은 건조실의 작용효과에 관한 거절이유를 극복하고 특

371

허를 받기 위하여 최초 출원 당시 '접착제가 도포된 원지의 상면 및 하면이 건조실을 각 1회 통과하는 구성'을 포함하고 있던 이 사건 특허발명의 특허청구범위를 '접착제가 도포된 원지의 상면 및 하면이 건조실을 각 2회 통과하는 구성'으로 한정하고 그에 따른 작용효과로서 '접착제의 완전 건조 및 건조실 공간의 축소에 따른 경제성' 등을 발명의 상세한 설명에 추가하여 보정한 것이므로, 피고인의 앨범대지 생산기계와 같이 '접착제 내지 점착제가 도포된 원지의 상면 및 하면이 건조실을 각 1회 통과하는 구성'을 채용하고 있는 장치를 이 사건 특허발명의 특허청구범위로부터 의식적으로 제외하였다고 봄이 상당하다. 따라서 피고인의 앨범대지 생산기계가 이 사건 특허발명의 보호범위에 속하여 그 권리가 침해되고 있다고 주장하는 것은 금반언의 원칙에 위배되므로 허용되지 아니한다.

대법원 2004. 9. 23. 선고 2002다60610 판결

<1> 부정경쟁방지법 제2조 제2호의 영업비밀이라 함은 공연히 알려져 있지 아니하고 독립된 경제적 가치를 가지는 것으로서, 상당한 노력에 의하여 비밀로 유지된 생산방법·판매방법 기타 영업활동에 유용한 기술상 또는 경영상의 정보를 말한다 할 것이고(대법원 1998. 11. 10. 선고 98다45751 판결 참조), 여기서 공연히 알려져 있지 아니하다고 함은 그 정보가 간행물 등의 매체에 실리는 등 불특정 다수인에게 알려져 있지 않기 때문에 보유자를 통하지 아니하고는 그 정보를 통상 입수할 수 없는 것을 말하고, 보유자가 비밀로서 관리하고 있다고 하더라도 당해 정보의 내용이 이미 일반적으로 알려져 있을 때에는 영업비밀이라고 할 수 없다.

<2> 한편, 특허출원을 하기 위한 특허출원서에는 발명의 명세서와 필

요한 도면 및 요약서를 첨부하여야 하고, 발명의 상세한 설명에는 그 발명이 속하는 기술분야에서 통상의 지식을 가진 자가 용이하게 실시할 수 있을 정도로 그 발명의 목적·구성 및 효과를 기재하여야 하며, 특허청구범위에는 발명이 명확하고 간결하게 그 구성에 없어서는 아니되는 사항을 기재하여야 하므로(특허법 제42조 제2항, 제3항, 제4항 참조), 그 기술분야에서 통상의 지식을 가진 자라면 누구든지 공개된 자료를 보고 실시할 수 있다 할 것이니, 특허출원된 발명에 대하여 영업비밀을 주장하는 자로서는 그 특허출원된 내용 이외의 어떠한 정보가 영업비밀로 관리되고 있으며 어떤 면에서 경제성을 갖고 있는지를 구체적으로 특정하여 주장·입증하여야 할 것이다.

<3> 위 법리에 비추어 기록을 살펴보면, 원고는 고승은이 1993. 11. 4. 특허출원하여 1997. 2. 5. 등록한 "이동식교각"에 관한 특허권(특허번호 제111793호)의 전용실시권자로서 위 특허출원과 동일한 이 사건 이동식교각을 제작·생산하고 있으므로, 원고의 이동식교각에 관한 제조기술 자체는 특허출원으로 인하여 이미 공개되었다고 할 것이어서 그 비밀성을 상실하였다고 할 것이고, 나아가 이 사건 이동식교각은 그 기술 구성이 비교적 단순하고 복잡하지 않아 그 공개된 특허공보의 기재와 도면을 보고 육안으로 그 기술구성이 쉽게 파악되고, 그 규격이나 재질, 부품 및 가공방법 등에서 특수성을 찾기 어려운 사실, 일반적인 이동식교각은 이미 오래전부터 독일의 슈라데나 미국의 카퍼로이, 맥라이너사 등에 의해 제작·판매되고 있었을 뿐만 아니라 국내에서도 하나산업, 화인엔지니어링, 성산기계 등의 여러 업체에서 제작·판매되고 있었으며, 피고가 스카우트 해 온 원고의 직원 중 이창욱은 원고 회사에서 2개월 남짓 설계실장으로 근무했고 나머지 직원들도 1년 남짓 근무한 정도였으므로 이동식교각 기술 취득에 많은 시간과 노력이 든다고 볼 수 없어 피고가 동종업계의 다른 기술자들을 채용하였더라도 비교적 단기간에 공지된 기술로부터 피고 제품을 제작할 수 있었을 것으로 보이므로, 위와 같은 이동식교각 기술에 대한

373

내용과 난이도, 동종 제품의 거래현황, 경쟁자나 다른 기술자들이 역설계(도면) 등의 공정한 방법을 통해 그 기술정보를 취득하는 데 필요한 시간 등 기록에 나타난 사정을 종합하면, 원고의 이 사건 이동식교각의 생산·판매에는 특허출원으로 공개된 기술 이외의 다른 설계정보 및 생산방법 등의 기술상의 정보가 있을 여지가 없어 보이고(피고가 원고의 설계도면을 그대로 이용하였다는 증거도 없다.), 이는 원고가 그 직원들에게 이동식교각의 제작·생산 등에 관한 제반사항을 비밀로 할 것을 요구하고 그들로부터 동일한 내용의 각서를 작성받았다고 하여 달라지는 것은 아니라 할 것이다.

374

4.

침해의 경고

III. 침해의 사전공방

가

개
요

특허침해의 사전공방 실무에서 가장 중요한 작업 중의 하나가 경고장
을 작성해 상대방 사업자에게 보내는 일이다.

침해사실을 알리는 서신이나 서면을 통상 경고장이라고 부른다.
그리고 이에 대한 상대방 사업자의 답신을 답변서라고 부른다. 특허권
자가 작성하면 특허침해경고장이 되고, 상표권자가 작성하면 상표권
침해경고장이 된다. 이와 관련해 앞에서도 여러 번 언급했지만, 우리
실무를 반성할 필요가 있다. '법적인 의사소통'이 오늘날 한국 사회에
서는 제대로 작동하고 있지 않음을 체험한다. 의사소통은 문제를 해결
하기 위해 필요한 것이지, 문제를 악화시키기 위해 요구되는 게 아니
다. 특히 법적인 의사소통은 더욱 그러해서 차분하고 이성적이며 냉
정해야 함에도 많은 실무자가 문서를 통해 흥분하고 쓸데없이 감정을
드러낸다.

경고장을 작성할 때에는 침해를 받고 있는 권리가 있을 것이고, 그 권리를 침해할 것으로 의심(혹은 확신)되는 당사자가 있을 것이며, 시장이 있을 것이다. 여기서 시장은 재화가 오고 가는 물적인 것이기도 하거니와 여러 당사자들이 관련돼 있으므로 인적인 것이기도 하다. 경고장 실무는 이 세 가지 사항을 모두 고려해야 한다. 요약하자면 위협받고 있는 권리의 영역, 상대방의 영역, 그리고 시장 영역이다.

동산이나 부동산 같은 물권은 확고부동한 권리 성격 때문에 특별한 사정이 없는 한 권리 자체에 다툼이 적다. 채권의 경우도 증명만 충분히 된다면 권리를 주장하는 데 어려움이 없다. 그러나 지적소유권은 다르다. 지적소유권은 무형의 소유권이어서 다툼의 여지가 많다. 하자가 내재돼 있는 경우도 많기 때문에 이미 권리가 존재함에도 불구하고 분쟁으로 비화되면 권리 자체의 안위를 걱정해야 한다. 또한 무효가 될 리 없는 권리라도 그 권리의 범위가 어느 정도인지 확정하기 어렵다. 이것이 지적소유권이 다른 재산권과 근원적인 차이점이다. 그렇기 때문에 아무리 좋은 특허(넓은 특허범위의 특허)라고 해서도, 또한 현 시점에서 승소가 확실한 것처럼 보이더라도 냉정하게 임해야 한다. 실무자가 해야 할 첫 번째의 작업은 매우 간단하다. 특허의 경우에는 등록원부와 특허공보를 출력해 권리관계를 확인하고, 특허의 내용을 읽으면서 특허범위를 분석한다. 상표의 경우에는 등록원부를 출력해 등록상표와 지정상품/지정서비스업을 확인한다. 그 권리를 소유한 자가 아니더라도 침해경고는 할 수 있다(표현상의 차이가 있다). 다만 그런 경우에는 경고를 하려는 발신인이 정당한 권한이 있는지를 확인한다.

두 번째의 작업은 상대방의 영역이다. 상대방 당사자의 제품이나 행위를 살펴보고, 이것이 과연 첫 번째 작업에서 분석한 권리를 침해하는지 여부를 판단해야 한다. 원칙적인 입장에서는 경고장을 보내기 전에 충분한 검토와 분석을 끝내야 한다. 하지만 현실적으로는 높은 수준으로 검토하고 분석해야 하는 것은 아니다. 법적 분쟁을 경고하는 것이지 법원에서 재판을 하는 게 아니기 때문이다. 게다가 경고

378

장을 보내는 모든 행위가 대규모 소송을 앞두고 있는 것도 아니다. 침해 대상이 된 상대방 사업자의 제품[17]에 대한 증거를 수집해야 한다. 소송이 본격적으로 진행된 것은 아니기 때문에, 또한 소송으로까지 비화되지 않을 수도 있기 때문에 지나치게 정교하게 증거수집을 끝낼 필요는 없다. 판단할 수 있을 정도이면 충분하다. 실제 제품, 제품 이미지, 웹 사이트 출력물, 카탈로그 정도 중 어느 하나만 있어도 좋다. 때로는 증언과 소문만 있어도 좋다(이 경우 경고장 표현은 매우 정교해야 한다). 어차피 상대방이 더 잘 안다.

세 번째 작업은 시장 영역이다. 먼저 시장의 물적 토대에 대해서 살펴본다. 경고장은 곧 분쟁의 시발점이 될 수 있다. 분쟁비용은 직간접적으로 1억 원에 이르는데, 시장에서 얻는 당사자의 실제 이익이 그에 못 미치거나 혹은 아직 시장이 성숙하지 못한 단계라면 분쟁을 벌일 실익이 적다. 설령 내 권리가 침해됐더라도 인내하고 기다려야 할 때도 있다. 권리는 시장과 동떨어진 게 아니다. 시장이 존재하므로 권리가 존재하는 법이다. 시장이 없는 지적소유권은 공허하며, 공허한 권리의 행사는 맹목이다. 때때로 상대방의 불법행위는 시장을 키워주는 데 긍정적인 요소로 작동하기도 한다. 이제 시장의 인적 관계를 살펴본다. 지적소유권의 침해는 침해품을 생산하는 것에만 제한되지 않는다. 침해품을 둘러싼 다양한 거래행위가 침해행위로 포섭된다. 침해품을 광고하거나 이를 판매하는 행위도 침해행위로 여겨진다. 그러므로 제조사뿐만 아니라 판매업자나 유통업자도 경고장의 상대방이 될 수 있다. 이론적으로 보자면 침해품에 관련한 거래계의 모든 상대방에게 침해경고를 할 수 있다. 하지만 그것은 사태를 악화시키곤 한다.

시장이라는 영역은 현재 시점만의 영역이 아니다. 과거와 현재와 미래가 모두 모여 있는 영역이다. 비즈니스 관계에서 생기는 다양한 상상력을 고려해야 한다. 오늘의 적이 내일의 동맹이 될 수 있으며, 적의 적이 내 편이 될 수도 있다. 현재의 비즈니스 관계, 관계의 발전 가능성, 상대방 회사의 인사이동에 따른 관계 개선의 여지(상대방 사업

379

자의 회사 자체가 문제라기보다는 그곳의 책임자의 성향 때문에 분쟁이 발생하는 경우도 있다), 상대방 사업자의 규모와 안정성 등을 골고루 따져 본다. 감정적 판단, 공격적 성향, 오만과 편견, 그리고 비전문가 혹은 당사자가 아닌 사람들의 무심하고 설익은 조언은 항상 조심해야 한다.

나

세 가 지 관 점

이런 사항을 실무적으로 고려했다면 경고장을 작성할 수 있는 준비가 된 것이다. 이제 본격적으로 전략을 짜면서 정교한 실무 단계로 이행한다. 여기서는 세 가지의 관점이 검토될 것이다. 앞에서 설명한 사항이 계속 반복된다.

(1) 법적인 효과로서의 관점

경고장은 나중에 좋은 증거가 된다. 나중에 있을 침해소송에서 상대방이 "그 권리가 있는 줄 몰랐어요"라는 주장을 하지 못하게 만든다. 즉, 상대방의 고의나 과실을 입증하겠다는 데 침해금지경고장의 의미가 있다. 일반 우편으로 상대방에게 서신을 보내면 제대로 전달되지 않을 수도 있고, 상대방이 그런 서신을 받은 적이 없다고 주장할 수 있으므로 통상 우체국을 통해서 <내용증명>으로 경고장을 발송한다. 법적인 효과만을 고려한다면 경고장은 1쪽이어도 충분하다. <경고했다>라는 사실이 중요하기 때문이다. 격식을 갖추는 문구와 표현을 제외하면 어쩌면 한 줄이어도 충분할지도 모른다. 예컨대 "귀사의 A 제품은 저희 특허 X를 침해하고 있는 것으로 분석되며 이로 말미암아 저희는 경제적인 피해를 입고 있습니다"라고 말이다.

요컨대 법적인 효과만을 생각한다면 경고장 작성 실무는 짧고 단순하고 알아듣기 쉽게 요점만 밝히는 것이 좋다. 구체적인 근거와 자세한 이야기는 별도의 공간에서 한다. 재판일 수도 있으며, 협상 테이블 앞일 수도 있다. 상당수의 실무자는 경고장에서 모든 이야기를 작정한 듯이 윽박지르며 적는 경우가 많다. 굵고 밑줄친 말이 많으면 소송에서 꼬투리를 잡힐 수 있으니 유의한다. 참된 말만 하고 거짓말은 하지 않는다. 법적으로든 심리적으로든 불리한 말은 피한다. 복잡하고 난해하며 전문적인 법률 지식을 남용해서 과거 권위주의 시대에서나 통용될 만한 수법을 쓰지 않는다. 옛날과 달리 전문지식도 인터넷을 통해서 쉽게 확인할 수 있으며, 무엇보다 도와줄 전문가들이 많다. 상대방은 쉽게 겁내지 않는다.

(2) 비즈니스 관점

앞서 살펴본 것처럼 경고장의 법적 효과는 침해사실을 통지했다는 것으로 충분하다. 여기까지만 생각하면 경고장을 작성하고 보내는 일이야말로 매우 단순한 작업이며, 그렇게 생산적인 일이 아니라고 생각할지도 모르겠다. 또 대개 실무적으로 그렇게 여겨지곤 한다. 하지만 특허침해문제는 경제적인 문제이며 시장활동이 있기 때문에 생기는 문제라는 점을 인정한다면 경고장에 관한 일은 생산적인 작업으로 변모한다. 경고장을 어떻게 작성해서 누구에게 보내는 것이 특허권자의 비즈니스에 도움이 될 수 있을지를 생각한다. 그런 관점에서 접근한다면 경고장에 적히는 문체와 제목의 선정, 내용의 구체성, 상대방의 선택, 서면의 발송방식 등이 다양해진다.

앞에서 말했지만 경고장에 감정적인 표현은 적지 않는다. 가령 상표권을 침해하는 위조상품의 제조와 판매와 같이 악의적인 침해행위에 대한 경고장을 작성할 때에는 단호하지만 품격 있는 태도를 유지하는 게 좋다.

(3) 심리적인 관점

시장활동도 사람이 하는 일이며, 분쟁 또한 사람이 한다. 어떻게 표현해서 경고하는 것이 심리적으로 효과가 있는지는 정확히 알 수 없다. 그러나 조롱 당하는 기분이나 부당하게 협박을 받았다는 기분이 들면 사람들은 더 감정적이고 더 공격적으로 행동할 가능성이 커진다.

상대방을 조롱하는 경고장의 예를 들자면 이러하다. 예의를 갖추는 척 하지만, 실제로는 상대방 입장을 무시하면서 몰아붙이는 내용으로 가득한 경고장이다. 본문에는 단순한 손해배상 가능성이 아닌 "귀사의 존폐가 염려된다", "주요일간지를 통해 사죄광고를 내라", "제품 전량을 즉시 폐기하라" 등의 도무지 받아들이기 어려운 요구를 하면서 문서 말미에 협상을 하자는 문구를 넣는 경고장이 대표적이다. 양심에 반하는 서약서 강요는 지나치게 굴욕적이어서 그것의 이행이 불가능함에도 버젓이 그런 요구를 하는 경고장을 접한다. 불가능한 주장을 요구하는 것은 상대방을 기분 나쁘게 할 뿐이다. 모든 침해행위가 도덕적으로 나쁜 행위이라거나 범죄를 저지르는 행위라고 단정할 수 없다. 또한 특허권자의 주장이 항상 옳은 것도 아니다. 문장력이 탁월하지 않다면 비유적인 표현은 금물이다.

예제 265는 실용신안침해를 주장하면서 실제 대리인이 작성한 경고장의 일부 문구다. 문제를 해결할 의지가 전혀 없는 경고장이다. 이렇게 작성하면 작성자 자신은 통쾌함을 느낄 것이다. 하지만 이런 하이에나 같은 경고장을 받고 수긍해서 요구사항에 따를 사람이 과연 있을까? 게다가 이 경고장을 작성한 대리인이 선정한 상대방 사업자는 대상 제품을 제조하는 제조사가 아니라 그 제조사가 납품하는 오픈마켓 같은 플랫폼 사업자이며, 대기업이자 법무팀이 있다. 그렇다면 엄격한 침해분석과 더욱 세련된 언어 표현이 필요함에도 실무자는 아랑곳하지 않는다. 심지어 이 실용신안권의 권리범위는 출원경과과정의 금반언의 원칙에 의해 제한돼서 대상 제품이 권리범위에 속한다고 보기도 힘들었다. 이런 경고장을 받은 상대방 사업자의 법무팀장은 요구에 수긍하기는커녕 오히려 소장이 접수되기를 바랐다. 싸우겠다는 심리다. 가장 문제는 이러하다. 대리인의 흥분된 경고장으로 말미암아 특허권자는 적어도 그 플랫폼 사업자와는 거래할 수 없다.

384

예제 265

<경고내용>

(1) 귀사에게 침해상품을 공급한 공급업체 및/또는 귀사가 침해상품을 제조하기 위한 부품 납품업체의 회사명, 대표자, 주소, 연락처뿐만 아니라 침해상품의 공급량, 공급시기, 공급단가 등에 대한 정보를 제시하여 주십시오.

(2) 귀사가 현재 보유하고 있거나 귀사의 거래처 등 이미 다른 업체에 공급 또는 판매한 침해상품을 이 서신을 받는 즉시 전량 회수하여 폐기처분하시고, 아울러 일체의 실시행위를 중지하시기 바랍니다.

(3) 귀사가 현재에 이르기까지 당사의 실용신안권과 동일 유사한 침해상품을 업으로서 실시함에 따른 손해배상액(또는 합의금)에 대해 당사와 협의하여 주시기 바랍니다.

III. 침해의 사전공방

(4) 차후로는 당사의 실용신안권에 대한 침해행위를 절대로 자행하지 않겠다는 취지의 각서를 작성하여 2015년 10월 23일까지 당사의 대리인인 위 발신인에게 도달되도록 송부하여 주시기 바랍니다.

(5) 당사의 실용신안권 침해와 관련한 귀사의 사과문을 조속한 시일 내로 5대 일간지에 3단 이상의 크기로 게재하여 주시기 바랍니다.

만일 위와 같은 당사자의 정중한 요청에도 불구하고 상기 기일까지 귀사의 성의 있는 조치가 성실히 이행되지 않을 경우에는 고의적이고 지속적으로 당사의 실용신안권을 침해하는 것으로 간주하여 법률이 허용하는 범위 안에서 즉각 민형사상의 법적 책임을 묻는 등 엄중한 조치를 취할 것이오니 이점 각별히 유념하시어 더이상의 불미스러운 일이 야기되지 않고 원만하게 해결될 수 있도록 조속히 조치하여 주시기 바랍니다.

특허권자가 강하게 몰아붙이면 상대방이 겁을 먹어서 사업을 포기할 수도 있을 거라고 막연히 생각할 수는 있겠다. 저쪽의 심리가 아니라 이쪽의 심리현상이다. 하지만 세상에는 전문가들이 도처에 있다. 터무니없는 문장으로 완력을 쓰듯이 경고장을 보낸다손치더라도 상대방 사업자가 전문가와 상담을 한다면 그 터무니없음이 금세 밝혀진다. 수십 년 전이나 효과를 봤을 법한 낡은 방법은 이제 쓰지 말자.

경고장을 보내는 행위는 권리자가 혼자 쇼를 하는 게 아니다. 상대방이 있는 행위다. 상대방의 감정과 심리를 생각해야 한다. 예제 266은 침해사실을 경고하는 경고장이다. 앞의 예제 265와 비교해보라.

예제 266

<경고내용>

1. 발신인 소피아의 위임을 받아 다음과 같은 서신을 보내게 됨을 유감스럽게 생각합니다.

2. 발신인(이하, "저희"라고 약칭합니다)은 폴리염화비닐계 수지 랩 필름에 대한 대한민국 특허들을 보유하고 있습니다(우선 특허 제1234567호를 여기에 첨부합니다).

3. 귀사께서는 "기분좋은랩"이라는 브랜드로 랩을 대한민국에서 제조하고 판매하고 계십니다. 귀사의 제품에 대해서 성분조사와 실험을 한 결과, 귀사의 제품이 저희가 갖고 있는 특허의 보호범위 안에 있다고 판단되었습니다. 즉 귀사의 "기분좋은랩" 영업활동이 저희 특허를 침해하고 있다는 말씀입니다. 또한 귀사의 제품이 판매되면 판매될수록 결국 저희의 동의 없이 특허를 침해하는 제품이 판매되는 것이므로 이는 저희에게 큰 손실을 불러옵니다.

4. 이와 관련하여 저희가 어떻게 법적인 조치를 할지 여러 모로 검토를 하고 있습니다. 우선 이렇게 서신을 보내어 특허침해문제를 귀사에 고지 드립니다. 그리고 소비재 시장의 규모를 고려할 때 이는 매우 시급한 문제입니다. 저희는 건전한 경쟁관계 그리고 소비자의 신뢰와 이익을 중시 여기고 있습니다. "기분좋은랩"이 저희 특허를 침해한다는 문제와 관련하여 귀사의 견해와 입장을 듣고자 합니다.

5. 늦어도 2016년 5월 3일(이 서신을 받은 날로부터 2주가 되는 날)까지 귀사의 답변을 듣고 싶습니다. 서면도 좋습니다만, 직접 만나서 협의를 한다면 더욱 효율적이라고 판단합니다. 원활한 해결을 위해서 답변은 저희 대리인에게 해주시면 좋겠습니다.

6. 때때로 시장의 급박한 변화는 저희로 하여금 다른 조치를 취하게 만들곤 합니다. 저희가 혹시 다른 법적인 조치를 취하더라도 그런 조치와 별도로 여전히 귀사의 답변을 기다리겠습니다. 감사합니다.

구체적인
작성
방법

(1) 제목의 선정

가장 건조하게는 <경고장>이라는 제목을 사용한다. 예컨대 <특허침해
금지경고장>이라거나 <상표권침해중지경고장> 같은 제목이다. 반드시
이런 제목일 필요는 없다. 그냥 <내용증명>이라는 표현도 괜찮다. 실
제로는 대상제품을 제조하는 제조사를 겨냥하지만 효율적인 해결을
위해서 그 제조사의 영업 파트너(납품을 받는 업체, 일반적으로 대기업인
경우가 많다)를 상대로 경고장을 보내는 경우에는 <경고장>이라는 제목
은 별로 효과적이지는 못하다. 때때로 <특허침해 안내문>, <협조요청
문>, <특허 제1234567호의 침해> 등으로 제목을 순화할 수도 있다. 제
목이 없어도 괜찮다.

(2) 문체

경어체를 사용한다. 의사를 간단하고 분명하게 표현하는 문체가 좋지만, 때때로 만연체가 효과적일 때가 있다. 상대방을 추궁하고 몰아붙이는 듯한 문체는 지양한다. 마치 자기가 재판관인 것처럼 판결문을 쓰는 듯한 문체는 반발심을 불러온다. 때때로 침해금지의 구체적인 행위를 요구할 필요성이 있는 경우가 있다. 그런 경우라도 드라마 형사처럼 굴면서 험악하게 요구사항을 적으면 안 된다. 설명과 진술에 기초해 글을 명확하게 쓴다. 문필가가 아닌 이상 비유법은 가급적 사용하지 않는다. 은유와 과장과 직유는 성공하면 매우 큰 설득력을 얻지만, 실패하면 상대방을 조롱하는듯한 역효과를 초래한다. 이쪽의 생각과 법리적인 근거를 상대방이 알아야 문제가 해결될 수 있는 법이므로 원칙적으로 쉽게 쓴다.

388

(3) 내용의 구체성

경고장을 보낸 후에 소송을 할 계획이라면 필수적인 사항만을 기재하고 불필요한 내용은 기재하지 않는 것이 좋다. 어차피 상대방 측 전문가들이 구체적인 내용을 입수할 것이며, 그 내용들은 소송을 통해서 공방할 것이기 때문이다. "경고장의 필수기재 사항"은 ① 수신인 정보, ② 발신인 정보, ③ 권리 정보(특허번호 등), ④ 침해사실의 존재, ⑤ 요구사항이다. 소송을 앞두고 있다면 ④번과 ⑤번은 단순할수록 좋다. 상대방의 대응능력에 비례해 내용의 구체성이 정해질 수도 있다. 상대방의 대응능력이 높다면 경고장에 많은 내용을 기재하지 않아도 좋다.

상대방의 대응능력이 높지 않은 경우가 문제다. 또한 소송을 해서 실익을 얻을 수 없거나 또는 경고장만으로 침해문제가 해결되기를 바라는 경우가 있다(대개 악의적인 침해가 아닌 경우). 그런 경우에는 내용을 알기 쉽게 구체적으로 적시해주는 것이 바람직하다. 경고장을 받는 입장에서는 무엇이 왜 문제가 되는지 납득하지 못하는 경우가 많기 때문이다.

(4) 상대방의 선택

특허법과 상표법 등 지적소유권에 관한 법률은 권리자를 잘 보호해주기 위해서 침해자의 범위를 넓히고 있다. 제품에 관련한 특허는 사실 제조사끼리의 문제다. 특허권자인 제조사 홍길동과 유사한 제품을 만드는 경쟁 제조사 임꺽정 사이의 문제인 것이다. 그렇지만 법률은 임꺽정만 아닌 임꺽정과 거래관계에 있는 다른 제3자의 행위도 특허침해가 된다고 선언한다. 예컨대 임꺽정한테 제품을 납품을 받는 업자들, 판매업자들, 유통업자들을 향해서도 홍길동은 특허침해를 주장할 수 있는 것이다. 그러므로 특허권자 홍길동은 경고장을 보낼 상대방을 다양하게 선택할 수 있다.

　　이런 법률의 규정을 이용해 무턱대고 모든 관련 당사자를 상대하는 것은 자기 지위를 함부로 남용하는 것으로 산업발전의 관점에서 바람직하지 않다. 오늘날 제조사의 시장 지위보다는 유통업자와 판매업자의 시장의 지위가 더 크다. 납품업체보다는 주문업체가 더 큰 힘을 갖는다. 특허권자는 실제 경쟁자인 제조사보다는 그들의 영업 파트너에게 경고장을 보낼 수 있다. 합법적인 영업 방해 전략이다(한계가 있다). '상대방의 상대방'으로 하여금 불안감을 불러일으키려는 방법이지만, 그 상대방이 '악의적인 침해자'가 아니라면 조심해야 한다.

　　상대방의 상대방을 함부로 공략하는 것은 우리 사회에 불신의 총량을 증가시키기 때문이다. 정말 특허를 침해하는지 혹은 침해하지 않는지에 대해서는 법원이 판단한다. 판단이야 누구든지 하겠지만, 그 판단을 특허권자가 독점할 수는 없다. 거시적인 관점에서는 특허침해의 직접적인 원인을 제공하는 직접 경쟁상대자 상대방 사업자로 선택하는 것이 좋고, '상대방의 상대방', 즉 시장관계자는 항상 후순위로 검토하는 것이 바람직하다.

예제 267은 시장관계자인 상대방의 상대방에게 경고장을 보낸 사례다. 제목부터가 다르다. 또한 요구사항도 매우 조심스럽게 적혀 있다.

예제 267

<특허침해 관련한 협조 공문>

1. 다음과 같은 서신을 보내게 됨을 유감스럽게 생각합니다.

2. 주식회사 소피아는 <휴대용 미용장치>에 관해서 특허 제1234567호의 권리(이하, '저희 특허'라고 약칭하겠습니다)를 정당하게 보유하고 있습니다.

3. 귀사에서 판매중인 <이데아 미용기기> 제품(이하 '대상 제품'이라고 약칭합니다)을 구입하여 분석한 결과 저희 특허 내용과 동일한 기술로 판단되었습니다. 제조사인 주시회사 소피스트(대표이사 성춘향/서울특별시 구로구 디지털로 1길 이몽룡타운 1234호)로 수 차례 전화 및 내용증명을 보내면서 저희의 분석결과를 상세하게 전하면서 특허침해를 알렸음에도 대화와 협의에 응하지 않았습니다. 제조사에게 보낸 문서를 본 문서에 첨부하여 보내드립니다.

4. 저희는 오랫동안 피부 미용기기 기술을 전문적으로 연구하고 개발하고 늘 더나은 제품을 시장에 공급하기 위해서 노력해 왔습니다. 당연히 다수의 특허를 보유하게 되었으며, 그것은 산업 현장에서의 저희의 땀이자 자긍심이기도 합니다. 저희 특허가 무시되고 경쟁사가 동일한 제품을 무단으로 제조하여 판매할 때마다 손해가 발생할뿐더러 상당한 무력감을 느끼게 됩니다. 그러므로 저희는 귀사에게 다음과 같이 정중히 협조를 요청합니다.

제조사에 보냈던 내용증명문서를 참조하시면서, 저희 특허와 <이데아 미용기기> 제품을 비교 검토해주시기 바랍니다. 귀사께서 전문가인 변리사의 자문을 구하는 것도 좋은 방법이라고 생각합니다. 검토 결과 역시 특허침해로 판단하신다면 그 판단에 부응하는 조치를 취해주시기 바랍니다. 그런 조치로는 제조사로 하여금 특허침해를 외면하지 않도록 건전하고 성실한 행위를 촉구하시는 행위에서부터 잠정적인 판매 중단까지 있겠습니다만, 특허침해품을 판매하는 행위도 법에 저촉된다는 점을 감안하시어 두루 검토해주시기 바랍니다.

(5) 서면의 발송 방식

경고장의 법적인 효과를 고려하자면 일반적으로 <내용증명>의 방식을 택한다. 하지만 오랫동안 내용증명이 상대방을 법적으로 위협하는 일환으로 사용돼 왔다는 점을 무시해서는 안 된다. 내용증명이라는 형식 자체가 공격적으로 비쳐진다. 소송을 목적으로 하는 경우라면 나중에 증거로 활용하기 위해서 내용증명으로 발송할 것을 원칙으로 한다. 그러나 상황과 목적에 따라서 그 형식을 유연하게 선택할 수 있다. 등기우편으로 발송하는 것도 때로는 괜찮고, 이메일로 보낸 후에 전화로 통화하는 것도 융통성 있는 방법이다.

39^2

Ⅲ. 침해의 사전공방

라

침해
경고에
대한
답변

법원은 권리자의 정당한 권리를 보호하기 위해 존재하지 타인의 권리를 침해한 자를 보호하지 않는다. 그러므로 침해행위를 했다고 공격을 받는 상대방 사업자와 상대방 사업자의 대리인으로서는 특허권자보다 훨씬 높은 자구책을 강구해야 한다. 해당 특허권의 특허범위에 대한 정밀한 분석과 판단을 해야 하며, 유리한 법리를 찾아야 하고, 무효조사를 서둘러야 한다. 그러면서 무효심판, 권리범위확인심판 등의 공격방법을 강구해야 한다. 무엇보다 특허침해 문제가 시장관계자로 번지지 않도록 시장에서의 대책도 마련해야 한다. 그런 총체적인 방어전략을 짜면서 답변서를 준비한다. 답변서는 내용증명으로 보낸다.

특허권자의 권리대항을 받고 있기 때문에 안일하게 답변해서는 안 된다. 가급적 특허권자가 실제 소송을 개시하지 못하도록 하는 게 중요하다. 답변서에 기재된 분석이 정확해야 하며, 특허권자로 하여금 패소할 수 있다는 분명한 분위기가 전해지도록 답변서를 작성한다. 실무연습에서 다시 살펴보겠으나 답변서에서 수동적인 해명뿐만 아니라 적극적으로 질문을 해도 좋다. 상대방 사업자가 대기업인 경우에는 상대방 사업자 자신이 시장 지배적 위치에 있기 때문에 시장관계자로 침해문제가 번지는 것을 특별히 걱정하지 않을 것이다. 그러나 중소기업인 경우에는 특허권자만이 아니라 시장관계자까지 고려해서 답변서를 작성한다.

394

5.

사전공방 연습

침해의

III. 침해의 사전공방

이제부터 침해의 사전공방 연습은 주로 경고와 답변 형식의 서면공방을 주제로 한다. 나는 앞에서 침해문제는 벡터장으로 이해해야 된다고 설명했다. 벡터 M은 시장의 영향력이며, 벡터 L은 소송에서 펼쳐질 법리의 영향력이며, 벡터 C는 당사자 역량의 영향력이다. 침해문제의 사전공방 실무는 아래에서 체감하는 것처럼 벡터 M와 벡터 C가 미치는 힘과 방향에 의해 규정된다. 생각보다 벡터 L의 영향은 제한적이다. 설명의 편의를 위해서 당사자의 이름은 <소피스트>와 <소피아>로 표현하며, <소피아> 관점으로 설명하겠다.

Ⅲ. 침해의 사전공방

예제 268은 상표권 침해에 관련한 사전공방에 관한다. 소피아의 등록 상표와 동일한 상표를 소피스트가 동일한 상품에 대해 사용했음을 인지했다. 예제 268은 상표권자의 위임을 받아 대리인이 작성한 경고장이며, 내용증명으로 발송했다. 상표권 침해는 명백하다. 그러나 상표권자는 굳이 큰 비용을 들여서 소송까지 생각할 의도는 없었다. 그러므로 내용증명만으로 해결하는 것이 실무자에게 주어진 당면한 목표였다. 그러므로 소피스트로 하여금 경고장을 읽고 자발적으로 상표사용을 변경하도록 하는 것, 그것이 예제 268의 목표다.

예제 268

<상표권침해 안내문>

귀사의 앱 브랜드가 저희 상표권을 침해하고 있어서 이를 알리고 협조를 요청합니다.

1. 2015 년 새해에는 하시는 일마다 큰 성취가 있기를 바라오며, 저희는 주식회사 소피아의 위임을 받아 아래와 같이 귀사에게 법적인 이슈를 안내합니다. 협조를 요청합니다.

2. 위임인 ㈜소피아는 <소피아>라는 명칭에 대해서 상표권을 보유하고 있습니다. 상표권은 상표사용에 대한 독점권이며, 2013 년에 4 건의 상표권을 취득했습니다. ㈜소피아의 상표권 리스트는 다음과 같습니다.

상표	상표등록번호	독점사용의 대상
소피아	40-1234567	이동전화기용 컴퓨터 응용소프트웨어 등
	41-1234567	광고대행업, 컴퓨터네트워크상의 온라인광고업 등
	41-1234568	이동전화통신업, 데이터베이스접속제공업 등
	41-1234569	컴퓨터프로그래밍업, 컴퓨터 소프트웨어개발업 등

3. 귀사께서는 '돈버는 어플의 최강'이라는 슬로건으로 휴대폰 앱 소프트웨어에 "소피아"라는 상표를 사용하면서 영업하고 계십니다. 이처럼 이동전화기용 컴퓨터 응용소프트웨어, 즉 스마트폰 어플 명칭으로 "소피아"라는 명칭을 사용하면 저희의 상표권을 침해하게 됩니다. 특히 "앱소개 앱"은 광고 기능을 갖게 됩니다. 명칭이 똑같기 때문에, 이로 말미암아 앱을 사용하는 사용자들과 광고 업종에 종사하는 소비자들이 저희 ㈜소피아가 ㈜소피스트의 같은 회사라거나 두 회사가 특수한 관계에 있는 회사로 오인하고 혼동할 가능성이 매우 큽니다. 귀사께서 저희의 상표권을 몰랐을 수도 있으므로 이처럼 안내하는 바입니다.

4. ㈜소피아는 모바일 광고 플랫폼 시장에서 이름을 알리고 브랜딩하기 위해 다년 간 매우 많은 시간과 비용을 투자해 왔습니다. ㈜소피아의 입장에서는 시장에서의 저희의 신용을 보호하기 위해 노력해야 합니다. 또한 소비자의 오인 혼동을 방지하기 위한 노력도 외면하기 힘이 듭니다. 그러므로 위와 같이 안내하였사오니 앱 명칭의 변경에 관한 귀사의 협조를 요청합니다. 타인의 상표권을 침해하면 7 년 이하의 징역 또는 1 억원 이하의 벌금에 처한다고 상표법 제 93 조는 규정하고 있습니다. 그러나 저희는 송사보다는 자발적인 협조와 협의가 더 좋은 해결방법이라 믿고 있습니다.

5. 늦어도 이 서신을 받은 날로부터 2주일이 되는 날까지 귀사의 답변을 듣고 싶습니다. 귀사의 답변이 기록된 서면이 바람직합니다. 협의를 위해서 저희 ㈜소피아의 주소지(서울특별시 서초구 강남대로 123 소피아빌딩 10층)로 방문해주시는 것도 좋습니다. 또한 원활한 해결을 위해서 답변은 대리인인 저희에게 해주셔도 좋겠습니다.

6. 때때로 시장의 급박한 변화는 저희로 하여금 다른 조치를 취하게 만들곤 합니다. 저희가 혹시 다른 법적인 조치를 취하더라도 그런 조치와 별도로 여전히 귀사의 답변을 기다리겠습니다. 감사합니다.

사건은 내용증명만으로 종결됐다. ㈜소피스트의 대표인 홍길동이 대리인에게 전화를 걸었으며, 억울한 사정을 호소했다. 대리인은 자발적인 사용중지가 당면한 목표이므로 소피스트의 이야기를 친절하게 들어주었으며, 상대방 사업자는 소프트웨어 브랜드인 <소피아>를 변경하기로 약속했다. 대리인은 변경시기를 가이드해줬으며, 이러한 사실을 ㈜소피아의 대표이사에게 보고했다. 소송 없이 침해문제는 해결됐다.

401

III. 침해의 사전공방

나

위임인을
위로하는
경고장

예제 269는 부정경쟁행위에 관련한 케이스다. 소피스트와 소피아는 모두 향료와 디퓨저를 판매하는 작은 가게를 운영하는 업자였다. 소피스트는 소피아의 가게 실내외 인테리어, 가게 윈도우를 통해서 감성적인 문구를 표시하는 방식 등 매장 디자인과 스타일을 모방했다. 이를 좋아할 소피아는 없을 것이다. 소피아는 "소피스트 매장의 외관 디자인이 소피아의 외관 디자인을 고의적으로 모방한 것이라 명백히 여겨집니다.", "즉시 중지하시기 바라며(외관 디자인 변경 및 윈도우에 부착된 카피라이팅 삭제), 소피스트 측의 공식적인 사과를 바라는 바입니다."라는 등의 내용이 적힌 경고장을 스스로 보내기도 했다. 그 경고장을 무시하는 답변이 되돌아왔다. 문제는 소피아가 어떤 권리를 가졌으며, 그것이 과연 법적으로 소피스트의 행위를 규제할 만한가였다. 모방은 사실로 보였다. 그러나 그 모방으로 생긴 것은 물질적인 손해가 아니라

(두 가게가 서로 300km 이상 떨어져 있었다), 창작자의 정신적인 스트레스였다.

예제 269의 실무자는 법에 의지해 구제를 받기가 힘들다고 판단했다. 그런 사실을 소피아에게 설명했다. 그러나 자발적인 모방 중단은 언제나 가능한 일이다. 또한 내용증명을 보냈다는 사실만으로 소피아에게 큰 위로가 될 수도 있다. 때때로 이런 위로 자체가 침해문제의 해결책일 수도 있다. 그래서 실무자는 내용증명을 읽을 소피스트에게 자발적인 중단을 호소함과 아울러 소피아도 읽으면서 카타르시스를 느낄 수 있도록 하는 것이 목표가 됐다.

실제로 이 내용증명을 보낸 다음에 소피스트가 대리인에게 전화를 걸었다. 대리인은 자발적인 해결을 위해서 따뜻하고 친절한 분위기로 전화에 응했다. 소피스트의 전화를 통해 자신이 정말 모방한 것이 아님을 호소했다. 대리인은 소피스트의 이야기를 경청하면서 같은 업계에서 모방이냐 모방이 아니냐를 놓고서 불쾌감을 주고 받는 일은 바람직하지 않고, 법적인 문제도 있으니 서로 다르게 하는 게 낫지 않겠냐고 말했다. 소피아는 위로를 받았고 소피스트는 조심하게 됐다. 물론 문제가 완전히 해결된 것은 아니었다. 하지만 사실상 해결됐다. 싸울 의지가 사라졌기 때문이다.

예제 269

1. 하시는 일마다 큰 성취가 있기를 바라오며, 저희는 소피아(대표 성춘향)의 위임을 받아 아래와 같이 귀하에게 법적인 이슈를 안내하면서 적절한 협조를 요청합니다.

2. 위임인 소피아는 2013년에 런칭한 브랜드로, 2014년 1월부터 서울시 용산구 이태원 경리단길에 숍을 오픈했으며, 국내 유수의 매체를 통해서 대한민국 전역에 소개되었습니다. 보그, 마리끌레르, 바자, 슈어, GQ, 페션비즈, 레몬트리, 메종, 동아일보, 페이퍼, 긱, 리빙센스 등의 잡지와 신문과 방송을 통해 알려졌으며, 또한 수많은 블로그와 SNS 매체를 통해서 소피아의 매장 내외의 사진이 알려졌습니다. 인터넷을 통해 검색을 하면 소피아의 매장 이미지가 무수히 검색됩니다. 또한

하루에도 수백 명의 소비자들이 소피아 매장을 방문하고 있습니다. 그 결과, 매장 내외관을 통해서 드러나는 소피아 고유의 시각적 디자인과 스타일, 즉 색채, 배치, 형태, 구도, 문구 등은 향료와 리드디퓨저 등 관해서 수요자들로 하여금 그것이 소피아 고유의 것임을 인식하게 하기에 이르렀습니다. 소피아 매장의 시각적 디자인과 스타일은 소피아의 영업임을 표시하는 표지와 동일한 기능을 하며, 그와 같은 성과를 위해서 소피아는 수많은 투자와 노력을 기울였습니다.

3. 부정경쟁방지및영업비밀보호에관한법률 제2조 제1호 나목의 "국내에 널리 인식된 타인의 영업임을 표시하는 표지와 동일하거나 유사한 것을 사용하여 타인의 영업상의 시설 또는 활동과 혼동하게 하는 행위, 다목의 "국내에 널리 인식된 타인의 영업임을 표시하는 표지와 동일하거나 유사한 것을 사용하여 타인의 표지의 식별력이나 명성을 손상하게 하는 행위", 같은 법 제2조 제1호 차목의 "타인의 상당한 투자나 노력으로 만들어진 성과 등을 공정한 상거래 관행이나 경쟁질서에 반하는 방법으로 자신의 영업을 위하여 무단으로 사용함으로써 타인의 경제적 이익을 침해하는 행위"를 부정경쟁행위로 정의하고 있습니다. 또한 동법 제5조는 부정경쟁행위에 대한 손해배상책임을, 제18조 제3항 제1호는 부정경쟁행위에 대한 3년 이하의 징역 또는 3천만원 이하의 벌금을 규정하고 있습니다.

405

4. 귀하께서도 잘 아시다시피 귀하의 매장 디자인과 스타일은 소피아의 그것과 너무나 흡사합니다. 소비자로 하여금 귀하의 매장이 소피아와 특별한 영업상의 관계가 있는 것처럼 오인하게 충분하며, 그런 오인과 혼동으로 말미암아 소피아의 명성과 식별력에 큰 손상이 생깁니다. 저희는 평범한 지식을 가진 사람들에게 귀하의 매장 사진과 소피아의 매장 사진을 함께 보여주면서 그들의 반응을 청취하였습니다. 그 결과 한결같이 유사해서 둘이 무슨 관계가 있는 것이 아니냐는 의견이었습니다. 매장 외관 인테리어 디자인의 색채, 배치, 구도, 유리창문에 적는 문장 스타일이 지나치게 같기 때문입니다.

5. 이를 지적하는 문서를 소피아의 성춘향 대표가 직접 귀하에게 보낸 바 있습니다. 귀하께서는 2015. 3. 17.자 이메일을 통해서, 변호사를 통해 문의한 결과 저작권 및 특허 관련 법적인 부분에 문제가 없었다는 답변을 보내주셨습니다. 그러나 저희가 주장하는 소피아의 권리는 저작권도 특허권도 아닙니다. 부정경쟁방지법에 규정한 공정한 상거래의 준칙에 관한 내용이었습니다. 법리적으로나 상식적으로나 귀하의 영업행위는 공정한 상거래에 반하며 타인의 경제적 이익을 침해하는 행위라 판단됩니다. 그렇지만 저희는 송사보다는 자발적인 협조와 협의가 더 좋

은 해결방법이라 믿고 있습니다. 저희의 요구는 명료하며 간단합니다. 소피아의 매장 디자인의 모방을 중지해달라는 것이며, 소비자로 하여금 혼동이 일어나지 않도록 조치를 취해 달라는 것입니다. 소피스트는 소피스트의 정체성으로, 소피아는 소피아의 정체성으로 소비자에게 자기만의 향을 판매하는 것이 공정한 경업질서에도 좋고, 무엇보다 좋은 향을 만드는 사람의 모습에도 어울립니다.

6. 늦어도 이 서신을 받은 날로부터 2주일이 되는 날까지 귀하의 답변을 듣고 싶습니다. 감사합니다.

III. 침해의 사전공방

다

간명한
요구

특허침해를 경고할 때 너무 많은 요구사항을 서면에 적는 것은 생각보다 효과적이지 않다. 공격적인 분위기만 만들기 때문이다. 실무적으로는 불가능한 요구를 주장하는 내용증명 문서가 범람하는데, 모두 과거 실무자 선배들의 잘못된 유산이다. 가급적 간명하게 이행 가능한 사항을 요구한다. 그래야 설득력이 생긴다.

예제 270은 <특허침해중지 요청>이라는 제목의 내용증명 문서다. 상대방 사업자는 이 경고장을 받고 판매를 중단했다. 상대방 사업자가 대상 제품을 실제로 제조한 것은 아니었고 납품을 받은 것이었는데, 납품업자가 임의로 회로를 변경했던 것이다.

예제 270

1. 주식회사 소피아의 위임을 받아 다음과 같은 서신을 보내게 됨을 유감스럽게 생각합니다.

2. 위임인(이하, "저희"라고 약칭합니다)은 초음파 미용기기에 관해서 대한민국 특허를 보유하고 있습니다(특허 제10-1234567호 "초음파 휴대용 미용장치"를 여기에 첨부합니다).

3. 귀사께서는 "미메시스" 필링기라는 브랜드로 초음파를 이용한 미용기기 제품을 제조, 판매하고 있으며, 그 공급루트도 CJ 오쇼핑, 현대홈쇼핑 등의 국내 유수의 홈쇼핑 회사뿐만 아니라 여러 인터넷 쇼핑몰 등 다양하며 전국적입니다. 귀사의 제품을 구입하여 회로 분석한 결과, 귀사의 제품이 저희가 갖고 있는 특허의 보호범위 안에 있다고 판단되었습니다. 귀사께서는 이번에 신모델 제품을 판매하시면서, 구모델에 없던 회로 기능(34063칩을 사용한 직류/직류 컨버터로서 배터리의 직류전압을 승압하는 기능)을 제품에 추가하였습니다. 그로 인하여 귀사께서는 출력향상이라는 성능 개선을 이루셨으나, 그 추가된 회로 기능으로 말미암아 귀사의 미메시스 제품의 판매는 저희 특허를 침해하게 되었습니다. 또한 귀사의 제품이 판매되면 판매될수록 결국 저희의 동의 없이 특허를 침해하는 제품이 판매되는 것이므로 이는 저희에게 매우 큰 손실을 불러옵니다.

4. 저희의 특허범위는 첨부된 특허문서에 기록되어 있습니다. 기본적으로 초음파를 이용한 미용기기 제품으로, (1) 배터리의 직류전압을 직류/직류 컨버터(이를 "D/D 컨버터"라고 부르기도 합니다)에 의해 승압하고, (2) 마이컴에서 나오는 공진주파수를 스위칭하며, (3) 직류/직류 컨버터를 통해 승압된 직류 전압을 다시 승압하여 출력하는 트랜스를 포함하면 저희 특허를 침해하게 됩니다. 요컨대 2회에 걸친 배터리 전압을 승압하는 회로 구조입니다. 그리고 이런 기술을 사용하여 제조된 제품이 저희의 소피아 제품입니다. 그런데 귀사께서는 종전에는 직류/직류 컨버터를 사용하지 않았다가 신모델을 출시하시면서 34063 칩을 전격적으로 사용하여 저희 고유의 특허 받은 회로 구조를 모방하셨습니다. 이를 뒤늦게 발견하고 이렇게 내용증명을 보내게 된 것입니다.

5. 이와 관련하여 저희가 어떻게 법적이 조치를 할지 여러 모로 검토를 하고 있습니다. 우선 이렇게 서신을 보내어 침해금지를 요청 드립니다. 이는 매우 시급한 문제입니다. 저희는 건전한 경쟁관계 그리고 소비자의 신뢰와 이익을 중시 여기고

있습니다. "미메시스" 필링 제품이 저희 특허를 침해하는 문제와 관련하여 귀사의 견해와 입장을 듣고자 합니다. 저희는 무엇보다 귀사께서 저희의 회로구조와 다른 회로구조를 사용한 제품으로 변경하시기를 요청합니다. 귀사의 과거 모델은 배터리 전압을 D/D 컨버터와 트랜스로 2회 승압하지 않았습니다. 그리고 저희 특허를 침해한 제품의 판매는 즉시 중단하여 주시기 바랍니다.

6. 늦어도 이 서신을 받은 날로부터 2주일이 되는 날까지 귀사의 답변을 듣고 싶습니다. 귀사의 답변이 기록된 서면이 바람직합니다. 원활한 해결을 위해서 답변은 저희 대리인에게 해주시면 좋겠습니다.

예제 271도 위의 예제 270과 같은 특허권에 관한 것이다. 상대방 사업자와 시점이 다르다. 예제 271에서 실무자는 오실로스코프를 이용해서 회로분석한 결과를 제시하면서 특허침해 사실을 구체적으로 밝혔다. 그리고 요구사항을 알기 쉽고 논리적이며 설득력 있게 제시했다. 감정을 해치는 요소는 철저하게 배제했다. 그리고 이 내용증명을 통해서 특허침해문제가 해결됐다. 상대방 사업자는 이 내용증명에 답하지 않았다. 소피아는 시장관계자에게도 이 내용증명문서를 보냈다. 소송을 통하지 않고 특허침해문제를 시장에서 효과적으로 해결했다.

409

예제 271

(전략)

5. 저희는 위와 같이 상세하고 명백하고 특허침해 우려의 근거를 밝혔습니다. 그렇다면 이번에는 귀사가 특허침해를 하지 않고 있다는 근거는 무엇인지요? 이 사건 특허 제1항 발명의 어느 부분이 다른가요? 경청하겠습니다.

6. 저희는 오랫동안 피부 미용기기 기술을 전문적으로 연구하고 개발하고 늘 더 나은 제품을 시장에 공급하기 위해서 노력해 왔습니다. 당연히 다수의 특허를 보유하게 되었으며, 그것은 산업 현장에서의 저희의 땀이자 자긍심이기도 합니다. 저희의 특허가 무시되고 경쟁사가 동일한 제품을 무단으로 제조하여 판매할 때마다 손해가 발생할뿐더러 상당한 무력감을 느끼며, 지금처럼 불경기가 심화되고 있는 상황에서는 커다란 불안과 공포가 증폭되게 마련입니다. 그러므로 저희는

다음과 같이 정중히 요청합니다.

첫째, 귀사도 저희가 했던 것처럼, 귀사의 대상제품이 이 사건 특허 제1항 발명의 기술적 범위에 해당하지 않는지 분석을 해주십시오. 저희는 분석실험을 통해서 특허침해에 해당하지 않을 수가 없다는 결론을 내린 상태입니다.

둘째, 분석결과 저희의 결론과 같다면, 제품 판매를 잠시 중지해주시고 특허침해 문제가 발생하지 않도록 제품 내부회로를 변경해 주시기를 요청합니다. 다양한 회로 변경 방법이 알려져 있습니다.

셋째, 분석결과 저희의 결론과 같되, 회로 변경을 원하지 않으신다면 지혜롭게 협상을 합시다. 분쟁보다는 특허사용계약을 하는 것이 건전한 경업질서에 합당하지 않겠습니까?

7. 이러한 저희의 견해가 귀사에게 조금이나마 도움이 되었기를 진심으로 바랍니다. 한편 저희가 귀하의 위임인인 주시회사 소피스트에 공문을 보내지 않고 그 대리인인 귀하에게 답신을 보내는 것처럼, 본 서면에 관한 답변도 저희 대리인에게 보내주시기를 바랍니다. 4월 29일까지 기다리겠습니다. 감사합니다.

예제 272를 보자. 예제 272의 요구사항은 매우 구체적이지만 무리하지 않는다. 상대방이 현실적으로 응할 수 있는 수준만을 요구함으로써 감정을 자극하지 않고 더 큰 것을 취한다. 상대방 사업자를 범죄자 취급해서 모든 행위를 금지시키려고 압박하면 상대방의 전투 의지만 높일 뿐이다. 문제 해결을 짧게 보지 말고 긴 안목에서 바라볼 필요도 있다. 예제 272의 내용증명 문서에 기재된 요구사항을 상대방이 들어준다면 사실상 이긴 것이다. 브랜드의 사용에 제약이 생기는 것을 사업자가 좋아할 리 없다. 결국 권리자의 의도대로 상대방은 브랜드를 언젠가 바꿀 터다.

예제 272

(전략)

5. 날씨도 덥고 불경기인데 서로 싸우기보다는 서로 배려하면 어떨까요? 저희의 요구는 구체적으로 이러합니다.

첫째, <sopia>의 사용을 중지해주십시오. 간판 등을 교체해주십시오. 저희도 상대방의 입장을 생각하는 이성이 있습니다. 그래서 <소피아>의 상호 사용까지 사용하지 말라고 요청드리는 것은 아닙니다. 다소 비용이 소요되겠습니다만 소송하느라 낭비하는 비용보다 간판을 바꾸는 게 훨씬 경제적이지 않겠습니까? 저희는 <sopia>를 세상에 알리기 위해서 막대한 자금을 투자하였고 머리를 짜내면서 다양한 창작활동을 해 왔는데, 그 점을 귀하로부터 배려 받고 싶습니다.

둘째, 인스타그램, 페이스북, 트위터, 카카오톡 등의 SNS을 포함한 인터넷 세계에서 <sopia>의 사용을 멈춰주십시오. 활동을 개시하신 지 얼마 되지 않았으므로 이 정도의 요구는 그다지 어렵지 않은 수준이 아닐까요?

(후략)

411

Ⅲ. 침해의 사전공방

라

시장
관계자를
염두에두는
사전공방

침해의 사전공방에서 시장관계자는 매우 중요하다. 특허권자는 시장관계자를 자꾸 끌어들이기 때문이다. 예제 273은 소피아도 특허권자이며, 소피스트도 특허권자인 케이스였다. 게다가 소피스트의 대표는 소피아의 전직 개발자였다. 소피스트가 소피아의 특허를 침해하면서 문제가 개시됐다. 소피아도 소피스트도 주된 거래처는 홈쇼핑업체와 오픈마켓 등이었으며, 양 당사자는 이런 시장관계자가 이 특허분쟁에 참여하기를 원했다. 사실상 상대방으로 하여금 판매를 중지시켜려는 욕망이다. 상황이 이러하다면 침해의 사전공방 실무에서 이런 시장관계자를 적극적으로 고려해야 한다.

예제 273의 내용증명은 소피스트를 설득하려고 쓰인 게 아니다. 오직 시장관계자가 읽을 것을 염두에 두고 작성됐다. 예컨대 소피아나 소피스트의 영업파트너인 홈쇼핑 업체의 법무팀에서 예제 273의 내용

5. 침해의 사전공방 연습 · 시장관계자를 염두에 두는 사전공방

증명을 읽을 것이라고 가정했던 것이다. 그래서 누가 봐도 침해문제가 발생한 히스토리를 쉽게 파악할 수 있도록 했으며, 또한 누구든지 <소피스트>의 잘못으로 이 케이스를 이해할 수 있도록 작성된 것이다. 상대방 사업자인 소피스트를 설득하려는 의지는 없다. 예제 273의 <답변 및 특허침해중지 요구>라는 내용증명문서는 다음과 같다.

예제 273

건전한 시장질서를 존중하시기 바라며 위법한 물건의 폐기계획을 알려주십시오

1. 주식회사 소피아의 위임을 받아 다음과 같은 서신을 보내게 됨을 유감스럽게 생각합니다.

2. 위임인(이하, "저희"라고 약칭합니다)은 귀하의 2014. 4. 24.자 내용증명에 대한 답변과 아울러 귀하께서 위법하게 저희 특허를 침해하고 있음을 분명하게 고지하며 귀하의 진정 어린 태도를 묻습니다.

3. 우선 귀하께서 주장하시는 귀하의 특허 제7654321호에 대한 저희의 입장은 다음과 같습니다.

첫째, 귀하의 특허 제7654321호 "휴대용 피부 미용기기"는 이온도입, 클렌징, 초음파발진, 저주파 자극이라는 기능을 통합한 피부 미용장치에 관한 것이며, 기능선택스위치를 이용하여 그런 기능 중 어느 하나를 사용자가 선택하는 것을 특징으로 합니다. 그러나 저희 이데아 제품은 여러 가지 기능이 통합된 미용기기가 아니며, 사용자가 특정 기능을 선택하도록 하는 구성도 없습니다. 우리 대법원의 확립된 판례에 따르면 저희 이데아 제품은 귀하의 특허를 침해하지 않습니다.

둘째, 귀하의 특허는 2006. 2. 18.에 출원되었습니다. 귀하가 아주 잘 알다시피 저희 이데아 1세대 제품은 2005년에 시판되었습니다. 여러 가지 버튼으로 이온도입이나 초음파 발진의 기능을 선택하는 버튼은 이데아 1세대 제품에 있었습니다만, 귀하의 특허출원 이전의 일입니다. 귀하께서는 이데아 1세대 개발에 참여한 개발자였고, 귀하가 현재 주장하는 특허는 이데아 1세대 제품에 "저주파 자극"을 추가했을 따름입니다. 요컨대 귀하는 우리 기술을 모방하여 출원한 것이며, 특허청 심사관이 이데아 1세대 제품의 존재를 잘 알 수 없다는 사정을 악용하여 특허를 취득한 것입니다. 다음과 같이 정리할 수 있습니다.

	소피아	소피스트	비고
1994년	미용기기 제조개시		
2002. 2		소피아에 입사	회로개발을 담당함
2005.	이데아 1세대 제품을 판매	개발 담당	이온도입과 초음파 필링을 선택할 수 있음(특허취득)
2006. 2.		퇴사	
2006. 2.		귀하 특허출원 (이데아 모방 특허)	이데아 1세대 제품에 저주파 자극을 추가함
2007. 4.	이데아 2 세대 특허신청		소피아 초음파 전용의 미용 기기에 관한 특허취득(특허 A)
2010. 6.		제논으로부터 특허를 양도 받음	제논과 소피스트는 특수관계로 추정함
2013.	이데아 4세대 제품을 판매	미메시스 모델 1 제조	이데아 4세대 제품을 모방 하였으나 회로는 다르게 함
2014.		미메시스 모델 2 제조	회로를 이데아 제품과 동일 하게 변경, 소피스트가 소피아의 특허A 침해
2014. 4.	㈜피타고라스에게 특허침해금지 요청 (특허A침해)		㈜피타고라스가 판매하는 미메시스 제품은 소피스트가 제조하여 독점 공급하는 것
2014. 4. 23		㈜소피아에 방문하여 플라톤 부장에게 침해 사실을 인정하고 사과	
2014. 4. 24.		㈜소피아 앞으로 이데아 모방특허를 이용하여 내용증명을 보냄	전날 사과와 모순된 행동을 함

셋째, 위의 표에 정리한 것처럼, 귀하가 주장하는 특허는 귀하가 저희 회사에 재직 중의 직무 내용에 포함된 것이며, 그 내용 또한 저희 이데아 1세대 기술을 모방한 것입니다. 저희는 귀하가 특수관계인 제논 명의로 직무 중에 완성한 발명을 특허출원한 것으로 생각합니다. 이런 경우에 귀하가 재직 중인 회사를 상대로 특허침해를 주장하는 것은 법리적으로도 금지될뿐더러 건전한 시장 질서에도 반합니다. 물론 저희 제품이 귀하의 특허를 침해하지도 않음은 위에서 설명 드린 바입니다.

넷째, 사실이 위와 같음에도 불구하고, 귀하께서는 저희로 하여금 제조를 하지 말라고 하시며, 그런 취지의 각서를 쓰라고 주장하시고 또한 형사처벌까지 경고하십니다. 저희를 찾아와서 침해사실을 인정하고 사과까지 하셨음에도 뒤로는 저희를 근거 없이 공격하는 귀하의 태도를 경험하고 무엇이 진실인지 가늠하기 어렵습니다. 더욱이 저희의 거래처에도 법적조치를 취하겠노라고 귀하가 경고하셨으나, 무분별하고 무근거하며 정의롭지 못한 특허침해주장에 의한 영업방해 행위에 대해서는 민형사상의 책임을 단호히 묻겠습니다(대전지법 2009. 12. 4. 산고 2008가합7844판결 참조).

4. 귀하께서는 "미메시스"라는 명칭으로 판매되고 있는 초음파 전용 미용기기를 제조하고 있습니다. 그러나 귀하가 제조하는 그 제품은 저희 특허(특허 제1234567호)를 침해하고 있습니다. 이는 이미 귀하의 거래처인 ㈜피타고라스에게 안내한 바 있고, 귀하께서도 저희 회사에 방문하시어 침해사실을 인정하였으며 사과까지 하였습니다. 저희는 귀하의 진정 어린 태도가 궁금합니다. 침해사실을 인정하고 사과까지 한 행위가 진심이라면 귀하가 보유하고 있는 재고의 처분을 저희에게 일임하시는 것이 옳다고 생각합니다. 요컨대 재고에 대한 정보와 폐기계획을 저희에게 알려주시기 바랍니다.

5. 늦어도 이 서신을 받은 날로부터 2주일이 되는 날까지 귀하의 답변을 듣고 싶습니다. 귀하의 답변이 기록된 서면이 바람직합니다. 원활한 해결을 위해서 답변은 저희 대리인에게 해주시면 좋겠습니다. 때때로 시장의 급박한 변화와 귀하의 모순된 행위는 저희로 하여금 다른 조치를 취하게 만들곤 합니다. 저희가 혹시 다른 법적인 조치, 예컨대 제조 및 판매금지 가처분신청이나 영업방해에 따른 형사고소를 취하더라도 그런 조치와 별도로 여전히 귀하의 답변을 기다리겠습니다. 감사합니다.

예제 273의 안건은 어떻게 됐을까? 당연히 제조사끼리 분쟁을 개시했다. 중요한 <시장관계자>들의 반응이다. 그들은 어떻게 행동했을까? 소피스트의 거래처인 시장관계자들은 소피스트 제품 판매를 중단했다. 소피아의 거래처인 시장관계자들은 소피아 제품 판매를 중단하지 않았다. 특히 예제 273의 내용증명문서가 시장관계자로 하여금 소피아가 피해자임을 알기 쉽게 인식시켰기 때문이다.

　　이처럼 특허침해의 사전공방에서 실무자는 양 당사자만을 생각하고 서류를 작성하는 것에 그치지 말고, 그 서류를 읽을 시장관계자를 항상 염두에 둔다. 시장관계자를 생각하면서 양 당사자의 거래처를 생각하면서 문서를 작성한다. 한편 소피아는 소피스트의 특허에 대해 무효심판을 청구했고, 그 특허는 무효가 됐다.

418

III. 침해의 사전공방

마 /

시간
끌기
작전

상대방 사업자의 대리인은 공격을 받은 고객을 방어해야 한다. 때때로 대리인이 시간을 끌어줘야 할 때가 있다. 예제 274~예제 278은 상표권 침해에 관한 케이스다. 일련의 사전공방을 통해서 상표권자와 상대방 사업자 모두 소정의 목적을 달성한 케이스라는 점에 특징이 있다. 상표권자는 침해를 주장했다. 상대방 사업자는 침해가 성립하지 않는다고 판단했다. 그러나 분쟁하기를 원하지 않았으므로 상표 사용을 변경하기로 했다. 재고 문제도 있을 뿐더러 상표를 변경하는 작업에 시간이 소요되기 때문에 그 시간을 벌어주는 것이 대리인의 당면한 과제였다. 상표권자는 외국기업이었고, 언젠든지 소장을 접수할 역량이 있다. 그것은 위험요소였다.

　　매우 흥미로운 케이스이므로 실무자에게 그 전체 과정을 예제로 소개한다. 소피스트가 상표권자이며, 소피아가 상대방 사업자다.

예제 274는 상표권자인 소피스트의 첫 번째 내용증명 경고장이다. 상표권 침해와 부정경쟁행위를 주장했다. 6개의 사항을 요구했으나, 그런 요구사항들은 판결의 권위가 없는 한 소피아가 받아들이기는 현실적으로 어려웠다.

예제 274

<경고내용>

(전략)

소피스트 상표들의 가치와 그에 담긴 우호적인 평판을 얻고 유지하기 위하여 소피스트는 많은 금액의 비용을 투자하여 왔으며, 대한민국을 포함하여 세계적으로 수많은 상표등록을 보유하고 있습니다.

특히, 소피스트는 대한민국에 "바이저 스티커" 상표들(상표등록 제12345호 및 제54321호)을 등록하고 있습니다. 참고로 이들 상표의 등록원부를 동봉합니다.

소피스트는 소피아가 모자에 관해서 저희 고개의 바이저 스티커 상표들과 혼동을 일으킬 정도로 유사한 스티커를 사용하고 있음을 알게 되었습니다(동봉의 출력물 참조). 동봉된 출력물에 나타난 바와 같은 사용은 소비자들로 하여금 혼동을 일으키거나, 귀사가 아시다시피 그와 같은 사실이 없음에도 불구하고, 귀사 및/또는 귀사의 상품이 저희 고객과 관련되어 있거나, 지원을 받거나, 승인을 받은 것으로 오인하게 할 가능성이 매우 높습니다.

뿐만 아니라, 문제의 스티커 사용은 저희 고객에게 회복할 수 없는 손해를 야기하고 있으며, 이는 상표 침해, 상표 희석화 및/또는 부정경쟁방지법 및 다른 법률에 기한 저희 고객의 권리에 대한 침해에 해당할 수 있습니다.

귀사 및/또는 귀사 관계자에 대해 어떠한 조치를 취하는 것을 피하기 위해 저희는 귀사 및 귀사 관계자에게 다음 사항을 즉시 이행하실 것을 요구합니다.

가. 동봉된 출력물에 나타난 바와 같은 스티커 및 그와 혼동을 일으킬 정도로 유사한 스티커 또는 마크 일체(집합적 또는 개별적으로 '침해 스티커 또는 마크'라 함)의 사용을 중지하여 주시기 바랍니다.

나. 동봉된 출력물에 나타난 바와 같은 스티커 및 그와 혼동을 일으킬 정도로 유사한 스티커 또는 마크 일체(제품에 부착되었거나, 제품에 부착되지 아니한 상태로 보유하고 있는 스티커 포함)를 폐기하여 주시기 바랍니다.

다. 침해 스티커 또는 마크가 그것이 부착되어 있는 제품에서 제거하기 어려울 경우, 그와 같은 스티커 또는 마크가 부착된 귀사 보유 제품을 폐기하여 주시기 바랍니다.

라. 동봉된 출력물에 나타난 바와 같은 스티커 및 그와 혼동을 일으킬 정도로 유사한 스티커 또는 마크 일체가 표시된 모든 광고선전물, 서식류, 영업관련 물품을 폐기하여 주시기 바랍니다.

마. 위 가항부터 라항에 기재된 사항 일체의 이행이 완료되었음을 확인하는 분명한 증거를 제공하여 주시기 바랍니다.

바. 귀사 및 귀사 관계자는 향후 동봉된 출력물에 나타난 바와 같은 스티커 및 그와 혼동을 일으킬 정도로 유사한 스티커 또는 마크 일체를 사용하지 않겠다는 보증을 하여 주시기 바랍니다.

귀사는 하기 서명란에 서명하신 후 2015년 7월 31일까지 서명하신 서면을 사무소로 보내시는 방법에 의해 요구사항에 대한 동의를 표시할 수 있습니다. 귀사의 조속한 답신을 기다리겠습니다.

이 서신에 담긴 어떠한 내용도 저희 고객의 권리 또는 구제책의 기권, 포기 또는 선택으로 해석되어서는 안 됩니다. 저희 고객은 명백히 모든 적용 가능한 법률에 기한 권리와 구제책을 보유하고 있습니다.

예제 275는 <귀법인의 주장에 동의하지 않으나 스티커 문제로 법적 분쟁을 할 의사는 없습니다>라는 소제목의 내용증명 답변서다. 이 내용증명 문서에서 인용한 판례 케이스가 정말로 소피아, 상대방 사업자에게 도움이 될지는 알 수 없었다. 특히 특허법원 판례는 대법원에서 파기환송됐기 때문에 다소 불리한 것이기는 했다. 하지만 이 사전공방의 목적은 계속 사전공방을 이어가기 위함이었기 때문에 상표권자의 대리인으로부터 이러한 불리한 점을 지적받는 것은 불리하지 않다.

예제 275

1. 하시는 일마다 큰 성취가 있기를 바라오며, 저희는 ㈜소피아(대표이사 플라톤)의 위임을 받아 귀법인의 2015. 7. 24.자 내용증명에 대해서 아래와 같이 정중히 답변을 드립니다. 이하에서 '저희'라는 단어는 ㈜소피아를 지칭합니다.

2. 귀법인은 미국 뉴욕에 소재지를 둔 소피스트 컴퍼니 인코포레이티드(이하, "소피스트"로 약칭하겠습니다)를 대리하여 저희가 소피스트 명의 2건의 상표권(상표등록 제12345호 및 제54321호)을 침해하였으므로 이를 인정하여 상품을 전량 폐기하고 앞으로 다시 사용하지 않겠다는 서명을 요구하셨습니다.

3. 귀법인의 내용증명을 받고 상당히 놀란 마음으로 사실관계와 법리관계를 파악하면서 가장 합리적이며 우호적인 방안을 찾고자 했습니다. 왜냐하면 저희는 불필요한 법적 분쟁보다는 상호 배려의 건전한 경업질서를 선호하기 때문입니다. 다만 소피스트 및 귀법인의 입장과 판단이 저희와 같지는 않으며, 합리적으로 생각해 보면 귀법인의 내용증명 요구를 그대로 수용할 수 있는 영업주체는 존재하기 힘들 것이라는 점을 미리 말씀 드립니다. 그 점 양해를 구합니다. 그러나 귀법인의 의뢰인 소피스트에 경과를 보고하실 때에는 결론적으로 긍정적인 보고가 가능할 것이라고 예상합니다. 저희의 견해는 이러합니다.

(1) 저희는 소피스트의 상표권의 존재를 알지 못했습니다. 부당하게 모방해서 수요자를 혼란스럽게 할 의사도 없었으며, 그러기에는 저희 또한 한국의 모자 시장에서 수요자들의 신뢰가 대단히 높습니다.

(2) 법리적으로 저희는 소피스트의 상표권을 침해하지 않습니다. 소피스트 상표등록 제12345호는 저희의 스티커와 비교할 때 상표의 외관이 현저하게 차이가 있고 제54321호와 저희의 스티커가 유사하지 않다면 덩달아 유사하지 않게 되는 까닭에, 저희 스티커와 소피스트 상표등록 제12345호가 유사한지 유사하지 않은지만 판단하면 합리적인 결론을 내릴 수 있습니다. 그러므로 이하에서는 소피스트 상표등록 제12345호와 저희 스티커만 비교하겠습니다.

(3) 상표의 유사 여부는 두 개의 상표를 외관, 칭호, 관념의 면에서 객관적, 전체적, 이격적으로 관찰하여야 하고 이론적 합리적 검토가 아니라 일반 평균인의 직관적 관찰로서 판단하여야 할 것입니다(대법원 1980. 11. 25. 선고 80후27 판결 등 참조). 또한 문자와 문자 또는 문자와 도형의 각 구성 부분이 결합된 결합상표의 경우에 각 구성 부분이 분리관찰되면 거래상 자연스럽지 못하다고 여겨질 정도로 불가분적으로 결합되어 있다면 두 상표는 유사하지 않습니다(대법원 1992.9.25. 선고 92후742 판결 참조). 그런데 두 상표의 요부가 명

백하고 용이하게 분리할 수 있는 경우에는 각 그 요부를 대비하여 전체상표의 유사 여부 판단의 중요한 자료로 삼을 수는 있다 할 것이나 가사 요부가 비슷하다고 판단되는 경우에도 거기에 결합된 다른 문자나 도형 등으로 인하여 두 상표가 전체적으로 출처에 오인, 혼동을 일으킬 우려가 있을 정도로 유사하지 아니하다면 두 상표는 유사상표가 아니라고 보아야 합니다(대법원 1991. 9. 24. 선고, 90후2515 판결). 대법원의 2515 판결은, 상표의 구성에서 두 동심원 부분이 유사한 사안에서, 설령 "비슷하다고 하더라도 인용상표의 문자 부분과 바깥의 사각형 부분으로 인하여 전체적으로 볼 때에는 두 상표가 일반 수요자에게 출처에 오인, 혼동을 줄 정도에는 이르지 아니한다고 보여진다"고 판단하였습니다.

(4) 이런 판례원칙에 입각해서 본다면, 저희 스티커는 문자가 있는 반면에 소피스트의 상표권은 문자가 없습니다. 그러므로 저희 스티커는 호칭이 있어서 일반 수요자들이 예컨대 "소피아모자 오리지널"로 호칭할 수 있을 것이나 소피스트의 상표는 적절한 호칭이 없습니다. 또한 저희 스티커는 "소피아가 만든 오리지널 모자"라는 관념이 있으나 소피스트 상표에는 어떠한 관념도 없습니다. 결국 외관만 남게 됩니다. 소피스트의 상표는 원형과 사각형이라는 간단한 도형으로 구성되어 있는 반면에 저희 스티커는 문자와 기호가 상당히 많이 결합되어 있고, 수요자가 도형으로부터 문자부분만으로 분리하거나 문자에서 도형부분만을 분리해서 상표를 인식하지 않기 때문에 전체적으로 상이합니다. 우선 시각적으로 가장 두드러지게 표현되는 커다란 글씨로 "ORIGINAL"이라는 표시가 있고, 그 위쪽에는 식별력 있는 도형과 "SINCE 1985"라는 문자/숫자가 결합되어 있으며, 아래로는 출처를 분명히 표시하는 "www.sopiamoja.com"과 다수의 별표가 위치합니다. 더욱이 원형 도안의 테두리 위 아래에는 동일한 문구 "ORIGINAL OF THE TRUE FITTED", "SP CAP", "ORIGINAL OF THE TRUE FITTED"가 구성되어 있습니다. 이런 모든 문자와 기호는 상표 전체 구성에서 지배적인 인상을 남기며 또한 수요자의 시각에 직관적으로 호소되고 파악됩니다. 그러나 소피스트의 상표에는 그런 문자와 기호 자체가 존재하지 않습니다. 이처럼 양 상표의 외관, 관념, 호칭이 모두 상이하기 때문에 전체적으로 달라서 일반수요자가 출처의 오인혼동을 할 염려가 전혀 없습니다. 그러므로 저희는 소피스트의 상표권을 침해하지 않습니다.

(5) 상표유사여부에 관련한 위와 같은 판례와 그 판례의 법리적용에 대해서 저희는 귀법인께서 용이하게 납득하실 것으로 기대합니다. 다만, 좀더 유사한 판례가 있다면 더욱 납득하시기 편하실 것이므로 두 개의 사건을 설명 드립니다.

먼저, ""와 ""의 유사여부가 쟁점이 된 사건에서, 우리 특허법원은 가운데에 위치한 꽃모양 도형이 없이 원형모양만으로는 양 상표가 유사하다고 보기는 어렵다고 판결했습니다 (특허법원 2007. 8. 16. 선고 2007허2096 판결). 또한 우리 대법원은 와 의 유사여부가 쟁점이 된 사건에서 양 상표의 외관과 칭호가 상이하므로 비유사하다고 판결하였습니다(2007. 1. 11. 선고 2005후926 판결).

(6) 그러므로 판례 일반론과 위 구체적인 판례 사건들을 참고하면, 저희 스티커와 소피스트 상표권이 법적으로 유사하지 않고, 그러므로 침해문제가 생기지 않으며, 그런 까닭에 저희가 귀법인의 강한 요구에 복종해야 할 의무가 없다는 결론에 이릅니다.

4. 저희는 저희 스티커와 소피스트 상표권이 서로 우연히 모티브가 유사하다는 점을 귀법인의 내용증명을 통해 알게 되었습니다(그러나 상표권은 모티브로 정해지지 않습니다). 이 점 깊이 감사를 드립니다. 법적으로 책임이 없다 하더라도 동종업종의 경업자의 감정을 상하게 하면서까지 무리하게 경쟁하는 것은 저희의 경영이념이 아닙니다. 저희는 모자를 제조하는 업자이지 스티커 제조업자는 아니기 때문에 스티커 디자인을 이유로 법적분쟁을 할 이익도 없습니다. 앞으로 스티커 디자인을 변경할 계획입니다. 요컨대 귀법인이 지적한 스티커 디자인을 사용하지 않고 장차 다른 디자인으로 대체하려는 내부 논의가 진행되기 시작했습니다. 그러나 귀법인의 내용증명을 받은 지가 일주일도 지나지 않은 시점이어서 급히 결정을 내릴 상황은 못됩니다. 모자 제품도 의류처럼 시즌 상품이어서 디자인을 변경하기까지 여러 작업과 절차에 시간이 소요됩니다. 이런 사실은 이 분야에서 너무나 자명한 것이어서 소피스트도 잘 납득하리라 생각합니다.

5. 한편 수요자들은 스티커에 이끌려서 모자를 구입한다기보다는 그 형태의 기능성과 심미성과 브랜드에 대한 시장의 신뢰에 기초해서 모자를 구입합니다. 저희 스티커에는 브랜드 출처가 "소피아모자"임이 분명히 표시되어 있기도 합니다. 그러므로 누구든지 현명하게 판단한다면 저희 스티커로 말미암아 소피스트가 직접

손해가 발생되지는 않을 것이며, 그러므로 법적분쟁보다는 시장에서의 자연스러운 해결을 기다려주시기 바랍니다. 저희도 송사에는 최선을 다합니다. 그러나 시간이 지남에 따라서 소의 이익이 사라지지 않을까요?

저희의 답변 내용이 귀법인과 귀법인의 의뢰인에게 조금이나마 도움이 되었기를 진심으로 바랍니다. 감사합니다.

답변서를 보낸 후 상표권자의 대리인은 서울고등법원 2012나97538 판례를 제시하면서 답변서 발송일로부터 2주 만에 다시 2차 경고장을 보냈다. 상대방 사업자의 대리인은 너무 빠르게 진행되는 것을 방지하기 위해서 2차 경고장에 대해 응답하지 않았다. 그러자 한 달 후 상표권자의 대리인은 예제 276의 내용이 포함된 3차 경고장을 보냈다.

예제 276

(전략)

2. 저희는 지난 2015년 7월 24일자 서신 및 8월 17일자 서신을 통해 소피스트의 권리에 대한 침해 행위를 중단할 것을 귀하가 대리하는 소피아모자에게 요청하였으나 이에 대한 이행여부에 대한 답변을 듣지 못하였는바, 이에 대하여 심히 유감을 표현하는 바입니다(편의를 위해 저희의 2015년 7월 24일자 서신 및 8월 17일자 서신을 동봉함).

3. 이에 저희는 소피아모자가 소피스트의 권리에 대한 침해행위를 중단하고 저희의 요청에 따를 의사가 있다면 언제까지 이를 이행할 것인지 명확한 기한을 제시하여 주실 것을 요청합니다. 본 서신의 날짜로부터 1주일 내에 답변이 없으실 경우, 저희는 소피아 모자가 본 건과 관련하여 협조하고자 하는 의사가 없으신 것으로 판단하여 소피스트의 권리를 보호하기 위한 추가적인 조치에 나아갈 수밖에 없음을 밝히는 바입니다.

(후략)

이런 상황에서 상대방 사업자가 다시 무응답할 수는 없었다. 그래서 상대방 사업자의 대리인은 예제 277과 같은 내용의 2차 답변서를 보냈다. 매우 한가하게 상표권자의 대리인이 제시한 서울중앙지방법원 판례에 대한 평석과 법리분석을 했다. 그리고 상대방 사업자의 대리인이 상표권자의 대리인에게 답변을 '오히려' 요구하는 포즈를 취했다. 사전공방을 계속 이어나가겠다는 전략이었다.

예제 277

1. 청명한 가을하늘처럼 만사 형통하시기를 바라오며 2015. 8. 17.자 내용증명과 2015. 9.15.자 내용증명에 대해서 다음과 같이 답변을 드립니다. 이하에서 '저희'라는 단어는 ㈜소피아를 지칭합니다.

2. 2015. 8. 3.자 저희 서신을 통해서 미국 뉴욕에 소재지를 둔 소피스트 컴퍼니 인코포레이티드의 대리인 지위를 갖는 귀법인께 상표 유사 판단에 관련한 법리적인 해석과 대법원 판례를 제시하였습니다. 대법원 80후27 판결, 92후742 판결, 90후2515 판결, 2005후926 판결, 특허법원 2007후2096 판결의 판례들입니다. 이 판례들에 대한 귀법인의 합리적인 견해를 저희는 듣지 못했습니다. 반면 귀법인은 부정경쟁방지법 제2조 제1호 가목이 쟁점이 된 Longchamp v. AI International 사건에 관한 서울고등법원 2012나97538 판례를 저희에게 제시하셨습니다.

3. 소피스트와 저희의 스티커 이미지의 유사판단 여부와 97538 판례에서 쟁점이 되는 유사판단 여부는 많이 다릅니다. Longchamp v. AI International 사건에서는 가방의 외관 형태가 쟁점이 되었습니다. 일반수요자나 거래자가 직관적으로 가방의 외관형태를 인식할 수 있다는 특징이 있으며, Longchamp의 10여년간의 대대적인 광고를 통해서 그 외관형태에 대한 주지성을 획득한 사건입니다. 97538 판례가 귀법인의 주장을 뒷받침하려면 소피스트의 모자형태와 저희의 모자형태가 유사한지 여부가 쟁점이 되어야 합니다. 하지만 지금 쟁점이 되고 있는 소피스트의 주장은 모자의 외관형태와는 전혀 무관합니다. 저희는 소피스트의 모자형태를 모방하지는 않았으며 모자에 관련한 수요자나 거래자들이 소피스트의 모자와 소피아의 모자 사이에 오인 혼동을 하지는 않습니다. 저희는 상표법에 기하든 부정경쟁방지법에 기하든 소피스트의 권리를 침해하지 않았습니다. 지나치게 저희에게 의무를 부담시키는 내용증명 문장을 읽으면서도 저희는 합리성을 찾고자 합니다.

4. 저희의 양심과 행위를 강제하기에 앞서서 우선 귀법인에게 다음과 같은 사항을 요청 드립니다. 첫째, 2015. 8. 3.자 저희 서신에 대한 귀법인의 합리적이며 논

리적인 답변을 부탁합니다. 특히 특허법원 2007허2096 판결과 대법원 2005후 926 판결에 대한 귀법인의 정돈된 견해를 들으면 크나큰 참고가 되겠습니다. 둘째 귀법인께서는 서울고등법원 97538 판례를 제시하였는데, 부정경쟁방지법에 의해 보호받는 상품표지는 주지성이 인정되어야만 합니다. 그런 점에서 소피스트 스티커 이미지가 상품표지로서 부정경쟁방지법상의 주지성을 어떻게 획득했는지에 대한 객관적인 근거를 제시해주시기 바랍니다. 마지막으로 저희의 답변내용이 소피스트측에 영어로 전문 번역돼서 보고되는지도 알려주시면 좋겠습니다. 귀법인의 성실한 답변을 경청한 후에 저희의 입장을 정리하여 말씀 드리도록 하겠습니다. 다만, 답변을 보내실 때에 너무 촉박한 기한을 통보하시기보다는 저희가 사려 깊은 판단과 행동을 할 수 있는 여유를 주시면 진심으로 감사하겠습니다.

5. 법리적 근거와 그 근거를 뒷받침하는 사실에 기초한 증거를 저희가 모르겠는데 단지 막연한 개연성에 기대어 저희의 양심과 행위를 귀법인의 의도하는 바대로 강요하시면 저희는 정신적 고통을 겪습니다. 상대방의 입장을 혜량해 주시기를 바랍니다. 한편, 불필요한 송사보다는 상호 배려의 경업질서를 선호하는 저희의 이념에 따라 적절히 조치를 취하고 있습니다. 예컨대 귀법인의 첫 번째 내용증명을 수신한 후 곧 해당 스티커를 사용하지 않기 시작했습니다. 해당 스티커의 생산을 중지하였고 새로운 디자인으로 대체하였으며 더 이상 미사용 스티커를 모자에 부착하지 않고 있음을 알려드립니다(다만 더 자세한 내용에 대해서는 귀법인의 4번 항목의 성실한 답변을 들은 후에 전하겠습니다).

427

한 달 반 후에 상표권자의 대리인은 4차 경고장을 보냈다. 상대방 사업자의 대리인이 요구하는 2건의 판례에 대한 분석 견해를 보내온 것이다. "특허법원 2007허1657 판결(귀하의 서신에서 2007허2096으로 표기하신 것은 오기로 사료됩니다)에 대하여, 상기 판결에서 언급된 디자인은 본건의 스티커 디자인과 전혀 다른 형태이므로 본건과의 연관성을 찾을 수 없습니다. (중략) 대법원 2010다58261 판결을 참고하여 주시기 바랍니다.", "대법원 2005후926 판결 역시 언급된 디자인이 본건의 스티커 디자인과 전혀 다른 형태이므로 본건과의 연관성을 찾을 수 없습니다. 더구나 해당 판결은 그간 많은 비판을 받아왔으며, 10년이나 지난 판결입니다."라는 답변이 온 것이다. 조치를 요구한 자가 답변자가 됐으며, 조치를 요구받은 자가 답변을 요구하는 자로 위치가 바뀌었다. 상표권자의 대리인은 "마지막으로, 소피아모자의 웹사이트에서는 아직도 침해 스티커의 사용이 계속되고 있습니다. 귀하는 저희가 침해 스티커에 대하여 웹사이트에서의 게시행위를 포함한 모든 사용을 중지할 것을 요청하였던 점을 기억하실 것입니다. 그럼에도 불구하고 현재까지 저희는 어떠한 협조도 받지 못하고 있습니다"라는 답답함을 토로했다.

이 케이스에서 첫 번째 경고장은 2015. 7. 24.에 발송됐다. 여름에 시작된 사전공방은 겨울을 앞두고 있었다. 그사이 상대방 사업자의 시즌 상품이 대체됐으며, 스티커 디자인도 모두 교체됐다. 웹사이트의 게재도 삭제됐다. 사실상 상대방 사업자의 현실 대응이 끝난 것이다. 예제 278은 상대방 사업자의 3차 답변서다. 사건이 거의 마무리 단계에 왔음을 전하고 있다. 이 내용증명 문서의 제목이 <이제 겨울을 대비해야 합니다>이다. 이런 언어 표현에도 불구하고 상대방 사업자의 대리인은 끝까지 자기 고객인 상대방 사업자에게 불리한 표현을 하지 않았다. 이것이 대리인으로서 갖춰야 할 의무라고 생각한다.

428

예제 278

1. 어느덧 복장이 길고 두꺼워졌습니다. 귀하의 2015. 11. 2.자 내용증명 문서를 잘 받았습니다. 이로써 2015. 7. 24.자 내용증명 문서부터 시작해서 4종의 문서를 받았습니다. 이하에서 '저희'라는 단어는 ㈜소피아를 지칭합니다.

2. 시간이 갈수록 귀하의 언어표현이 부드러워져서 다행입니다. 상대에게 공포심을 일으키려는 표현으로 가득했던 1차 내용증명 문서에 비하면 얼마나 좋습니까? 다만, 부정경쟁행위에 관해서 저희의 질문에 대한 답을 모두 얻지는 못했고, 여전히 소피스트의 스티커가 국내에서 상품표지로서 어떤 주지성을 획득했는지를 저희가 들은 바 없고, 일반 수요자의 건전한 상식에서 어떻게 소피스트의 모자와 소피아의 모자를 혼동할 수 있는지 그 합리적인 이유를 알 수 없습니다. 이리저리 양보하더라도 저희가 소피스트의 권리를 침해했다는 귀하의 주장을 납득하기는 몹시 어렵습니다.

3. 하지만 저희는 논리와 법리로 상대방을 물리치는 데 특별한 관심이 없습니다. 한편으로는 침해하지 않았다는 사실이 분명하기 때문이며, 다른 한편으로는 그럼에도 불구하고 어떻게 하면 싸우지 않고 공존할 것인지를 저희가 중시 여기기 때문입니다. 지난번 답변서에서 대략 안내해 드린 것처럼, 스티커 디자인은 모두 변경되었으며 기존 스티커의 사용은 중단됐습니다. 웹사이트에서도 대부분 삭제했으며, 기술적인 문제로 지연되거나 누락한 디자인이 있다면 삭제할 계획입니다. 경제가 어려울수록 싸우지 않는 것이 좋고, 상대방을 배려하는 경업질서가 소송의 승패보다 중요하기 때문입니다. 소비자들은 모자 자체의 형태 디자인과 품질에 의해서 상품을 구매하는 탓에 스티커는 부수적이기 때문이기도 합니다. 날씨가 추워지고 있으며 이제 겨울을 대비해야 합니다. 감사합니다.

상표권자의 대리인은 다섯 번째 내용증명을 보내왔다. "저희는 소피아 모자의 웹사이트에서 침해 스티커와 동일 또는 유사한 스티커가 대부분 삭제된 것을 확인하였으며, 저희 고객은 본건과 관련한 귀사의 협조에 감사드리며 장래에도 귀사의 계속적인 협조를 기대하고 있습니다. 한편, 귀하가 지난 서신에서 밝히신 바와 같이, 삭제에서 누락된 일부 스티커들에 대하여도 조속한 시일 내에 삭제해 주시기 바랍니다. 침해 스티커와 동일 또는 유사한 형태의 스티커에 대한 모든 삭제가 2016년 1월까지 완료되지 않을 경우, 저희는 소피스트의 권리를 보호하기 위한 추가적인 조치를 위해 다시 연락드릴 수밖에 없음을 밝히는 바입니다."라는 내용이 적혀 있었다. 그러나 상대방 사업자와 그의 대리인은 이 내용증명에 무응답했다. 사건은 사전공방으로 소송 없이 끝난 것이다. 상표권자와 그의 대리인, 상대방 사업자와 그의 대리인 모두 사전공방을 통해 이긴 것이다.

429

III. 침해의 사전공방

바

플랫폼
사업자
의
고충

홈쇼핑사업자, 온라인 오픈마켓, 모바일 플랫폼 사업자, 온라인 쇼핑몰
운영자 등 다양한 플랫폼 사업자가 있다. 이들 사업자들은 수많은 제
조사의 제품을 판매한다는 공통점이 있다. 플랫폼 사업자가 제조사를
상대로 특허침해를 주장하는 경우는 극히 드물다. 대개 특허침해주장
을 받는다. 제조사끼리의 싸움이 플랫폼 사업자로 번진다. 플랫폼 사
업자도 어쨌든 제품을 판매함으로써 수익을 얻기 때문에 그 제품이 침
해물건이라면 플랫폼 사업자도 침해행위로부터 자유롭지 못하다. 하
지만 플랫폼 사업자가 취급하는 제품이 매우 많아서 모든 제품에 대해
특허문제를 보증할 수 없다. 시장 관점에서 보자면 플랫폼 사업자는
특허침해소송의 당사자가 아니다. 그럼에도 시장에 지배력을 갖고 있
기 때문에 특허권자는 상대방 사업자를 직접 공격하기보다는 종종 상
대밥 사업자의 주판매처인 플랫폼 사업자를 겨냥한다.

법원이나 준사법기관의 판단을 이용해 플랫폼 사업자에게 특허침해문제를 제기하는 것은 여러 모로 타당하다고 생각한다. 특허침해가 입증됐기 때문이다. 그런데 입증 없는 주장만으로도 플랫폼 사업자를 괴롭힐 수 있으며, 또 그것이 현실적으로 효과적일 때도 있어서 분쟁에 휩쓸리기 싫은 플랫폼 사업자는 해당 제품을 빼버리곤 한다. 사견으로는 플랫폼 사업자의 법무팀이 냉정함과 합리성으로 안건을 적극적으로 판단했으면 한다. 입증이 없거나 불충분한 주장이나, 그 주장이 법리에 맞지 않은 경우를 걸러내서 플랫폼 사업자의 제조사 파트너들을 보호하는 것이 시장 관점에서 바람직하다고 생각한다.

예제 279는 실용신안권자가 홈쇼핑 방송사를 상대로 내용증명으로 발송한 침해경고(예제 265를 보라)에 대한 답변서다. 실용신안권자의 대리인은 상대방 사업자의 시장관계자를 상대로 협박문을 보낸 것인데, 법원의 판결수준보다 훨씬 높은 수준의 요구를 하고 있다. 이 대리인은 대기업인 플랫폼 사업자에게 거래처 제품을 폐기하라고 호기롭게 주장하는 한편, 각서와 사과문까지 요구한다. 그러고는 "만일 위와 같은 당사자의 정중한 요청에도 불구하고 상기 기일까지 귀사의 성의 있는 조치가 성실히 이행되지 않을 경우에는 고의적이고 지속적으로 당사의 실용신안권을 침해하는 것으로 간주하여 법률이 허용하는 범위 안에서 즉각 민형사상의 법적 책임을 묻는 등 엄중한 조치를 취할 것이오니 이점 각별히 유념하시어 더 이상의 불미스러운 일이 야기되지 않고 원만하게 해결될 수 있도록 조속히 조치하여 주시기 바랍니다"라는 문장으로 매듭짓는다.

그렇다고 해서 실무자가 따라서 흥분해 답변할 수는 없다. 플랫폼 사업자의 기업 이미지를 항상 고려해야 한다. 감정적인 특허권자와 그의 대리인이 어떤 악의로 어떤 수단을 동원할지 모르며, 항상 언론과 SNS의 왜곡이나 오해를 염두에 둬야 하기 때문이다. 예제 279의 실무자는 그런 관점으로 답변서를 작성했다. 제목은 <성실히 답변을 드립니다>였다.

예제 279

1. 청명한 가을하늘처럼 만사 형통하시기를 바라오며 귀하께서 보내신 2015. 10. 14.자 내용증명에 대해서 다음과 같이 답변을 드립니다. 이하에서 '저희'라는 단어는 소피아㈜를 지칭합니다.

2. 귀하께서는 저희 T쇼핑에서 판매되고 있는 <만능걸레>가 귀하의 의뢰인인 ㈜소피스트의 실용신안 제20-1234567호 "밀대 걸레"(이하, '소피스트 실용신안'이라고 합니다)의 권리를 침해하고 있음을 알려주셨습니다. 관행적으로 쓰이는 거칠고 공격적인 표현이 과연 바람직한가라는 의문이 들었지만, 여러 업계의 흐름과 목소리를 편견 없이 경청해야 하는 저희의 입장에서는 침해문제 고지에 대해 먼저 감사의 마음을 전합니다.

3. 저희는 다음과 같은 사실을 확인하였습니다. 실용신안의 권리자가 귀하의 의뢰인인 ㈜소피스트라는 사실, 해당 실용신안은 2013. 7. 11.에 진보성이 부인되는 의견제출통지서를 받았고, 이를 극복하고자 권리를 감축하면서 감축된 특허범위의 진보성을 강하게 주장하였으며, 그 결과 2013. 10. 15.에 실용신안권을 받았다는 사실, <만능걸레>도 실용신안특허 기술로서 제20-2222222호로 등록되어 있어서 권리 대 권리의 쟁송의 성격이 있다는 사실, 귀하가 주장하는 실용신안 청구범위에 기재된 사항과 <만능걸레>의 구성이 동일하지는 않다는 사실 등입니다.

4. 최선을 다해서 신속히 분석과 판단을 하려고 합니다만, 법리분석과 판단, 그에 따른 조치의 결정에는 아시다시피 어쩔 수 없이 시간이 소요됩니다. 이 점 널리 양해해주십시오. 내용증명 발송일로부터 1주일만에 판매중지, 폐기처분, 손해배상협의, 각서작성, 사과문작성을 하라는 것은 건전한 상식으로는 지나치십니다. 법원에서는 신속한 결정을 내려야 하는 가처분 사건조차 6개월이나 소요됩니다. 가급적 빨리 소피스트 실용신안을 분석하겠습니다. 그런데 귀하께서도 잘 아시는 '금반언의 원칙'에 대한 견해를 듣고 싶습니다. 2013. 9. 10.에 제출된 의견서에 의해서 소피스트의 실용신안의 기술적 범위가 제한되지는 않지요? 그래서 <만능걸레>가 소피스트 실용신안의 기술적 범위에 속하지 않게 되지는 않는지 귀하의 고견을 듣고 싶습니다.

5. 한편, 위의 견해를 저희에게 다시 보내실 때, "특허권 침해를 주장하는 자가 변리사의 판단에만 근거하여 마치 상대방 제품이 특허권을 침해한 것처럼 상대방

433

의 거래처인 홈쇼핑 회사에 판매 금지 등을 내용으로 하는 경고장을 발송하는 행위는, 고의 또는 과실에 의해 상대방의 영업활동을 방해한 것으로 위법성이 인정되므로 그로 인한 손해를 배상할 의무가 있다"는 판례가 있고(대전지법 2009. 12. 4. 선고 2008가합7844 판결)가 있고, 피고(대리인)가 원고들의 거래처에 보낸 경고장은 단순히 특허침해의 가능성을 언급한 것이 아니라 특허침해를 단정하고 있는데, (중략) 부당한 특허침해 경고행위에 따른 책임은 특허권자에게만 한정할 근거는 없고 경고행위를 실행한 사람이라면 일반불법행위의 법리에 따라 손해배상 책임을 부담하므로, 의뢰에 따라 대리인으로 경고장을 발송했다 해도 불법행위가 인정된다는 최근 판례(서울중앙지방법원 2015. 5. 1. 선고 2014가합551954 판결)가 있으며, 이 판례가 위법한 영업방해행위라고 판단한 사실관계와 매우 비슷한 주장이 귀하의 내용증명에 많이 적시되어 있어서 그것에 대한 견해 또한 듣고 싶습니다.

6. 저희는 한편으로는 수많은 협력업체와 건전한 관계를 유지함과 동시에 다른 한편으로는 적법한 경영질서를 존중하고자 노력합니다. 불필요한 송사보다는 상호 배려를 언제나 중시합니다. 다만 저희에게 주어진 책임감이라는 게 있어서, 이해관계인이 주장했다고 해서 무조건 따를 수는 없는 노릇이고 저희도 근거를 가져야만 모종의 행위를 할 수 있답니다. 열심히 법적 근거를 찾아보겠습니다. 그 전에 위에서 귀하께 여쭈운 사항에 대한 고견을 기다리겠습니다.

경쟁업자가 아닌, 경쟁업자의 거래처에 대한 경고장 발송에 대해서 서울중앙지방법원 2014가합551954호 판례는 그 경고장을 작성한 특허권자의 대리인에게 손해배상책임이 있다고 판결한 바 있다. 이 판례의 자세한 내용에 관해서는 제3장을 보라. 이 판례에서 문제가 됐던 경고장 문구는 예제 280과 같다(당사자 정보가 들어 있는 표현은 변경했다). 한국에서 성행하는 경고장에 비해서 상당히 얌전한 편이었다. 그렇다면 플랫폼 사업자와 같은 상대방 사업자의 거래처를 상대로 그토록 거칠게 몰아붙이는 경고장을 작성하는 사람들, 그들도 이제 자신들의 실무를 돌이켜 볼 때다.

예제 280

1. 귀사의 무궁한 발전을 기원합니다. 저희 폐소는 소피스트 페이턴트 홀딩즈 리미티드(이하 '의뢰인')의 대리인으로서 본 경고장을 귀사에게 발송하게 되었습니다.

2. 의뢰인은 다수의 수상경력이 있는 '소피스트 빨대 시스템'에 대한 특허, 등록 디자인, 상표권을 전세계에 걸쳐 보유하고 있습니다.

3. 대한민국에서도 의뢰인은 대한민국 특허청에서 제1234567호로 심사되어 등록된 특허의 특허권자입니다. 본 특허의 특허권자로서 의뢰인은 본 특허와 관련된 빨대를 수입, 배포, 광고 및 판매할 독점적 권리를 보유하고 있습니다.

4. 그런데 의뢰인은 최근의 시장조사 결과 귀사가 대한민국 내에서 'Sophia Monster' 및 'Quick Quick Sipper' 빨대를 판매하고 있는 사실을 확인하였습니다. 의뢰인은 'Sophia Monster' 빨대가 헝가리의 Mr. Ungarian 주식회사로부터 공급되어 Cyber Cocoa사에 의하여 수입되고 있으며, 'Quick Quick Sipper' 빨대는 헝가리의 Budapest사로부터 공급되어 소피아사에 의하여 수입되고 있는 것으로 알고 있습니다.

5. 의뢰인은 이러한 빨대들의 판매가 의뢰인의 대한민국 특허권을 침해하고 있다는 점을 우려하고 있습니다. 또한 의뢰인은 이러한 빨대들이 Mr. Ungarian 및 Budapest로부터 공급되고 있다는 점을 우려하고 있습니다. 의뢰인은 전 세계 다수의 국가에서 Mr. Ungarian, Budapest 및/또는 그들의 고객들을 상대로 강제조치를 취하여 오고 있는 상황 입니다.

6. 이러한 상황에서 폐소는 의뢰인으로부터 귀사에게 의뢰인의 대한민국 특허권에 대한 통지를 하고 귀사가 'Sophia Monster' 및 'Quick Quick Sipper' 빨대의 판매를 즉시 중단하여 주실 것을 요구하여 달라는 의뢰를 받았습니다.

7. 귀사가 의뢰인의 요구를 거절하는 경우 의뢰인은 대한민국 특허권을 비롯한 의뢰인의 지적재산권을 보호하기 위하여 필요한 모든 조치를 취할 권리가 있음을 양지하시기 바랍니다.

8. 본 경고장의 수령 후 2주일 내에 이에 대한 답신을 보내주시기 바랍니다. 본 사안의 원만한 해결을 기대합니다.

435

436

IV.

부
록

1.

우리에게 자율성이 필요한 이유

이 글은 필자가 특허사무소 임해정에서
2015년에 행한 사내 인문학강의 내용을 정리한 것이다.

"인류의 정신세계사와
칸트 철학을 주제로"

IV. 부록

특허실무자들은 시간에 쫓기며 격무에 시달립니다. 게다가 그들 대부분은 이공계 출신입니다. 그 이유가 무엇인지 확정적으로 말하기는 힘들지만, 실무자들이 책을 잘 읽지 않습니다. 스스로 영민하다고 생각하지만 정작 골치 아픈 책을 회피합니다. 무겁고 깊이 생각하는 인문 고전을 멀리합니다. 복잡하고 정리되지 않은 발명을 퍼즐 맞추기 하듯 분석해서 이해할 수 있다면 인문 고전도 충분히 읽고 이해할 수 있습니다. 물론 인터넷을 통해서 쉽게 지식을 얻을 수 있는 오늘날, 책을 통해서만 세상에 대한 지혜를 얻을 수 있는 것은 아닙니다. 그러나 웹에서는 정보가 너무 많아서 좀처럼 지식이 되기는 어렵습니다. 게다가 웹을 통해서 지식을 얻기보다는 즐거움을 얻는 경향이 강해서 책을 대체하기는 어렵습니다.

너그럽게 보면 책을 읽지 않아도 좋습니다. 특허실무가 '생각하는 일'이기는 하지만 책을 읽지 않는다고 해서 특허실무가 잘못될 리 없습니다. 우리는 기술만 잘 이해하고 이미 체득한 요령을 사용하면 됩니다. 인생에 큰 문제가 생기는 것도 아닙니다. 그러나 어째서 한국 사회의 특허실무자들은 점점 더 기계의 부품이 되고 마는 것입니까? 그토록 영민한 사람들이 어째서 시스템의 부속품처럼 되었습니까? 특허실무자는 창의성을 다룹니다. 그러나 특허실무자의 과업은 얼마나 창의적으로 일하는지에 의해서 고려되지는 않습니다. 저마다 타이머로 시간을 재고 실적을 계산하면서 결과로서 과업과 인간을 평가할 뿐이다. 이런 경향은 점점 강해져서 특허실무자를 돈과 시간의 노예로 전락시키고 있습니다. 실무자가 도무지 일에 집중할 수 없는 환경을 스스로 만들고 말았습니다. 모두가 타율적이며 저마다 타율성을 강요합니다. 사람은 지배 당하는 것보다 지배를 하는 것을 좋아하고, 평가 당하기보다는 평가하는 것을 본능적으로 좋아합니다. 본능에 충실한 한국 특허업계입니다.

각종 칼럼에서는 특허가 중요하기는 합니다. 그러나 현실에서는 중요할 리 없습니다. 이 분야에서 일하는 사람들은 대충 일합니다. 그저 자기 자신이 얼마나 대충 일하고 있는지 알지 못할 뿐입니다. 기업의 특허전담부서에서 일하는 사람도 이런 현실을 다 알고 있지요. 그저 외면할 뿐입니다. 그래서 어쩌자는 것입니까? 안타깝게도 답이 없습니다. 한국사회에서 특허실무는 아주 깊은 늪에 빠져버렸고 헤어나오기 어렵습니다.

답을 이곳에서 찾지 못한다면 다른 곳에서 찾아야 합니다. 그것을 나는 철학에서 구했습니다. 책을 읽고 공부하면서 인류사의 천재들로부터 지혜를 빌리고자 했습니다. 그리고 그 지혜는 <자율성>이었습니다. 시스템이나 구조에서 답을 찾는 것이 아니라 <개인의> 자율성에서 길을 찾았습니다. 근래 십 수 년 동안, 마치 "It's the system, stupid!"라고 이 분야 사람들은 말했습니다. 이제 "바보야, 문제는 사람이야"라고 답하고 싶습니다.

444

<2>

이제부터 서양의 정신세계사를 <시스템>과 <사람>의 관계를 통해서 설명하고자 합니다. 철학적인 용어로 표현한다면 <자연>과 <자유>의 관계입니다. 이는 물론 특허실무와 직접적으로는 관련이 없습니다. 그러나 인공지능 알파고가 특허실무를 하지는 않습니다. 인간이 합니다. 그렇다면 인간의 정신이 중요하지 않을 리 없습니다. 그 정신에 관한 이야기입니다.

서양 정신세계사에 가장 큰 영향을 미친 고대 그리스 철학자 중 한 명이 플라톤(BC 428-348)입니다. 플라톤 철학에서 가장 중요한 단어는 <이데아>라고 알려져 있습니다. 플라톤에 따르면 이데아가 존재하기 때문에 현실 세계가 존재합니다. 모든 것이 이데아로부터 시작되었고 영원히 변하지 않는 그 근원을 알기 위해 노력하는 자세가 플라톤 철학에서는 매우 중요합니다. 플라톤은 높은 수준의 이성, 즉 인간의 능력에 의해 이데아를 알 것으로 기대했습니다. 이처럼 플라톤 철학에서 인간의 이성은 한껏 고양되어 있습니다. 플라톤만이 아니라, 당시 아테네에서는 대개 그랬던 것 같습니다. 비교적 자유로웠고 '자기 생각'으로 이 세계를 해석했습니다. 군중들의 생각을 장악하고 반듯하게 통제할 절대적인 관념이 없었기 때문에 누구든지 논리적이고 이성적으로 생각하는 데 어려움이 없었고, 표현이 자유로웠으며 그만큼 지식이 쉽게 퍼졌던 것 같습니다. 그 때문에 소피스트가 활개를 펼수 있었으리라 생각합니다. 통신기술이 없는 21세기를 상상한다면 아마도 2400년 전의 아테네의 풍경일지도 모릅니다.

그런데 기독교가 등장합니다. <이데아> 자리에 <예수>를 올려놓으면 대략 기독교가 됩니다. 이데아와 예수는 거의 동격입니다. 그러나 인간의 지위가 다릅니다. 플라톤 철학에서 이데아는 완전하지만 명령은 아니었습니다. 이 세상은 이데아를 모방하여 만들어졌지만 이데아에 복종해야 하는 것은 아니었습니다. 그러나 기독교 교리가 이데아를 절대자로 대체하자, 신에 대한 인간의 완벽한 복종이 요구되었습니다. 이제 인간의 이성은 그다지 중요해지지 않게 되었습니다. 표현은 줄어들고 지식은 소수에게 독점되었습니다. 아테네가 기독교에 점령 당하자 사람들은 저마다 자기 생각을 버리고 하나같이 침묵하였으며 지식을 잃고 무릎을 꿇었습니다. 중세 천 년의 종교시대가 열립니다. 기독교가 로마의 국교로 된 때가 서기 380년이고, 계몽주의 철학이 유럽에 퍼진 것이 18세기이므로 천 년의 세월이 넘도록 종교의 시대가 지속되었던 것입니다. 중세는 한 마디로 Nature, 즉 자연, 본성, 시스템이 인간의 정신세계를 완벽하게 제압한 시대였습니다.

중세 천 년 동안 서양철학의 핵심 키워드는 Understanding, 즉 <오성>이었습니다. 아우구스티누스(354-430)는 예정설을 만들었고 그것은 신의 절대적인 의지로 관철된 세계관입니다. 신의 은총에 의해서 구원이 예정되고, 인간의 자유의지로는 신의 예정된 은총과 결정을 거스를 수 없습니다. 구원에 이르기 위해서 인간은 그저 신의 의지를 '이해'하는 힘만 있으면 족했습니다. 즉 '사유'하는 힘으로서의 <이성>은 신의 은총도 아니며 구원에 이르는 도구도 아니었습니다. 그것은 오히려 구원의 적으로 간주되기도 했습니다. 아테네의 시민처럼 인간이 스스로 생각하고 자기 사유로 세상을 해석하면 신을 거스를 위험이 있기 때문입니다. 이성이 죄를 낳습니다. 죄를 더 저지르기 전에 말씀을 이해해야 합니다. 인간에게 필요한 것은 절대자의 섭리와 명령을 이해하는 힘입니다. 그래서 중세를 철학적으로 <Understanding Ages>라고 말해도 틀리지는 않을 것입니다. 인간은 그저 신에 의지하면 될 뿐, 이성에 의지하는 인간의 자유의지는 위험할 뿐입니다. 그들에게 중요한 것은 종교에 의해서 규정된 시스템이었습니다. 그것인 신이 필연적으로 인간에게 부여한 <자연>이었습니다.

　　한편 동양의 정신세계에서 언급되는 자연과 서양에서 말하는 자연은 사뭇 다릅니다. 만약 자연을 인간이 순순히 받아들여야만 하는 무엇이라고 생각한다면 동서양의 자연이 크게 다르지 않습니다. 그런 점에서 유일신교의 특징을 제외한다면 중세 시대의 자연은 동양의 전통적인 자연과 비슷했습니다. 동양에서는 개인의 자유의지로 자연을 닮으려고 했으나 중세 서양에서는 개인의 자유의지를 버리고 자연을 받아들였을 뿐입니다. 그러나 천 년의 세월이 흐른 후 동서양의 정신세계는 완전히 달라집니다. 이것은 다시 자세히 설명해야 합니다만, 인간이 자유를 깨닫는 순간 자연은 극복되어야 하는 대상이 됩니다.

　　여기서 말하는 자연이란 산과 들과 바다를 의미하지는 않습니다. 인위적인 것이 아니라 그저 '어딘가로부터' 주어진, 나 개인이 선택하는 것이 아닌 필연적이며 규정적인 시스템을 뜻합니다. 운명은 거대한 시스템입니다. 개인적으로는 신체적인 특성이며 사회적으로는 신분입니다. 때때로 본능을 지칭하기도 합니다. 그 본능이란 내가 선택하는 것이 아니라 내게 주어진 특질이기 때문입니다. 서양의 정신세계사를 관통하는 이런 <자연>이라는 개념을 직장생활과 연관시켜 보면 더욱 이해하기 쉬워집니다.

직장에서 일하면서 내가 선택할 수 없는 무엇, 내 자유의지와 상관없이 이미 결정되어 있는 규정적이고 본질적인 속성 같은 것이 있을 터입니다. 경영자에 의해서 확립되었으며 관습법이 되어 있는 업무규칙이나 직무명령, 사람과 무관하게 결정되어 있는 업무 속성, 직급에 부여된 역할, 임금/임대료/세금 등을 지급해야 할 경영자의 책임 등이 그러합니다. 그런 것을 <자연>이라는 개념에 속하는 것으로 이해하면, 철학에서 말하는 <자연>의 의미를 파악할 수 있다. 또한 회사생활을 포함해서 사회생활을 하다 보면 생기는 분노와 질투를 포함한 부정적인 감정, 애정을 포함한 다양한 끌림 등도 <자연>에 속할 터입니다. 그런 것은 개인이 자기의 의지로 만들었다기보다는 본능적으로 채굴되는 것이기 때문입니다. 철학에서 말하는 <자연>이라는 개념은 이렇듯 나의 내적 의지와 상관없이 '나의 바깥'에서 정해져서 내 생활과 인생을 규정하는 것 혹은 필연적으로 정해지는 것을 의미합니다.

특허업무에 관해서 말하자면, 심사관의 통지서를 받고 30일 이내에 의뢰인에게 보고해야 한다는 강력한 업무 규칙이 있다면 그것은 자연입니다. 열심히 의견서를 작성해도 비용은 10만원밖에 청구하지 못한다는 것이 회사의 규정이라면 그 규정은 자연에 속합니다. 자연은 자유를 허락하지 않습니다. 필연적으로 당신에게 주어지는 것, 그것이 자연입니다. 당신의 생각, 당신의 스타일은 필요 없습니다. 그냥 그것을 하십시오. 이처럼 자연은 내 의지와 상관없이 내게 강요된 것이며, 그래서 철학자들은 <필연>이라는 개념을 사용합니다. 자연은 필연성입니다.

그런 의미에서 중세는 <자연필연성>의 시대였습니다. 중세시대에 <자연>은 신의 섭리입니다. 그러므로 필연적입니다. 개인은 이 <자연> 앞에서 복종해야 하는 종에 불과합니다. 그러므로 <자유>는 중요하지 않습니다. 아니, 자유는 위험하며 죄악시 됩니다. 복종하지 않으려는 사람들은 스스로 생각합니다. 그런 생각이야말로 <자유>의 근원입니다. 스스로 생각해서 참된 앎에 이르는 힘이 곧 <이성>입니다. 하지만 중세 사람들은 태어나자마자 자연적으로 정해진 것, 예컨대 신분

445

과 관습과 환경에 대해 순종했고, 운명을 개척할 의지가 없었습니다. 그렇기 때문에 정치사회적으로 움직임이 별로 없었고, 과학이나 예술의 발전도 정체되거나 오히려 후퇴했던 것입니다. 흔히 중세를 암흑시대라 말합니다. 본디 인간은 자유를 잃으면 의지가 박약해지고 남의 눈치를 보게 됩니다. 그러면 인간이란 좋은 빛을 잃게 마련이지요. 사실 오늘날 회사에서도 마찬가지 아니겠습니까? 스스로 생각하지 않고 시스템에 안주하며 관습적으로 일하는 사람들에 빛이 생길 리 없습니다. 오히려 그들이 타인의 빛을 억누릅니다.

<3>

동로마제국이 쇠퇴하고 서유럽의 교황이 권세를 드높이려는 때, 11세기 말 이백 년의 십자군 전쟁이 시작되었습니다. 기독교 문명과 이슬람 문명이 충돌했습니다. 싸우는 사람이 있는가 하면 전쟁 중에도 무역하는 사람이 있습니다. 오랜 세월에 걸쳐 느릿느릿 잊혀진 고대 그리스 문명이 서양에 다시 들어왔고, 이탈리아를 중심으로 르네상스 시대가 펼쳐졌습니다. 아마도 고대 그리스 시대의 신화와 영웅담이 들어왔겠죠. 운명과 싸우는 영웅의 이야기와 그리스 비극이라는 스토리텔링은 독자의 마음속에 있는 자유로운 생각과 동경의식을 자극했을 것입니다. 또한 고대 그리스 미술을 통해서 인간이 더 아름다워질 수 있다는 체험도 했겠죠. 그런 것들은 모두 낯설었을 것이며 또한 매우 재미있었을 것입니다. 마치 지금의 헐리우드 블록버스터처럼 말이죠. 고대의 양식이 낯설기는 하지만 더 멋지다는 공감이 퍼져나가고 당대 사람들의 지적인 능력이나 호기심을 자극했을 터입니다. 그런 지적 호기심은 처음에는 자연을 결정하는 절대자의 권위에 정면으로 도전하는 정도에는 이르지는 않았을 터입니다. 누구나 종교재판을 무서워합니다. 중세 말기 다시 채굴된 인간의 <자유>는 그저 <자연>을 더 빛내줄 수 있다는 다소 소극적인 의미였을지도 모릅니다. 하지만 이것은 중세를 끝장내는 계기가 됩니다.

비유하자면 이렇습니다. 중세시대 사람들은 기도하듯이 신성한 냉수를 마셨습니다. 르네상스는 그 냉수를 서서히 끓이는 것입니다. 물이 펄펄 끓기 전까지의 시기를 과도기라고 표현해보겠습니다. 요컨대 <과도기 철학>의 시대가 펼쳐집니다. 루터(1483-1546)는 예정설 근본주의로의 회귀를 주장했습니다. 종교개혁은 카톨릭의 신학적 부패를 개혁한다는 의미에서는 진보적이겠으나, 인간 운명에 관한 절대적인 섭리를 강조한 나머지 스멀스멀 퍼지고 있던 인간의 자유의지를 크게 약화시켰습니다. 여전히 종교적 분위기가 물씬 풍기던 시대였습니다. 이런 분위기에서는 당연히 과도기가 필요할 터입니다. 과도기 철학의 일반적인 흐름은 '이성'으로 신의 존재와 섭리를 재해석하는 것입니다. 'Understanding'에서 한발 더 나아간 결과입니다. 즉, 설교와 계명을 받아들이는 <대상>이 아니라 드디어 <주체>로서 신을 받아들이는 과정이 과도기 철학의 역할이었을 것 같습니다. 함부로 불경스럽게 행동하다가는 종교재판에 회부되어 화형 당할 수 있습니다. 말하자면 눈치를 보는 철학이었을 수도 있겠습니다. 하지만 중세 천 년의 암흑기의 권세를 생각해보면 인간 주체의 등장은 인류 정신사에서 엄청난 사건이었음은 틀림 없습니다. 절대자가 있음에도 인간이 드디어 스스로 생각하는 권능을 되찾았기 때문입니다.

여기서 우리는 기술의 위대한 힘이 어떻게 사회를 전복하는지 말해야 합니다. 생각이 한 사람에게만 머물러 있을 때에는 좀처럼 지식이 되지 않습니다. 특히 어떤 관념이 사람들의 생각을 지배하는 사회에서는 그 관념에 도전하는 생각은 더더욱 지식이 되지 못합니다. 그런 생각이 지식이 되기 위해서는 타인에게 공유되어야 합니다. 공유되려면 활자와 매체가 필요합니다. 지금처럼 컴퓨터와 인터넷도 없고, 방송기술도 없는 시절에는 책이 가장 좋은 매체였습니다. 가장 원시적인 책은 필사본입니다. 하지만 필사본 책은 구하기도 어렵거니와 매우 비쌌습니다. 그러므로 특권층만 지식을 독점하게 됩니다. 인쇄기술은

117

이런 상황에 역사적인 종지부를 찍습니다. 요하네스 구텐베르크(1398-1468)는 금속활판 인쇄를 이용해서 책을 대량 생산할 수 있는 발명을 해냈습니다. 그는 비록 상업적으로 성공하지 못했고 파산했지만, 그의 발명은 한편으로는 독일의 인쇄산업을 일으켰고, 다른 한편으로는 성서의 대량 인쇄의 도화선이 돼서 종교개혁을 가능하게 하였으며, 궁극적으로는 유럽 전역에 새로운 지식을 전파하는 매체를 탄생시킨 것입니다. 이제 인간의 생각은 빠르게 퍼지기 시작했습니다.

유럽 대륙에서 철학자들이 '이성의 힘'으로 세계를 해석하기 시작하자 영국에서 마침내 '진짜'가 나타났습니다. 존 로크(1632-1704)를 비롯한 경험론 철학자들의 등장입니다. 존 로크는 <타블라라싸Tabula rasa>를 주창하면서 인간이 태어날 때의 정신은 빈 백지와도 같은 상태이며, 성장하면서 경험과 활동을 통해서 지적 능력이 형성되며, 그것이 자아를 만든다고 말했습니다. 타블라라싸 개념에서 시작되는 경험론은 사실상 천 년을 넘게 지배한 <자연필연성>의 권위를 송두리째 흔들어버립니다. 빈 백지에서 지적인 힘을 채워나간다면, 그 힘을 채워나가는 것은 결국 개인의 자유로운 경험인 것이며, 이는 <자유>와 <의지>, 그 자체를 뜻하게 됩니다. 그래서 경험론 철학은 정치적인 운동을 동반합니다. 신분이라는 운명 족쇄를 체념하지 않고 정면으로 거스를 수 있는 철학적 기반을 만들어냅니다. 계몽주의가 발호합니다. 이제 중세는 정신사적으로도 완벽하게 끝났습니다. 이제 인류에게는 인간의 자유가 중요해졌습니다.

그렇다면 <자유 의지>란 본질적으로 무엇일까요? 경험과 이성은 혼재되어 그 관념이 모호합니다. 존 로크의 주장대로 경험은 중요하지만 그것은 상대적인 가치일 터입니다. 그렇다면 경험의 주체가 지니는 힘의 권위에 의해서 진리가 결정될 위험이 생기고, 그 힘에 의존해서 상대적 가치가 절대적 가치로 바뀔 수도 있습니다. 많은 사람이 알다시피 회사생활의 비극은 경험 많은 상사의 고집에서 비롯되는 것과 비슷한 이치입니다. 이렇게 인간관계는 점점 힘의 논리에 의해서 얽히고

전쟁이 됩니다. 인류는 권력에 의해 폭주하게 됩니다. 자유 의지는 계몽주의의 발호에 의해서 팽창됐지만, 자유 의지가 무엇인지 그리고 어디까지가 자유 의지인지, 그 한계가 불분명했습니다. 이제 더 이상 절대적인 학문, 곧 신학에 의존하여 답을 찾을 수 없게 되었으므로, 자유 의지의 의미와 한계를 인간 그 자체에서 찾아야 했습니다.

<4>

이에 대해서 임마누엘 칸트(1724-1804)가 대답했습니다. 현대철학은 거기에서 시작합니다. 더 이상 신으로 회귀하지 않습니다. 자연과 자유의 관계, 즉, 필연성과 의지의 관계에 관해서, 칸트는 한편으로는 모르는 것을 모른다고 작심하듯이 고백하면서 플라톤의 이데아(즉 기독교)와 작별하고, 다른 한편으로는 인간 개개인에게 주어지는 <의무>를 선언합니다. 칸트는 이 세계의 진리를 알아가는 과정에서 인간이라는 종족 대신에 한 명의 인간을 불러냅니다. 그 사람의 이름을 홍길동이라고 합시다. 홍길동은 교육과 체험을 통해 얻은 지식이 있을 것입니다. 그런 지식은 직접 경험해서 얻은 것이거나 간접 경험을 통해서 배운 지식입니다. 홍길동에게는 경험지식만 있겠냐는 것이 칸트 생각입니다. 경험과 무관하게 인간이라면 선천적으로 주어지는 능력이 있을 터입니다. 그 능력은 경험으로부터 영향을 받지 않으니까 어떤 개인이든 다를 리 없습니다. 개인의 성향과 취향의 영향도 제거해 봅시다. 홍길동과 임꺽정과 성춘향에게 서로 같은 능력, 톰과 제인과 장과 뮐러와, 와타나베와 왕과 응우옌 사이에 공통된 지적 능력, 그것을 순수이성이라고 칸트는 불렀습니다. 순수하게 비경험적인, 그러므로 인간이니까 주어진 선천적인 이성을 칸트는 탐구합니다.

　칸트 철학에 이르러 개인이 인류를 대표합니다. 개인이 인류와 대등해집니다. 홍길동의 선천적인 이성이 와타나베의 선천적인 이성과 다를 리 없습니다. 모든 인류를 다 불러낼 필요 없이 홍길동이 곧

449

인류입니다. 홍길동이 인류를 대표하지 못한다면 그것은 어딘가 문제가 있는 것입니다. 그런데 우리는 이 세계의 본질과 진리를 말함에 있어 홍길동이 확정적으로 '이것이 진리다'라고 말할 때 다른 개인들이 그 주장을 반론과 반증 없이 받아들이나요? 그런 경우는 없습니다. 홍길동의 생각과 내 생각이 다를 테니까요. 그래서 칸트의 인식론은 <불가지론>에 이릅니다. 이 세계의 본질과 진리를 말할 때 홍길동은 인류를 대표할 수 없다는 이야기이며, 그 까닭에 대해서는 아래에서 다시 자세히 살펴보겠습니다. 여기에서는 일단 결론이 그렇다는 이야기만 해 둡니다. 홍길동 대신에 어떤 인간을 넣어도 마찬가지입니다. 진리와 본질을 말할 때 개인은 인류를 대표할 수 없습니다. 집단도 인류를 대표하지 못하는 것은 매한가지입니다. 이것이 현대철학의 시작을 알리는 칸트 철학의 한 단편입니다. 칸트 철학의 은밀한 의미는 이런 것입니다. 개인의 <자유의지>라는 것은 절대적 진리와 관련이 없다는 선언입니다. 그러니까 자유의지와 종교를 서로 연결시키지 말자는 이야기가 됩니다. 종교와 신학에 대해서 철학적 권위를 박탈하는 것, 이로써 계몽주의 정신이 가장 높은 곳까지 고양되었습니다.

칸트 철학의 또 다른 단편은 윤리학에서 나옵니다. 다시 인류 대표 홍길동을 불러봅시다. 홍길동은 진리와 본질을 말함에 있어 인류를 대표할 수는 없지만 행위를 할 때에는 인류를 대표할 수 있다는 것이 칸트의 생각이었습니다. 이것의 이데아는 이것이며, 저것의 이데아는 저것이라고 말하기는 힘들겠지만, 세상의 진리를 알아낼 수는 없더라도, 인간은 행위를 해야 하지 않겠습니까? 그런 행위 중에서 무엇이 선한 것인지를 아는 것이 중요합니다. 그런 기준이, 경험과 성향으로부터 영향을 받지 않는, 인간이니까 선천적으로 주어지는 기준이 있기는 있나요?

칸트는 힘있게 답합니다. 있다고 말이죠. 그것이 바로 다시 <순수이성>입니다. 행위는 이론적인 것이 아니라 실천적인 것이므로 순수이성은 순수실천이성, 간단하게 <실천이성>이라고 부릅니다. 경험으로부터 순수한 선천적인 이성은 이론적인 차원에서는 무능합니다. 요컨 대 확고불변한 진리와 본질에 관해서는 이렇다할 성과를 내지 못한다 는 이야기입니다. 그러나 실천적인 차원에서는 인류의 헌법이 됩니다. 그 실천이성은 사람 마음 속에서 양심의 목소리로 "홍길동, 너는 지금 이렇게 해야 해!"라고 명령을 내립니다. 살인하지 마, 거짓말 하지 마, 약자를 괴롭히지 마, 그 사람을 도와줘야지 따위의 명령입니다. 이런 명령은 어느 곳에서나 동일한 법률이며, 그런 명령에 따라 의무가 발 생하고, 그런 의무를 따르겠다는 의지가 바로 자유의지가 됩니다. 홍길 동과 임꺽정과 성춘향의 양심 속에서도 내려지는 명령이며, 톰과 제인 과 장과 뮬러와 와타나베와 왕과 응우엔 사이에 차이가 없습니다. 요 컨대 홍길동의 양심은 인류의 양심이며, 그의 자유의지는 인류의 자유 의지입니다. <개인>이 곧 인류입니다. 그리고 이것이 계몽주의를 완성 하며 역동적인 19세기를 불러냅니다.

이와 같이 칸트 철학에서 드디어 <개인>이 곧 인류가 되었습니다. 우리 인류가 자연의 모든 필연성을 구석구석 결정한 절대자로부터 벗어나 생각과 행동의 주체가 되기까지 천오백 년이 넘는 세월이 걸렸습니다. 그리고 수백 년의 격동기를 거치면서 칸트는 인류라는 주체가 아니라 개인이라는 주체를 철학적으로 선언한 것입니다. 그러므로 현대철학은 칸트에서 시작합니다. 우리는 조금 더 칸트를 들여다 볼 필요가 있겠습니다.

먼저 <우리는 무엇을 알 수 있는가?>에 대해서 살펴봅니다. 이런 질문에 관한 철학분야를 <인식론>이라고 합니다. 앞에서도 설명한 것처럼, 결론적으로 말하자면 이렇습니다. 경험에 영향을 받지 않는, 즉 사람마다 다르게 적용될 리가 없는 절대적인 앎은 모르겠다는 것입니다. 어째서 그럴까요? 칸트는 스스로 자신의 생각을 <코페르니쿠스적 전환>이라고 일컬었습니다.

어떤 대상이 있다고 가정합시다. 사실 이런 표현은 좀 모호하지요. 좀 더 구체적으로 표현합니다. 여기 <특허전쟁>이라는 책이 있습니다. 칸트의 방식은 이렇습니다. 우리 인간은 이 책을 있는 그대로 인식하는 것이 아니라는 생각입니다. 말하자면 칸트는 <특허전쟁>이라는 책의 존재의미를 그 책 자체에서 찾는 것은 무의미하다고 봅니다. '특허'와 '전쟁'이라는 단어의 의미를 전혀 알지 못하는 사람에게는 이 책은 사실상 존재하지 않습니다. 나아가 '책'이라는 관념을 전혀 모르는 사람에게도 이 책은 존재하지 않습니다. 더 나아가 인간이 아예 존재하지 않는다면 <특허전쟁>이라는 책의 존재의미는 사라집니다. 이것이 코페르니쿠스적 전환이라는 것입니다. 관념이 없다면 대상은 인식되지 못합니다. 그 대상이 실제로 존재하더라도 그것을 인식하는 관념이 없다면 존재는 의미를 잃습니다. 그렇다면 인간 밖의 세상에서 철학을 시작하지 말고 인간 안의 생각에서 철학하자는 것입니다.

물론 인간의 생각과 무관하게, 존재하는 것은 존재하는 것 아니겠냐고 말할 수는 있습니다. 당연합니다. 하지만 그것이 무슨 의미가 있겠냐는 것이죠. 솔직히 우리는 일상생활에서, 대상이 생각을 만들어내는 것이 아니라 생각이 대상을 만들어낸다고 흔히 이야기합니다. 같은 회사에 소속되어 있더라도 어떤 사람은 좋은 회사라고 자랑스러워하고 또 어떤 사람은 아주 나쁜 회사라고 생각할 수 있습니다. 대한민국 정부는 대통령이 누구이든 정치적 견해라든지 자신이 처한 환경에 따라 사악한 정부가 될 수 있으며 또한 그 반대로 소중한 정부가 될 수도 있지요. 이렇듯 존재는 생각에 따라 다양해집니다. 칸트는 그것을 좀 더 정교하게 논리화했던 것이고요. 어쨌든 코페르니쿠스적 전환을 말하며 칸트는 주장합니다.

그 동안의 철학적 전통이 잘못되었노라고 선언합니다. 대상(자연)이 있으므로 주체(자유)가 있는 게 아니라는 것입니다. 주체가 있어서 대상에 그 대상에 어울리는 관념을 부여하니까, 인간의 지적인 능력이 머릿속에서 질서와 규칙을 부여하니까 비로소 자연이 인식되었다는 논증입니다.

이것은 자연에 대한 자유의 명백한 승리 선언이었습니다. 칸트는 생각에서 존재를 찾아냅니다. 그런데 사람마다 개인마다 생각이 다릅니다. 그런데 생각을 만들어내는 갖가지 관념은 무엇이 만들어낼까요? 경험입니다. 세상은 관념에 의존하고 관념은 경험에 의존합니다. 경험은 사람마다 다르기 때문에 세상은 다양해질 수밖에 없습니다. 이처럼 경험이 개입한다면 진리는 상대적입니다. 그러므로 우리가 인식하는 세상의 온갖 진리는 상대적인 진리라 하겠습니다. 절대적인 진리를 추구한다면, 경험에 의존하지 않는 순수하게 선천적인 능력이 우선 필요할 것 같습니다. 그 능력을 앞서 언급한 것처럼 <순수이성>이라고 부릅니다. 순수이성은 절대적인 진리를 인식할 수 있는가? 이 질문만 남았습니다.

대상을 인식하는 것은 관념에 의존하고 그 관념은 경험에 의해서 만들어진다는 점에서 순수이성은 절대적 진리를 인식하지 못합니다. 생각을 만들어내는 경험은 인간마다 다릅니다. 그러므로 똑같은 대상도 이 사람과 저 사람에게 다르게 인식됩니다. 그렇지만 경험에 의존하면 그것은 모든 사람에게 진리라 말할 수 있는 진정한 앎이 아닙니다. 결국 경험의 한계를 말합니다. 그렇다면 경험을 초월한 세계는 어떨까요? 예컨대, 신, 영혼, 사후세계, 구원 등 뭐 그런 거대한 대상은 어떨까요? 칸트는 순수이성으로도 신, 우주, 영혼 따위의 진리는 알 수 없다고 말합니다. 모르는 것을 탐구하는 것은 의미가 없습니다. 결과적으로 칸트 철학은 드디어 철학에서 종교나 신학을 빼자는 이야기가 됩니다.

결국 칸트는 고백합니다. 경험에 영향을 받지 않는, 즉 사람마다 다르게 적용될 리가 없는 절대적인 앎은 모르겠다고 말이지요. 하지만 이렇게 고백했다고 해서 세상사에 무관심하겠다는 철학은 아닙니다. 더 나은 개선이 필요 없다거나, 더 나은 개선을 위해 논의하고 토론하지 말자는 것도 아닙니다. 오히려 세상사에 집중하자는 철학입니다. 세상사와는 직접 관련되지 않는 종교와 같은 절대적이고 본질적인 진리를 고집하지 않음으로써, 세상사의 더 나은 개선과 진보의 토대를 만들었다고 이해하면 대략 적당하겠습니다. 칸트의 인식론은 전혀 오

455

만하지 않고 겸손한 철학입니다. 오만하면 쉽게 폭력적으로 돌변합니다. 오만한 생각을 지닌 사람들은 변화를 거부하며 자기 생각만 집요하게 강요하지요. 그런 이들은 더 나은 제안을 억압하게 마련입니다. 칸트는 철학적으로 그런 오만함에 반기를 든 것입니다.

<5>

칸트의 인식론이 우리에게 주는 메시지는 이렇습니다. 스스로 생각하라는 것입니다. 왜냐하면 당신의 생각에 의해 세상이 존재하기 때문입니다. 스스로 더 좋은 생각을 하십시오. 그러면 세상이 더 좋게 변화하기 때문입니다. 더 넓은 세상을 원하거든 더 넓은 생각을 도모할 필요가 있습니다. 물론 그것은 진리가 아니며 변하지 않는 정답이 아닙니다. 그렇기 때문에 싸울 필요가 없으며, 고집할 필요도, 숭배할 필요도 없습니다. 더 높은 차원으로 생각하는 것은 세상을 드높이는 일이기도 합니다. 어떻게 더 높은 차원으로 생각할 수 있을까요? 우선 감각기관을 가급적 개방하십시오. 그러나 여기서 멈추지 말고, 알맞은 카테고리를 만들면서 지적 능력을 고양하십시오. 하지만 그것은 멈추지 말고 낡은 개념을 버리고 새롭게 개념을 만들면서 무엇이 더 바람직한 것인지 합리적으로 판단하기 위해 노력하십시오.

<6>

우리는 도덕적으로 어떤 행위를 해야만 합니까? 칸트 철학에 따르면, 나의 선한 의지와 당신의 의지가 다를 리 없습니다. "어떤 행위를 해야만 하는가?"라는 질문은 칸트의 <윤리학>에 속하며, 이는 의무에 관한 이야기입니다. 그렇기 때문에 당연히 규칙, 준칙, 법률 같은 것이 필요합니다. 즉, 무엇이 우리가 지켜야 하는 법률인가라는 물음이 꼭 필요합니다. 칸트 할아버지는 법률에 대해서 독특한 생각을 말했습니다.

칸트에게 법률은 '보편적'인 규범입니다. 만약 법률이 언제 어디에서든 항상 타당한 것은 아니라면, 보편적인 준칙일 수 없습니다. 지역마다 종족마다 나라마다 다른 법령은 그 자체로 보편적일 수야 없겠지요. 따라서 국가의 법령을 어기고 위법한 행위를 했다고 해서 그 결과만으로 악하다고 칸트는 '결코' 생각하지 않습니다. 또한 '상황'에 따라 달라지는 것도 보편적인 법률이 아닙니다. '상황'이라는 것은 무엇입니까? 그건 경험적인 것입니다. 경험적인 상황입니다. 그러니까 사람마다의 경험에 따라서 좋고 나쁨이 정해지는 기준이라면 그것은 보편적인 법률이 될 수 없습니다. 보편적인 법률은 지식의 차이에 의해서 영향을 받아서도 안 됩니다. 사상도 이론도 보편적인 법률이 될 수 없습니다.

그렇다면 보편적 법률을 칸트는 어디에서 찾았을까요? 인간의 바깥에서 찾지 않았습니다. 보편적 법률은 인간 내면에 있다고 봤습니다. 앞에서 설명한 바와 같습니다. 개인의 양심에서 찾았습니다. 또한 도덕법칙은 경험에 의해서 왔다갔다 하면 안 되는 것이어서 경험을 초월해야 합니다. 그래서 다시 선천적인 개념이 나옵니다. 인간에게 선천적으로 주어진 '무엇'에 도덕법칙이 있다는 것입니다. 그 무엇이 무엇일까요? 경험에 앞선, 즉 선천적으로 주어지는 순수이성에서 찾습니다. 순수이성은 사유의 주체입니다. 물론 그 주체는 세상의 본질과 진리를 찾는 데 있어 무력했습니다. 앞서 살펴본 것처럼 말이죠. 그런데 인식론에서는 무력했던 순수이성이 윤리학에서 매우 강한 힘을 발휘합니다. 순수이성이야말로 도덕법칙으로서 절대적인 법률이 됩니다. 그래서 칸트는 순수이성을 실천이성으로 변경해서 표현합니다. 칸트 철학은 사유의 주체가 곧 행위의 주체입니다. 사유의 주체는 온순하지만 행위의 주체는 단호합니다.

말하자면 칸트는 성선설 입장입니다. 이 세상에서 절대적으로 선한 것은 순수이성의 선한 의지Good will입니다. 그것은 경험과는 무관한 선천적으로 선한 의지입니다. 자꾸 반복해서 말합니다만 순수이성

455

은 선천적으로 주어지는 것이므로 경험에 의해 영향을 받지 않습니다. 그렇다면 나의 순수이성과 당신의 순수이성이 다를 리 없습니다. 사람마다 지능과 지혜가 다릅니다. 그것은 순수이성이 달라서가 아니라 사람마다 감성과 지적능력이 달라서입니다. 칸트의 도덕법칙은 이런 것입니다. "나의 선한 의지와 당신의 의지가 다를 리 없습니다."

다시 윤리학적 질문으로 돌아갑니다. "우리는 어떤 행위를 해야만 하는가?" 여기서 말하는 행위, 즉 '해야만 하는 행위'이며 곧 의무입니다. 순수이성이 명하는 의무지요. 개인의 성향이 아니라 인간 내면의 의무가 중요합니다. 극단적인 예를 좀 들어보겠습니다. 품성이 착하고 베푸는 것을 좋아하는 사람이 있다고 가정하죠. 그가 결과적으로 남을 많이 도와주었지만 그런 행위가 남을 동정하는 마음에서 비롯되었다면 그가 참 좋은 사람이라는 명예를 받을 수는 있어도 도덕적인 행위라고 말할 수는 없다는 것이 칸트의 생각입니다. 내면의 도덕명령을 지키는 의무에서 비롯된 것이 아니라 자신의 성향에서 비롯되었기 때문입니다. 반면 냉정한 성격에 동정심도 없는 사람이지만, 곤경에 처한 사람을 도와주는 것이 의무라고 생각해서 도와줬다면 그것이 바로 도덕적 행위라는 것입니다.

직장 내에서도 마찬가지입니다. 개인적으로 짜증나고 싫어하는 동료이지만 그/그녀가 하는 일을 도와주는 것이 자기 의무라고 생각해서 협력했다면 도덕적 행위입니다. 자기 내면의 명령에 따르는 것, 그것이 바로 순수이성입니다. 실천이성이라고 표현해도 좋습니다.

<7>
그러니까 칸트에게 있어 도덕법률을 지킨다 함은 곧 자율성을 뜻합니다. 자기 양심의 목소리를 듣는 것이죠. 물론 여기서 문제가 있기는 합니다. 사람마다 양심의 목소리의 크기가 같지는 않거든요. 어떤 이는 양심의 명령이 강하지만 어떤 이는 약합니다. 이것을 어떻게 해야 할

까요? 이것이 칸트의 윤리학의 맹점입니다. 물론 해답은 있기는 합니다. 칸트에게 사유의 주체와 행위의 주체가 다르지 않습니다. 즉, 사유의 힘을 강하게 하면 양심도 커지는 논리가 됩니다. 생각을 하고 사십시오. 무엇이 더 올바른 일인지 습관적으로 생각하십시오. 그러면 양심도 튼튼해지고 칸트가 말하는 자율성도 빛을 냅니다.

칸트의 윤리학에서 저 유명한 <정언명령>을 빼놓고서는 앙꼬 없는 찐빵입니다. 우리는 지금까지 도덕법칙이 어디에서 비롯되었는지 살폈습니다. 순수이성의 선한 의지입니다. 그 선한 의지는 모든 인간에게 공통된 명령을 개인마다 하달합니다. 대부분 그 명령을 따르지 않으니 사회가 이꼴이긴 합니다만, 어쨌거나 순수이성의 그러한 명령을 정언명령이라고 합니다. 이 명령에는 두 가지 조건이 항상 붙습니다.

첫째, 내가 따르는 행위의 규범은 남한테도 보편적으로 적용될 수 있어야 합니다. 상황에 따라 조건에 따라 사람에 따라 변하는 행위의 규범이라면 도덕법칙이 아닙니다. 그런 규칙은 존중할 수는 있어도 다른 규칙으로 대체되더라도 사실 무방합니다. 직장생활, 사회생활을 하다 보면 다양한 규칙에 직면하거나 규칙을 만들어야 할 때가 생깁니다. 남한테 두루 권할 수 있는 규칙이 아니라면 그것은 관습에 불과합니다. 좋을 수도 있고 나쁠 수도 있겠죠. 그러나 도덕법칙은 아닙니다.

둘째, 타인을 수단이 아니라 목적으로 대하라는 것입니다. 내 안의 선한 의지와 타인의 선한 의지는 같습니다. 따라서 내 선한 의지의 명령에 따라 행하는 행위가 타인의 선한 의지를 괴롭힐 리가 없습니다. 사람마다 성격이 다르고 스타일도 가치관도 인생의 목표도 모두 다르겠지만, 어쨌거나 내가 어떤 행위를 함에 있어서 그 행위와 관련되는 사람이 있다면 그 사람을 배려하십시오. 자기를 위해 함부로 이용하지 마십시오.

물론 이러한 무조건적인 도덕법칙인 정언명령, 지나치게 엄격하고 어렵습니다. 저는 철저하게 도덕법칙에 따라 행위하자고 말하는 것은 아닙니다. 아마 칸트 할아버지도 마찬가지였을 것입니다. 인간의

459

순수한 마음은 언제나 더럽혀지기 쉽기 때문에 엄격한 도덕법칙은 사실 거의 불가능할지도 모릅니다. 그렇다면 이렇게 말을 바꿔서 이야기할 수도 있을 것입니다. "함부로 도덕적이라는 표현을 사용하지 말라"는 것입니다. 도덕적 비난 혹은 도덕적 권위를 이용하여 남을 비난하거나 비판하지 말자는 이야기입니다. 우리 인류는 아주 오랫동안 그 시대의 도덕(도덕이라 칭해지는 관념)의 권위를 이용해서 사람을 탄압하고 살해해 왔습니다. 일종의 '도덕살해'입니다. 칸트 철학은 그와 같은 도덕살해에 대해 철학적인 종지부를 찍습니다. 또한, 칸트 철학은 함부로 보편적인 규범이나 원리를 내세워서 그 안에 숨지 말자는 것입니다. 우리는 더 나은 것을 찾고 실천할 수 있습니다.

<8>

나는 칸트 철학이야말로 훌륭한 경영지침이라고 생각합니다. 계몽주의 시대에 이르러 사유와 행위의 주체로서 개인은 확실한 지위를 얻었습니다. 즉, 자연필연성에 대한 자유의지의 승리의 결과입니다. 천 년의 세월을 훌쩍 넘는 오랜 시간이 걸렸습니다. 우리 개인 개인의 자유의지, 곧 그 자율성을 만들기 위해서 우리 인류는 천 년이 넘는 세월을 인내하고 싸워왔습니다. 당신의 자율성을 귀하게 생각하십시오.

그러나 우리는 또 다른 자연의 구속을 만납니다. 그것은 신으로부터 유래된 자연이 아닙니다. 인간이 스스로 만들어낸 자연, 바로 자본주의입니다. 자본주의는 겨우 자유를 획득한 인간의 자유의지를 총체적으로 억압했습니다. 자본가는 노동자 계급의 자유의지를 박탈함으로써 자기의 자유의지를 극대화했습니다. 결국 이쪽의 자유와 저쪽의 자유의 격돌입니다. 동시에 우리 인간은 각자의 위치에 따라 저마다 돈의 노예가 됐습니다. 자본주의의 가장 작은 단위인 '회사'를 이야기해 볼까요?

회사 입장에서 바라보는 자본주의의 원리는 이윤의 극대화에 있습니다. 이윤을 극대화하려면 두 가지를 갖춰야 합니다. 첫째 생산력이 커야 합니다. 과학기술의 발전과 공장자동화를 생각하면 되겠지요. 생산력이 좋으면 그것만으로도 훌륭하게 이윤을 낼 수 있습니다. 공장자동화를 통해서 분업화 시스템이 회사에 안착화됩니다. 개인 A는 개인 A에게 할당된 일만 하면 됩니다. 개인 A가 개인 B에게 할당된 분업을 군이 할 필요는 없습니다. 그런데 문제가 있습니다. 과학기술의 발전과 공장자동화의 즐거움을 나만 누리지 않는다는 것입니다. 경쟁자도 누리죠. 경쟁자의 등장이 문제입니다. 경쟁은 가격경쟁을 초래합니다. 이것이 문제입니다. 가격경쟁은 이윤을 떨어트리기 때문입니다. 인플레이션을 감안하면 가격경쟁은 파산을 불러올 수도 있죠. 경쟁이 강화되면 견디는 것이야말로 생존의 비결이 되기도 합니다. 둘째 견디는 힘을 구조화하는 것입니다. 즉, 효율성의 구조화입니다. 원가절감, 비용절약, 임금억제, 실적평가를 동반하면서 시간당 처리효율을 강화하도록 회사의 시스템을 구조화합니다. 분업화라는 하드웨어 시스템에 합리화라는 소프트웨어 시스템을 결합합니다. 이것이 바로 이윤을 극대화하기 위한 닦달 시스템의 구축입니다. 특허업계에서 흔히 볼 수 있는 시스템이지요.

459

<9>

하지만 이윤의 극대화가 낳은 자본주의의 이러한 병리현상은 개인의 자율성을 핍박합니다. 닦달 시스템 앞에서 개인의 자유의지는 무력해집니다. 인류사에서 눈부시게 진보했던 개인이 회사라는 조직에서 후퇴하고 맙니다. 개인에게 타율적인 의무만을 요구하기 때문이죠. 개인의 자율성이 대수롭지 않게 되면 개인은 더 적게 사유합니다. 그리고 자율성에서 나오는 독창성 또한 중요하지 않게 됩니다. 따라서 회사는 개인 A와 개인 B에게 공통된, 대체가능한 능력만을 활용합니다. 회사에 소속된 모든 개인은 그저 관리자가 되는 셈이고, 관리자를 지향합니다.

회사의 재화나 서비스는 결국 사람의 사유와 행위에서 비롯되는데 그 사람의 능력을 최소한으로 활용하는 기업과 그 능력을 최대한으로 활용하는 기업 사이에서 어느 쪽이 경쟁력이 있는지는 따지는 것은 어려운 일이 아닙니다. 회사의 운명은 앞에서 언급한 두 번째 수단, 즉 "효율성의 구조화" 때문에 필연적으로 위협을 받게 됩니다. 회사는 생존을 위해서 생산력을 지속적으로 개선하려고 합니다. 창의성을 고양시키려고 하지요. 하지만 효율성의 구조화는 창의성을 억누릅니다. 그러는 사이에 경쟁자 중에서 혁신적인 기술로 시장을 파괴하는 기업이 나올 수 있겠죠. 이것이 한 기업의 파국을 초래합니다. 그런 창조적 파괴자 앞에서 기존 회사는 망할 수밖에 없습니다. 애플이 시장을 선도하자 오랫동안 시장을 지배했던 여러 제조업체들이 파국을 맞이했습니다. 조지프 슘페터(1883-1950)는 창조적 파괴를 통해서 자본주의가 전진할 것으로 기대하지만, 그런 창조적 파괴에 직면한 많은 회사는 파산의 소용돌이에 속절없이 휘말립니다. 회사에 소속된 개인의 자유를 억압하고 그들의 자율성을 핍박하며 개인의 능력을 최소한으로 사용한 숙명적인 대가입니다.

이러한 숙명에 맞서서 '회사'가 할 수 있는 방법, 즉 이윤을 극대화하기 위해 나아가야 할 방향은 인류가 진화한 역사와 그 방향이 같습니다. 개인의 자유의지를 옹호하는 방향, 즉 자율성을 강화하고 회사 내의 구조화된 자연필연성을 약화하는 방향이 바람직하다고 생각합니다. 그렇기 때문에 칸트주의 경영을 나는 선택합니다. 효율성의 구조화를 통해서 자유의지를 억누르는 것이 아니라 창의성의 구조화를 통해서 자유의지를 고양하는 방법입니다. 그것이 우리가 하는 특허 업무에 맞습니다.

<10>

우리는 지금까지 서양정신세계사를 <자연>과 <자유>의 길항관계로 살펴보았습니다. 그것은 필연성, 즉 당위성과 의지 사이의 긴장관계와 동일합니다. 우리 인류의 정신세계사에서 개인의 자유의지가 남이 정한 숙명을 이겨내고 자기 인생을 결정하게 되기까지 수천 년의 세월을 보냈습니다. 서양만의 이야기가 아닙니다. 동양은 말할 것도 없습니다. 우리 인간은 수천 년 동안의 타율적인 삶을 살았습니다. 여러분의 자유의지, 자유의지에 기초한 자기만의 규범, 즉 자율성은 선조들의 수많은 희생과 고초를 겪고 드디어 인정된 가치입니다. 이렇게 인류의 정신세계사를 짧게 탐험하면서 우리는 칸트 철학을 경청하게 되었습니다. 그 까닭은, 첫째 그가 "개인의 자율성"을 옹호했기 때문입니다. 둘째 개인의 의지에 의해서 인간이 개선될 수 있음을 믿기 때문입니다. 셋째 그의 이성에 대한 신뢰는 인간이 골몰히 생각하고 또한 의지를 가짐으로써 어떻게 자신의 능력을 가장 크게 발휘할 수 있는가에 대한 통찰을 주기 때문입니다. 넷째 감정과 본능에 대한 일관된 규범을 주기 때문입니다. 다섯째 그렇지만 앎에 겸손하기 때문입니다. 여섯째 그의 철학은 창의성과 헌신성을 요구하는 특허 업무에 적합하기 때문입니다.

이제 인류의 정신세계사 여행을 마칩니다. 여러분, 스스로 생각하십시오. 관습보다 나은 개선을 자꾸 생각하십시오. 내 생각이 나의 것인지 타인의 것인지 의심하면서 창의력과 상상력을 키우십시오. 우리 마음 속의 선한 의지를 믿고 남을 빛내주십시오. 운명과 세계를 바꾸는 것은 결국 인간의 의지입니다. 그리고 여러분 한 명 한 명이 인류이며 하나의 공화국입니다.

461

1. 우리에게 자율성이 필요한 이유

462

IV. 부록

2.

별리사 이야기

나는 2014년 1월부터 2016년 1월까지 24개월 동안 대한변리사회가 발행하는 [특허와상표]에 <별리사 이야기>라는 제목으로 에세이를 매월 연재했다. 이 글은 그 에세이를 묶은 것이다.

Ⅳ. 부록

<1.826호>

10여년 전에 <특허와상표>에 글을 쓴 적이 있습니다. 그때는 풋내기였는데 어느덧 세월이 흘렀습니다. 그사이 적지 않은 경험을 했고 누구나 그러하듯이 좌충우돌했습니다. 어찌 하다보니 우리 신문에 짧은 생각들을 연이어 쓰게 되었습니다. 작년말 <변리사 페북>에서 "별리사 이야기"라는 제목으로 날것의 이야기를 연재한 적이 있습니다. 업계의 풍토를 비난하는가 하면 내 실패담을 끄집어내거나 성공담을 뽐내기도 했어요. 사람들이 비관할 때 나는 습관적으로 낙관합니다. 또 문명 비판을 하는 척 포즈를 잡는가 하면 느닷없이 실무이야기로 점잔을 빼기도 했거든요. 그걸 <특허와상표> 담당자님께서 흥미롭게 지켜보셨던 것이죠. 근래 들어 여러 매체로부터 청탁을 받는 일이 잦습니다. 밖의 요청이 반갑다면 안의 요청은 더 즐거운 일입니다. 이렇게 멋을 부리며 동명의 연재를 하게 되었으니 영광이 아닐 수 없습니다. 그런데 여기에서 어떤 스타일의 글을 써야 할까. 이건 약간 고민스럽습니다.

정제되지 않은 언어의 묘미를 나는 탐합니다. 수다를 통해서 생각지도 못한 의미를 발견할 때가 종종 있죠. 낯선 경험을 하고 그때의 의미를 수락할 적마다 혹은 낯선 경험에 대해서 입장을 정리할 때마다 우리는 성장합니다. 뻔한 이야기를 점잖게 또 논리적으로 하는 것은 지루합니다. 생산적이지도 않습니다. 중년이 된 이후로 나는 내 자신에게 최면을 겁니다. 주문을 외우죠. "꼰대가 되지 말자." 나는 <별리사 이야기>를 수다스럽게 늘어놓을 작정입니다. 품위와 멋을 잊지 않으면서 말이죠.

나는 B급 별리사입니다. 세상에는 능력자들이 많습니다. 선량하고 빛나는 별리사들을 만날 때마다 겸손해질 수밖에 없고, 그 점을 먼저 고백합니다. 하지만 자백은 자백을 방해하지 못합니다. B급 별리사 정우성을 소개합니다. 현장의 경험은 나눠야 맛이고 어렵사리 얻은 노하우는 퍼뜨려야 멋입니다. 나를 빛내는 게 아니라 남을 빛내는 것이 우리 직업의 성격이라면 더욱 그러합니다. 경쟁은 진보합니다. 우리는

465

서로 높은 수준에서 경쟁해야 하며 이를 위해서는 서로 높여줘야 합니다. 이론과 지식을 공유한다고 깊이가 생기는 것은 아니죠. 학자연한 허풍이 퇴적되곤 합니다. 장인에게 필요한 것은 현장의 날것입니다. 장인조합의 혁신은 통념에 금이 갈 때 비로소 시작됩니다. 사람을 소개하기는커녕 평소 생각만을 요약해버렸군요. 하지만 이 생각이 곧 내 정체성이며, 이 글의 주제입니다. 나는 기침을 할 작정입니다.

<2. 828호>

별리사의 소송대리권? 아, 이것 참 미묘하고 유구한 문제입니다. 우리 서로 마주보면서 대보름 땅콩을 까며 평화롭게 말을 나눠 봐요. 우리끼리 하는 이야기예요. 일전에 모 대기업 특허책임자를 카페에서 처음 만난 적이 있었어요. 불과 30분도 되지 않아서 나는 거칠어졌죠. 별리사를 깔보는 태도가 싫었습니다. 별리사는 별리사의 대변인이잖아요. 반응할 수밖에요. 특허전담부서가 있는 곳이면 대기업이든 대학이든 연구기관이든 별리사를 값싸게 여기는 문화, 특허전담부서가 없으면 오히려 별리사를 대우하는 문화, 나는 이 문화의 차이가 놀라워요. 거기에 침묵하고 신속하게 수긍하는 별리사의 기개에 대해서는 고심 중입니다.

　　생각해보면 우리 별리사들의 태도가 기이합니다. 우리는 무형의 가치를 강조합니다. 그게 혁신의 비밀이자 장차의 경쟁력이라고 목소리를 높이기도 합니다. 무형의 가치는 본래 유동적이고 확산성이 있죠. 미래 지향적이기도 합니다. 신뢰와 의지와 인내와 실천이 필요합니다. 시간이 걸린다는 이야기입니다. 하지만 우리 사회는 무형의 가치를 끊임없이 그리고 신속히 유형화합니다. 그게 바로 요금표입니다. 수수료 규정이죠. 무형의 가치가 유형화 될 적에는 늘 축소지향성과 과거지향성을 띤다는 사실을 발견하기도 했어요. 우리 별리사 요금표를 보세요. 10년전에도 이랬고, 20년 전에도 이랬습니다. 물가를 반영하기는커

466

넝 임금인상분을 고려하지 못하죠. 창의성을 만지작거리는 일과는 너무나 먼 현실입니다. 별리사의 실존은 요금표에 의해 뭉개진 상태에서 자긍심만 높은 현실, 그것이 우리의 적입니다.

　　무형의 가치를 유형화하는 시스템 속에서 특허사무소 선배님들은 어쩔 수 없이 사람을 닦달하는 것으로 대응했죠. 사람을 기계처럼 대했습니다. 싸구려 일을 구해 와서는 얼마나 빨리, 얼마나 많이, 얼마나 정확하게 처리해야 하는지 매뉴얼과 실적표를 전담머신에게 내려 보내죠. 이 부품의 생상성은 입출력대비 3배로군. 그러나 어떻게 머신에게 창의성을 요구할 수 있을까요? 별리사의 업무 성격과 전혀 맞지 않는 문화를 우리는 스스로 창조해 냈죠. 가장 창의성 있는 일을 가장 창의성이 없게 다뤘습니다. 몇몇 별리사의 개인기에 의존합니다. 열악한 노동환경과 수익구조, 경영자와 근로자 쌍방이 공평하게 힘들어 하는 창의산업의 첨단에 우리는 존재하죠. 그것이 우리의 적입니다. 후배들에게 나는 말합니다. 요금표에 세뇌되지 말고 저항하라, 의심하고 싸워라. 친구들에게 말합니다. 후배들을 머신으로 보지 말고 다 함께 창의성을 높이자고 말입니다. 물론 쉽지 않아요. 너무 오래 된 퇴적층이거든요.

467

<3.830>

별리사의 업무 능력은 세 가지의 자양분을 먹고 자랍니다. 그 첫 번째가 우선 국가자격증 시험에 합격하기 위한 지난한 학습입니다. 별리사의 기본 소양을 만들어 주기 때문에 매우 큰 자양분입니다. 두 번째가 현장에서의 케이스 경험입니다. 케이스를 통해서 살아 있는 지식을 얻습니다. 세 번째가 사수와 부사수 사이의 도제식 교육입니다. 나는 이 도제식 교육을 의심합니다.

　　도제식 교육 자체가 잘못되었다고 말하기는 어렵겠죠. 단지 그 위험성을 말함입니다. 만약 사수가 잘못된 관습과 지식을 부사수에게

전한다면 이를 어쩌지? 만일 그 가르치는 내용이 오래되었고 변화하는 시대에 맞지 않는다면 또 어쩌지? 하는 우려입니다. 실무의 상당수는 도제식으로 배웠는데 그 중 어떤 것은 수십 년 전의 문화가 고스란히 남아 있고, 또 어떤 것은 일본향일 뿐이거나 혹은 미국 쪽 영향을 받았습니다. 유감스럽게도 특허실무에 관한 뾰족한 책이 우리나라에는 없습니다. 단지 여러 번 출처를 세탁한 파일이 돌아다닐 뿐입니다. 특허실무에 관한 상세한 기본서가 있다면 그것을 참고 삼아서 도제식 교육을 보충할 수 있건만 아직 그런 환경은 우리가 만들지 못했습니다. 우리 별리사들의 과제이며 저의 개인적인 과제이기도 합니다. 실은 그런 책을 쓰겠다고 작년에 출판계약도 했는데 부족한 능력을 탓하고 또 사무소 유지에 정신이 없는 상황을 변명하면서 포복하고 있는 실정이지요.

별리사들의 특허실무에 관해서 오늘 저의 특별한 불만은 내용증명 실무입니다. 상당수의 침해경고장이 지나치게 거칩니다. 감정적이며 협박조의 스타일로 작성된 문서 안에는 타협이라곤 발견할 수 없습니다. 옛날 내용증명 샘플이 수많은 사수와 부사수를 거치면서 아직도 돌고 도는 모양입니다. 얼마 전에 받은 내용증명에는 일간지에 사과문 쓰기, 느닷없이 모든 제품을 폐기하기, 그리고 발신인의 처분을 기다리기 같은 문구가 수십 년의 시간 흐름에 아랑곳하지 않고 여전히 굵은 글씨로 쓰여 있었어요. 별리사는 싸움을 붙이는 역할만 하는 게 아닙니다. 고객의 비즈니스를 위해서 때때로 싸움을 말리는 게 좋을 때도 있습니다. 게다가 분쟁은 언제나 협상을 염두에 두는 것이 바람직합니다. 하지만 내용증명으로 법률적 모욕을 행사하면 그것을 읽는 "내 고객"이야 시원스럽겠죠. 그러나 그건 상대방과의 협상의 여지를 그 대리인이 발로 차는 행위가 아닐 수 없어요. 우리 좀 살살 합시다. 그리고 우리가 하는 실무 중에 행여나 시대에 맞지 않는 게 있으면 한번 의심해 봅시다.

<4.832>

살다 보면 실패를 경험합니다. 저도 여러 번 그랬습니다. 무모하게 개업해서 이리저리 헤매고 다양하게 실패했습니다. 모 특허사무소 덕분에 건물에서 쫓겨난 적이 있습니다. 동업자 정신의 크기를 경험했습니다. 하지만 내게는 두 가지 장점이 있어요. 하나는 잘 체념한다는 것입니다. 다른 하나는 어쨌든 또 꿈을 꾼다는 것이죠. 체념과 꿈은 동전의 양면입니다.

강남 생활을 청산하고 사무소를 정리했습니다. 그리고 집과 사무소를 합쳤습니다. 방 2개를 사무소로 썼습니다. 모양새 안 나는 일이지만 체념하면 괜찮습니다. 누가 이런 데서 근무하겠어요? 직원도 없어졌습니다. 나는 이제 관리직 직원이 됐습니다. 온라인출원, 은행가기, 우체국 가기, 세금계산서 발행하기, 공문 보내기, 기한 관리하기 등등. 아주 흥미로운 체험이었습니다. 특허사무소 관리 업무의 문제와 개선 방향에 대해서 아주 섬세하게 알게 되었지요. 두고두고 큰 힘이 됐습니다. 득이 있으면 손도 있는 법. 영업은 하지 않습니다. 그저 주어진 일에 충실할 뿐이었습니다.

출근하는 데 1분도 안 걸립니다. 사실 몇 초면 충분합니다. 퇴근도 마찬가지입니다. 오후에 아이들이 어린이집과 유치원에서 돌아옵니다. 그럼 퇴근합니다. 5시가 되기 전에 퇴근합니다. 아이들과 굉장히 밀접해졌겠죠? 가족은 매우 화목해졌습니다. 덤으로 저는 육아 전문가가 됐습니다. 대신 아이들이 있으면 일을 못하겠죠? 새벽에 일어납니다. 덕분에 3시, 4시에 일어나곤 했죠. 고객이 오면 동네 카페에서 만납니다. 간혹 출장 갈 일 있으면 사무소를 비우거나 아내가 전화를 받아주곤 했습니다. 대범해졌습니다. 별 문제 없었어요. 고객은 겉멋으로 별리사를 판단하지 않았습니다. 겉멋을 좋아하는 고객은 대개 소용 없습니다. 세상에서 가장 작은 특허사무소를 운영할 때 오히려 가장 많은 일을 수임 받았죠. 그사이 책도 세 권이나 저술했답니다. 두 권은 특허 관련 책, 한 권은 육아 책이었습니다. 모두 좋은 평판을 받았습니다.

언론의 주목을 받기도 했습니다. 다시 힘을 내서 광화문에 예쁜 사무실을 얻었습니다. 재작년 가을의 일입니다.

오늘도 저처럼 개업해서 어려움을 겪고 있는 별리사님들이 어딘가에 있겠죠. 응원합니다. 겨울은 우리를 강하게 만들어줍니다. 실패와 싸우고 계시는 별리사님께 체념을 권합니다. 그러면 넘어지지 않습니다. 체념과 꿈은 한 쌍입니다. 체념을 했으면 이제 꿈을 꾸는 것이죠. 꿈은 포기되는 것이 아닙니다. 그저 바뀔 뿐입니다. 제 꿈은 백발이 돼서도 일을 하겠다는 것과 예쁘게 늙는 것입니다.

<5.834>

도대체 별리사 업무의 서비스는 무엇일까요? 우리는 오랫동안 서비스의 품질을 말했습니다. 서비스의 품질은 또 무엇일까요? 우리는 신속하고 정확하게 일을 처리하는 것을 서비스의 품질이라고 배웠습니다. 신속함과 정확성, 이게 과연 서비스의 본질일까요? 느리면 무능력한 건가요? 부정확함은 죄악인가요? 더 신속하게 더 정확하게? 그러면 서비스의 품질이 올라가는 걸까요?

여기 두 사람의 별리사가 있습니다. 이름하여 김신속과 박정확. 김신속 별리사는 바람보다 빨리 보고합니다. 박정확 별리사는 법적으로 매우 정확하게 표현하며 상세합니다. 김신속과 박정확은 열심히 스스로를 닦달합니다. 자신의 능력을 자신하며 자뻑할 수도 있겠죠. 그런데 김신속과 박정확의 능력이 인정받기 위한 현실 조건이 있습니다. 상대방이 똑똑해야 하며 여유가 있어야 한다는 조건입니다. 상대방도 전문가여서 충분히 분석하고 지시를 내릴 수 있는 역량을 지녀야 한다는 이야기죠. 하지만 실상 그런 상대방은 별로 없습니다. 몇몇 대기업과 인커밍 고객입니다. 그들조차도 과중한 업무에 바쁘기는 매한가지입니다. 만약 그런 조건이 없다면 고객은 김신속과 박정확의 이야기를 알아듣지 못합니다. 무슨 말인지 전혀 모르는데 지시를 내려달라고 하

면, 때때로 '나보고 어쩌라고 또 돈을 달라고?'

　　세상에서 가장 작은 특허사무소를 운영하면서 나는 도저 신속
성과 정확성을 유지할 수 없었습니다. 느리게 했습니다. 대신 누구든
지 알기 쉽게 서비스를 제공하기 시작했습니다. 공문의 레이아웃을 새
롭게 디자인하고, 정확하지 않더라도 알아 듣기 쉬운 표현으로 바꾸
고, 내가 말하고 싶은 것이 아니라 상대방이 알고 싶은 것을 위주로 보
고하고, 우편은 예쁘게 보냈습니다. 함부로 지시를 내려달라고 고객
을 닦달하지 않았습니다. 이따금 별리사로서 재량을 행사했습니다. 대
신 업무에 헌신했습니다. 관리직원이 하는 업무는 단순한 행정업무로
여기는 경향이 있습니다. 아니더군요. 관리업무야말로 고객과 대면하
는 영역이어서 스마트하고 친절해야 합니다. 직접 하다 보니 고칠 곳
이 많았습니다. 꾸밀 것은 꾸미고 없앨 것은 과감히 없앴습니다. 그런
것들을 개선해 나가면서도 혼자 있을 때 가장 많은 특허출원을 했습니
다. 고객의 신뢰는 함부로 철회되지 않습니다. 우리는 좀 여유를 갖고
일을 해야 합니다.

　　　　　　　　　　　　　　　　　　　　　　　　　　　47I

<6.836>

특허사무소 경영도 사업이며 영업을 해야 합니다. 시장에서 우리는 서
비스를 팝니다. 나는 생각합니다. 내가 드리는 서비스, 고객한테 참 좋
은데, 고객한테 정말 좋은데 라고 말이죠. 하지만 별리사 서비스는 산
수유를 파는 게 아닙니다. 먹어보고 그 효능을 알 수 없죠. 이 서비스
의 내용은 지나치게 전문적이고 또 난해합니다. 신통한 영업방법은 영
원한 숙제입니다. 술마시면 습관적으로 낭송하는 시가 있어요. '삶이
란/얼마간 굴욕을 지불해야/지나갈 수 있는 길이라는 생각'으로 시작
해서, '내가 내린 닻, 내 덫이었구나'로 끝납니다(길/황지우). 도도하게
혼자 살 수는 없습니다. 별리사에게는 딸린 식구가 있지요. 한두 명이
아닙니다. 영업을 하지 않을 수가 없습니다.

오래 전의 일입니다. 제법 역사와 규모가 있는 고객이 있었습니다. 그 회사 담당자가 가관이었습니다. 밤 늦은 시간에 두어 번 전화를 해서 남자는 '빤스'를 내리고 만나야 한다는 둥, 지금 좋은 곳에 있는데 나오라는 둥. 응하지 않았습니다. 좀 위협적이기는 했습니다. 당시에는 큰 고객이었거든요. 빤스 내리고 만나는 영업 말고 내가 할 수 있는 것을 하자고 결심했죠.

전문가는 일로 영업해야 한다는 생각이 들었습니다. 접대는 짧고 일은 길다는 생각입니다. 그때부터 보고서를 쓰기 시작했습니다. 나와 일을 하면 '참 편하다'라는 어필이라고 할까요? 어차피 그 담당자도 경영자에게 보고해야 하니까, 그 작업을 쉽게 해 주자는 전략이었습니다. 어렵고 복잡한 표현을 순하게 만들고 문장을 쉽게 고쳤습니다. 상대방 입장에서 생각하는 능력이 늘더군요. 듣고 싶은 이야기를 해줘야 했으니까요. 성공적이었습니다. 그 고객은 지금까지 제 곁을 지켜주고 있습니다. 저와 일을 하면 어쨌든 편하거든요.

영업도 맥락이 필요합니다. 특허업무는 맥락을 찾기 어렵더군요. 도무지 어떤 회사가 새로운 연구개발을 하고 있는지, 특허이슈가 있는지, 특허신청을 했는지 안 했는지 알 수가 없는 거예요. 특허문서는 18개월 동안 공개되지 않으니까 그게 함정입니다. 상표는 다릅니다. 어떤 회사가 자기 브랜드에 대해 보호 조치를 했는지 바로바로 알 수 있습니다. 때때로 상표권은 특허보다 훨씬 중요합니다. 놀라운 발견이었어요. 그래서 조회를 합니다. 문제가 있는 회사를 특정합니다. 그 회사를 상대로 팩스 한 장을 보냅니다. 이런 문제가 있는데 내가 해결해 줄수 있노라고 말이죠. 십에 삼사는 연락이 오더군요. 그렇게 해서 끈이 생기면 특허이슈가 있을 때 또 저를 찾더군요. 문제가 발견되지 않거나 거래하는 변리사가 있으면 영업하지 않았습니다. 그렇게 세월이 흘렀습니다.

472

<7.838>

어느덧 세월이 흘러서 1인 특허사무소가 7인 특허사무소로 성장했습니다. 여전히 작고 여린 회사입니다만 정신승리 관점에서 말하자면 요 몇 년 간 7배 성장한 셈이죠. 고객의 비즈니스가 성공하고 고객이 강해야 그 고객을 뒷바라지하는 특허사무소도 강해지게 마련입니다. 저희 고객이 여린만큼 저희도 아직 여리고 분발해야 합니다. 아직 갈 길이 많이 남았습니다. 고객이 실력으로 승부하여 마침내 시장에서 성공하는 것처럼 별리사들도 실력으로 승부해야 한다는 것이 제가 믿는 사소한 상식입니다.

함께 일하는 사람이 늘어날수록 시스템을 고민하게 됩니다. 경영자로서 어떤 시스템으로 사무소를 운영할지 궁리합니다. 한국 특허사무소 시스템은 어떻습니까? 당신의 시스템은 어떤가요? 저는 자율성과 배려를 깊이 염두에 두고 있습니다. 요컨대 모든 시스템은 일하는 사람들 저마다의 자율성에 봉사하는 방향성을 지녀야 합니다. 회사가 사람을 닦달해서 이윤을 추출하기보다는 개인이 자신의 창의성과 책임감을 발휘해서 좀더 좋은 이윤을 만드는 모습이 더 인간적이기 때문입니다. 특허사무소는 사람장사입니다. 위대한 회사는 멀리 있는 게 아닙니다. 바로 우리 곁에, 우리 별리사도 할 수 있어요. 사람 냄새를 풍기면서 일하고 전문가답게 일하면 됩니다. 그리고 일하는 각자가 다른 사람을 배려하는 시스템이어야 합니다. 같은 회사의 이름으로 함께 일하기 때문입니다. 우월한 직급이나 정해진 계급을 대우하기보다는 상대방이 일하기 쉽게 배려하는 게 더 멋진 일입니다. 그렇게 함으로써 결국은 나도 일을 수월하게 할 수 있게 되는 것이죠. 배려를 주면 자연스럽게 배려를 받아요.

이제까지의 닦달 시스템은 사람을 도구적으로 생각합니다. 아서라 세상사, 우리 시스템은 사람을 목적으로 대우해야 합니다. 그래요, 저는 칸트주의자입니다. 세상 물정을 저도 모르지 않습니다. 그렇게 순진하지도 않습니다. 시스템을 유지하기 위해서 저도 매우 돈을 밝힙

473

니다. 칸트주의자도 지출의 크기를 걱정하며 월급 주는 날을 잊지 않기 때문입니다. 그렇다 해도 자율성과 배려, 이 두 가지를 버릴 순 없고, 그게 인생의 폼이자 멋입니다. 특허 일이라는 게 그렇습니다. 우리의 전문성으로 고객을 빛내주는 일이며 고객이 우리 존재의 목적입니다. 그렇게 함으로써 우리는 돈을 받습니다. 돈을 받기 때문에 헌신하는 것이 아니라, 헌신함으로써 돈을 받습니다. 제가 설계하는 자율성과 배려 시스템의 함정은 '수익'입니다. 남보다 수익이 많아야 합니다. 거대한 벽이죠. 외면할 수 없고 외면하지 않을 작정입니다. 특허 업계에 만연한 닦달 시스템은 그 시스템을 설계한 사람이 사악하기 때문이 아닙니다. 별리사를 저렴한 도구로 삼는 고객이 많기 때문이며, 별리사가 호연지기를 잃어 그 고객에게 항변하지 못하기 때문이요, 밖에서 깃을 세우지 못하면서 안식구만 닦달하는 까닭입니다. 그렇게 못살게 굴지 않아도 성공할 수 있다는 것을 입증하고 싶습니다.

<8.840>

별리사가 하는 여러 가지 일 중에는 침해를 경고하고 답변하는 업무가 있습니다. 실무상으로 보자면 상당히 엉망입니다. 지나치게 감정적이며 공격적이고 허위 과장에 기초한 협박조의 문장이 만연합니다. 경고장이 비즈니스 미래의 상상력을 줄여서는 안 됩니다. 감정적인 언사와 위협하는 태도는 어느 모로 보나 좋지 않습니다. 의뢰인이 설령 감정적으로 흥분했다고 하더라도 별리사가 거기에 맞춰 감정적이어서는 안 됩니다. 의뢰인이 잃어버리기 쉬운 협상의 여지를 확보하려고 노력하는 것이 전문가다운 태도라고 생각합니다. 별리사는 고객이 잠시 비를 피할 수 있는 빈 공간을 만들어줘야 합니다.

　　일전에 모 다국적 기업 한국지사의 변호사로부터 우리 클라이언트의 로고 사용에 대한 사용중지 및 침해경고요청을 받은 적이 있었습니다. 그에 대한 저의 답변입니다. 우리가 날마다 하는 실무도 재미나

위트가 있어야 한다고 가끔 생각합니다. 이것은 내 천직이며 얼굴 붉히며 일하고 싶지는 않습니다.

1. 저희는 귀사에 대한 시장에서의 신용, 브랜드의 멋진 가치, 소비자를 위한 귀사의 정성을 담으려는 노력, 그리고 귀사가 보유한 권리를 모두 존중합니다. 그리고 이렇게 품위와 품격 있는 문장으로 이메일을 보내주신 점에 대해 인상 깊게 생각합니다.

2. 귀사께서는 저희의 "AA마켓" 패러디 로고가 귀사의 권리를 침해하고 있으며, 저희의 패러디가 귀사의 브랜드의 현저성과 식별력을 떨어뜨리는 것을 우려하고 계십니다. 귀사께서도 아시다시피, 저희는 패러디와 다양한 풍자를 통해서 저희 독자와 국민들에게 다양한 즐거움을 제공하기 위해 노력해 왔으며, 또한 때때로 우리 사회에 대한 탁월한 분석과 풍자를 그려내기 위해서 힘을 써 왔습니다. 그러나 저희는 부정한 목적으로 패러디와 풍자를 사용하여 타인의 재산권을 침해하려는 의도는 전혀 갖고 있지 않습니다. 명랑사회를 추구하려는 저희 회사의 기업 경영 이념 또한 저희로 하여금 법적 분쟁을 선호하지 않게 만듭니다.

475

3. 이제 귀사가 저희의 AA마켓 패러디 사용에 대한 중지요청을 하셨으므로, 이를 귀중히 받아들여 조속히 로고를 수정하도록 하겠습니다. 메일을 받은 지 1시간도 되지 않은 상황에서 공식 답변을 드리는 까닭도 이러한 저희의 입장이 분명히 전해지기를 바라는 마음 때문입니다. 다만, 저희 AA마켓의 로고를 어떻게 수정할지에 대해서는 내부 논의가 필요하므로 넓은 마음으로 지체되는 시간을 혜량해 주시기 바랍니다. 여러 가지 방법이 있을 줄 압니다. 아무튼 저희가 패러디 로고를 변경함으로써 귀사의 우려를 말끔히 씻도록 노력하겠습니다.

<9.842>

지금은 단골이 된 미용실이 있습니다. 처음 개업했을 때 손님은 없지만 비쌌습니다. 그런데도 예약을 해야 한다는 것입니다. 나는 거기서 서비스의 본질을 배웠습니다. 제 아내가 한 번 가보라고 해서 가봤죠. 머리를 깎기 전에 샴푸를 했어요. 스태프 손가락의 움직임. 날렵하고 힘이 있지만 부드러우며 모든 것이 제대로 돌아가고 있다는 노련함을 나는 경험했습니다. 얼굴 위로 수건을 덮는 거추장스러움도 없었지요. 시간은 매우 느리게 변조했습니다. 내 머리는 교향곡의 여러 악장을 체험하고 있었습니다. 심지어 나는 머리 마사지를 받다가 졸고 말았습니다. 안락함에 빠져들 때 머리를 만지던 스태프가 내게 물었습니다. 더 필요한 데가 있나요? 그때 나는 서비스업의 진수를 깨달았습니다. 합리적인 기능만을 생각한다면 머리 깎기 전의 샴푸는 대충해도 괜찮습니다. 어차피 다시 샴푸를 하면 되고 그때 가서 제대로 하면 그만인 것이거든요. 하지만 그 미용실은 고객을 "기능"으로 대하지 않고 "목적"으로 대했습니다.

서비스는 고객만족이 아닙니다. 그걸로는 부족합니다. 고객만족이니 고객감동이니 누구나 다 아는 진부한 이야기일 뿐입니다. 미용실에 배운 서비스의 본질은 "놀라움"입니다. 그 서비스를 받고 고객이 깜짝 놀라야 한다는 것이죠. 놀라지 않은 것은 나만의 서비스가 아닙니다. 그건 그저 남들처럼 일을 했을 뿐입니다.

변리사업도 시장에서 행해지는 서비스이며 이곳에서도 치열한 경쟁은 있습니다. 그러므로 뭔가 차별성 있는 서비스를 생각하지 않을 수가 없습니다. 어떻게 고객을 놀라게 할까, 바로 이것이 문제입니다. 돈으로 깜짝 놀라게는 할 수 있습니다. 고객이 상상할 수 없는 저렴한 가격을 제시하거나 혹은 그 반대의 가격을 보이는 것입니다. 결국 둘 다 망하겠죠. 돈은 "깜짝 놀라게 하는 서비스"와는 직접 관련은 없습니다.

새로운 서비스를 개발함에 있어 수사학과 디자인은 매우 중요한 요소라고 생각했습니다. 우리 업무는 남을 설득하는 데 초점이 있습니

476

다. 권리의 깊이를 고려하면서 언어 표현에 유의해야 합니다. 별리사가 작성한 문서를 보고 고객이 깜짝 놀라기 위해서는 우선 그 문서에 적힌 글의 의미를 알아야 합니다. 뭘 알아야 놀라는 법이니까요.

으레 사용하는 관례적인 언어표현을 점검해 보십시오. 전문가가 아니라면 그 난해함과 낯섦으로 말미암아 무슨 말을 하는지 알 수 없는 경우가 태반입니다. 사람들은 특허문서의 품질을 말합니다. 그렇지만 고객이 특허문서를 읽고 무슨 말인지 알 수 없다면 어떻게 그 품질을 알 수 있을까요? 내용이 탁월하다면 그 내용을 빛낼 형식도 좋아야 합니다. 디자인은 더 나은 차이를 드러냅니다. 이렇게 생각하면 오늘날 우리가 하는 모든 업무에 변화를 꾀할 수 있습니다. 모든 별리사님께 저희가 시도했던 성과를 공유하고 싶습니다. 그런 기회가 필경 있을 것입니다.

<10.844>

이공계 출신들의 가장 커다란 문제점은 지나치게 "합리적"이며, 이 때문에 현실을 "정해진 규칙" 안에 "쉽게" 가두는 게 아닐까, 라고 생각한 적이 있습니다. 어떤 공식과 테이블을 개발한 다음에 그것에 반듯하게 현실을 꿰어 맞추면 확실히 일이 제대로 굴러가는 듯한 기분이 들어서 안도감이 생깁니다. 공학적인 함수 박스를 하나 만들고 그 안에 들어가서 자기 자리를 잡는 거예요. 이 감옥 안에서의 시간은 매우 더디고 변화가 적습니다. 알록달록한 세상은 수 없이 변화하지만 안에 있으면 그 변화를 느끼기 쉽지 않습니다.

별리사 스스로 만든 감옥을 어떻게 부술 수 있을지 고민하던 차에 지난 연재에서 이야기한 "수사학"과 "디자인"을 만났죠. 그리고 어린 아이들을 키우면서 인간의 생각과 행위는 그렇게 합리적이지 않다는 것을 배웠습니다. 그리고 여기에 더해서 행동주의 전통의 "심리학"을 발견했습니다. 대니얼 카너먼은 심리학자입니다. 그런데 노벨경제학상을 받았죠. 시장에서의 인간의 행위가 합리적임을 가정하여 건축된 경제학이라는 학문에 새로운 지평을 열었습니다. 인간의 "비합리적"인 행동을 경제학에 융합했던 것이죠. 인간은 합리적일 때도 있고 비합리적일 때도 있습니다.

   별리사들은 맨날 과중한 업무에 시달리고 있습니다. 고객의 아이디어를 붙들고 자신의 머리를 쥐어짜면서 문서를 만들거나 분석합니다. 그렇게 청춘을 소비한 대가로 돈을 받죠. 흥미로운 점은 별리사의 업무가 매우 합리적으로 구조화되어 있다는 점입니다. 물건의 부품 명세표에나 어울릴 것은 수수료 규정, 보편적인 관습이 돼버린 각종 보고 절차와 형식, 모든 안건들을 동등하게 취급하는 관리 규정, 영혼 없는 컨트롤 브이의 범람, 똑같은 방식으로 작성된 권리서류와 스테레오 타입의 의견서, 전담부서의 '머시너리' 업무 처리 문화(특허전담부서에 별리사가 채워져서 무엇이 좋아졌나요?), 동업자 정신이라곤 찾아보기 힘든 을 간의 사생결단. 이런 별리사 업무의 오래되고 낡은 관습에는 "사람"이 없습니다.

   당신은 이런 현실에서 자유로운가라는 질문이 제 귀에 들립니다. 이에 대한 저의 답변은 유보합니다. 답변은 할 수 있으나 답이 되지는 못하기 때문입니다. 경제적으로 성공하여 입증하겠습니다. 다만, 심리학적 관점을 특허업무에 적극 차용하고 적용하려고 노력하고 있습니다. 특허업무라는 게 아이디어의 탄생, 발육, 디자인, 특허출원, 심사, 의사소통에 이르기까지 모두 사람이 개입합니다. 그 "사람의 심리"를 고려하고 반영하여 우리가 알고 있는 업무를 하나씩 다양하게 바꿔보는 것이죠. 컨설팅의 내용도, 서비스 비용의 산정방법도, 의사소통의 방식도, 문서 작성의 방법도 심리학적 성과를 반영해 보고 싶습니다. 어디에서 인지적 불편함이 생기고 어떤 영역에서 편향이 있는지를 관찰합니다. 그렇게 하다 보면 고객마다 어울리며 더 좋은 서비스를 제공할 수 있지 않을까라는 기대, 물론 백 년이 걸릴 수도 있습니다.

478

<11.846>

어떤 사람들이 특허법률사무소에서 일하고 있을까요? 물론 변리사가 있지요. 또 어떤 사람이 있나요? 우리는 습관처럼 아주 오랫동안 "변리사만" 이야기했습니다. 매출실적의 영광과 책임, 서비스의 퀄리티, 업무의 중요한 결정권한은 모두 변리사의 몫입니다. 특허법률사무소는 변리사 사무소입니다. 다른 상상력이 개입하기 어렵습니다. 맞아요. 특허법률사무소는 변리사 사무소입니다. 하지만 십 년을 넘게 겪은 고난을 겪으면서 내린 결론은, 변리사로는 역부족이라는 사실입니다.

특허법률사무소(이하 사무소) 일에는 수많은 행정업무가 있습니다. 행정업무를 혁신하면 우리는 더 나은 일을 할 수 있다고 믿습니다. 사무소의 행정업무 중에는 고품질의 서비스를 지탱해주는 업무가 있는가 하면, 아무 의심 없이 그저 관습처럼 내려오는 업무도 있습니다. 전자는 필연적인 업무이며 후자는 행정잡무입니다. 행정잡무를 줄이면 생각하지 못한 자원을 얻습니다. 사무소에는 석유와 희귀금속이 없지만 사람의 노동력과 창의성이 있지요. 행정잡무를 줄임으로써 우리는 잊혀진 자원을 얻을 수 있거든요. 잡무 중에서 가장 많은 시간을 차지하고 가장 많은 수고를 초래하는 것이 결제와 관련한 회계 업무입니다.

상표출원 수수료가 28만원이고 특허청 관납료 6만2천원이라고 가정해보죠. 여러분은 어떻게 회계처리하나요? 대개 28만원에 대해서 세금계산서 발행하고 관납료 영수증을 보낼 것입니다. 매출은 28만원이고 6만 2천원은 대납했다고 처리하는 것이죠. 저희는 보통 그렇게 하지 않습니다. 342,000원을 매출로 보고 그 전체에 대해서 세금계산서를 발행합니다. 관납료 영수증은 우리의 지출증빙으로 국세청에 제출합니다. 해외특허출원은 더욱 간명합니다. 해외송금분이 716만원이었고 우리 수수료가 200만원이었다고 가정하죠. 그렇다면 916만원을 매출로 보고 그 전체에 대해서 세금계산서를 발행합니다. 부가세 10%가 붙어서 1,007.6만원이 결제될 것입니다. 해외송금영수증은 우리 비용으로 국세청에 신고합니다. 이와 같이 회계처리를 하면 매우 간명해집니다. 고객 또한 일일이 영수증을 챙겨야 하는 번거로움을 겪지 않아도 됩니다. 예치금을 받는 경우 그 장점은 더욱 분명해지지요. 전체에 대해서 세금계산서를 "이미" 발행했기 때문입니다. 국가는 좋겠죠. 더 많은 세금을 받았으니까요. 고객도 부가세 환급을 받게 되므로 손해는커녕 회계처리가 투명해집니다.

이처럼 처리하면 사무소의 행정잡무를 크게 줄일 수 있습니다. 스트레스는 줄이고 노동력과 시간을 법니다. 돈보다는 일에 더 집중하면서 고객과 소통할 수 있는 빼어난 장점이 있습니다. 고객과의 소통은 별리사만으로는 역부족입니다. 새로 얻은 자원은 좀 더 창의적인 일에 사용하면 좋겠죠. 쉬는 것도 좋은 방법입니다.

<12.848>

꼬박 1년을 연재했습니다. 지난 달에는 부산의 모변리사님께서 제게 전화를 주셨습니다. <辨理士>를 "변리사"라고 해야지 어째서 "별리사"라고 칭하느냐는 꾸짖음이었습니다. 한국의 변리사가 밤하늘의 별처럼 빛나기를 바라는 마음을 표현에 담았다고 생각해 주세요. 유머와 해학이 통한다면 진심도 더 잘 전해질 터입니다.

페이스북에는 1,304명의 별리사가 가입한 그룹이 있습니다. 최근 포털에 게시한 가격파괴 광고가 뜨거운 이슈였습니다. 상표출원 수수료가 7만원이라는 점을 경쟁적으로 광고하는 몇몇 업체입니다. 변리사일 수도 있고 변호사일 수도 있겠습니다. 20년 간 물가는 2배 이상 올랐는데 별리사 서비스 수가는 제자리 걸음은커녕 가격파괴의 벼락을 맞고 있는 꼴입니다. 언짢은 일이지만 세상사 차분하게 바라볼 일입니다. 가격파괴를 하는 이들은 어떤 사람들일까, 어째서 저렇게까지 가격이 떨어졌을까, 이런 질문을 해봅니다. 그리고 그 질문을 내면화합니다.

세상사 모든 직종이 그러하겠습니다만, 충분히 생각하면서 일을 할 것인가 아니면 충분히 생각하지 않으면서도 일을 할 것인가 두 가지 길이 있습니다. 전자를 위해서라면 열정과 창의성이 필요하며 후자라면 엔지니어링이 필요합니다. 오랫동안 많은 별리사들이 후자의 방법을 택해 왔다고 저는 생각해요. 그 결과 별리사 업무가 한없이 시스템화 됐죠. 상표출원도 그래요. 고객을 위해 머리를 쓰는 게 아니라 그저 일의 처리를 위해 마우스를 클릭하죠. 마우스 클릭은 별리사가 안 해도 그만이고 알바도 가능합니다. 그러면 별리사의 서비스 가격이 아니라 알바의 가격으로 시장은 곤두박질을 하기 십상이죠. 마우스 클릭질은 그만하고 머리를 쓰자, 머리 쓰는 노동에 대한 가치를 요구하자, 이게 저의 답변입니다. 이를테면 상표출원의 지정상품과 지정서비스업이 고객의 비즈니스를 제대로 표상하지 못하는 까닭은 "그들"의 관심이 고객의 실제 비즈니스가 아니라 "상품/서비스업 세목 테이블"에 있기 때문입니다.

우리 별리사들은 저마다 자신이 어떤 차이가 있는지를 스스로 점검하고 밖으로 드러내기 위해 노력해야 한다고 생각해요. 이쪽이든 저쪽이든 차이가 없다면 고객은 가격으로 비교하게 마련입니다. 당신은 어떤 차이가 있나요? 우리는 흔히 퀄리티를 이야기합니다만, 도대체 그게 어떤 퀄리티인가요?

<13. 850>

지난 12일의 일입니다. 51기 수습변리사 연수교육 중 공통과정으로 명세서 작성법에 대한 강의가 있었습니다. 부끄럽게도 제가 강의를 했습니다. 이번에 처음 강의를 맡게 되었고, 또 이 강의를 제가 자청하고 지원했던 것이어서 여러 모로 긴장했습니다. 2개월이 넘게 준비했습니다. 아직 실무 경험이 없는 51기 변리사들을 상대로 '실무 교육'을 해야 하는 까닭에 현장감 있는 강의가 중요하다고 생각했지요. 무엇인가 '견본'이 필요했습니다. 그래서 부리나케 견본을 준비하기 시작했습니다. "특허명세서를 쓰는 방법과 실무변리사의 자세"라는 명칭으로 특허출원을 했습니다. 그리고 조기공개신청을 했어요. 특허출원 제10-2014-0153427호입니다. 당연히 심사청구는 하지 않았고, 앞으로도 할 까닭은 없겠죠. 권리화가 아니라 교육이 이 특허출원의 목적이었으니까요.

이 특허출원의 공개공보 분량이 스물 두 쪽이니까 제법 내용이 있답니다. 이런 글귀가 있습니다. "본 발명은 새로운 관점으로 특허명세서를 작성하는 방법을 제공함으로써 특허업계에 활력을 불러올 것으로 기대한다. 본 명세서에 작성된 자세한 내용이 정답을 말하는 것은 아니다. 정답은 상황에 따라 아이디어에 따라 변리사 개인이 탐색한다. 다만 실무자에게 공개된 형태로 일응의 기준을 제안하는 것이다. 이 문서를 통해서 어떤 이는 반성할 것이며 또 어떤 이는 비판적인 태도를 보일지도 모르겠다. 그것이 무엇이든 반성과 비판이 공론을 만들고, 그럼으로써 한 단계 더 고양된 변리사 실무의 지평이 열릴 수 있다." 이런 문장도 덧붙였습니다. "또한 당면한 변리사 실무 수습 교육을 위해서 부리나케 만들어졌기 때문에 부족한 점이 많다. 어쩔 수 없었음을 양해 바란다. 흠이 있다면 그건 전적으로 본 발명자의 한계이자 실무자로서 앞으로 개선할 과제이다. 그렇더라도 본 발명의 장점이 가려지지 않을 것이라 믿는다. 한번 크게 웃어주길 바란다."

강의는 정시에 시작해서 정시에 끝냈습니다. 이 강의가 51기 변리사 개개인에게 어떤 의미였는지, 어떤 교육효과가 있었는지는 잘 모르겠습니다. 저는 그들의 속생각을 모릅니다. 그러나 이 교육이 '변리사업계'에서 어떤 의미가 있는지 선배변리사이자 강사였던 저는 압니다. 이들은 저마다 특허현장에서 '변리사'라는 이름으로 역할을 할 것이며, 그런 역할에 필요한 한 줌의 지식과 경험을 저는 전했습니다. 강의 중에는 몰랐는데, 강의가 끝나니 육체적 고통이 밀려오더군요. 열심히 했습니다. 말하자면 변리업계의 일원으로서의 사소한 동업자 정신이었습니다. 사람을 키우는 것이야말로 우리 모두가 할 일이기도 합니다.

<14. 852>

저는 국가법률에 의지해서 삽니다. 자격을 갖추려 노력했고 운 좋게 자격증을 취득했습니다. 법이 없었다면 아마 변리사라는 천직도 없었 겠죠. 고마운 마음입니다. 그렇지만 저는 국가가 정한 법을 경계합니 다. 법은 사회 문제를 해결함에 있어 좋은 솔루션입니다. 그러나 위험 한 해결책이기도 합니다. 일단 법이 제정되면 무엇이 더 올바르며 바 람직한 일인지에 관한 논의가 무엇이 위법인가의 문제로 바뀌고 맙니 다. 무엇이 정의인가라는 질문보다 무엇이 적법한가라는 탐색이 더 중 요해지는 셈이죠. 그런 까닭에 입법은 신중해야 합니다.

사회 문제를 해결하는 주체는 국가만 있는 것이 아니잖아요. 개 인도 있고 시장이 있으며 여러 시민 사회도 있지요. 국가입법만 법이 아닙니다. 개인의 마음 속에는 훌륭한 도덕법칙이 있습니다. 그 사회 의 문화와 관습도 법의 역할을 합니다. 국가의 입법권능이 지나치면 개인은 연약해집니다. 자율성이 없으면 사람은 힘을 잃어요. 시간이 지나면 국가가 어째서 그런 입법을 했는지 의미를 잊은 채 맹목적으로 규정을 지키게 되겠죠. 그래서 저는 입법청원을 하는 것을 언제나 주 저해요. 문제를 발견했을 때마다 습관처럼 입법청원을 하는 사람이 있 지만, 생각과 처지가 저마다 달라서 '문제는 문제가 아닐 수' 있답니다. 행여 정말 문제라 해도 위험한 수준이 아닐 수도 있고요. 그렇다면 국 가를 호명하기 전에 먼저 개인의 자율성과 시민사회의 문화로 해결을 도모하는 게 순리라고 저는 생각해요. 다소 늦더라도 말이죠.

오늘 재입법예고된 변리사법 전부개정법률안을 모두 읽었습니 다. <규제강화>가 이 법률의 정신이며, <해결사>의 마음이 입법자의 심정이더군요. 국가가 나서서 시민사회의 문제 구석구석까지 해결하 겠다는 의지가 넘쳐납니다. 더 많은 의무, 더 강한 징벌. 아주 오랜만 에 무서운 법률을 읽은 기분이 듭니다. 숨 쉴 곳이 없더군요. 이렇게 법규정을 만들 정도로 변리사가 사회적으로 무슨 대단한 영향력이 있 었나 싶기도 합니다. 변리사법은 주로 변리사를 대상으로 한 법률이고,

483

변리사의 실존을 규정하게 됩니다. 변리사도 국민이며 한 명 한 명 연약합니다.

<15. 854>

별리사는 빵을 팔지 않습니다. 우리는 빵공장이 아닙니다. 변리업무는 기계가 대신할 수 없으며, 사람의 지적인 활동에 전적으로 의존합니다. 이런 특성을 깊이 이해하는 데 많은 세월이 걸렸습니다. 십 년이 넘는 시간을 보낸 다음에야 회사의 경영이념을 정립할 수 있었지요. 이른바 "칸트주의 경영"이랍니다.

　　우리는 지나치게 분업화되고 정밀하게 계산된 시스템을 신뢰하지 않습니다. 그것은 빵공장에나 어울리는 것이지 지적인 업무에는 어울리지 않습니다. 대신 개개인의 자율성을 신뢰합니다. 시스템은 컨베이어벨트처럼 닦달 구조를 만들어냅니다. 하지만 그것은 물건의 생산에만 어울릴 뿐입니다. 변리 업무에는 어울리지 않습니다. 아이디어는 저마다의 고유한 특성이 있어서 동일한 규칙에 의해 다스려질 수 없습니다.

　　흥미로운 것은 전문가에게 더 많은 자율성을 줄수록 비생산적인 행정잡무가 줄어든다는 점입니다. 대부분의 행정잡무는 예외에 대한 중증신경증에서 비롯되며, 히스테리적인 규칙준수를 요구하는 까닭에 증폭됩니다. 물론 시스템 자체가 문제는 아니지요. 모든 시스템이 개인의 자율성을 고양하는 데 봉사한다면 좋겠습니다. 자율성을 신뢰할수록 개인의 능력은 그 신뢰에 응답합니다

　　빵을 만들 때에는 결과가 중요하지요. 더 적은 시간에 더 많은 양의 빵을 만든다면 안성맞춤입니다. 변리업무는 그렇지 않습니다. 더 좋은 서비스를 제공하려는 동기가 중요합니다. 동기는 의지를 낳고, 헌신적이고 책임감 있는 의지야말로 별리사로 하여금 최적의 목적을 탐색하게 합니다. 공학적인 마인드로 업계에 만연돼 있는 실적지상주의는 스스로 변리업무를 갉아먹는 행위입니다. 괜히 가격 덤핑만 낳습

니다. 얕게 일하는 것도 습관이 됩니다. 실적 데이터를 버리시기를 권면합니다.

칸트주의 경영은 고객을 수단으로 삼지 않고 행위의 목적으로 대우합니다. 고객을 목적으로 대우한다는 그 고객에게 가장 좋은 서비스를 제공하겠다는 의지를 뜻합니다. 고객의 목표, 당면한 상황, 그들의 역량, 비즈니스 환경을 두루 고민합니다. 그런 고민의 총체적인 활동이 별리사의 진실된 모습입니다. 그러려면 우리는 시야를 넓혀야 하고 언제나 세상의 목소리를 경청해야 합니다. 기계부품처럼 닦달하지 마세요.

별리사 서비스는 윤리적이어야 하며 그것은 정직함에서 비롯됩니다. 거짓말은 크게 두 가지가 있습니다. 사실을 왜곡하는 거짓말과 사실을 과장하는 거짓말입니다. 오랫동안 후자는 거짓이 아닌 것처럼 인식되었습니다. 하지만 과장이야말로 고객의 비즈니스를 그르치며 혼돈케 만드는 독약입니다. 전문가의 입술에서 비롯되는 이야기가 가급적 과장되지 않기를 우리는 바랍니다.

이런 이야기가 낯설다는 것을 저도 압니다. 많은 이가 불가능하다고 생각하겠지요. 하지만 저도 이제 제법 나이가 있고 서툴지도 철없지도 않습니다. 제대로 실험하지 않고는 모릅니다. 수십 년간 우리는 빵공장처럼 일하지 않았나요? 분업화, 전문화, 정량화, 실적계량시스템은 개인의 자율성을 줄곧 핍박해 왔습니다. 그 결과가 어떻습니까? 전혀 다른 길에 해답이 있을지도 모릅니다. 저는 인간의 창의성과 책임감을 신뢰하며, 그것이야말로 변리업무에 적합하다고 생각합니다.

<16. 856>

별리사라면 누구나 변리업계의 미래를 걱정합니다. 걱정이 되거든 궁리를 해야겠지요. 우리가 처한 현실을 정면으로 봐야 합니다. 근래 변호사 업계와의 관계가 뜨겁습니다. 소송대리권 문제도 있고 자격증 부

여의 문제도 있습니다. 최근에는 전자보다 후자가 더 이슈입니다. 변호사에게 변리사 자격증을 당연히 부여하는 낡은 제도를 우리가 반대하는 까닭은 '전문성' 때문입니다.

현실적으로 변호사가 변리사 등록을 하더라도 변리업무를 볼 수는 없습니다. 잘 모르기 때문입니다. 이름만 올려놓고서는 결국 사무장이 일을 처리하게끔 하겠지요. 기술은 난공불락일 터입니다. 그래서 변호사가 변리업무를 하더라도 특허보다는 상표 관련 일을 할지도 모르겠습니다. 명패는 있으나 일을 하지도 않고 할 수도 없는 현실을 감안할 때 국가가 변호사에게 변리사 자격증을 선물해주는 것은 확실히 문제가 있습니다.

하지만 나는 이 문제가 변리업계의 미래를 결정한다고 생각하지는 않아요. 변호사 집단이 공격적으로 변리업계에 진입한다는 모습을 상상하는 것만으로도 공포스럽기는 하겠습니다. 그렇지만 그럴 가능성은 거의 없어요. 시장이 달라요. 기본적으로 특허명세서를 써야 합니다. 기술을 이해하고 비즈니스 관점으로 전략을 짜서 언어화해야 합니다. 어렵기만 하고 폼도 나지 않을뿐더러 돈도 벌 수 없거든요. 그런 일에 변호사가 선뜻 나서기는 어려울 거예요. 상표 업무도 마찬가지예요. 고객의 비즈니스를 참고해서 지정상품/서비스업을 정하고 효과적인 상표전략을 짜야 하는데 이것도 시간과 정력을 많이 써야 합니다.

변호사에게 변리업무의 문턱은 높습니다. 좋아요, 변호사들이 그 문턱을 넘었다고 가정하죠. 하지만 더 무시무시한 것들이 기다리고 있습니다. 우리가 흔히 중간사건이라고 하는 업무는 시간을 잡아먹지만 돈을 토하지는 않지요. 골치 아픈 해외업무도 해야 하고요. 숱한 기한관리에 대한 부담은 또 어떻고요. 기본적으로 돈을 벌 수 없어요. 대신 생명을 갉아먹는 업무는 많습니다. 미치지 않고서야 변호사들이 직접 변리업무를 할 수는 없을 거예요.

이런 현실, 안심이 되기는커녕 더 우울하고 더 심각합니다. 변호사가 손사래 칠 일을 변리사들은 묵묵히 하고 있고 또 해야만 하거든요. 별리사, 참 순해 빠진 사람들이죠. 사소한 성취감과 보람으로 그 낮은 수가를 인내합니다. 특허, 중요하다면서요? 지식재산, 그게 우리 산업의 경쟁력을 좌우한다면서요? 하지만 속살이 썩어가고 있잖아요. 특허명세서를 쓰는 일보다 전문가 컨설팅 사업이랍시고 국가의 눈먼 돈을 좇는 게 마치 대세 같더군요.

낮은 비용에는 그것에 걸맞은 일을 하게 마련입니다. 전문성? 나는 사실 이것조차 의문이에요. 특허명세서도 제대로 쓰지 못하는 별리사, 실무를 하지 않는 별리사도 수두룩합니다. 실무를 거의 해보지 못한 사람들이 감 내놔라 밤 내놔라 합니다. 개선의 의지를 보이는 사람을 만나기 힘들어요. 남 탓 세상 탓하는 별리사는 쉽게 만납니다. 우리가 정말 전문가인가요? 대체, 무엇이, 서류 더미 속에 빠져 시력을 잃어버린 이들을 전문가라 칭하게 하는가요? 내부 혁신이 어렵다면 외부 충격도 필요해요. 변호사가 특허명세서를 쓰는 일에 동참하기를 나는 사실 원해요.

<187>

<17.858>

타율보다는 자율, 이것이 특허업무에 맞습니다. 별리사는 전문가입니다. 전문가는 심연을 볼 줄 알아야 합니다. 그러려면 훈련이 필요하죠. 때때로 매뉴얼식 교육이 효과적일 때도 있습니다. 하지만 세상 물정 모르고 교과서에 나오는 이야기만 되뇌는 전문가의 목소리를 들을 때마다 안타깝습니다. 다행히 장인은 또 다른 차원을 보여줍니다. 남이 보지 못하는 것까지 보는 시야를 지닙니다. 깊이와 너비를 갖는 시야를 통찰이라고 하지요. 이런 것은 매뉴얼만으로는 어렵습니다. 다양한 체험을 해야 합니다. 여러 가지 실패를 겪어야 하고요.

실패는 괜한 게 아닙니다. 더 좋은 것을 추구하려다 실패하는 것이어서 체험이 주는 인상은 매우 강합니다. 그게 성장의 동력이지요. 그러려면 더 나은 결과를 얻기 위해 시도를 해야겠죠. 그런 시도는 대개 시스템에 의한 타율로서는 좀처럼 허락되지는 않습니다. 자기의 의지로 실행해야 하는 것입니다. 결국 자율입니다. 게다가 특허는 창의성의 산물인데 타율보다는 자율이 창의성을 다루기에 적합하겠죠.

시스템보다는 자율, 이것이 우리 회사의 모든 임직원에게 권하는 우리의 이념입니다. 그런데 문제가 있었어요. 사람들은 시스템에 이미 익숙해졌다는 점입니다. 자율, 듣기에는 좋은데 그것이 대체 뭐냐는 것이죠. 말로만 자율을 권장하면서 결국 평가하고 닦달하지 않겠느냐는 의문도 있을 터입니다. 한편으로는 그냥 지나가는 레토릭이겠거니 하며 듣는 시늉만 할 수도 있겠다 싶었습니다. 사장이야 습관적으로 창의성 운운하지만 실제로 회사문화는 관료적인 경우도 많잖습니까. 그러므로 '자율적으로 일을 하세요'라는 문장, 별로 효험이 없습니다.

그래서 저는 두 가지 묘책을 생각했습니다. 먼저 데이터입니다. 데이터를 가공하지 않는 것이었습니다. 이 사람이 얼마나 많은 특허명세서를 썼으며 얼마나 많은 중간 사건을 처리했는지에 관한 데이터를 갖지 않습니다. 그러니까 변리사에 대한 실적 데이터가 없는 셈입니다. 그런 데이터, 정말 쉽게 가공하여 얻을 수 있지요. 하지만 취하지 않고 버립니다. 데이터가 있으면 경영자는 그 데이터로 사람을 평가하고 싶어지거든요. 비교하고 싶어져요. 이런 유혹이 무서워서 데이터를 멀리합니다. 요컨대 실적에 의한 닦달을 없애는 것입니다.

다음으로 인류 천재의 권위를 빌려오는 것이었습니다. 한낱 정우성이라는 사람이 자율성을 말해봤자 별 의미가 없어서 위대한 철학자의 이론을 차용하는 것입니다. 이거 준비하느라 몇 년 걸렸습니다. 사내 강의를 진행했습니다. 소위 '임앤정인문학강의'. 서양철학사를 '자연'과 '자유'의 관점으로 개괄하여 설명했습니다. 전자는 필연성 혹은 당위성에 관한 것이고, 후자는 인간의 의지와 자율성에 관한 개념입니다. 자연필연성과 자유의지의 대립쌍으로 서양 수천 년의 철학을 설명했지요. 말하자면 남이 정해 놓은 시스템이 자연이라면 남이 정해 놓은 틀보다 더 나은 개선을 추구하려는 의지를 자유로 설명할 수 있습니다. 지금 당신의 자율성은 서양 이천 년의 세월을 대가로 얻은 가치라는, 멋진 의미가 만들어집니다.

자율성은 한갓 정우성의 주창이 아니게 되는 셈이지요. 정우성 경영은 전혀 중요하지 않습니다. 저는 난쟁이에 불과합니다. 칸트주의 경영을 표방했을 때에 칸트 할아버지라는 거인의 조언을 우리는 듣습니다. 그러면 '자율성'이 지니는 의미와 그것이 일하는 사람에게 미치는 규범으로서의 영향력이 그럴싸하게 대단해지거든요.

시스템이 완벽할 리 없습니다. 아니 시스템은 곳곳이 허점투성이입니다. 별리사 사무소에서 권장되는 시스템은 대개 자기 생각으로 세상에 나온 게 아니거든요. 남이 만든 생각에 의심 없이 수긍하여 시스템을 도입하고 그 시스템을 저마다 고도화하려 시도하는 것에 불과합니다. 남의 생각이 아닌 당신 생각으로 시스템을 생각해 보세요. 당신이 귀하게 여기는 가치와 우리 업무의 특징을 충분히 고려해서 말이죠. 시스템에 의존하면 강자만 유리합니다. 연약한 회사는 시스템도 연약할 수밖에 없거든요. 시스템은 관리를 위해 존재합니다. 그래서 창의성과 활력을 위해 체질적으로 거부하게 되거든요. 이제 막 시작한 사람들은 창의성과 활력이 밑천입니다. 그런데 엉뚱하게도 그런 젊은 사람들이 시스템을 아무 생각 없이 수용합니다. 안타깝습니다. 젠장, 저도 그랬어요.

시스템은 개선이 번지는 것을 싫어합니다. 어느 한 곳에서 개선하기 시작하면 그 개선이 번질 수 있거든요. 그래서 개인의 개선의지보다는 회사의 이름으로 업무시스템에 복종할 것을 요구하게 마련입니다. 그것을 관료문화라 합니다. 무엇보다 특허업무의 특성에 맞지 않아요. 똑같은 고객이라 해도 안건에 따라 모두 다르거든요. 하물며 다른 고객이라면 더욱 그러하겠죠. 하지만 시스템은 균등하게 처리할 것을 요구해요. 그게 타율성의 덫입니다. 안건마다 고유한 솔루션을 찾으려는 노력, 자율성의 닻을 올려보는 것은 어떨까요?

489

<18. 860>

그저 여느 변리사처럼, 주어진 실무와 경영 과업 때문에 제 생활은 정신이 없습니다. 친구에게 편지 한 통, 전화 한 통 하는 것조차 버겁습니다. 그런 제가 어떻게 하다 보니 부끄럽게도 대한변리사회 연수원 연수위원으로 활동하고 있답니다. 미약한 능력과 조그마한 헌신성으로 회의에 참석하기도 하고 메일로 업무를 주고 받기도 합니다. 다른 연수위원들의 책임감과 헌신성과 열정에 비하면 보잘것없지요.

작년 10월, 제주도 사이프러스리조트에서 1박 2일의 연수원 워크숍이 있었습니다. 다가오는 수습변리사 집합교육을 어떻게 살 할시에 대한 연구집회였습니다. 세상에나 어처구니 없더군요. 그 좋은 가을하늘 남쪽 섬에서 새벽 2시가 넘도록 논의만 했습니다. 저는 다음 날 아침, 기념 삼아 제주도 도토리를 주워서 서울로 올라왔습니다. 얼마 전에도 경기도 광주 곤지암리조트에서 연수원 운영위원회가 1박 2일로 개최되었습니다. 비교적 일찍 논의가 끝나서 안심했지요. 자정 무렵이었습니다. 그들이 시간을 소모하는 이유는 단순합니다. 의견을 듣고 더 좋은 의견을 내기 위해서입니다.

이런 일은 매년 반복됩니다. 특별할 것도 없습니다. 단 하나의 공통된 방향을 갖지요. 우리 업계의 성장을 위해서 저마다 헌신하는 것입니다. 연수위원이니까 저마다의 마음과 능력으로 교육에 투자합니다. 하지만 우리 연수위원들은 지금 커다란 난관에 부딪혔고 그것을 피하려니 늪에 빠졌습니다. 연수위원들이 1박 2일이 아니라, 2박 3일, 아니 한 달 내내 논의를 하더라도 해결할 수 없는 난관이며 빠져나올 수 없는 늪입니다. 그러므로 도움을 구합니다. 특히 선배 변리사님들의 힘이 필요합니다.

오늘날 수습변리사 집합교육은 정말로 중요합니다. 집합교육이 농밀하게 진행되기 위해서는 외적 환경과 내적 환경이 충분히 조성되어야 합니다. 연수원은 외적 환경 마련을 위해 정성을 다하고 있습니다. 내적 환경은 수습변리사들의 마음 속에서 자발적으로 조성되어야 합니다. 그런데 이것이 난관입니다. 어차피 수습처를 구한 마당에 집합교육의 합목적성이 좀처럼 조성될 수 없기 때문입니다. 연수원의 성적은 집합교육이 끝나면 무용지물입니다. 업계의 선배님께서 집합교육 전에 변리사시험 합격생을 재빠르게 채용하십니다. 이런 오래된 관습이 빠져나올 수 없는 늪입니다. 이 관습은 여러 모로 생각해 봤지만 제도적으로는 해결할 수 없습니다. 그러나 자율적으로, 자발적으로는 해결할 수 있습니다.

　무릇 힘센 사람이 먼저 결단하면 연약한 사람이 따라옵니다. 수습변리사 집합교육이 끝난 다음에 채용을 하시면 어떤가요? 12월이 아니라 2월에 채용하시면 어떨까요? 업계의 발전을 위해서 3개월 만 기다려주시면 어떨까요? 이 3개월의 기다림이야말로 변리업계의 분위기를 바꿉니다. 달라진 분위기가 변리업계의 결속을 도모할 수 있습니다. 세월이 흐르면 세상은 바뀝니다. 십 년 전과 지금이 다릅니다. 이십 년 전의 특허업계와 지금의 상황은 더욱 다를 수밖에 없지요. 노인이 되신 선배들의 체험과 지금의 젊은 후배들이 겪는 체험이 같을 수가 없습니다. 선배님이 짊어졌던 무게와 젊은 세대가 짊어지고 가야 할 무게가 다릅니다.

　우선 변리사 수가 늘었습니다. 십 명, 이십 명 시험합격 시절은 너무나 그윽한 시절입니다. 매년 이백 명 이상의 변리사 시험 합격자가 생깁니다. 변호사도 변리사 등록을 합니다. 경쟁이 몹시 심합니다. 이제 변리사들은 저마다 높은 수준의 실무능력을 보여줘야 합니다. 명세사를 채용해서 그들에게 일을 맡겨서는 안 되는 세상입니다. 그런데 문제가 생겼습니다. 두 가지 문제입니다. 매년 특허출원 건수는 증가해 왔습니다만, 그 특허출원이 일으키는 서비스 시장은 질적으로 성장하지 못했습니다. 서비스 수가에 물가와 임금이 반영되지 못했기 때문입니다. 좌고우면하지 않고 열심히 일하는 변리사일수록 고통을 겪습니다. 그럼에도 '나의 일시적인 이익'만을 생각하는 사람들은 태연히 가격을 파괴합니다. 이것이 첫 번째 문제입니다. 인플레이션을 감안한다면 이십 년 전과 비교할 때 지금의 변리사 서비스 가격은 반의 반 토막입니다.

또한 이종자격자들로부터의 시달림이 있습니다. 이것이 두 번째 문제입니다. 먼저 변호사입니다. 변호사 업계는 과거의 경제적인 영광을 잃고 있지요. 애꿎게 변리사들을 탓하면서 변리사 제도의 폐지를 주장하는 변호사의 목소리도 들립니다. 변호사가 변리사 등록을 하되 변리실무를 스스로 하지 않고 명세사에 맡겨버릴까 봐 걱정입니다. 또한 IP 컨설팅을 제공하면서 시장에서 활동하는 다양한 사람들이 있습니다. 그들의 부정확하거나 잘못된 지식은 변리서비스를 저렴하게 만듭니다.

이런 상황은 변리사로 하여금 제대로 일을 하지 못하게 만듭니다. 그래서 변리사로 돈을 버는 것은 포기해야 한다는 자조 섞인 목소리를 흔히 듣습니다. 하지만 저는 그럴수록 오기가 생깁니다. 정면승부를 하고 싶습니다. 실력으로 난관을 타개해야 합니다. 이것이 아마도 변리사회 연수원 연수위원들의 심정일 터입니다. 수습변리사 집합교육부터 몰입하면서 능력을 배양해야 합니다. 우리는 달라져야 합니다. 우리는 이전과 다른 눈빛으로 세상에 임해야 합니다. 그러다가 다시 원론으로 돌아옵니다. 무엇이 집합교육의 몰입을 방해할까요?

선배 변리사가 솔선수범하여 이제 막 변리사가 된 후배들이 집합교육부터 문무를 겸비할 수 있도록 도와주셨으면 좋겠습니다. 문은 성실함이요, 무는 실력입니다. 수습변리사 집합교육이 끝난 다음에 문무를 겸비한 후배를 채용하시는 것은 어떨까요? 성적과 성실함과 빛나는 눈빛을 보면서 말이죠. 일단 우리에게는 달라진 분위기가 필요합니다.

<19.862>

저는 소통의 포장술을 중시합니다. 소통이 아니라 소통의 포장술이라니. 말하자면 이렇습니다. 마음을 표현함에 있어 선물만큼 좋은 게 없지요. 선물로 마음을 전하고 싶은 사람이라면 그 마음이 온전히 전해지기를 바랄 터입니다. 그래서 선물을 예쁘게 포장합니다. 고객과의 소통도 마찬가지입니다. 전하고 받으려는 내용 그 자체가 가장 중요하겠지요. 텔레파시로 소통할 수는 없으니까 언어에 의존합니다. 마치 특허가 언어에 의존하는 것처럼 소통도 언어에 절대적으로 의존합니다.

상대방이 알아들을 수 있는 언어를 사용하는 게 중요합니다. 상대방의 지식 수준을 고려해서 단어를 선택하고 문장을 만듭니다. 정확한 표현보다는 알아들을 수 있는 표현이 더 중요합니다. 백 만 원이 넘는 돈을 지불했음에도 당최 무슨 말인지 모르는 표현들로 가득한 문서를 받았다면 기분 좋을 리는 없겠지요. 전문가일수록, 전문가의 작업일수록 그 혹은 그녀로부터 비롯되는 언어는 쉬워야 합니다. 의뢰인과 전문가 사이의 언어가 소통하기 적합하다면 큰 일을 도모해 볼만합니다. 그 동안 여러 단어와 문장을 쉽게 고치기 위해 꾸준히 노력했습니다만, 문턱을 낮추려면 더욱 분발해야 합니다. 하지만 제가 오늘 이야기하려는 것은 소통의 알몸 그 자체가 아니라 소통의 외투입니다. 포장술입니다. 특히 문서 포장술입니다. 전문가의 소통이란 대개 문서에 의존하게 마련이니까요.

편집디자인에 관한 이야기가 됩니다. 편집디자인은 레이아웃과 글씨체에 의해 좌우됩니다. 오랫동안 이 분야의 문서는 디자인이라고 할 것도 없었습니다. 특허청에서 배포하는 서식작성기 프로그램은 글자크기 12포인트의 바탕체였습니다. 사실 그 영향이 매우 컸지요. 또한 특허관리 소프트웨어 회사들이 제공하는 공문 양식을 사용했습니다. 우리 업계는 지금껏 디자인보다는 알맹이를 중시 여겼습니다. 하지만 우리 고객은 공무원이 아닙니다. 고객은 우리와 시장에서 만납니다. 전문가라 해서 특별히 숭고할 게 없습니다. 그저 비즈니스 맨이죠.

자기의 능력을 서비스로 판매하는 사람에게는 두 가지 책무가 있습니다. 첫째 언제나 신뢰성을 높이는 것입니다. 그래야 안심합니다. 둘째 다른 곳과의 차별성을 강조해야 합니다. 그래야 돈을 꺼낼 심리가 됩니다. 이를 무시하면 더 싼 가격으로 더 빨리 처리하겠다는 저렴함에 의존할 수밖에 없습니다. 고품질의 서비스? 어차피 전문가의 서비스 내용을 고객은 속속들이 알기 어렵습니다.

저희 이야기를 하겠습니다. 문서는 두 종류로 이원화합니다. 특허청에 제출하는 문서와 고객과 소통하는 문서를 분리합니다. 후자에 관해서만 말하겠습니다. 가독성을 감안하되 직관적인 멋을 고려하여 서체를 선택합니다. 현재 저희는 윤디자인의 서체를 사용하되 자간을 약간 줄입니다. 크기는 10.5 포인트를 기본으로 하되 때때로 9포인트를 사용하기도 합니다. 적절한 서체 선택으로 신뢰성과 차별성을 드높일 수 있습니다. 그리고 그것을 PDF로 변환하여 고객과 소통합니다. Word 양식으로 보내야 할 때가 있습니다. 예컨대 특허문서 초안이 그러합니다. 그런 경우에는 범용적인 서체를 선택해야 합니다. 그렇지 않으면 폰트가 깨집니다. 바탕체나 맑은고딕체를 사용하게 되는데, 그런 경우에는 반드시 자간을 1포인트 좁게 해야 합니다. 문서의 신뢰성이 놀라울 만큼 개선됩니다.

영문서체는 한글서체보다 매우 많이 진보해 있습니다. 한글의 명조체에 해당하는 서체를 세리프체라 하며, 고딕체에 해당하는 영문서체를 산세리프체라 합니다. 세리프체는 클래식하고 보수적인 느낌을 줍니다. 반면 산세리프체는 모던한 감성을 전하지요. 대표적인 세리프체로는 Times new roman, Bookman, Century, Georgia, Garamond, Perpetua 등이 있습니다. 대표적인 산세리프체로는 Arial, Helvetica, Verdana 등이 있습니다. 아마 특허사무소에서 사용하는 서체들은 이 중 하나가 아닐까요? 저는 최근 산세리프 계열의 Myriad 서체 시리즈에 무척 관심이 많습니다. 참고로 애플이 사용하는 서체는 Myriad Pro를 근간으로 합니다. 지면 관계상 레이아웃에 대해서는 더 말을 못하겠네요. 일관성을 잃으면 아마추어 같은 인상을 줍니다. 한 눈에 보기에 시원함이 있어야 합니다.

<20.864>

별리사는 두 가지 서류에 능통해야 합니다. 특허명세서와 심사관의 1차 심사결과에 맞서는 의견서입니다. 특수한 분야에서 탁월한 기예를 발휘하더라도 전문가는 모름지기 기본기를 갖춰야 합니다. 제아무리 쟁송을 잘한다는 별리사라 해도 이 기본적인 일을 능숙하게 해내지 못한다면 별로 인정해주고 싶지 않아요. 기본기를 갖추려면 별 수 없어요. 시간을 투자해야 합니다. 저의 지능을 별리사 평균 수준으로 가정한다면 기본기를 갖추기까지 적어도 10년은 걸린다고 생각합니다. '몇 년 맛보기'만 하다가 폼 잡고 하산을 하는 사람들이 많습니다. 대개 몇 년 하다 보면 다 아는 것처럼 보일 겝니다. 하수가 리뷰를 맡고요. '더 큰 일'을 찾아 오피스를 떠나고요. 일천한 실무경험으로 인하우스로 전직하고요. 그러다 보면 높은 곳에 오를수록 무식해집니다. 이런 퇴폐 풍조가 부끄럽기는 합니다만, 아서라 세상사.

　　실무자를 위해서 씁니다. 특허의견서는 차이와 심리를 탐구하는 레토릭 작업입니다. 의견서는 '내 문서'가 아니라 고객의 이름으로 제출되는 '남의 문서'입니다. 그리고 그것은 이미 내려진 판단을 뒤집기 위한 설득작업이며 변론문서이지요. 심사관이 우리 발명을 전부 거절했다고 가정하고 이제 어떻게 할까요? 이 실무의 시작점은 '나는 변리사다'라는 사실인식입니다. 전문가라면 자기 입장을 가져서 고객을 안내할 수 있어야 합니다. 심사관의 통지서를 영혼 없이 전달하면서 어떡하겠느냐며 고객을 닦달해서는 안 됩니다. 아무리 점잖게 표현해도 위압적으로 느껴집니다. 반대로 지나치게 많은 입장을 세세하게 담아서 보고하는 것도 전문가의 스타일은 아닙니다. 그러면 그럴수록 고객은 읽기 싫어합니다.

의견서의 독자는 3명이 있습니다. 고객, 심사관, 그리고 작성자인 나. 이 3명의 독자가 모두 만족할 수 있는 의견서여야 합니다. 일단 작성자인 나의 만족을 통과해야 합니다. 내가 만족할 수 없는 문서로 어떻게 타인을 설득할 수 있을까요? 둘째 심사관을 설득해야 합니다. 별리사라면 다 아는 이야기니까 생략하겠습니다. 때때로 심사관의 견해분석보다 심리분석이 중요하다는 점만을 환기합니다. 세 번째가 정말로 중요해요. 고객이 읽어서 만족할 수 있는 의견서여야 합니다. 왜냐하면 당연하게도 그 권리는 고객의 소유이며 고객이 돈을 지불했고 고객의 이름으로 제출되기 때문입니다. 이 세 명의 독자를 모두 만족시키려면 법리와 전문성만으로는 부족합니다. 문장이 쉬워야 하며, 단락과 단락의 연결이 논리적이어야 하고, 교양과 합리성을 잃지 말아야 하고, 쓸데없이 복잡한 전문용어를 남발하지 않도록 유의해야 합니다. 언제나 고객 독자를 배려해야 합니다. 의견서는 법률문서이지만 고객과의 관계에서는 비즈니스 문서이기도 합니다.

　　어떻게 배려를 하느냐? 여전히 문장력으로 배려합니다. 심사관 통지서를 안내할 때 알아들을 수 있게 암호를 해독해줘야 합니다. 의견서 작성의 행위주체는 별리사 자신이며 그/그녀가 입장을 가져야만 일이 진척되는 것이므로 모든 내용을 하나하나 검열 받으려고 할 필요는 없습니다. 사실 고객도 그럴 여유나 능력이 없을 거예요. 핵심과 요지만 쉬운 표현으로 안내해주는 것만으로 족합니다. 특허 받기 불가능하겠다고 간명하게 의견을 전할 수도 있고, 내 판단을 믿어달라는 방식으로 입장을 전해도 좋으며, 우리 발명과 선행기술의 차이점에 관해서 고객에게 몇 가지 질문을 던지는 방식도 좋습니다.

　　의견서를 쓰면 으레 특허범위를 보정하게 마련이지요. 여러분, 쉽게 체념하지 마십시오. 특허 좀 받아보려고 함부로 청구항을 감축하지 마세요. 특허가 중요하다면서요? 그래서 특허출원을 했던 거잖아요? 그런데 어째서 닭 모가지 비틀 듯이 함부로 특허범위를 비트나요? 절차적으로는 다시 보정할 기회가 있습니다. 너무 쉽게 단 한 번의 보정으로 특허를 받으려고 하지 마세요. '내 권리'라면 쉽게 타협하는 것이 좋습니다. '남의 권리'라면 그러면 안 됩니다. 쉽게 타협하지 말고 집요하게 싸워야 합니다. 거절결정 받은 다음에 재심사절차에서 보정할 수도 있습니다. 내용적으로 어떻게 보정하는 것이 좋을까요? 가장 좋은 방법은 고객의 비즈니스를 경청하는 것입니다. 보정된 특허범위가 여전히 고객의 비즈니스를 보호할 수 있느냐, 그렇게 특허범위가 수정되더라도 고객이 납득할 수 있겠느냐, 그것이 해답을 얻는 열쇠입니다. 이따금 특허출원 시에 발명의 특징을 모두 종속항으로 넣지 않고, 상세한 설명에 두었다가 보정 시에 추가하는 것도 한 방법이 되겠습니다. 중간과정을 고려한 특허문서 전략입니다. 열심히 일하고 그것에 걸맞은 대가를 받으세요.

<21. 866>

전략적으로 1개의 아이디어를 여러 건의 특허로 나눌 때가 있습니다. 아이디어는 언제나 단수가 아니라 복수로 존재합니다. 다만 취사선택에 의해서 1건의 특허출원으로 진행될 뿐이지요. 동일한 아이디어라도 그 아이디어를 향한 앵글이 어디를 비추느냐에 따라서 복수의 권리신청이 가능합니다. 또한 복수의 독립청구항을 가진 1건의 특허출원도 가능할 뿐더러 이를 복수의 특허출원으로도 나눌 수 있습니다. 이런 법적인 방법론은 별리사라면 익히 알고 있습니다. 여러 건의 특허신청이 전략적으로 우수함에도 한국에서는 1건마다 특허비용이 산정되는 문화이므로, 우수한 특허전략이 비용경제라는 관점에서 쉽게 포기됩니다. 특허출원 안건마다 비용을 산정하기보다는 아이디어 1개마다 비용을 산정하는 것이 훨씬 바람직하겠습니다. 하지만 오랜 기간 축조된 문화를 단 번에 바꾸기는 어렵겠지요. 다만 비용에 관해서 실무자에게 더 많은 자율성과 권한을 부여한다면 합리적인 수준에서 전략적인 선택이 가능할 것이라 생각합니다.

어쨌든 사실상 1건의 아이디어 혹은 1개의 비즈니스에 관하지만 이를 여러 건의 특허로 진행하는 경우가 있고, 이를 <시리즈 특허>라 합니다. 특허출원 시점이 거의 같은 시리즈 특허가 있으며, 지속적인 연구개발에 의해서 시점이 상이한 시리즈 특허도 존재합니다. 이하의 실무는 전자에 관합니다. 후자에 관해서는 성격에 따라 적용합니다.

시리즈 특허에서는 무엇이 중요할까? 시리즈 특허는 {특허집합}을 구성합니다. 특허전략의 목적은 효과적인 권리집합을 만드는 것입니다. 법리적 관점으로 말하자면, 아이디어를 향한 앵글사용법을 적절하게 하여 발명을 중층석으로 보호할 수 있는 좋은 {특허집합}을 만드는 것입니다. 사실상 하나의 아이디어에 대해서 {특허집합}을 만드는 까닭은 간명합니다. 특허에 대한 경쟁자의 집중 공격으로부터 효과적으로 방어하기 위함이지요. 또한 경쟁자로 하여금 회피설계를 어렵게 함으로써 시장 진입을 지체되도록 하거나 경쟁력이 낮은 방식으로 우회 진입하도록 유도함으로써 시장경쟁력을 유지하기 위함입니다. 이상적으로는 특허집합을 구성하는 개별 시리즈 특허가 저마다 강한 권리를 갖도록 하는 방책이 필요하겠습니다. 그러나 어느 안건 하나라도 특허를 취득한다면 우리 비즈니스를 효과적으로 보호할 수 있습니다. 경쟁자의 비즈니스를 견제할 수 있도록 고심하고 실천하는 것이 별리사의 덕목입니다.

시리즈 특허전략이 이상적으로 보이지만 현실적으로는 그렇지 않아요. 첫째, 실무자의 능력에 크게 의존하는 단점이 있습니다. 아이디어를 다양한 각도에서 분석하고 재해석할 수 있는 별리사의 능력이 필요하고, 기업 담당자는 그런 별리사와 지속적인 관계를 유지해야 합니다. 그렇지 않으면 안건만 무질서하게 늘어날 뿐입니다. 둘째, 비용이 들어요. 특허가 아닌 {특허집합}을 만들기 때문에 안건이 늘어날 수밖에 없고, 안건마다 비용을 계산하는 문화에서는 비용이 몇 배 이상 늘어날 수밖에 없습니다. 셋째 섬세한 관리자가 필요합니다. {특허집합}을 구성하는 원소 특허의 저마다의 내용, 특허범위, 장단점을 정확

498

히 파악해야 하는데 사람은 망각에 취약하거든요. 심사과정과 해외출원 과정에서 관리자의 통제를 벗어나기 일쑤입니다. 이런 단점을 감안하면서 전략을 선택하고 실행해야 합니다.

　　일반적으로 시리즈 특허전략이 선택되는 경우는 예컨대 그 아이디어가 비즈니스적으로 정말로 중요할 때입니다. 기업이 시장을 개척하거나 큰 투자를 감행할 때에는 경쟁자의 진입을 생각하지 않을 수가 없습니다. 그런 경우에 마땅히 특허라는 조치를 생각해야 하며, 그 경우 시리즈 특허전략이 최선으로 고려됩니다. 또한 아이디어가 중요하기는 하지만 특허 받기는 어려울 것으로 전망할 때가 있습니다. 상식적으로 생각하자면 특허 받기 어렵다면 특허 신청을 포기하는 것이 자연스러운 사고행위입니다. 그러나 때때로 역발상이 필요해요. 그 아이디어가 중요함에도 특허받기 어렵다면 오히려 시리즈로 복수의 특허 신청을 합니다. 이로써 별리사는 아이디어를 더 농밀하게 분석할 수 있으며 실무적으로 특허취득 확률을 높일 수 있습니다. 마지막으로 지속적인 마케팅이나 투자 유치의 필요해서 의해서 특허활동을 하는 경우입니다. 특허를 이용해서 그 기업이 해당 분야를 선도하는 최고의 기술기업임을 어필할 수 있습니다.

　　특허문서를 작성함에 있어 앞에서 말한 것처럼 훌륭한 {특허집합}을 설계하는 별리사의 탁월함이 필요하겠고, 그것은 어떻게 이뤄지는 것인지 예제가 필요하기도 하겠으나, 여기에서는 쉽게 익힐 수 있는 실무사항을 말합니다. 즉, 어렵지 않게 준수할 수 있는 실무규범입니다. 다음 두 가지입니다.

　　(1) 소통을 배려합니다. 시리즈 특허는 섬세한 관리가 필요합니다. 망각하기 쉽고 헷갈리기 일쑤입니다. 의뢰인과 별리사 사이의 소통도 어려워집니다. 그러므로 별리사는 {특허집합}을 구성함에 있어서, 시리즈 특허마다 가급적 발명의 명칭이 구별될 수 있도록 합니다. 대표 도면도 시각적으로 다른 것을 선택합니다. 요약서에서도 분명히 차이가 나는 문장을 배치합니다. 물론 내용은 비슷하겠죠. 그러나 아이디

499

어를 바라보는 앵글을 분명한 차이를 갖도록 하고, 그 앵글의 차이를 언어로 잘 표현될 수 있도록 특허문서를 작성합니다.

(2) 특허문서가 유연해야 합니다. {특허집합}은 합쳐지기도 쉽고 분리되기도 쉬워야 합니다. <합쳐지기 쉽다>라는 의미는 PCT 국제출원이나 해외특허출원을 할 때에 여러 건의 특허출원이 합쳐져서 1건의 국제출원(해외출원)으로 묶이기 용이하도록 특허문서를 작성해야 한다는 의미예요. <분리되기 쉽다>라는 의미는 심사 받는 과정에서 심사의 추이에 따라 여러 특허출원으로 분할될 수 있도록 고려한다는 뜻입니다. 특허문서는 풍부해야 합니다.

<22. 868>

특허문서, 특히 청구항을 작성하는 실무자는 콜론(:)과 세미콜론(;)의 용법을 명확히 파악해야 합니다. 청구항을 작성하는 다양한 방법 중에서 가장 많이 사용되는 것이 콤비네이션Combination 방식, 즉 개조식 방식입니다. 주로 세미콜론 기호를 사용하며 종종 콜론 기호도 사용합니다. 콜론과 세미콜론의 관습적인 사용은 미국 실무의 영향 때문입니다. 일본 실무의 영향이 컸던 과거에는 쉼표를 자주 사용했지만 미국 유학파가 늘어나면서 자연스럽게 미국 실무 영향력이 일본 실무 영향력을 대체하고 있습니다. 미국은 글로벌 기업의 각축장이며 미국 시장이 갖는 상징적이고 현실적인 의의로 말미암아 미국 실무의 영향력이 커지는 것은 자연스럽습니다. 한국기업이 해외특허출원을 생각할 때 우선적으로 고려하는 국가가 미국이며, 한국어 특허문서가 영어 특허문서로 번역되고 수정되어야 한다는 점을 두루 고려한다면 콜론과 세미콜론의 사용을 분명히 구별해줄 필요가 있겠습니다.

세미콜론은 쉼표와 마침표가 합쳐진 기호로 이루어졌습니다. 이런 기호 구성의 성질이 세미콜론의 용법에 그대로 반영됩니다. 쉼표와 마침표가 동시에 사용될 수 있는 곳이라면 세미콜론을 사용할 수 있지요. 쉼표의 성질로서 세미콜론은 무엇인가를 '열거'할 때 사용됩니다. 마침표의 성질로서는 열거된 뒷부분 없이 앞 부분의 진술만으로 독립된 의미를 갖는다면 세미콜론을 사용할 수 있습니다. 예를 들어 발명이 A, B, C 구성요소로 이루어져 있다면, A와 B와 C는 세미콜론으로 연결될 수 있지요. 그리고 B와 C 사이에 '및(and)'을 넣습니다. 마지막에 마침표를 찍습니다. 'A; B; and C.' 형식이 됩니다.

콜론은 하위 리스트를 열거할 때 사용합니다. 그리고 콜론 다음에 오는 것들은 하나인 경우에는 그 하나, 여러 개의 리스트인 경우에는 그 여러 개의 집합으로서 콜론 앞에 위치하는 어구와 대등한 관계를 갖습니다. 특허실무적으로 콜론은 세미콜론보다 상위의 등급을 갖습니다. 청구항에 전제부를 사용한다면 콜론과 세미콜론이 함께 등장합니다. 그 용법은 아래와 같아요.

호스트 컴퓨터에 입력신호를 전송하는 입력장치로서:
터치패드;
터치모션 검출부;
무선통신부; 및
배터리를 포함하는 입력장치.

물론 이렇게 단순 배열하고 그치면 특허를 받을 수 없다는 것은 별리사라면 누구나 다 아는 이야기지요. 세미콜론으로 연결되는 각 구성들이 어떤 관계를 갖는지를 설명해줘야 해요. 예제 청구항은 편의적인 것이므로 귀엽게 봐줬으면 좋겠습니다. 어쨌거나 기본적으로 이렇게 필수 단어나 필수 어구를 세미콜론으로 연결하면서 기본 골격을 만듭니다. 그런 다음에 각 구성의 기술적인 의미와 유기적인 관계를 나타내는 적절히 표현을 추가해야 합니다. 한편 세미콜론은 구성을 나열할 때 사용하므로 자연스럽게 여러 번 사용됩니다. 콜론은 어떨까요? 실무적으로는 이례적이겠으나 콜론도 여러 번 사용할 수 있습니다.

호스트 컴퓨터에 입력신호를 전송하는 입력장치로서;

상기 입력장치는 충전 가능한 배터리를 내장한 것이며;

터치패드;

터치모션 검출부; 및

무선통신부를 포함하는 입력장치.

콜론과 세미콜론을 명확히 구분할 수 있다면 특허문서 작법의 가장 기초적인 지식을 습득한 것입니다. 한편 콜론은 특허문서의 다른 영역에서도 디리 쓰이기도 해요. '동격의 콜론'을 기억한다면 세미콜론과 헷갈리지는 않습니다. 예컨대 이런 경우입니다. 근거리 무선 통신으로 번역되는 Near Field Communication을 약자인 NFC와 병기하고자 한다고 가정하지요. 특허문서에서는 필요에 따라 이렇듯 한글용어, 영어용어, 영어약자를 함께 표시해줘야 하는 경우가 종종 있습니다. 한자병기도 마찬가지입니다. 'NFC(Near Field Communication: 근거리 무선통신)'으로 표기합니다. 이때 콜론 대신에 세미콜론을 쓰는 것은 좋지 못합니다.

대단한 이야기는 아닙니다만, 지금 몇 달째 아주 기초적인 실무 이야기만 하고 있습니다. 저는 우리 업계의 만연된 원초적 경쟁을 끝내버리고 싶습니다. 더 창의적인 경쟁질서를 만들고 더 인간적인 업계 문화를 만들고 싶은 꿈이 제게도 있습니다. 그러나 현실은 그저 연약할 따름이므로 오늘도 순종하듯이 실무에 임합니다. 소장변리사님들에게 미안한 말씀이지만, 이미 새로운 시대가 도래했습니다. 우리는 오래도록 실무를 해야 하며, 우리보다 더 뛰어난 사람을 키워야 합니다.

<23.870>

특허 청구항은 전제부, 구성집합, 트랜지션, 오브젝트로 이루어집니다. 전제부는 없어도 됩니다. 나머지는 반드시 있어야 합니다. 구성집합과 오브젝트는 교육 목적으로 제가 만든 개념어입니다. 교육을 위해서 이따금 새로운 용어가 필요한데, 학자들이 사용하는 용어나 외국에서 수입한 개념어로는 부족할 때가 많습니다. 변리사 2차 합격자 발표가 났습니다. 올해도 이백 명이 넘는 인재들이 새로 업계에 합류했습니다. 이들을 잘 가르치고 안내해서 빛나는 사람들이 될 수 있도록 도와주는 일이야말로 선배의 몫이라고 생각하고 그게 저의 요즘 고민입니다. 어떻게 하면 특허 실무세계로 후배들을 잘 안내할 수 있을까? 업계의 탁월한 변리사들이 작업했던 수백, 수천 개의 청구항을 겸손하게 읽으면서 길을 찾습니다.

오브젝트Object는 특허청구의 대상입니다. 오브젝트는 1개 이상의 단어로 표현됩니다. 오브젝트의 실무적인 의미는 첫째 카테고리를 결정한다는 점입니다. 카테고리 1은 '물건'이며, 카테고리 2는 '방법'입니다. '물건'이라는 범주에는 기구나 장치뿐만 아니라, 조성물, 단백질, 핵산 따위의 물질 등이 있으며, '방법'이라는 범주도 있습니다. '시스템'의 경우 공통된 장소성이 인정된다면 카테고리 1의 변형으로 보고, 공통된 장소성이 부정되어 시스템 요소들이 원거리에 위치하면 카테고리 2의 변형으로 분류할 수 있습니다. 오브젝트의 두 번째 의미는 특허범위를 결정하는 데 영향을 미친다는 점입니다. 청구항에 기재된 모든 단어는 무겁게 고려될 수밖에 없습니다. 그 중에서 오브젝트는 특허청구의 대상을 지칭하기 때문에 무엇보다 그 의미가 중요합니다. 오브젝트를 좁히면 특허범위가 좁아지지만 지나치게 넓히면 특허 받기가 어려워집니다. 의약발명의 경우 용도가 오브젝트에 결합됩니다. 그 경우 그 용도 자체가 오브젝트의 운명을 결정합니다. 오브젝트는 청구항의 맨 뒤쪽에 위치하는 게 보통이지만 앞쪽에 위치할 수도 있습니다. 그런 경우 콜론을 사용하면 좋고, 미국식 청구항이 됩니다.

청구항의 구성집합은 전제부, 트랜지션, 오브젝트를 제외한 부분을 말합니다. 구성집합의 원소는 집합 개념의 원리상 1개 이상이면 족합니다. 공집합은 허용되지 않습니다. 원소를 실무적으로 구성요소라 부릅니다. 즉, 청구항의 구성집합은 1개 이상의 구성요소로 이루어짐니다. 말하자면 특허청구항은 다음과 같이 요약됩니다.

청구항 = (전제부) + 구성집합 + 트랜지션 + 오브젝트

실무적으로 물질에 관한 발명인 경우에 구성집합의 원소가 1개인 경우가 많습니다. 그 한 개의 구성요소에 특징이 있기 때문에 발명을 특정하는 데 어려움이 없습니다. <서열번호 2로 표시되는 아미노산 서열로 이루어지는 단백질>(특허 1496803)에서 구성집합의 원소는 '서열번호 2로 표시되는 아미노산 서열'입니다. <차량 엔진의 로우 크랭크 케이스 베어링 인서트에 있어서, 상기 베어링 인서트의 표면에 돌기면을 형성하여 접합성을 높이고 안정된 하중분담을 이루도록 한 것을 특징으로 하는 차량 엔진의 로우 크랭크 케이스 베어링 인서트>(특허 802841)의 경우, 전제부와 트랜지션과 오브젝트를 제외하고, 구성이라고 보기 어려운 표현을 제외하면, '베어링 인서트의 표면에 돌기면을 형성'하는 것이 구성집합의 원소가 됩니다.

대부분의 청구항은 구성집합이 두 개 이상의 원소로 이루어질 터입니다. 그런 경우에는 첫째, 원소 사이의 결합관계를 표현해야 하는 경우와 그런 결합관계를 표현할 필요가 없는 경우를 어떻게 구별할지, 둘째 개조식 표현방법과 진술식 표현방법 중 어느 쪽이 더 효과적일지, 셋째 단층구조와 다층구조의 서술방식 중 무엇이 이로운지에 대해서 실무자는 고민해야 합니다.

위와 같은 특허청구항의 개념적 구조를 잘 이해하고 실무에 익숙하게 응용하는 데 적지 않은 시간이 걸립니다. 저는 물경 십 년이 걸렸습니다. 그것도 영업은커녕 실무에만 매진해서도 그만큼 걸렸습니다. 그렇다고 해서 도를 깨쳤느냐 하면 그것도 아닙니다. 앞으로 십 년은 더 가 봐야 압니다. 업계에 새로 합류한 52기 변리사 여러분, 환영합니다. 이 깊고 고요한 실무 세계에서 푸른 공기를 마십시다.

다소 무리하면서 별리사라는 낱말을 지어냈습니다. 그리고 2년 동안 글을 연재했습니다. 이제 저는 조용히 생업에 충실하겠습니다. 그 동안 저의 거친 이야기를 경청해주신 모든 분께 감사의 마음을 전합니다. 저는 여전히 B급 변리사에 불과합니다. 아직 입술보다는 귀가 더 민감할 나이입니다. 아는 것보다 모르는 게 더 많습니다. 배우고 익히면서 더 나은 길을 좇아야 합니다. 실은 제가 하고 싶은 이야기의 십 분의 일도 꺼내지 못했습니다. 그렇지만 해야 할 일도 많고 숙제도 많은 처지라는 점을 감안한다면 이 무렵 연재를 마감하는 것도 좋다 싶습니다.

매년 새로운 인재들이 업계에 들어옵니다. 오늘 저는 선배로서 변리사 시험 52기 후배들에게 어떤 메시지를 전할까 고민했습니다. <인생은 깁니다. 상인이 되기보다는 장인이 되십시오.> 이것이 저의 메시지입니다. 사실 이는 저 자신을 묶어두는 올가미이기도 합니다. 사람은 쉽게 변하고 옛 다짐도 금세 잊어버리는 까닭에 계속해서 상기하지 않으면 불안해집니다. 말하자면 타인에게 말하면서 자신에게 새겨넣는 경구 같은 말입니다. 그러므로 너무 건방지다고 생각하지는 말아주십시오. 상인보다는 장인을 권면하면 마치 상인이 나쁜 사람인 것처럼 여겨질 수도 있겠군요. 그렇지는 않습니다. 급여를 주고 급여를 받는 입장에서는 상인으로서의 능력도 있어야 하는 법이니까요. 그렇지만 장인은 상인이 될 수 있어도 상인은 장인이 될 수 없습니다.

변리사 집단은 국가의 면허에 의해 생겨난 흡사 길드 같은 것인데, 그렇다면 길드에 적합한 행동 양식이 필요합니다. 그것의 본질은 갈고 닦은 실력에서 나옵니다. 수련과 연마 없는 상술은 공동체를 파괴합니다. 국가의 면허제도 취지를 외면하고 자기 자신만 생존하려는 욕망에 사로잡힙니다. 그런 욕망이 한국 변리사 사회 곳곳을 병들게 했노라고 나는 생각합니다. 그런 고로 더더욱 우리에게 장인 정신이 필요합니다.

그런 점에서 저도 갈 길이 멉니다. 게다가 아주 흔한 고뇌도 있습니다. 저는 이른바 영업을 거의 하지 않았습니다. 일단 일이 너무 많아서 여유가 없었습니다(저는 여전히 명세서를 쓰고 의견서를 씁니다). 오히려 관계를 줄이고 가족과 함께하는 시간을 늘렸습니다. 그런데 회사는 더디게라도 성장합니다. 사람이 늘면 지출도 함께 늘고 그러면 마땅히 수익을 늘려야 하지 않겠습니까? 진부합니다만 이것이 모든 경영자의 고충입니다. 장인으로서 실무철학과 비전을 수호해야 할 뿐더러 좀 더 부지런히 새로운 고객도 찾아야 합니다.

재미있는 이야기를 해보겠습니다. 십삼 년 동안 아주 다양한 분야의 고객을 만났습니다. 그들의 한결같은 증언은 동종업자가 제일 무섭다는 것이었습니다. 서로 북돋아주면서 경쟁하기보다는 서로 찌르면서 경쟁한다는 느낌이었습니다. 그게 어쩌면 우리 사회 곳곳에 그늘을 만들어 오지 않았나 생각합니다. 그렇다면 여러분, 변리사 사회는 어떻습니까? 서로가 서로를 배려하거나 북돋아줍니까? 공동체의 발전을 위해서 삼갈 것은 삼가며 권면할 것은 권면합니까? 충분히 생각하면서 일할 시간을 보장하기 위해 서로가 노력하는가요? 당장의 성과를 위해서 깊이 생각할 시간을 희생하라고 요구하고 있지는 않습니까?

팔짱을 끼고 차분히 지금 세상을 관망하노라면 상당히 비관적입니다. 그러나 큰물이 들면 강은 범람하고 고였던 물도 흐르게 마련입니다. 지금이야말로 미래를 기획하기에 좋은 때라고도 생각합니다. 모두가 그런 것은 아닙니다만, 어른 세대는 실무를 오래 하지 않아서 잘 모르시고, 지금 세대는 실무에 몰입하기 어렵습니다. 그 시대는 경쟁이 너무 없었고 이 시대는 경쟁이 너무 심하기 때문입니다. 그래서 우리는 우리의 잠재력을 충분히 발휘할 기회가 역사상 별로 없었습니다. 만약 그런 기회를 우리가 만들어낼 수 있다면 새로운 시대의 시발점을 열 수 있을 터입니다. 그런 점에서 도전적인 시대입니다. 고난이 우리를 강하게 만들며 역경이 우리를 도전케 합니다.

저는 많은 실험을 하고 있고 새로운 시도를 자꾸 해봅니다. 대부분 실패하거나 아직 큰 성과가 없습니다. 하지만 도전합니다. 계속 부딪혀봅니다. 실무 방법론, 모든 문서의 레이아웃, 서비스의 목록과 내용, 소통의 방식과 스타일, 여러 가지 콘텐츠와 새로운 솔루션 등에서부터 회사경영과 사내외 관계를 규정하는 경영철학까지, 과거의 모든 관념을 의심하면서 새롭게 직조해나가고 있습니다. 적절한 기회에 여러분과 공유하고 싶습니다. 우리의 실험 결과가 정말로 이롭다면 하나보다는 둘이, 둘보다는 셋이 나을 것이기 때문입니다. 미래를 준비하고 기획하는 혁신포럼이 있어서 서로의 실험결과를 넉넉하게 공유할 수 있다면 좋겠습니다. 여러분, 건강하십시오. 감사합니다.

507

IV. 부록

3.

저녁과 발언

510

IV. 부록

나는 그다지 활발하게 대외활동을 하는 사람은 못 된다. 그저 실무자이며, 실무자는 의자에 앉아서 일을 하는 수밖에 없다고 소극적으로 생각해 왔다. 특허가 기업활동에 정말 도움이 되기는 될까라는 회의감도 적지 않았다. 그런 의심이 들 때마다 우선 일을 했다. 남한테 내세울만한 정도는 못 되지만 다양한 사례를 체험하고 성장했다. 하지만 나는 무명의 변리사일 뿐이었고, 실패를 반복하는 무능한 경영자이기도 했다. 모든 것은 2011년에 바뀌었다. 2011년 <특허전쟁>이라는 책을 저술했고, 세간의 주목을 받았다. 삼성전자와 애플의 특허소송이 세상을 시끄럽게 만들었기 때문이기도 했다. 덕분에 내 인생이 급변했다. 수많은 저널을 상대했고, 각종 인터뷰, 강의, 칼럼 활동을 했다. 무명의 변리사가 일약 유명해진 것이다. 흥미로운 밀물이었지만 평화롭게 썰물이 되어 빠져나갔다. 그 당시 많은 것을 배웠고 학습했지만, 그중 두 가지는 장차의 내 인생을 결정해버리는 것 같았다.

첫 번째는 놀랍게도 내가 글쓰기에 재능이 있다는 사실을 알게 됐다는 점이다. 특허명세서를 쓰느라 바쁜 와중에 기자의 요청을 뿌리치지 못해 부리나케 쓴 인터넷 기사로 수 개월 후 저널리즘상을 받았을 때 '어, 나 정말 재능이 있나봐?'라고 놀라고 말았다. 좌고우면하지 않고 변리사 일에 매진했던 덕분이 아닐까라고 그 연유를 생각했다. 그렇지 않고서는 내게 그런 재능이 생길 리 없다. 변리업무를 처음 시작할 때 모든 공대 출신 실무자들이 그런 것처럼 띄어 쓰기와 맞춤법과 문법이 어려웠다. 기술에 대해서는 무지하며 실무에는 무식한 자가 글을 쓰면서 영리활동을 해야 하므로 여간 고역이 아닐 수 없었다. 그렇지만 타인에게 난해한 기술을 설명하고 또 설득하는 글을 십 년이 넘도록 써온 덕분에 재능이 생긴 것 같다. 신기하게도 일도 더 잘하게 되었다. 재능이 있다고 생각하니까 용기도 나고 더 잘할 수 있을 것 같은 기분도 들고 하면서 실무능력이 좀 더 는 것 같다.

저널을 상대하고 저널을 통해 무엇인가를 발언하면서 내가 학습한 것은 과장과 균형감각이었다. 전자는 전문가의 관습적인 태도에

511

관하며, 후자는 전문가가 잊고 있는 자세다. 전문가는 자신이 지니고 있는 지식과 경험을 통해서 세상을 바라보고 발언하지만 자주 과장한다. 저널은 그 과장을 포장하며 세상에 공표한다. 전문가의 과장이야말로 공론을 왜곡하는 주범이 되곤 한다. 이것을 이번에 깨달았다. 전문가의 목소리가 너무 높고 자주 들리면 사회 어딘가가 잘못된 것이다. 특허가 설령 중요하더라도 특허가 가장 중요한 것은 아니다. 특허가 정녕 중요하다면 그 특허를 다루는 실무 현실에 대한 통찰이 있어야 한다. 이해를 하지 않고 주장을 앞세울 수도 없다. 公論을 空論으로 만드는 전문가가 적지 않았고, 그게 어쩌면 나일 수도 있다고 생각하니 숙연해졌다.

일반 사람들이 감정적으로 흥분됐을 때, 불안과 무지로 걱정이 될 때, 전문가는 상식에 맞게 합리적으로 조언해야 한다. 전문가는 저널을 통해 발언할 수 있다. 다만 감정을 자극해서 불안을 조장하는 자는 전문가가 아니다. 이성을 자극하면서 풍부하게 해결책을 만드는 자가 진실로 전문가이지 않을까라는 생각을 하게 됐다. 그리고 과장보다는 균형감각이 필요하다.

저널을 통해 발언한 글을 하나 옮긴다.

'애플 완승'은 애국심 탓?
'삼성관점' 벗어야 보인다[18]

지난 금요일(8월 24일)에는 특별한 뉴스가 있었다. 한국에서 금요일은 "안방에서 삼성전자의 사실상 승리"라고 요약할 수 있는 서울중앙지방법원(민사11부) 판결이 속보로 보도되었다. 같은 날 미국의 금요일은 전혀 달랐다. "애플의 완승, 삼성전자의 굴욕적인 패배"로 헤드라인이 장식될 만한 미국 캘리포니아 연방법원 새너제이 지원의 배심원 평결이 나왔다.

두 얼굴의 금요일, 우리가 쉽게 간과한 사실들

두 얼굴의 금요일은 공평하지 못했다. 한국의 금요일은 하루도 채 지나지 않아서 미국의 금요일에 잊히고 말았다. 성급한 사람들은 애국주의적 감성에 젖으면서 '보호무역주의'라는 단어를 사용하기도 했다. 비교적 차분한 이들도 우리나라 기업의 패배를 목격하면서 장차의 일을 걱정하기도 했다. 어떤 이는 특허 제도가 혁신을 가로막는다고 비난하기도 하며, 또 어떤 이는 이제 그만하라고 삼성전자와 애플을 싸잡아 비판하기도 했다.

나는 그동안 <특허전쟁>과 <세상을 뒤흔든 특허전쟁 승자는 누구인가>라는 두 권의 책과 여러 매체의 칼럼 기고를 통해서 이 소송의 배경과 전개 과정을 진단하면서 삼성전자의 불리함과 무리함을 우려해 왔다. 그리고 어떻게 보면 이 특허전쟁이 그렇게 나쁜 것만은 아니고 상당한 긍정성도 있어서 앞으로 지니는 의미를 찾으려고 노력해 왔다.

그 긍정성은 이 특허전쟁이 시장을 위협하지도, 소비자의 선택권을 함부로 제한하지도 않는다는 것이며, 그러므로 우리는 이 특허전쟁 그 후의 일을 차분히 생각해 봄직하다는 생각이다. 우선 이 특허 전쟁이 발발한 배경과 전개과정을 간략히 살펴보자.

애플은 지난 2011년 4월 삼성전자를 상대로 미국 캘리포니아 지방법원에 자신의 권리가 침해되었다고 소장을 제기했다. 애플은 기술특허, 디자인특허, 제품 외관에 대한 권리인 '트레이드 드레스(신지적재산권의 한 분야로, 색채·크기·모양 등 제품의 고유한 이미지를 형성하는 무형의 요소)' 침해를 주장했다. 삼성전자와 애플 간의 특허전쟁이 시작된 것이다. 여기서 사람들이 쉽게 간과할 만한 세 가지 사실이 있다. 이것이 이 특허 전쟁을 이해하는 데 도움이 된다.

애플이 먼저 건 싸움? '글로벌 확전'은 삼성이 주도

첫째, 소송을 제기한 것은 애플이 맞지만, 이 소송을 글로벌 특허전쟁으로 확전한 것은 삼성전자가 주도했다는 사실이다. 삼성전자는 애플이 오히려 자신의 특허를 침해했다고 미국 법원에 소송을 제기하는 한편, 한국, 일본, 독일로 소송을 확전했다. 그리고 영국과 프랑스와 이탈리아까지 소송을 넓혔다. 애플은 네덜란드와 호주법원을 통해 응전했다. 그러니까 소송을 이렇게 확전하면서까지 자신감을 표현했던 것은 다름 아닌 삼성전자였다는 사실이다.

둘째, 이 특허전쟁의 배후에는 '구글'이 있다는 점이다. 사실상 삼성전자와 같은 제조사는 구글의 대리전을 수행하는 운명을 지니고 있다. 애플의 아이폰에 대항하기 위해서 제조사들은 구글의 안드로이드 운영체제 소프트웨어(OS)를 무상으로 공급받았다. 그리고 그 안드로이드는 애플이 자신의 iOS 운영체제 소프트웨어를 모방한 것이라고 흥분하고 있던 소프트웨어였다(구글의 에릭 슈미트 회장은 안드로이드 개발 당시 애플의 이사이기도 했다). 결국, 애플의 화살은 삼성전자 등 제조사 뒤에 있는 구글을 향하고 있다는 점이다.

셋째, 삼성전자는 애플과의 소송을 이미 예견하고 있었고 나름의 시나리오가 있었을 것이라는 사실이다. 안드로이드 진영(구글로부터 안드로이드 소프트웨어를 공급받는 제조사 진영)의 대표주자는 삼성전자, 모토로라, 대만 HTC이다. 공교롭게도 이들은 모두 애플과 소송을 하고 있다.

대만 HTC는 2009년 안드로이드폰을 최초로 만든 제조사다. 애플은 2010년 4월에 HTC와 소송을 개시했다. 최초의 안드로이드 진영을 향한 특허전쟁이었다. 그리고 6개월 후에는 모토로라 모빌리티와 특허소송을 시작했다. 모토로라는 나중에 구글에 합병되었다. 그런 다음에 또 6개월이 지나서야 삼성전자와의 특허전쟁이 선포된 것이다. 즉 제조사들이 안드로이드폰을 제조한 순서대로 애플과의 특허전쟁이 발발했다.

삼성전자가 윈도우폰을 버리고 안드로이드 진영의 대표주자가 되기로 한 순간, 이미 애플과의 소송은 피할 수 없는 셈이었다. 그런데도 삼성전자는 다른 제조사와는 '유별나게 과감한 방법'으로 구글의 경고까지 아랑곳하지 않고 안드로이드 진영에 합류했고, '카피캣copy-cat'이라는 비난을 감수하면서까지 자기의 제품 모델을 시장에 밀어붙였던 것이다.

515

디자인이 기술보다 못하다? 기술 중심주의 벗어야

여기서 한 가지 의문이 든다. 삼성전자가 자신의 최대 고객인 애플과의 특허전쟁을 감수하고까지 어째서 그렇게 유별난 과감성을 보이며 애플의 제품들과 경쟁했을까? 군이 그렇게까지 할 필요가 있었을까? 다른 안드로이드폰처럼 온순하게 경쟁할 수는 없었을까? (그렇게 해서도 애플과의 특허소송을 피할 수 없었겠지만) 삼성전자의 왠지 모를 자신감과 전투력은 아마도 모종의 '과신'과 '경시'에서 비롯되었는지도 모른다.

삼성전자는 모바일 산업에서 애플보다는 확실히 앞선 터줏대감이며 비교조차 안 되는 상당한 특허를 보유하고 있다. 자신이 보유하고 있는 '표준특허'는 애플이 피할 수 없는 것으로 분석되기도 했다. 이런 자신감이 곧 소송을 글로벌 특허전쟁으로 확전한 계기로 작용했을 것이다. 그리고 디자인 특허나 트레이드 드레스 등 애플의 제품 외관에 관한 권리가 갖는 위험성은 경시된 것 같다. 소송 초기 애플의 디자인 특허공격을 '예상치 못한 공격'이었다고 평가한 대목이 이를 입증하기도 한다. 결국, 그것이 부메랑이 되어 삼성전자에 대가를 요구하고 있는 국면이다.

제품의 기능을 구현하는 '기술'과 제품의 외관에 관련한 '디자인'(편의상 이 글에서는 디자인특허, 사용자 화면에 관련한 소프트웨어 특허, 트레이드 드레스를 포함한다)이 있다. 삼성전자는 데이터 전송 기술이나 전력효율에 관한 기술 등 원천적인 기술특허를 애플이 침해했다고 주장했다. 자신이 만들어놓은 기술 없이는 애플이 제품을 만들 수 없으므로 비유하자면 애플은 세입자이며 자신들은 그 기술로 집을 만든 소유자라고 주장한 것이다.

반면에 애플은 아이폰과 아이패드의 외관을 삼성전자가 모방함으로써 권리가 침해 당했다고 주장했다. 그리고 삼성전자의 특허침해 주장에 대항해서는 살림살이가 있는데 어떻게 함부로 방을 빼라고 하느냐, 나가 죽으라는 말이냐, 라는 듯이 항변했다(비유하자면 그렇다).

사람들은 흔히 기술특허가 원천적이므로 삼성전자의 권리가 더 존중받아야 한다고 생각한다. 그러나 이는 곧 그동안 우리가 얼마나 오랫동안 기술 중심주의에 젖어 있었는지를 생각하게 한다. 작은 권리이든 큰 권리이든 권리라면 마땅히 존중받아야 한다. 그런데 기술특허의 경우에는 사인(私人)인 특허권자의 권리를 보호하는 데 초점이 있지만, 디자인에 관한 권리는 권리자의 사적인 권리뿐만 아니라 소비자들의 혼동까지 생각하게끔 하는 권리여서 공적인 특성이 있다는 점이 자주 간과되곤 한다. 더욱이 사용자 경험이 더욱 중요해진 오늘날 산업에서는 디자인이 기술보다 하급으로 취급될 근거도 사라지고 있다.

Ⅳ. 부록

삼성전자 특허가 강하다? 애당초 애플이 유리했다

삼성전자와 애플 간의 소송은 아무래도 애플이 유리하고 미국 재판이 걱정이라고 여러 번 밝혀 왔는데, 왜 그런지 그 연유를 한번 살펴보자. "정말로 피할 수 있는 것인지 여부"는 이 소송을 이해하는 데 '정말로' 중요하다. 애플은 삼성전자의 특허를 정말로 피할 수 없는가? 반대로 삼성전자는 애플의 권리를 정말로 피할 수 없는가? 전자는 Yes, 후자는 No가 될 가능성이 크다. 이게 문제라는 것이다.

얼핏 그렇기 때문에 삼성전자가 유리한 것처럼 보이지만, 이것은 특허제도보다 더 근본적인 법률인 '경쟁법'(우리 식으로 말하자면 공정거래법, 흔히 반독점법)을 호명하기 때문이다. 즉, 애플을 상대로 한 삼성전자의 특허공격은 경쟁자인 애플을 시장에서 추방하려는 것으로 비칠 수 있다. 애플이 "그러면 우리보고 통신기능이 없는 아이폰을 만들라는 거예요?"라고 항변할 때, 로열티 이외에 적절한 퇴로가 있어야한다. 그렇지 않으면 토끼몰이식 공격으로 인식될 수 있으며, 그러면 경쟁법을 위반하는 행위로 판단될 위험이 있다.

예컨대 삼성전자의 표준특허 공격이 그렇게 인식되었던 것이고, 이런 우려와 인식은 2011년 10월 네덜란드 재판으로 확인됐다. 삼성전자가 표준특허권자로서의 의무를 지키지 않았다는 판결이다. 네덜란드 재판은 유럽연합(EU) 집행위원회가 삼성전자를 상대로 반독점조사에 착수하게 하는 계기가 되고 말았다. 지난 금요일 우리나라 법원은 삼성전자를 옹호했지만, 이는 경쟁법을 바라보는 인식의 차이에서 비롯되는 듯싶다. 선진 자본주의 사회는 경쟁법을 엄격하게 바라보지만, 우리나라는 경쟁법보다는 경쟁법을 적용하는 권리남용의 범위를 오히려 엄격하게 판단하는 경향을 보이는 것 같다.

반면에 애플의 디자인에 대한 권리는 용이하게 변경할 수 있다. 이것이 바로 문제다. 삼성전자의 제품에 대한 판매금지 판결이 내려지더라도, 삼성전자는 해당 제품들의 소프트웨어를 변경하거나 외관을 변경해서 다시 시장에 판매 금지된 제품을 내놓는다. 결국, 삼성전자로서는 큰 타격을 입지 않는다(실제로 여러 차례 그런 일이 있었다). 그렇다면 판사는 그리고 배심원들은 삼성전자의 제품을 판매 금지하는 결정을 내리더라도 삼성전자나 소비자들에게 큰 타격이 되지 않을 거라고 생각할 수 있다. 어차피 삼성전자는 새롭게 개선된 제품을 최단시간에 다시 출시할 것이다.

만일 상황이 이러하다면 굳이 문제가 되게 만들 것이 아니라 처음부터 애플의 권리를 존중하여 다르게 만들면 되는 것 아니냐는 심증이 생기게 되는 구조이다. 즉, 이 특허전쟁에서 재판부가 애플의 손을 들어주더라도 시장의 흔들림은 크지 않을 것이라는 점, 그렇지만 삼성전자의 손을 들어주는 순간 단일 모델로 제조하는 애플의 비즈니스에 상당한 타격이 되고 소비자의 선택권에 심각한 문제가 생길 수 있다고 으레 걱정하게 된다는 점이 애플에 유리한 상황을 조성하는 것이다. 게다가 애플의 디자인특허의 침해 여부는 판사와 배심원들이 이해하기 쉽고, 삼성전자의 기술특허 침해주장은 기술적인 내용으로 어렵게 인식된다는 점도 삼성전자의 불리함이었다.

'애플 완승'은 보호무역주의? '삼성 배후'는 구글

어떤 이는 미국 배심원의 평결을 보호무역주의라는 담론으로 가두려고 한다. 지나친 상상력이다. 미국은 애플이라는 회사만 있는 게 아니다. 이 소송의 배후에는 구글이 있고, 구글도 미국 회사이다. 또한, 삼성전자와 애플 사이의 특허소송은 모토로라와 애플이 싸우는 특허전쟁과 동전의 다른 면이기도 하다. 모토로라도 미국 회사다. 미국시장에서 안드로이드 진영은 애플보다 더 힘을 발휘하고, 더 많은 소비자가 안드로이드를 사용하고 있음을 간과해서는 안 된다.

같은 금요일에 내려진 한국 법원의 판결은 삼성전자에게 사실상 승리를 선사했고, 미국 법원의 배심원 평결은 애플의 완승을 선언해서 얼핏 애국심이 작용한 것이 아니냐는 의문이 들 수는 있다. 의문은 품어도 근거는 되지 못한다. 국적보다 더 영향력 있는 사실은 삼성전자의 제품이 애플의 제품과 유사함을 입증하는 법리와 증거들이다. 게다가 이 소송은 한국과 미국에서만 진행되고 있는 게 아니다. 애플을 상대로 한 삼성전자의 특허 공격은 독일, 프랑스, 이탈리아, 네덜란드, 호주 등에서 완전히 기각되거나 혹은 극히 부분적으로 인정되었을 뿐이다.

스마트폰 시장에서 특허를 보호무역주의의 무기로 삼는 것은 대단히 복잡한 일이다. 현재 운영체제 소프트웨어는 구글의 안드로이드와 애플의 iOS가 양분하고 있고, 마이크로소프트가 윈도우8로 천하삼분지계를 도모하고 있는 형국이다. 이들 모두 미국 회사여서 보호무역주의가 개입될 여지는 거의 없어 보인다. 오히려 그것은 이 특허 전쟁의 긍정성마저 없애버리고 만다.

특허전쟁은 무조건 나쁘다? 불확실성 해소 과정

자유로운 경쟁은 담론적인 차원에서는 보장될 수 있지만, 현실에서는 그렇지 않다. 자유 경쟁에는 결국 힘의 불균형을 낳고 합리성과 공정성을 잃을 위험이 도사린다. 시장이 합리성과 공정성을 잃으면 시장경제 자체가 파국에 이를 수 있는 극도의 위협에 직면한다. 그러므로 국가는 법률에 의해 각종 규제 정책을 입안하여 독점을 규제하고 공정성을 회복하기 위해 노력한다. 그것이 바로 경쟁법이다.

그러나 특허제도는 국가가 경쟁에 있어 예외적으로 인정한 독점적인 권리다. 특허권을 침해하면 국가가 나서서 특허권자를 보호한다. 특허권을 침해하면 침해품을 제조할 수 없을 뿐만 아니라 그 제품을 판매하지도 수입하지도 못한다. 경쟁 자체를 배제할 수 있기 때문에 매우 치명적인 파급력을 가진다.

그런데 문제는 이런 특허가 한두 개가 아니라는 점이다. 글로벌 기업들은 저마다 수천, 수만 개의 특허를 보유하고 있고, 서로 다른 언어로 기술되어 있기 때문에 도대체 내 제품이 경쟁자의 어떤 특허를 침해하고 있는지 명확히 예견하기 어렵다(디자인은 제품의 외관에 관한 것이어서 비교적 확인이 쉽다). 또한 특허들은 끊임없이 양산된다. 이런 현실은 기업경영에 근본적인 불확실성(특허 리스크)을 초래한다. 어쨌거나 기업은 제품을 개발해야 하며 제조해야 하고 팔아야 하는데 누군가의 특허를 침해하면 그런 일련의 일을 중단해야만 할 수도 있기 때문이다. 특히 시장에 늦게 합류하는 후발기업(예컨대 애플이나 구글)의 경우 그 불확실성은 훨씬 크다고 할 수 있다.

앞서 말한 것처럼, 이 특허전쟁은 단지 삼성전자와 애플만의 싸움이 아니다. 안드로이드 진영과 이에 맞서는 애플(마이크로소프트는 사실상 동맹군이다)과의 글로벌 특허전쟁이다. 사실 특허가 있다고 해서 언제나 소송이 벌어지는 것은 아니다. 시장의 확대와 경쟁의 격화는 물론 특허전쟁을 촉발하는 주요한 동인이다. 경쟁의 파열이 커질수록 경쟁자의 판매를 금지할 수 있는 특허라는 강력한 권리에 손이 가게 마련이다. 수십 개의 제조사가 저마다 자신이 보유한 수천, 수만 개의 특허 카드를 만지작거릴 때 전쟁의 분위기는 무르익게 된다.

그런데 예전이나 지금이나 큰 차이가 없는데, 어째서 지금 이 시점에 전례 없는 특허전쟁이 활화산처럼 불타고 있는 것일까? 난공불락의 노키아가 곤두박질치고 있을 정도로 시장 자체가 극심한 불확실성에 빠져 있으며, 이는 스마트폰 시장이 활짝 열린 게 얼마되지 않았기 때문이기도 하다.

스마트폰과 태블릿PC 그리고 이를 둘러싼 에코시스템이 시장을 주도하게 된 것은 불과 몇 년 전의 일이다. 극심한 경쟁의 한복판에 있다. 그런데 문제는 제조사마다 비슷비슷한 기능과 유용성을 호소한다는 것이다. 도대체 어느 부분까지가 애플의 몫이며, 구글의 몫이고, MS의 몫인지 불분명하다. 그렇기 때문에 모방이니 아니니 하는 공방이 진행되고 있는 셈이다. 이를테면 아이폰과 안드로이드폰의 기능이 서로 중첩돼 있어서 그 '경계선'이 무엇인지 불분명하다는 문제가 있다.

몇 년간 소송을 진행하다 보면 아이폰과 안드로이드폰의 경계선이 생길 것이다. 그렇게 된다면 특허 문제로부터 초래되는 불확실성이 해소되게 된다. 즉, 지금의 특허전쟁은 그러한 불확실성을 해소하는 과정으로 이해하는 편이 좋겠다. 애플과의 특허전쟁을 긍정적으로 바라보는 태도는 감정적인 대응을 억제한다.

삼성전자와 애플 간의 특허전쟁은 결국 운영체제 소프트웨어로 여러 제조사를 한데 결집시킨 구글 동맹과 이와 경쟁하는 반구글 진영의 글로벌 특허전쟁의 종속변수다. 이것은 격동하는 모바일 산업에서의 패권을 겨루는 전장이기도 하지만, 한편으로는 과도기 한복판을 격하게 지나면서 안정적인 비즈니스 룰을 만들어가는 과정이기도 하다. 자기 제품과 서비스를 수정해 가면서 말이다. 자기 영역을 확정해 가는 '경계선 긋기' 작업이다.

이것이야말로 글로벌 특허전쟁이 갖는 비즈니스 관점의 긍정성이라고 말할 수 있겠다. 소비자들의 선택권은 글로벌 특허전쟁의 한복판에서도 여전히 제한되지 않고 있다. 오히려 더 훌륭한 제품들을 경험하고 있다. 여전히 관련 당사자들은 더 개선된 제품을 시장에 선보인다.

이 특허전쟁은 몇 차례 강한 파열음을 내겠지만, 그 자체로 단기간에 기업의 몰락을 가져오지는 않을 것이다. 장기간에 걸쳐 큰 비용을 지불하며 지속하는 것이라서 산업 자체의 위기와 파국을 가져오지는 않을 것이다. 경계선이 만들어지면 다시 소송은 잦아들고 시장에서 본연의 모습으로 경쟁하게 된다.

삼성전자 출구 전략은 '싸움판 줄이기'로 가야

같은 금요일에 한국에서는 사실상 승소했지만, 미국에서는 완패했다. 그 결과 삼성전자의 월요일 주가는 7.45% 폭락했다. 한국에서의 재판보다는 미국 재판이 훨씬 의미가 있음을 상징적으로 보여줬다. 삼성전자의 앞길은 매우 난감한 것 같다.

삼성전자의 주력모델인 갤럭시S3와 갤럭시 노트에 대해서는 애플의 디자인특허나 트레이드 드레스의 날 선 공격을 피할 수 있을 것 같다. 애플의 디자인특허 도면의 형상과 비슷한 부분도 있지만, 차이가 있는 부분(둥근 모서리의 곡률과, 화면 끝의 여백의 크기 등)도 있어서 디자인 특허 때문에 판매 금지되기는 어려울 것 같다.

문제는 화면 터치에 관련한 소프트웨어 특허인데 이 부분은 삼성전자의 전유물이 아니라 구글이나 다른 안드로이드 진영과 함께 전략적인 대응이 필요해 보인다. 그렇다고 해서 당장 갤럭시S3가 애플의 사정권에 들어가지는 않을 것이다. 만일 애플이 그렇게까지 무리한다면 이는 곧 소비자의 선택권을 직접적으로 제한하는 의미를 갖게 되어 여론의 공세를 견디기 어려울 것이다.

어쨌든 이렇게까지 된 것은 사실 삼성전자의 패기 어린 무모하고 과감한 전략의 대가이기도 하다. 그렇지만 경영은 특허의 관점에서만 바라볼 일은 아니다. 특허 전략은 비즈니스 전략의 하위 개념이기도 하다. 특허 관점에서는 지나치게 무모하거나 혹은 미숙했지만, 삼성전자는 그런 것까지 포함해서 과감하고 신속하게 윈도우에서 안드로이드로 갈아타서 안드로이드의 대표주자가 되었다.

구글 식으로 말하자면 데이터가 말해준다. 오늘날의 삼성전자의 시장에서의 지위, 점유율, 출하량, 매출액을 보면, 모두 2009년보다 월등히 성장했다. 비즈니스 전략으로서는 삼성전자가 큰 성공을 거둔 셈이다. 자신의 최대 고객인 애플과의 소송을 감수하면서까지 선택한 전략 덕분에 세계 1위 기업이 되었다. 이제 이것으로 충분하므로 신속히 출구전략을 구사해야 한다.

출구전략을 짠다고 해서 그게 손쉬운 일은 아닐 것 같다. 단기적으로는 판결이 비즈니스에 미치는 나쁜 영향을 최소화하기 위해 노력해야겠지만, 장기적으로는 애플과의 소송을 잊힌 소송으로 만드는 전략이 필요해 보인다.

이 소송은 너무 번져 있다. 통제하기도 어렵다. 그렇다고 해서 삼성전자와 애플이 소송을 합의로 일괄 타결하기는 거의 불가능해 보인다. 애플로서는 협상할 계기를 찾기 어려울 것이다. 지금까지는 삼성전자와의 소송이 매우 유리하게 진행됐고, 미국 재판에서 엄청난 승리를 거뒀으며, 막대한 현금은 소송비용에 대한 부담으로부터 자유롭게 하고, 무엇보다 자신의 목표가 구글이라고 볼 때 다른 안드로이드 진영과의 소송이 계속되고 있는 한 현재까지 '꽃놀이패' 역할을 하는 삼성전자와의 소송을 쉽게 양보하며 협상에 응하기는 어려울 것으로 보인다.

이 특허전쟁을 확전한 것은 애플이 아니라 삼성전자이기 때문에, 일괄 타결보다는 미국이나 독일 등 핵심이 되는 몇 개 국가의 재판만을 남기고 모두 취하하는 협상, 다시 말하면 소송의 규모를 축소하는 협상전략이 어떨까 싶다. 소송의 규모가 작아지면 소비자들의 관심도 적어지고 특허로부터 초래되는 리스크가 작아진다. 특허소송에서의 성패가 비즈니스의 성패를 좌우하지는 않는다.

523

삼성전자 편들면 애국? 글로벌 시각으로 봐야

글로벌 특허전쟁은 새로운 미래를 점하기 위한 비즈니스 전쟁이다. 이 특허전쟁은 정치적인 것과는 특별히 관련성이 없다. 그러나 '특허전쟁 그 후'는 정치적이다. 특허소송전으로 비화된 글로벌 기업 간의 대충돌은 시대의 변화를 은유한다. 세상이 바뀌었다. 그러므로 우리는 자연스럽게 '무엇을 할 것인가'라는 질문을 던진다. 글로벌 특허전쟁에서 어떤 교훈과 시사점을 얻고, 우리 산업이 가야 할 길은 무엇인지 묻는다. 그런데 이런 질문이야말로 지극히 정치적인 것이다.

특허제도는 어느 한 기업의 빛나는 성과를 위해 봉사하는 제도가 아니다. 시장 경제는 부당한 독점이나 과점에 따른 폐해를 막으려고 그동안 부단히 노력했다. 하지만 특허제도는 독점을 법적으로 허용하는 예외적인 장치다. 이렇게 국가가 나서서 독점을 허용하려는 취지는, 기업이나 전문가가 자신의 진보적인 기술을 널리 공개하도록 유도

함으로써 전체 산업의 발전을 도모하기 위함이다.

그런데 특허제도는 기본적으로 외국인을 내국인과 동등하게 보호해야 하는 의무를 할당받았다. 각 나라의 특허제도는 국제조약(공업소유권을 위한 파리조약과 특허협력조약 등)하에서 작동되므로, 특허제도를 이용해서 산업발전을 도모한다고 해도 그것이 국수주의적이거나 폐쇄적으로는 할 수 없게 된다. 특히 우리나라처럼 수출 위주의 산업에서는 외국에서의 특허 취득도 매우 중요하기 때문에 우리나라 기업이든 외국 기업이든 특허제도의 운용에 있어서는 매우 공평한 자세를 유지할 필요가 있다.

글로벌 특허전쟁에 있어서도 마찬가지다. 우리나라 기업 중 삼성전자가 이 특허전쟁에 휘말려 있더라도 국가가 나서서 삼성전자를 응원하거나 지원할 수는 없다. 그와 같은 비좁은 시각은 곧 한국 법제 시스템의 불신을 낳을 수 있는 요소가 되며, 외국에서의 우리나라 기업의 차별적 대우에 항의할 수 없는 요인이 될 수 있다. 문제는 글로벌 특허전쟁의 추이가 우리나라 산업에 미치는 영향에 대한 평가 작업이다. 이때 특히 유념해야 할 것은 섣불리 삼성전자의 관점에서 바라봐서는 안 된다는 점이다.

우리나라 산업의 동력이 삼성전자로부터만 비롯되는 게 아니다. 다른 대기업도 있고, 수많은 중소기업과 이제 막 창업을 한 신출내기 기업도 있다. 국가는 더 넓은 시각으로 글로벌 특허전쟁을 바라볼 필요가 있다. 특히 정부, 공기업, 공공기관은 국민의 세금으로 운영되는 권력이자 그 권력의 유관기관이므로 좀 더 넓고 깊은 통찰이 요구된다. 그러나 국가는 법제와 정책으로 통찰하고 말하므로 관료와 정치인의 시각이 정말로 중요하다. 결국, 사람의 문제다. 그들이 몇몇 대기업만을 염두에 두고 사태를 파악하면서 정책을 입안한다면 우리나라 산업 자체가 시대에 뒤처질 수밖에 있다.

524

1. "구성 3-1은 PVA 필름의 TD 방향의 두께 변동을 '0.28μm/㎜ 이하'라는 수치로써 한정하여 표현한 구성으로서, PVA 필름에서 TD 방향으로 1㎜ 범위에서 발생되는 국소적인 두께 변동을 방지함으로써 대면적에서도 균일한 광학성능을 가지도록 하기 위하여 선택된 기술수단에 해당한다. (중략) 비교대상발명 1의 대응구성은 그에 관한 명세서의 기재를 참작할 때, PVA 필름의 TD 방향으로 수㎝~수십㎝의 범위에서 발생하는 커다란 기복의 두께 변동을 방지하기 위한 구성으로 보일 뿐이므로, 국소적인 두께 변동을 방지하고자 하는 구성 3-1에서와 같은 기술사상은 전혀 개시 또는 암시하고 있지 아니하다. 또한, 비교대상발명 3의 대응구성에는 위와 같이 '폴리카보네이트' 필름의 두께 변동에 대한 기재만 있을 뿐 'PVA' 필름의 두께 변동에 대해서는 아무런 기재가 없고, (중략) 구성 3-1의 앞서 본 바와 같은 기술사상이 개시 또는 암시되어 있다고 할 수 없다. 따라서 구성 3-1은 비교대상발명 1, 3에서와는 다른 과제를 달성하기 위한 기술수단으로서의 의의를 가지고, 나아가 그 효과도 PVA 필름의 국소적인 두께 변동을 방지함으로써 균일한 광학성능을 가지게 된다는 것으로서 비교대상발명 1, 3과는 구별되는 이질적인 것이므로, 그 수치한정에 임계적 의의가 있는지 여부에 대하여 살펴볼 필요 없이 진보성이 인정된다."라고 판시하고 있다. 즉, 대법원은 TD 방향의 두께 변동을 '0.28μm/㎜ 이하'로 수치한정함으로써 나타나는 '국소적인 두께 변동 방지 및 균일한 광학성능'이라는 효과는 비교대상발명들과는 이질적인 효과이기 때문에 수치한정에 따른 임계적 의의와 관계없이 그 진보성이 인정된다고 판단했다"(김병필, <수치한정발명의 진보성 인정 사례에 관한 유형별 검토>, [특허와상표] 제814호, 2013. 7. 20.

2. 선택발명의 진보성을 긍정한 최초의 대법원 판례로 평가된다.

3. 대니얼 카너먼, 「생각에 관한 생각(Thinking fast and slow)」, 김영사, 2012.

4. 심사관의 거절이유가 전혀 부당하고 의견서만으로 거절이유를 충분히 극복할 수 있다고 자신한다면 보정서 없이 의견서만을 제출하는 것도 가능하다. 다만 그런 경우는 실무적으로 드물다.

5. 대법원 2007. 9. 6. 선고 2005후3284 판결

6. 대법원 2007. 9. 6. 선고 2005후3277 판결

7. 특허청 심사지침서, 3317p

8. 대법원 2009. 11. 12. 선고 2007후3660 판결

9. 다만 침해의 태양을 분석함에 있어 간접침해가 성립할 수 있는지를 따져야 할 과제는 남는다. 이 경우 실무자는 청구항 1과 그것의 종속항에 '간접침해 청구항'을 만들어 거기에 논점을 집중시키고 '직접침해 청구항'을 은근슬쩍 독립항으로 만들어 놓는 전략을 사용할 수 있다. 단순단일한 구성의 발명에 대해 특허취득 가능성을 높임과 동시에 온전한 특허범위를 확보하기 위한 전략이다. 한편 이런 보정안에 관해서는 보정서 실무에서 'Q 보정'이라는 개념으로 다룬다.

10. 대법원 2007. 11. 16. 선고 2007후1299 판결

11. 대법원 2010. 8. 19. 선고 2008후4998 판결

12. 대법원 2014.09.04. 선고 2012후832 판결은, <특허법 제42조 제4항 제1호는 특허청구범위에 보호받고자 하는 사항을 기재한 청구항이 발명의 상세한 설명에 의하여 뒷받침될 것을 규정하고 있는데, 이는 특허출원서에 첨부된 명세서의 발명의 상세한 설명에 기재되지 아니한 사항이 청구항에 기재됨으로써 출원자가 공개하지 아니한 발명에 대하여 특허권이 부여되는 부당한 결과를 막으려는 데에 그 취지가 있다. 따라서 특허법 제42조 제4항 제1호가 정한 위와 같은 명세서 기재요

건을 충족하는지 여부는, 위 규정 취지에 맞게 특허출원 당시의 기술수준을 기준으로 하여 그 발명이 속하는 기술 분야에서 통상의 지식을 가진 자의 입장에서 특허청구범위에 기재된 사항과 대응되는 사항이 발명의 상세한 설명에 기재되어 있는지 여부에 의하여 판단하여야 하고, 그 규정 취지를 달리하는 특허법 제42조 제3항 제1호가 정한 것처럼 발명의 상세한 설명에 통상의 기술자가 그 발명을 쉽게 실시할 수 있도록 명확하고 상세하게 기재되어 있는지 여부에 의하여 판단하여서는 아니 된다>고 판시하였다(같은 취지로는 대법원 2011. 10. 13. 선고 2010후2582 판결 등).

13. 「특허실무지식 Ⅰ」 제1장 가목 <좋은 특허문서란 무엇인가>를 참조하라. 이 책의 대부분의 설명은 특허를 <기술>, <권리>, <시장> 세 가지 관점으로 파악하는 특허삼원론에 기초한다. 이 중에서 가장 핵심적인 요소는 <시장>, 즉 시장주체의 비즈니스 활동으로 파악한다.

529

14. 어차피 종속항조차 진보성이 부인된 상황에서 그 종속항을 독립항과 결합한다는 것은 심사관의 거절이유를 정말로 극복하기 어렵다는 상황을 방증할 따름이다

15. 동일한 청구항에서 '상기'라는 표현이 문제된 경우, 그 표현을 삭제할 수도 있지만, 해당 구성요소를 받아줄 표현을 위에 추가하는 보정을 할 수도 있다. 히팅 케이블 제어함에 관한 청구항 제1항에서, '상기 제어함'이라는 표현이 청구항 제1항에 기재되어 있는데 '상기 제어함'이라는 표현 앞에 '제어함'이라는 구성이 기재되어 있지 않다면 기재불비에 해당한다. 이 경우 '상기'라는 표현을 삭제하기보다는 '히팅 케이블 제어함으로서'라는 표현을 앞에 추가하는 보정이 더 좋다 (특허 제1372557호).

16. 특허청 지식재산권 통계(www.kipo.go.kr)

17. 특허침해가 문제가 되는 경우에 실무적으로 이를 <비교대상제품>이라고 하고, 상대방 제품을 글로 잘 특정해서 표현했고 법적인 판단을 할 정도에 이르면 <비교대상발명>이라고 부른다. 상표권침해가 문제가 되는 경우에는 <비교대상제품>이라고 하거나 <비교대상상표>라고 표현한다. 하지만 경고장 단계에서는 상대방이 잘 알아들을 수만 있다면 어떤 표현이어도 괜찮다. 예컨대 <침해제품>이나 <침해품>이라고 표현해고, 그냥 <귀사의 제품>이라고 해도 좋다.

18. 정우성, <[기고] 현직 변리사가 본 삼성-애플 특허 전쟁의 오해와 진실>, 오마이뉴스 기사, 2012. 8. 28. 시민기자 자격으로 작성한 인터넷 기사이며, 2012년 10월 제2회 카이스트 과학저널리즘상(인터넷 부문)을 수상하였다.

찾아보기

에이콘출판의 기틀을 마련하신 故 정완재 선생님 (1935-2004)

특허실무지식 II : 논증과 설득

인　쇄 | 2016년 12월 19일
발　행 | 2017년　1월　4일

지은이 | 정 우 성

펴낸이 | 권 성 준
편집장 | 황 영 주
편　집 | 나 수 지
디자인 | 구 희 선

에이콘출판주식회사
서울특별시 양천구 국회대로 287 (목동 802-7) 2층 (07967)
전화 02-2653-7600, 팩스 02-2653-0433
www.acornpub.co.kr / editor@acornpub.co.kr

ISBN　978-89-6077-955-6
ISBN　978-89-6077-964-8 (세트)
http://www.acornpub.co.kr/book/patent-knowledge2

이 도서의 국립중앙도서관 출판시도서목록(CIP)은 서지정보유통지원시스템 홈페이지(http://
seoji.nl.go.kr)와 국가자료공동목록시스템(http://www.nl.go.kr/kolisnet)에서 이용하실 수
있습니다.(CIP제어번호: CIP2016031270)

책값은 뒤표지에 있습니다.